DAXUESHENG ZHIYE
FAZHAN ZHIDAO

大学生职业发展指导

田永伟 吴 迪 主编

大学生生涯发展定位和职业生涯规划

光明日报出版社

图书在版编目（CIP）数据

大学生职业发展指导 / 田永伟，吴迪主编 . -- 北京：
光明日报出版社，2018.9

ISBN 978 - 7 - 5194 - 4677 - 2

Ⅰ.①大… Ⅱ.①田…②吴… Ⅲ.①大学生—职业—选择
Ⅳ.①G647.38

中国版本图书馆 CIP 数据核字（2018）第 224578 号

大学生职业发展指导
DAXUESHENG ZHIYE FAZHAN ZHIDAO

主　　编：田永伟　吴　迪

责任编辑：陆希宇　　　　　特约编辑：张　山
责任校对：赵鸣鸣　　　　　封面设计：中联学林
责任印制：曹　净

出版发行：光明日报出版社
地　　址：北京市西城区永安路 106 号，100050
电　　话：010 - 63131930（邮购）
传　　真：010 - 67078227，67078255
网　　址：http：//book. gmw. cn
E - mail：luxiyu@ gmw. cn
法律顾问：北京德恒律师事务所龚柳方律师

印　　刷：三河市华东印刷有限公司
装　　订：三河市华东印刷有限公司
本书如有破损、缺页、装订错误，请与本社联系调换

开　　本：170mm×240mm
字　　数：422 千字　　　　　印　张：23.5
版　　次：2019 年 10 月第 1 版　印　次：2019 年 10 月第 1 次印刷
书　　号：ISBN 978 - 7 - 5194 - 4677 - 2
定　　价：59.00 元

编　委　会

前　言

　　扎根中国大地办大学,如何培育担当民族复兴大任的时代新人,成为高校教育者使命和责任担当。党的十九大报告提出"加快建设创新型国家""优先发展教育事业"。建设教育强国是中华民族伟大复兴的基础工程,必须把教育事业放在优先位置,深化教育改革,加快教育现代化,办好人民满意的教育。党中央高度重视教育事业,教育工作者有责任义务,帮助和指导学生成长成才,将人口大国建成为人才强国。"青年兴则国家兴,青年强则国家强。青年一代有理想、有本领、有担当,国家就有前途,民族就有希望。"

　　随着我国高等教育进入大众化阶段,普通高等学校毕业生人数逐年增加,大学生能否顺利就业就越来越受到党和国家、全社会、学生家庭以及大学生本人的高度重视。面对严峻的就业形势、激烈的市场竞争和不断推进的"大众创业、万众创新"的国家战略,大学生是否具备应有的综合素质和就业竞争力,就成了他们将来走向社会能否成功的关键。

　　大学生的职业发展要求大学生具有健全人格、独立生存能力及全面发展的素质,具有成熟的职业意识、职业心理、职业行为,提高自身的就业竞争力,从而找到适合自己身心特点,并能最大限度发挥自己潜能的职业,实现人与职业相匹配。要更好地实现大学生职业发展,必须努力做好大学生生涯规划,帮助大学生逐步实现自己的职业理想。

　　十九大报告指出:"提高就业质量和人民收入水平。就业是最大的民生。要坚持就业优先战略和积极就业政策,实现更高质量和更充分就业"。为符合大学生职业发展的要求,实现其大学期间各阶段的发展和规划任务,根据国务院、教育部相关规定,我们依照大学生各阶段学习、生活的特点和任务编写了这本《大学生职业发展指导》。本书旨在通过明确大学生对大学及自身群体的认识,更好地引导他们进行职业生涯规划,提升职业素养,掌握求职的基本技能和方法，直面就业挑战，完成由大学生到职业人的转变，实现自己的职业理想。本书以职业发展为核心，以职业生涯规划为主线，以创新创业能力培养为拓展，目的是通过贯穿大学阶段的课堂教学和实践环节，提高大学生的成才能力、求职能力、职业适应能力和自我提升能力等职业发展能力。

本书注重理论与实践相结合、普遍性与特殊性相结合、理论指导与技术指导相结合的原则，体现了系统性、全面性和实用性的特点。在正文之外，编者通过增添"知识拓展""案例探讨"等内容，增强本书的可读性、趣味性和延展性。我们希望通过本教材，给大学生带来一股力量，教他们一种方法，为他们指引一个方向，通过其自身实践，实现他们的人生目标。

参与本书编写的编委来自天津大学仁爱学院大学生教育与管理的第一线，他们时刻探索和实践着大学生职业发展与规划的工作，为本书的编写积累了大量素材。

本书编写过程中，我们汲取当代国内外最新研究成果，借鉴和参考了一些同类教材、资料和一些专家及研究人员的著述，已经尽可能在参考文献中列出。能成此书，离不开他们的启迪，在此向这些参考文献的作者表示感谢与敬意。在写作过程中，编者们坚持教材内容的新颖性、体系的科学性、合理性和适用性，目标人群的针对性。但是，由于编者水平有限，书中难免有疏漏和不妥之处，恳请读者批评指正。

编者

2018 年 4 月

目 录
CONTENTS

专题一

01

| 走进大学 |

学习目标:1. 认识大学及其学习、生活环境。

2. 了解大学生活特点,把握学习方法。

3. 明确大学各阶段任务。

第一章

大学生与生涯规划

【学习目标】

掌握生涯、职业生涯以及职业生涯规划的含义,了解进行职业生涯规划的意义,明晰基本的职业生涯规划理论,熟悉进行职业生涯规划的方法和基本流程。在此基础上,有针对性地了解大学生涯规划的内容以及意义,明晰大学各个阶段的目标和任务,学会规划自己的大学生涯。

第一节　职业生涯规划启蒙

一个人的职业生涯是一个漫长的过程。无论一生从事一种还是多种职业,每个人都希望找到适合自己的职业。因此事业要朝着哪个方向发展,要从事怎样的职业类型,扮演何种职业角色,都需要事先做出设想和规划。而职业生涯规划就是对人生的战略设计,是成功的人生所必需的。

一个人前进的动力,在于对未来抱有憧憬与希望,如若没有任何人生目标,生活就失去了前行的方向,个体将无法体会到人生的真正价值所在。想要获得成功,首先必须要有清晰的目标,并为这个目标精心设计行动计划,经过一番艰苦的努力和拼搏实现目标。有了成功的愿望,但是如果只会空想,没有设定任何规划,未付诸行动,则是徒劳。

或许很多人会有这样的疑问:我为什么要做生涯规划? 生涯规划对一个人的发展有何作用? 生涯规划是那些渴望成功的人所需要的,如果只是想平凡地过一生,就用不着规划。这种想法是错误的,其实,在我们平时的学习生活中,处处渗透着生涯规划的影子。我们会制定一些工作或学习目标,并且为实现目标设计行动计划,然后一步步实施计划,这其实就是生涯规划的一部分。而且,你是否曾有感到彷徨迷茫的时候? 是否想要更进一步? 如果你曾有这种想法,那么,你需要有生涯规划,它可以帮助你找到适合自己的舞台。因此,任何人都可以规划自己的生涯,任何目标都可以是规划的方向。

为自己制定生涯规划的原因为:(1)能充分地认识自我,并能有效地掌握各项发展资源,运用潜能与专长;(2)确认自我最适合的行为与角色,建立生涯目标;(3)经由生涯规划,以满足个人生涯发展的需要;(4)配合社会的需求,促进社会进步发展。这足以看出生涯规划的重要意义。总之,有了生涯规划,人生的轨迹才会清晰,困难才能克服,潜能才能得以激发,生活才会充满意义。

一、生涯与职业生涯

(一)生涯

1. 生涯的概念

"生涯"一词出自于两千多年前庄子所说的"吾生也有涯,而知也无涯"。这里,生为生命,涯为边际、极限。生涯是人的生命意义实践的全部历程,也意味着人生的两个端点——生和死之间所有的生活内涵。

"生涯"概念的变迁体现了研究方式的演进。从简单到混沌,从静态到动态,从"指导式"到"以来访者为中心",从"可测与匹配"到"不可测与积极应变",生涯概念的内涵不断拓展,以此反映着社会的变化。西方工业革命初期,大量农民涌入城市做工,当时的工作稳定性较差,专业性不高,工作持续时间不长,名之为"Work"或"Job";随着工作的专业化程度不断提高,个体逐渐在某个活动领域固定下来,此时的工作称为"Occupation",意味着占据某个职位;如果个体感受到某一职业活动是自己的天命所在,从中体会到使命感,则可称之为"Vocation";随着社会的发展,各类新职业不断涌现,淘汰了许多旧职业,职业的稳定性面临巨大挑战,这就要求个体拥有一种终身学习,积极应变,接受挑战的动态职业意识,在这一社会大背景下,职业的概念演化到了"Career",即"生涯"。

【小资料】

生涯的英文一词是"Career",原意为"两轮马车",《牛津辞典》给出的解释是"职业、事业"(Profession or occupation with opportunities for advancement or promotion)和"生命的历程"(Progress through life),可引申为个人一生的"道路""轨道""轨迹"。

"生涯"可理解为狭义的,即指与个人终身所从事的工作或职业相关的过程;也可扩展到广义的,即包含非职业的活动,除了终生事业外,还涵括了生活中的其他方面。

美国生涯理论研究者舒伯认为,"生涯"是指生活中各种事件的演进方向和历程,它统合了个人一生中各种职业和生活角色,由此表现出个人独特的自我发展形态。"生涯"作为一个人终其一生所扮演角色的整个过程,由三个层面构成:

(1)时间:即个人的年龄或生命的过程;

(2)广度:即每个人一生所扮演的各种不同角色;

(3)深度:为个人所扮演的各种角色投入的程度。总之,生涯的内容是比较宽泛的,具有丰富的内涵与特性。

2. 生涯的特点

尽管学者们从不同的角度提出了对生涯的见解,侧重点不同,但是都反映出了生涯的特征。

(1)独特性

每个人都有独特的生涯发展形态。同一种职业可以由很多人来承担,但是生涯却是每一个人所独有的。我们每个人有自己独特的个性和价值观,有自己独特的行为方式,因此,在同样的职业中,我们做出的努力不同,所获得的感受也各异。就像世界上没有两片相同的叶子一样,这个世界的生涯千姿百态,每个人都有自己专属的生涯,不会与他人相同。

(2)终身性

生涯是一个人从生到死一辈子的事情,包含求学、就业、退休后的生活,它包含了一个终身发展的概念。在人生不同的阶段,都有自己不同的发展、追求和任务。如果今天做一个生涯规划,明天又有另外的生涯规划,就不能称为生涯规划,只能算是计划而已。这个蜕变与发展的生涯历程,就是我们整个的生命历程。

(3)综合性

生涯是人生扮演的各种角色的整合。职业不能占据我们整个生命的长度,即使在我们的"职业人"阶段,职业也不能占据我们生活的全部。我们除了从事职业,还要担当家庭和社会角色,比如,子女、父母、朋友、学生、公民,等等。生涯是一个整合的概念,它包含了人生整体发展的各个层面。

(4)发展性

生涯是人生发展的整个历程,贯穿人从生到死的过程,且在人生发展的不同阶段呈现出不同的形态和特点,因而具有发展性,且随着个人成长、经验积累、社会发展而变化。

(二)职业生涯

职业生涯这个概念的含义曾随着时间的推移发生过很多变化。在20世纪70年代,职业生涯专指个人生活中和工作相关的各个方面。随后,又有很多新的意义被纳入到"职业生涯"的概念中,其中甚至包含了生活中关于个人、集体以及经济生活的方方面面。

简单地说,职业生涯是指一个人一生中所有与工作职业相联系的行为与活动,以及相关的态度、价值观、愿望等的连续性经历的过程。具体地说,是以个体心理开发、生理开发、智力开发、技能开发、伦理开发等人的潜能开发为基础,以工作内容的确定性和变化、工作业绩的评价、工资待遇、职称职务的变动为标志,以满足需求为目标的工作经历和内心体验。从经济学的观点来看,职业生涯是个人在人生中所经历的一系列职位和角色,它们和个人的职业发展过程相联系,是个人接受培训教育以及职业发展所形成的结果。

职业生涯是个体追求自我实现的重要人生阶段,对人生价值起着决定性作用。它是个体的行为经历,而非群体或组织的。职业生涯也是个时间概念,同时寓意着具体的职业内容,即不仅表示职业工作时间的长短,而且蕴含着职业发展、变更的经历和过程,甚至包括了个体态度、价值观、能力的连续经历与变化。但职业生涯并不包含在职业上成功与失败或者发展得快与慢的含义。不论职位高低,成功与否,每个工作者和工作过的人都有自己的职业生涯。

【小资料】

外职业生涯与内职业生涯

职业生涯可分为外职业生涯和内职业生涯。

外职业生涯是一个人在一生中所从事的各种职业的总称,是客观的职业,常指从事职业时的工作单位、工作地点、工作内容、工作职务、工作环境、工资待遇等因素的组合及其变化过程。外职业生涯的构成因素通常是由别人给予的,也容易被别人收回,往往与自己的付出不符。有的人一生疲于追求外职业生涯的成功,但内心极为痛苦,这是因为他们往往不了解外职业生涯的发展是以内职业发展为基础的。

而内职业生涯指从事一项职业时所具备的知识、观念、心理素质、能力、内心感受等因素的组合及其变化过程。内职业生涯各项因素的取得,可以通过别人的帮助而实现,但主要还是由自己努力追求来实现的。内职业生涯的各构成因素不因外职业生涯的构成因素的不同而不同,也不因外职业生涯因素的改变而丧失,内职业生涯各因素一旦获得,别人便不能收回或剥夺。

内职业生涯的发展是外职业生涯发展的前提,内职业生涯发展带动外职业生涯的发展,它在人的职业生涯成功乃至人生成功中具有关键性作用。因而在职业生涯的各个阶段,我们都应重视内职业生涯的发展,尤其是在职业生涯早期和中前期,我们一定要把对内职业生涯各因素的追求看得比外职业生涯更为重要。

二、职业生涯规划的内涵

（一）职业生涯规划的含义

生涯规划，简单说，就是面对未来的岁月，做好构思并有所安排。针对未来所预期的目标，配合时间的先后，加以有效处理。而职业生涯规划，顾名思义，即对职业发展上的规划与设计。职业生涯规划又称为"职业生涯设计"，是指个人结合自身情况及眼前机遇和制约因素，为自己确定最佳的职业奋斗目标，选择职业发展道路，确定教育、培训和发展的计划等，并为自己实现职业生涯目标而确定行动方向、行动时间和行动方案。

（二）职业生涯规划的类型

按照规划的时间维度，职业生涯规划可分为四种类型。

1. 短期规划，即两年以内的规划，主要是确定近期目标，规划近期所要完成的任务。

2. 中期规划，一般指 2～5 年内的职业规划，是最常见的一种职业生涯规划。

3. 长期规划，一般指 5～20 年的规划，主要是设定一个较长远的职业目标，以及为此制定具体的措施。

4. 人生规划，指整个职业生涯阶段的规划，时间长达几十年，主要是设定整个职业阶段的发展目标和行动规划。

（三）职业生涯规划的内容

职业生涯规划主要有三个方面的内容：

1. 个人特质的澄清与了解，包括个人的需要、兴趣、能力以及价值观等。了解自己，是职业选择或生涯设计的最基础要求。如果个人能清楚地知道自己的优缺点，将有助于在职业生涯规划时，加重对自己最有利的选择筹码。

2. 教育与职业资讯的准备，包括了解行业的特性、从业所需能力、工作内容、工作发展前景、从业待遇等信息，并积极做好职业发展所需的教育背景、经验和能力的准备。个人可以通过家人、亲戚、朋友、师长等人脉、书籍、视听材料以及网络媒体等渠道获取这方面的资讯。如果缺乏对职业世界的了解，选择职业时将会盲从，不切实际。个体的职业认定也更加容易受到刻板印象或他人观念的影响。

3. 个人与环境关系的协调，环境因素大多是社会、经济、文化、组织、家庭和机会因素，这些往往是个人无法掌握或控制的，例如家庭重要成员的意见、社会重大事件的影响或区域的经济发展状况等。这些因素可能是助长因素，也可能是限制性的。提前了解和判断环境因素，将有助于个人顺应环境发展趋势，积极把握有利资源，避免那些与环境、现实条件相悖的选择。

（四）职业生涯规划的影响因素

对每个人而言，职业生涯将贯穿人的一生，个人或处于职业准备阶段，或处于职业选择阶段，或处于职业工作阶段，或处于职业结束阶段。在不同的阶段，每个人的职业生涯受各种不同因素的影响会发生各种截然不同的结果。

生涯规划是个体在对内外两方面的状况进行评估和考量后对人生做出的设计和计划，生涯规划的影响因素也可以从内外两个方面来分析。

从外部世界来看，远到世界局势、国家政策的变化，职业结构的变迁，经济景气的兴衰，就业机会的多寡，社会文化环境、社会思潮的变化，近到亲戚、朋友、家庭，都有可能对一个人的生涯规划产生影响；从个体内部来看，兴趣、能力、职业技能、职业价值观、人格、性别、个人生长的社会阶层和经济状况等，也会深深地影响其职业选择和生涯规划。然而，外部因素和内部因素又无时无刻不在发生交互的影响，并左右着个人的生涯规划与生涯发展。

三、职业生涯规划的意义

职业生涯是一个人的职业经历，它是一个人一生中所有与职业相联系的行为与活动以及相关的态度、价值观、愿望等连续性经历的过程，统合了个人一生中依序发展的各种职业与生活角色。职业成功与否由很多因素决定：喜欢的工作不一定是自己擅长的工作，也不一定是适合自己的工作。职业（生涯）规划就是要为生涯设定目标，并找出达成目标所需采取的步骤。大学生职业规划就是让大学生为自己设定毕业后的职业目标，对大学生活做出合理规划，为毕业时的就业及以后的职业发展做好准备。

从以下三个方面说明生涯规划的意义：

（一）针对个人而言

第一，职业生涯规划可以发掘自我潜能，增强个人实力。

一份行之有效的职业生涯规划将会：

1. 引导你正确认识自身的个性特质、现有与潜在的资源优势，帮助你重新对自己的价值进行定位并使其持续增值；

2. 引导你对自己的综合优势与劣势进行对比分析；

3. 使你树立明确的职业发展目标与职业理想；

4. 引导你评估个人目标与现实之间的差距；

5. 引导你进行前瞻与实际相结合的职业定位，搜索或发现新的或有潜力的职业机会；

6. 使你学会如何运用科学的方法采取可行的步骤与措施，不断增强你的职业竞争力，实现自己的职业目标与理想。

第二,职业生涯规划可以增强发展的目的性与计划性,提升成功的机会。

生涯发展要有计划、有目的,不可盲目地"撞大运",很多时候我们的职业生涯受挫就是由于生涯规划没有做好。好的计划是成功的开始,古语讲,凡事"预则立,不预则废"就是这个道理。

第三,职业生涯规划可以提升应对竞争的能力。

当今社会处在变革的时代,到处充满着激烈的竞争。物竞天择,适者生存。职业活动的竞争非常突出,要想在这场激烈的竞争中脱颖而出并保持立于不败之地,必须设计好自己的职业生涯规划。这样才能做到心中有数,不打无准备之仗。北京宝洁技术有限公司高级人力资源经理透露,该公司在中国每年招聘应届毕业生100名左右,凡是职业生涯规划得早的人,现在大多数都已成为总监、副总监或高级经理。

因而,职业生涯规划是人生和事业成功的导航仪,对个体在人生各个阶段的成长和发展都有着非常重要的指导作用。高校大学生进行职业生涯规划更是有着重要的现实意义:首先,职业生涯规划有利于学生理性认知自我,不断完善自我。通过开展职业生涯规划可以使学生更加理智地认识自己,更加深入地探索自我,能够正确地认识自身的性格特质,认清自身的优势和不足,重新对自己的价值进行定位,不断完善自己的人格,谋求自身更好的发展。其次,职业生涯规划有助于学生增强学习的目的性和计划性,激发学习动力。职业生涯规划极大地提高了学生学习的目的性和计划性,使学习方向更加明确,学习效率更高,学生也从不断的自我实现中得到满足,激发了学习的动力,使学生更加积极主动地去学习和探索。最后,职业生涯规划有利于学生发掘自身潜能,提升综合竞争实力。通过职业生涯规划教育,使学生了解社会现实和职业要求,确立职业发展目标,在日益激烈的社会竞争中找到适合自己发展的平台,并有针对性地开展学习、培训和各种实践活动,充分发挥个人长处,克服缺点和不足,挖掘自身潜能,增强自身综合素质,提升竞争实力。

就已入职人员来说,职业生涯规划对所有工作年龄的人来说都很重要。对于刚刚步入社会的年轻人,职业生涯规划将对其一生的成就产生重大影响。对于入职后的人来说,职业生涯规划也十分重要。中国著名的职业生涯规划和人生设计专家徐小平先生就曾说过:"如果不做职业生涯规划,你离挨饿只有三天。"

(二)针对社会而言

1. 将有利于缓解我国大学生就业压力

众所周知,近年来我国一直面临巨大的就业压力。虽然大学生就业难是多方面的因素造成的,如国际经济的不景气、我国正处于经济体制的转型时期、高校的扩招、高校的专业设置不能适应市场的需求等,但其中还有一个非常重要的问题,那就是我们毕业生自身的问题。现在的高校毕业生中,有相当一部分学生到毕业时都不知道自己该干什么、能干什么,更不知道自己适合哪些岗位、职业,因此在就业时存在着盲目择业的问题。这就更进一步激化了我国的就业难问题,对社会的安定也有很大的负面影响。而如果我们能够有效地实施大学生职业规划教育,就能在很大程度上缓解我国大学生的就业压力,最终促进社会的和谐与安定。

2. 将有利于高校的生存与进一步发展

近几年媒体不断报道,各地放弃参加高考的人数逐年上升,尤其是 2010 年,据网上的报道,弃考人数已突破百万,虽然弃考的原因是多方面的,但主要原因则是不合算,因为在高校高额学费的背后,却面临毕业时的就业难。家长看到这种现象自然会去算笔账,也自然会考虑还有没有必要让孩子上大学的问题。因此大学生的就业问题也是影响高校进一步生存与发展的至关重要的问题,只有很好地解决了这个问题,高校才能得到进一步的生存与发展。

(三)通过案例分享生涯规划的意义

在此我们共同分析一个案例,来说明生涯规划的重要性或意义:

在 L 省 S 市的一次大型招聘会上,毕业于某名牌高校的小 H 向浙江一家汽车公司申请一个机械工程师的岗位。他学的是机械专业,在大学期间各门功课都很优秀,毕业后的五六年时间里,从事过医药、空调、摩托车等产品的销售、品质主管,换了六七个工作,但是没有机械方面的工作经历。招聘者看了他的情况后认为,如果他毕业后稳定从事过机械方面工作,则正是公司需要的人选,但是因为没有这方面的工作经验,公司却无法录用他。

小 H 的例子表明了很多大学生盲目就业给自己所带来的危害。由于没有长远打算,很多大学生年轻时只是随波逐流地换工作,到了 30 多岁还没有职业定位。这种情况之下,继续下去的出路不大,重新定位又要费很大力气,不得不陷入一种尴尬的境地。持久性改变是人生力量的积累,这需要一种“长期的时间观念”。以销售为例,你销售生涯的含义是,一般情况下,你必须愿意投入三五年以上的时间,才能蜕变成一个真正的销售精英。这种长期的承诺将完全改变你对训练、日常工作、客户、自己、社区,以及其他工作的态度。日本人寿保险的推销之神原一平刚开始做业务的时候,前七个月没有推销出一张保单,不得不每天饿肚子,晚上在公园里面睡长椅,但他没有放弃,仔细反思后对自己的职业进行了规划,最终通过自己的努力取得了成功。由此可见,优秀的人对于他们自己的职业以及生活,一般都会有长远规划。对职业生涯的长期眼光,是我们未来的事业能够登峰造极的重要条件。成功是要付出代价的。不管做的是哪一行,你若想出类拔萃,就一定要有全身心投入至少三五年的心理准备。不管想在哪一行出人头地,你起码要投入五年的时间来做准备,你必须先辛勤工作好几年,才能达到你赚钱能力的极限,并让你享受渴望的生活方式。一定要先付出代价,持续不断努力多年以后,才能达成真正有价值的目标。你要花很长的时间才能培养出足够的专业能力,在竞争激烈的市场中走向成功。否则,如果我们经常更换城市,更换我们从事的行业和从事的具体工作,那么随着我们工作的变换,我们平时积累的相关的知识、技能、工作经验和圈内的人际关系也会离我们越来越远,能用上的也会越来越少。最终可能就会像上面提到的那位小 H 一样,毕业许多年了,还没有真正地找到适合自己的职业,也没有真正建立起自己独特的竞争优势,而是陷入了一种在现有工作上继续下去出路不大,重新定位又要费很大力气的尴尬处境。

所以说,我们必须结合自身特征与社会需要,合理地进行生涯规划。大学生职业规划就是让大学生为自己设定毕业后的职业目标,对大学生活做出合理规划,为毕业时的就业及以后的职业发展做好准备。经历过高考洗礼跨进大学校园的学生,很多对自己所选的专业不甚了解,对所学专业的职业发展也很迷茫。有的虽然对职业目标有较明确的想法,但对如何实现已有目标相当茫然。临近毕业,很多学生在面对现实和理想的差距时,对职业决策感到极度紧张和焦虑不安,浪费了大量的时间、精力和资金。要想在激烈的社会竞争中脱颖而出,立于不败之地,大学生就应该设计好自己的职业生涯规划,提升自己应对竞争的能力,获得职业发展优势。合理科学的职业规划能使大学生深入了解自己,客观准确评估自己,从而不断促进个性发展和综合素质提升。因此,大学生要充分认识到职业规划的重要意义,进行科学合理的职业规划。

第二节　职业生涯规划的基本理论

一、职业锚理论

职业锚理论最初产生于美国麻省理工大学斯隆商学院,学院的 44 名 MBA 毕业生自愿形成一个小组接受埃德加·H. 施恩(Schein)教授长达 12 年的职业生涯研究,包括面谈、跟踪调查、公司调查、人才测评、问卷等多种方式,最终分析总结出了职业锚理论。

(一)什么是职业锚

所谓职业锚,又称"职业系留点"。锚,是使船只停泊定位用的铁制器具。职业锚,实际就是人们选择和发展自己的职业时所围绕的中心,是指当一个人不得不做出选择的时候,他无论如何都不会放弃的职业中的那种至关重要的东西或价值观,是自我意向的一个习得部分。

(二)职业锚的类型

职业锚强调个人能力、动机和价值观三方面的相互作用与整合,是个人与工作环境互动作用的产物。因此,要想对职业锚提前进行预测有一定难度。因为一个人的职业锚是在不断发生变化的,是一个不断探索过程所产生的动态结果。有些人也许一直不知道自己的职业锚是什么,直到他们不得不做出某种重大选择的时候才会发现。这个时候,一个人过去的所有工作经历、兴趣、资质、性格等才会集合成一个富有意义的模式,个人才会发现属于自己的职业锚,才会知道对他来说什么是最重要的。

1978 年,施恩提出的职业锚理论包括五种类型:自主型职业锚、创业型职业锚、管理能力型职业锚、技术职能型职业锚、安全型职业锚。后来,越来越多的人发现了职业锚的研究价值,加入到这个研究行列中。20 世纪 90 年代,施恩先生将职业锚增加到了八种类型。这八种职业锚的基本特点是:

1. 技术或功能型职业锚

属于这一类型的人在选择职业时,主要注意力是工作的实际技术或职能内容,他们总是围绕着技术能力或业务能力的特定领域安排自己的职业,而不愿意选择那些带有一般管理性质的职业,更倾向于那些能够保证自己在既定的技术或功能领域中不断发展的职业。

2. 管理型职业锚

这类人把管理本身作为职业目标,而把具体的技术工作或职能工作仅仅看作是通向更高管理层的必经阶段。职业经验告诉他们要具有胜任组织高层管理所需的知识和技能,并能够把以下三种最基本的能力加以科学组合:(1)分析能力,在信息不完全以及不确定的情况下发现问题,分析问题和解决问题的能力;(2)人际沟通能力,能影响、监督、率领、领导和控制各级人员,更有效地实现组织目标的能力;(3)情感能力,指能正确处理情感危机和人际危机的能力,而不是被拖垮或压倒。

3. 创造型职业锚

这类人时时期望利用自己的能力去创建属于自己的公司或创建完全属于自己的产品(或服务),而且愿意去冒风险,并能克服面临的障碍。他们可能正在别人的公司工作,但同时他们也在学习并评估将来的机会,一旦他们感觉时机到了,便会走出去创建自己的事业。创造是其自我发展的核心。

4. 自主与独立型职业锚

这类人追求一种能最大限度摆脱组织约束,施展自己职业能力的工作情景,更喜欢有独立和自主性的职业,其主要需求是随心所欲地制定自己的步调、时间表、生活方式和工作习惯。

5. 安全型职业锚

这类人更愿意选择能提供保障、稳定体面的收入及可靠的未来生活的职业,通常有良好的退休计划和较高的退休金保证,也包括对地理安全型感兴趣的人和追求组织安全性的人,如到政府机关从事公务员等工作。他们比较容易接受组织对他们的工作安排,让雇主来决定他们去从事何种职业。尽管有时他们可以达到一个高的职位,但他们并不关心具体的职位和具体的工作内容。

6. 服务型职业锚

服务型的人始终追求他们认可的核心价值,如帮助他人、改善他人不良现状等。他们一直追寻这种机会。一般来说,属于服务型职业锚的人不会接受不允许他们实现这种价值的工作变换或工作提升。

7. 挑战型职业锚

挑战型的人喜欢解决看上去无法解决的问题,战胜强硬的对手,克服无法克服的困难障碍等。对他们而言,参加工作或职业的原因是工作允许他们去战胜各种不可能,新奇、变化和困难是他们的终极目标。如果事情非常容易,工作马上变得非常令他们厌烦。

8. 生活型职业锚

生活型的人是喜欢允许他们平衡并结合个人的需要、家庭的需要和职业的需要的工作环境。他们希望将生活的各个主要方面整合为一个整体。正因为如此,他们需要一个能够提供足够弹性让他们实现这一目标的职业环境,甚至可以牺牲他们职业的一些方面,如:提升带来的职业转换。他们将成功定义得比职业成功更广泛,他们认为自己如何去生活,在哪里居住,如何处理家庭的事情以及在组织中的发展道路是与众不同的。

(三)职业锚的功能

个人在进行职业规划和定位时,可以运用职业锚思考自己具有的能力,确定自己的发展方向,审视自己的价值观是否与当前的工作相匹配。只有个人的定位和要从事的职业相匹配,才能在工作中发挥自己的长处,实现自己的价值。尝试各种具有挑战性的工作,在不同的专业和领域中进行工作轮换,对自己的资质、能力、偏好进行客观的评价,是使个人的职业锚具体化的有效途径。具体来说,职业锚无论是在个人的职业发展过程中,还是在组织的事业发展过程中,都发挥着重要的功能作用。

1. 使组织获得正确的反馈

职业锚是个人经过搜索所确定的长期的职业定位。这一搜索定位过程,依照着个人的需要、动机和价值观进行。所以说,职业锚可以清楚地反映出一个人的职业追求与抱负。

2. 为个人设置可行有效的职业渠道

职业锚能够准确地反映个人职业需要及其所追求的职业工作环境,反映个人的价值观和抱负。透过职业锚,组织可获得个人正确信息的反馈,这样组织才可能有针对性地对其职业发展设置可行的、有效的、顺畅的职业渠道。

3. 增长个人的工作经验

职业锚是个人职业工作的定位,不但能使其在长期从事某项职业的过程中增长工作经验,而且还能使其职业技能不断增强,直接为组织创造出更多的效益,同时提高工作效率和劳动生产率。

4. 奠定中后期工作的基础

之所以说职业锚是中后期职业工作的基础,是因为职业锚是个人在通过不断的工作经验积累后产生的,它反映了一个人价值观和被发现的才干。抛锚于某一种职业工作的过程,就是自我认知的过程,是把职业工作与自我价值观相结合的过程,并以此决定中后期的主要生活和职业选择。

二、职业选择理论

职业选择是个人从自己的主观意向和实际的职业能力出发,在社会多种多样的职业岗位中选择其一。职业决策是一个完整的认知过程,其实质是个人的内在因素与外部职业因素相互作用的过程,也是个人与社会相互适应发展的过程。它包含了个人选择职业与职业选择个人两个方面。

(一)人—职匹配理论

该理论是在 1909 年,由美国波士顿大学教授弗兰克·帕森斯教授提出的。这是职业选择最经典的理论之一。

1. 核心观点

弗兰克·帕森斯在其《选择一个职业》的著作中,明确地提出了人与职业相匹配是职业选择的焦点,并阐明职业选择的三大要素和条件,其核心观点包括:

(1)个人有自己独特的人格模式,每种人格模式都有其相适应的职业类型;

(2)在选择职业时,首先需清楚地了解个人的态度、能力、兴趣、局限性等方面;

(3)要了解职业选择成功的需求和条件以及不同岗位的优缺点、酬劳、机会等；

（4）以个人和职业的互相配合作为职业辅导的最终目标。

帕森斯的理论内涵就是在清楚认识、了解个人主观条件和社会职业要求的基础上，将条件与要求相比照、匹配，从而选择一种职业需求与个人特长匹配最得当的职业。

2. 进一步发展

威廉逊·佩特森在帕森斯的基础上进一步发展了该理论，形成了人格特性与职业因素匹配的理论。这种理论认为所有人在成长发展方面都存在着差异，强调个体间的差异性。每个人都具有与他人所不同的个性特征，而且这种特性与某种职业因素存在着关联。人的特性是可以通过科学工具客观地测量出来的，而职业因素也是可以分析的，因此职业指导的主要任务就是要解决人的特性如何与职业因素相适应的问题。这种理论倡导通过职业指导者测量与评价被指导者的生理、心理特性以及分析职业对人的要求来帮助被指导者进行分析比较，使其在清楚地了解自己和职业的基础上做出合理的职业选择。

人格特性与职业因素匹配理论的核心是人职匹配，它有一定的理论前提，即：

（1）每个人都有独特的特性，且这种特性能够有效地测量出来；

（2）为了获得成功，不同职业需要具备不同特性的人；

（3）选择职业是容易操作的，人职匹配也是可能的；

（4）个人特性与职业要求之间的配合越紧密，职业成功的可能性越大。

总的来说，人——职匹配，分为两种类型：一是因素匹配，如所需专门知识和技能的职业与掌握该种特殊知识技能的择业者相匹配；二是特性匹配，例如具有感性、敏感、完美主义等人格特质的人，适合从事创造性、艺术类的职业。

3. 理论的价值与局限

总的来说，人—职匹配理论极易操作。我们可以根据理论，把职业选择或职业指导分成三个步骤：个人分析、职业分析和人职匹配。通过这三个步骤，个人就可以选择出一项既符合个人特性又有可能获得的职业。但这种理论又有一定的局限性，比如该理论假设每个人只有唯一的生涯目标及生涯决策，这样的观点缺乏动态性，缩小了个人职业选择的范围，而且也没有关注到个人的特质与工作环境都在变化，即忽视了生涯的发展性。

（二）霍兰德职业兴趣理论

约翰·霍兰德（Holland）是美国著名心理学家、职业指导专家，在美国约翰·霍普金斯大学担任心理学教授，长期从事职业咨询工作，成为该领域里程碑式的人物。他以自己从事职业咨询的经验为基础，通过对自己职业生涯和他人职业道路的深入研究,首次提出了职业选择理论,并阐述了个性与环境类型相匹配的思想。1973 年,霍兰德名著《做出职业选择》(*Making Vocational Choice*)问世。在这本书中,霍兰德全面表述了他的职业选择理论。

1. 理论概述

霍兰德职业选择理论提出六条构想:

(1)个性是职业选择的主要影响因素;

(2)兴趣包括在个性范畴之内;

(3)职业选择观是一种稳定的心理状态;

(4)早期的职业幻想预示未来职业方向;

(5)个性、目标定位的"自知程度"决定了职业选择的聚焦范围,自知程度越清,焦点越明;

(6)为达到职业成功和满意感,应选择与个性特点相容的职业。

2. 基本假设

霍兰德兴趣类型理论建立在下面四个基本假设的基础之上。

(1)六种基本的个性类型

霍兰德把个性类型划分为六种:现实型(Realistic)、研究型(Investigative)、艺术型(Artistic)、社会型(Social)、企业型(Enterprising)、常规型(Conventional)。他认为,绝大多数人都可以被归于六种类型中的一种。

(2)六种基本的环境类型

霍兰德把环境也划分为与个性类型相应的六大基本类型。任何一种环境大体上都可以归属于这六种类型的一种或几种类型的组合。

(3)个性—环境类型的匹配

人们倾向于寻找与其个性类型相一致的环境,这种环境能让他们运用自己的技巧能力,表达自己的态度与价值观,并且承担令人愉快的工作和角色。同样,环境也寻求与其类型相一致的人。

(4)个人的行为由个性与环境间的相互作用决定

我们可以通过一个人的个性类型与其所处的环境类型,对其行为进行预测,包括职业选择、工作转换、工作绩效以及教育和社会行为等。

同一职业环境中的人有相似的人格特质,因为他们对情景和问题会有类似的反应,从而形成特定职业氛围,也就是说,在特定的职业环境中,会有特定的价值观念、态度倾向和行为模式。如果个人的人格与职业环境达到适配,将会增加个人的工作满意度、职业稳定性和职业成就感。

3. 个性类型与职业类型的划分及匹配

(1)社会型(S)

个人特征:喜欢与人交往,不断结交新的朋友;善言谈,愿意教导别人;关心社会问题,渴望发挥自己的社会作用;寻求广泛的人际关系,比较看重社会义务和社会道德。

典型职业:喜欢要求与人打交道的工作,能够不断结交新的朋友,从事提供信息、启迪、帮助、培训、开发或治疗等事务,并具备相应能力。如:教育工作者(教师、教育行政人员),社会工作者(咨询人员、公关人员)。

(2)企业型(E)

个人特征:追求权力、权威和物质财富,具有领导才能;喜欢竞争,敢冒风险,有野心和抱负;为人务实,习惯以利益得失、权利、地位、金钱等来衡量做事的价值,做事有较强的目的性。

典型职业:喜欢要求具备经营、管理、劝服、监督和领导才能,以实现机构、政治、社会及经济目标的工作,并具备相应的能力。如:项目经理、销售人员,营销管理人员,政府官员、企业领导、法官、律师。

(3)常规型(C)

个人特征:尊重权威和规章制度,喜欢按计划办事,细心、有条理,习惯接受他人的指挥和领导,自己不谋求领导职务;喜欢关注实际和细节情况,通常较为谨慎和保守,缺乏创造性,不喜欢冒险和竞争,富有自我牺牲精神。

典型职业:喜欢要求注意细节、精确度、有系统、有条理,具有记录、归档、据特定要求或程序组织数据和文字信息的职业,并具备相应能力。如:秘书、办公室人员、记事员、会计、行政助理、图书馆管理员、出纳员、打字员、投资分析员。

(4)实际型(R)

个人特征:愿意使用工具从事操作性工作,动手能力强,做事手脚灵活,动作协调;偏好于具体任务,不善言辞,做事保守,较为谦虚。缺乏社交能力,通常喜欢独立做事。

典型职业:喜欢使用工具、机器,需要基本操作技能的工作。对要求具备机械方面才能、体力或从事与物件、机器、工具、运动器材、植物、动物相关的职业有兴趣,并具备相应能力。如:技术性职业(计算机硬件人员、摄影师、制图员、机械装配工),技能性职业(木匠、厨师、技工、修理工、农民、一般劳动者)。

(5)研究型(I)

个人特征:思想家而非实干家,抽象思维能力强,求知欲强,肯动脑,善思考,不愿动手;喜欢独立的和富有创造性的工作;知识渊博,有学识才能,不善于领导他人；考虑问题理性，做事喜欢精确，喜欢逻辑分析和推理，不断探讨未知的领域。

典型职业：喜欢智力的、抽象的、分析的、独立的定向任务，要求具备智力或分析才能，并将其用于观察、估测、衡量，形成理论，最终解决问题的工作，并具备相应的能力。如：科学研究人员、教师、工程师、电脑编程人员、医生、系统分析员。

（6）艺术型（A）

个人特征：有创造力，乐于创造新颖、与众不同的成果，渴望表现自己的个性，实现自身的价值；做事理想化，追求完美，不重实际；具有一定的艺术才能和个性；善于表达，喜欢怀旧，心态较为复杂。

典型职业：喜欢的工作要求具备艺术修养、创造力、表达能力和直觉，并将其用于语言、行为、声音、颜色和形式的审美、思索和感受，具备相应的能力；不善于事务性工作。如：艺术方面（演员、导演、艺术设计师、雕刻家、建筑师、摄影家、广告制作人），音乐方面（歌唱家、作曲家、乐队指挥），文学方面（小说家、诗人、剧作家）。

4. 何为理想的职业选择

一般来说，最为理想的职业选择就是个体选择与其个性类型相一致的职业环境。如研究型的人在研究型环境中学习和工作，这称为"人职协调"，因为在这种环境中工作，个人最可能充分发挥自己的才能并具有较高的工作满意感。

如果个体选择与其个性类型相近的职业环境，例如，现实型的人在研究型或常规型环境中工作，由于两种类型之间有较高的相关度，则个人经过努力和调整也能适应职业环境，这属于"人职次协调"。最坏的职业选择是个人在与其个性类型相斥的职业环境里工作，在此情况下，个人很难适应职业，也不太可能从工作中得到乐趣，这称为"人职不协调"。例如，研究型的人在企业型环境中工作。

总之，个性类型与职业类型的相关程度越高，个体的职业适应性越好；相关程度越低，个体的职业适应性就越差。

（三）择业动机理论

1. 什么是择业动机理论

美国心理学家佛隆（Victor. H. Vroom）通过对个体择业行为的研究认为，个体行为动机的强度取决于效价的大小和期望值的高低，动机强度与效价及期望值成正比。1964 年在其出版的《工作和激励》一书中，他提出了解释员工行为激发程度的期望理论。期望理论的公式为：

$$F = V \cdot E$$

·F 为动机强度,是指积极性的激发程度,表明个体为达到一定目标而努力的程度;

·V 为效价,是指个体对特定目标重要性的主观评价;

·E 为期望值,是指个体对实现目标可能性大小的评估,也是目标实现概率。

员工个体行为动机的强度取决于效价大小和期望值的高低。效价越大,期望值越高,员工行为动机越强烈。就是说,为达到一定目标,个人将付出极大努力。如果效价为零乃至负值,表明目标实现对个人毫无意义。在这种情况下,目标实现的可能性再大,个人也不会产生追逐目标的动机,不会为此付出任何积极性和努力。如果目标实现的概率为零,那么无论目标实现意义多么重大,个人同样不会产生追求目标的动机。

2. 理论具体内容

佛隆将这一期望理论用来解释个人的职业选择行为,具体化为择业动机理论。该理论的应用,即个人分两步走,来进行职业选择。

第一步,确定择业动机。用公式表示为:择业动机 = 职业效价 × 职业概率。

其中,择业动机表明择业者对目标职业的追求程度,或者对某项职业选择意向的大小。

职业效价是指择业者对某项职业价值的评价,取决于两个方面,一是择业者的职业价值观;二是择业者对某项具体职业的要求,如兴趣、劳动条件、工资、职业声望等的评估。即:职业效价 = 职业价值观 × 职业要素评估。

职业概率是指业者获得某项职业可能性的大小,通常主要取决于 4 个条件:(1)某项职业的需求量。在其他条件一定的情况下,职业概率同职业需求量呈正相关。(2)择业者的竞争能力,即择业者自身工作能力和求职就业能力,竞争力越强,获得职业的可能性越大。(3)竞争系数是指谋求同一种职业的劳动者人数的多少。在其他条件一定的情况下,竞争系数越大,职业概率越小。(4)其他随机因素。即职业概率 = 职业需求量 × 竞争能力 × 竞争系数 × 随机性。

择业动机公式表明,对择业者来讲,某项职业的效价越高,获取该项职业的可能性越大,择业者选择该项职业的意向或者倾向越大;反之,某项职业对择业者而言,其效价越低,获得此项职业的可能性越小,择业者选择这项职业的倾向也就越小。

第二步,比较择业动机,确定选择的职业。

择业者对几种大致的职业目标进行评估后,在测定了这几种职业的择业动机值后,可横向比较。由于择业动机本身已经有一个影响因素权衡的考虑,因此在分析计算时,要选择择业动机分值最高的那个职业作为选定结果。

佛隆的择业动机理论可以帮助求职者权衡各种动机的轻重缓急,反复比较利弊得失,评定其社会价值。帮助求职者确定主导择业动机,使动机顺利地导向行为。

(四)择业决策理论

择业决策又称"职业决策",该理论源于经济学中的决策理论在职业行为上的研究。在各种职业选择理论中都有涉及到抉择的问题,其中伽勒特和乔普森特别强调了职业决策意识与决策行为在个人职业程度与发展过程中所起的作用,并把职业发展过程看作职业决策或解决问题的过程。

在一般的经济学决策理论中,个人的决策取决于效用价值。决策时往往考虑与效用(效果)有关的因素,如成本、冒险、损失等。决策者会对每一种可能的选择方案搜集资料信息,分析每一种方案的预期效用,然后选择预期效用值最大的那种作为决策的结果。但实际上,择业决策是一个非常复杂的内部过程,尽管效用标准是决策的重要依据,但却不足以对决策整个过程做出解释。

在实际生活中,效用往往因人而异,而且个人的年龄、性别、经验等因素也会对决策产生影响。职业决策不能等同于经济活动的决策,它要受到个人对职业的价值期望(如经济收入、兴趣偏好、性格特征、社会地位)的影响,与经济决策中的效用是不同的。而且,决策者个人的价值、态度、认知方式也都是影响择业决策的重要因素。

因此,择业决策理论强调,只有深入研究这些因素,才能阐明职业决策过程。只有从个人与环境的相互作用来分析个人的择业决策行为,才能从影响个人职业决策的环境、遗传、经验等因素分析中提出职业选择的主要任务。

三、职业发展理论

与职业选择的视角不同,生涯发展理论从时间顺序出发,剖析生理、心理、社会文化对于职业选择和调整变动的影响。

(一)金斯伯格(Eli Ginzberg)的职业发展理论

美国著名的职业指导家和心理学家金斯伯格,把个体职业生涯的发展分为三个时期:幻想期、试探期和现实期。该理论展示了一个人从幼年到青年的职业心理发展过程,同时也揭示了早期职业心理发展对人生职业选择的重要影响。

1. 幻想期

当儿童处于四五岁的时候,游戏活动是他们的主导活动。他们把对成人世界的观察所获得的社会角色的直觉印象,通过游戏简单地展现出来。对于所接触到的各类职业工作,他们充满了好奇,并充分运用想象力,模仿解放军、医生、厨师等许多现实职业角色的行为举止。这一阶段个体对职业的需求完全凭自己的兴趣爱好,不考虑自身的条件、能力水平、社会需要与机遇,主要处于幻想之中。

2. 试探期

随着个体进入青少年阶段,其心理和生理也在迅速变化,开始形成独立性和成人感。与此同时,个体的知识、能力也在不断增长,开始主动憧憬未来发展,对职业开始进行更深层次的探索。在 11～12 岁的时候,个体开始察觉到不同职业之间的差异,并对某些职业开始萌发兴趣;到了 12～14 岁,个体又会注意到不同的职业对于人的要求也有所不同,并开始注意自己能力的训练;进入 15～16 岁,个体开始了解职业角色的社会地位和社会价值,并运用这种价值观做参考,重新审视自己的职业兴趣。

3. 现实期

17 岁以后的青年个体,会综合运用有关的职业信息,并结合自己的职业愿望,把职业选择范围缩小,寻找适合自己的职业角色。这个时期的职业期望更加清晰、客观,具有现实指导意义。

(二)舒伯(Super)的职业发展理论

舒伯认为,人的每一个年龄阶段都与职业发展有着相互配合的关系,人的生涯发展会伴随着年龄的成长而递进,每个年龄阶段都有其生涯发展的任务。舒伯从终身发展的角度,结合职业发展形态,将生涯发展阶段划分为成长、探索、建立、维持与衰退五个阶段,其中有三个阶段与金斯伯格的分类相近,只是年龄与内容稍有不同,增加了就业以及退休阶段的生涯发展,具体分述如下。

1. 成长阶段(0～14 岁)

在这个阶段,儿童开始辨认他们周围的事物,逐渐开始发展自我概念,并意识到自己的兴趣所在以及和职业相关的一些最基本的技能,开始用不同方式来表达自己的需要,且经过对现实世界不断地尝试,修饰自己的角色。他们这个阶段发展的任务是:发展自我形象和对工作世界的正确态度,并了解工作的意义。

这个阶段共包括三个时期:一是幻想期(4～10 岁),它以"需要"为主要考虑因素,在这个时期,幻想中的角色扮演很重要;二是兴趣期(11～12 岁),它以"喜好"为主要考虑因素,喜好是个人施展抱负选择活动的主要决定因素;三是能力期(13～14 岁),它以"能力"为主要考虑因素,能力逐渐具有重要作用。

2. 探索阶段(15～24 岁)

这一阶段,青少年开始通过学校的活动、社团休闲活动、兼职打零工等机会,对自我能力及角色、职业进行探索,尝试自己对职业的一些假想,选择职业时有较大弹性。在这个时期,职业偏好已经开始出现,并逐渐形成一两个具体的职业选择。这个阶段的发展任务是使职业偏好逐渐具体化、特定化,并实现职业偏好。

这阶段共包括三个时期:一是试探期(15～17岁),青少年开始考虑自己的需要、兴趣、能力及机会,做出暂时性的决定,并在幻想、讨论、学校生活及工作中加以尝试;二是过渡期(18～21岁),青年人进入就业市场或接受专业训练,更重视现实,并力图实现自我概念,将一般性的职业选择转为特定的选择;三是实验期(22～24岁),个人的职业生涯初步确定并实验其成为长期职业生涯的可能性,若不适合则可能再经历上述各时期以确定方向。

3. 建立阶段(25～44岁)

进入第三个阶段后,个人开始尝试选择适合自己的职业领域,不适合者会谋求变迁或做其他探索,因此该阶段较能确定在整个事业生涯中属于自己的"位子",并在31～40岁开始考虑如何保住这个"位子"并固定下来。

建立阶段发展的任务是统整、稳固,并求上进。这个阶段又可细分为两个时期:一是实验—承诺—稳定期(25～30岁),个人寻求安定,也可能因生活或工作上的若干变动而尚未感到满意;二是建立期(31～44岁),个人致力于工作上的稳固,大部分人都处于最具创造力的时期,会因为资深而往往业绩优良。

4. 维持阶段(45～65岁)

个人会在这一阶段不断地付出努力来获得职业生涯的发展和成就,避免产生停滞感,并逐渐能在自己的领域中占有一席之地。这一阶段发展的任务是维持既有的成就与地位,也会面对新的人员的挑战。

5. 衰退阶段(65岁以上)

由于生理及心理机能日渐衰退,进入衰退阶段后,个人已经有意退出工作岗位并开始享受自己闲暇的晚年生活,职业角色的分量逐渐减少。这一阶段往往注重发展新的角色,寻求以不同的方式替代和满足个人的需求。

在这一理论形成的初始阶段,舒伯认为,这些阶段彼此之间都是有严格的界限和区分。但在后期,他提出这些阶段之间可能有交叉,并不存在严格的界限。同时,在人生的不同时期,都可以由这五个阶段构成一个小循环。另外,在这些不同的阶段,人所扮演的角色也不同,且通常要同时扮演几个角色,如子女、学生、工作者、配偶、家长等,为此,舒伯设计了生涯彩虹图(如图1-1)来表示不同角色在人生各个阶段的地位。

(三)格林豪斯的职业发展理论

格林豪斯研究人生不同年龄段职业发展的主要任务,并以此将职业生涯划分为5个阶段。

1. 职业准备阶段。典型年龄段为0～18岁。主要任务是发展职业想象力,对职业进行评估和选择,接受必须的职业教育。

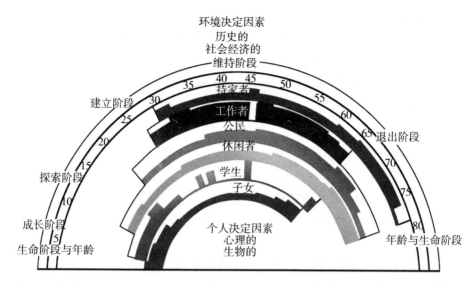

图 1 – 1　生涯彩虹图

2. 进入组织阶段。18～25 岁为进入组织阶段。主要任务是在一个理想的组织中获得一份工作,在获取足量信息的基础上,尽量选择一种合适的、较为满意的职业。

3. 职业生涯初期。处于此期的典型年龄段为 25～40 岁。主要任务是学习职业技术,提高工作能力;了解和学习组织纪律和规范,逐步适应职业工作,适应和融入组织;为未来的职业成功做好准备。

4. 职业生涯中期。40～55 岁是职业生涯中期阶段。主要任务是需要对早期职业生涯重新评估,强化或改变自己的职业理想;选定职业,努力工作,有所成就。

5. 职业生涯后期。从 55 岁直至退休为职业生涯的后期。主要任务是继续保持已有职业成就,维护尊严,准备引退。

第三节　职业生涯规划的方法与流程

随着我国高等教育进入大众化阶段,大学生的就业也日益走向市场化。而就业形式的多元化、多样化使他们在择业、就业中面临更多的选择,也出现了更多的问题。面对日益严峻的就业形势,大学生有必要尽早掌握职业生涯规划的方法,通过规划找到自己的定位,做好就业与职业发展的充分准备。

一、职业生涯规划的原则

在职场上,很多人在对自己的职业生涯进行规划时,都不知所措。职业生涯规划需要了解职业生涯规划时所要遵守的准则,从而让规划合理可行,符合自身实际。个人职业生涯规划设计应该遵守如下准则:

(一)清晰性原则

一份清晰的规划,是保证行动有效实施的前提。在制定职业生涯规划时,要考虑目标、措施是否清晰、明确,实现目标的步骤是否直截了当。

(二)挑战性原则

即制定的职业目标或措施要具有挑战性,不能仅仅是维持原来的状况。一份有挑战性的规划,才能使个人在职业历程中,不断成长,有所开拓。

(三)一致性与协作性原则

一致性是指职业规划的主要目标与分目标、目标与措施、个人目标与组织目标都要保持一致。协作性则指个人目标与企业目标要具有合作性与协调性,职业生涯规划的各项活动,都要由组织与员工双方共同制定、共同实施、共同参与完成。

(四)动态性原则

一般来说,个体的生命历程是不断变化的,个人的职位也是不断变动的,因此职业生涯规划也应该是动态的。职业生涯的目标或措施要具有弹性和缓冲性,能依循环境的变化而做调整。

(五)激励性原则

指目标是否符合自己的性格、兴趣和特长,是否能对自己产生内在的激励作用。职业生涯规划的目标和措施,要使个人能发挥自己的能力和潜能,达到自我实现。

(六)全程性原则

拟定生涯规划时必须考虑到生涯发展的整个历程,做全程的考虑。在实施职业生涯规划的各个环节上,都要进行设计、实施和调整,以保证职业生涯规划与管理活动的持续性,使其效果得到保证。

(七)量化清晰原则

生涯规划各阶段的路线划分与安排,必须具体可行。设计应有明确的时间限制和标准,以便测量、检查,使自己随时掌握执行情况,并为设计的修正提供参考依据。

(八)务实原则

实现生涯目标的途径很多,在做规划时必须要考虑到自己的特质、社会环境、组织环境以及其他相关的因素,选择确实可行的途径。

二、职业生涯规划的方法

职业生涯的发展有着不同的阶段,各个阶段的职业生涯规划会受到不同的内外部环境的影响。内外部环境影响面及影响程度的不同,这使得职业生涯规划在个体之间及个体不同发展阶段之间的复杂性和难度也不同,所以采取的职业生涯规划方法也可以有所不同。

(一)便捷的生涯规划法

便捷的生涯规划法,顾名思义,是一种比较简单、快捷的职业生涯规划法。通常称为知识导向、配合导向、人群导向的生涯规划方法。常见的便捷规划包括:

1. 自然发生法:最常见的情形是在学生高考后,在填写志愿时,并未考虑自己的性格、志趣,只要找到分数所能录取的学校、科系,便草草地签下了自己的一生。

2. 目前趋势法:比如跟随现在市场的趋势,立志投入到某个热门行业。

3. 最少努力法:选择最容易的科系或技术,祈求有最好的结果。

4. 拜金主义法:选择待遇最好的行业。

5. 刻板印象法:以性别、年龄、社会地位等刻板印象来选择。如:女性较适合从事服务业。

6. 橱窗游走法:到各种工作场所或招聘会走马观花一番,再选择最顺眼的工作。

7. 假手他人法:由他人替自己决定和选择。最常见的是父母或家人、朋友、老师等。

便捷的职业生涯规划方法的优点是省时、省力、不用花费太多心神,在短时期内的效率很好。打个比方来说,类似方便面,又快又简单,还可以暂时填饱肚子。缺点是无法根据个人的能力、特性做长远的规划,需要冒着草率规划的风险。方便面可以暂时止饥,但是长期食用会导致营养不良。

(二)系统的职业生涯规划法

上述七种便捷的方法,虽然可以让你在短期内做好生涯规划,但是风险也是显而易见的。为了弥补这个缺失,将风险降到最低,就需要认真思考自己要去的方向,拟定一个行动计划,步步为营。如果且走且战,则很容易陷入职业发展的泥淖,疲惫不堪。听从内心需要,挖掘出自身潜能,需要遵循一套客观、科学、实际的规划方法和流程,即系统的生涯规划法。

1. 系统生涯规划法涵盖四大要项

(1)我能够做什么:即认识自我与环境,了解自己的长处与限制,能力和兴趣等,谨守分寸,才不会遭受挫败。

（2）我可以做什么：选择正确的发展目标，了解环境中有哪些机会与挑战，了解自己有什么需求，进而搜集有关的工作、职业信息。

（3）我想要做什么：了解自我的价值观，积极思考想要做的是什么。

（4）我应该做什么：了解社会价值与生涯发展的关系，及自我的价值观，采取行之有效的实施步骤，加以适当的学习与自我训练，以发展工作领域中所需的基本能力与技巧。

2. 系统生涯规划法遵循五大步骤

规划一个系统、成功的生涯，需要做到了解自己，发挥所长、慎选真正有利的机会、订下循序实现的目标、有效率地工作以及适度调整生涯规划内容与目标。具体来说，系统的生涯规划需从以下五个步骤着手：

（1）自我评估与环境分析。自我评估是对自己的兴趣、特长、性格、学识、技能、智商、情商以及管理、协调、活动能力等方面的全面评估。其实质是通过自我分析，认识自己、了解自己，诊断出个人问题所在。对于环境的分析，则要弄清楚环境的特点、环境的变化趋势、个人与环境的关系、环境对个人的要求等，以便清晰地把握环境对职业发展的作用和影响，更好地进行职业目标的设计和职业路线的选择。

（2）确定职业发展目标。对个人进行全面的分析以及对环境有了较深入的了解后，结合个人职业理想确定自己的职业发展目标。行为科学认为，目标是一种刺激，合适的目标能够激发人的动机，规定行为的方向。人们把目标的价值看得越大，估计实现的概率越高，这个目标对他的激发力量也就越大。理想的职业生涯目标，对人的发展有着重要的激励作用。由于知识、经验、阅历、态度、各自利益的不同，每个人对于自己预期的职业生涯目标也各不相同，应根据自己不同的需要确定自己的职业生涯目标。

（3）选择生涯发展路线。通过自我评估、认识自己、分析环境，并且在确定未来职业目标的基础上，从自己的价值观、理想、成就动机等对自己以后从事的职业做出选择。

选择职业生涯路径，通常有"纵向""横向""网络""双重"这四种可供选择，其选择因人而异。职业生涯路线也可能出现交叉与转换，个人可依据自身特点和外界环境，选择职业发展路径。

（4）制定、实践行动计划。思想上确定了目标，行动便成了关键的环节。行动的顺利需要严格的行动计划做铺垫。比如，在计划中需要考虑如何提高综合能力，如何改进不良习惯，如何培养特长，如何完善人格，如何改正缺点，如何提高成绩，如何弥补差距，等等。当生涯计划的策划部分完成后，便要依据计划采取实际行动,因为坐而知是不够的。空有计划,而无行动,则一切都如梦幻泡影。

(5)自我评估与调整。经过一段时间的学习生活,有意识地回顾自己的行动,检验自己的目标,在实施过程中自觉地总结经验教训,评估自己的职业生涯规划。并根据生涯规划的进展情况,适时考虑是否需要做一些调整,比如职业的重新选择、生涯路线的选择、人生目标的修正、实施措施与计划的变更等等。

由上可见,系统的生涯规划法不仅可以协助规划者认识自己的特质及价值所在;也可以帮助规划者迅速而完整地把握工作世界的现况与趋势,从而找到可以实现自己的途径,找出适合自己的工作。

第四节 大学生涯规划

职业规划是大学生适应社会经济发展的要求。知识经济社会对人力资源素质提出了更高的要求,它不仅要求人才具有合理的知识结构,还要求人才具有较高的职业素质和较强的职业能力。当代大学生要想在今后的社会中立足,必须要做好自己的职业规划。

一、什么是大学生涯规划

从广义上讲,大学生涯规划是指我们进入大学以后对自己今后的整个人生发展进行的规划,这个层面上的生涯规划在前面已经做了相关论述;从狭义上讲,大学生涯规划可以分为大学阶段的学业、学习规划,学习以外的生活规划与学业及未来发展密切相关的职业规划等。在此,我们通过狭义角度大体勾勒一下大学生生涯规划:学业生涯规划、职业生涯规划。

(一)大学生学业生涯规划

1. 含义

大学生学业规划,就是大学生根据自身情况,结合现有的条件和制约因素,为自己确立整个大学期间的学习目标,并为实现学习目标而确定行动方向、行动时间和行动方案。换言之,就是大学生通过解决学什么、怎么学、什么时候学等问题确保自身顺利完成学业,为成功实现就业或开辟事业打好基础。对于在校的大学生来说,只有及早设计自己的学业规划,明确自己的学业目标,提高素质优势,才有可能在将来激烈的竞争中把握住机会,获得成功。简单来说,就是大学四年(五年制本科则为五年)里自己的学习安排。大学学业生涯规划属于一种短期性的规划,它的期限只有四年或五年。可以按照大一、大二、大三、大四的不同学习要求或自身情况制定相应的学习计划。如果有读研究生或博士生的打算，那么规划期限则会相应延长一些。

2. 重要性

大学生的天职是学习，大学是学习的天堂。人生也许很长，但只有大学这几年是可以让人充分、自由学习的时期，过了这个阶段就很难再找了。虽然说大学生的学业规划是短期的，但它却是人生漫长规划中最基础的部分，如万丈高楼之牢固基石一般重要。诚如我国的一句古话："有志不在年高，无志空活百年。"其实人生何需百年？只要我们能像阿基米德寻找地球支点一样，找到我们灵魂的支点，那么激跃生命的腾飞还不是易如反掌吗？这个支点就是规划人生，就是努力学习！遗憾的是我们往往不能或者不敢给人生一个规划，前路迷茫，没有人生规划这座灯塔的指引，我们能找到前进的方向吗？没有前期刻苦学习打下的牢固基础能行吗？扑面而来的风风雨雨，我们能挺得过去吗？或者误入歧途，一失足成千古恨！由此可见，为我们自己的人生做一个正确合理的规划是必须的，尤其是最初的学业规划。美国教育家 B. F. Skinner 有句名言："如果我们将学过的东西忘得一干二净，最后剩下来的东西就是教育的本质了。"这就是大学教育。当我们离开学校以后，再也没有人强迫我们学习，再也没有人安排我们去上早自习、晚自习，没有人在我们记不下笔记的时候停下来耐心地等待……所以说，在大学期间，要端正学习态度，以刻苦认真的心态完成学业，打好人生之路的基础。

(二)大学生职业生涯规划

1. 含义

如上一节所叙述的，职业生涯规划就是指个人和组织相结合，在对一个人职业生涯的主客观条件进行测定、分析、总结研究的基础上，确定其最佳的职业奋斗目标，并为实现这一目标做出行之有效的安排。因而可以说，职业生涯规划是包括学业规划在内的一个长期性的规划，除了大学阶段的学业规划外，还要有对大学毕业后入职的规划等，在一定程度上说，它是一个人人生的整体规划。

2. 重要性

由于这种人生规划——职业生涯规划是长期性的，故而将会对学业规划产生一种激励的作用。如西方的一句谚语所说："如果你不知道你要到哪儿去，那通常你哪儿也去不了。"同样，一个不知道自己想干什么的人通常什么也干不好。所以，确立一个具体的职业目标和专业方向，清楚地知道自己未来想干什么是选择所要学习专业的前提条件。做到这一点的关键就是认清自己，找到自己的兴奋点和兴趣所在。俗话说兴趣是人最初的动力，是最好的老师，是成功之母，从事一项感兴趣的工作本身就能给人以满足感，职业生涯也会从此变得妙趣横生。一代球王贝利视足球为生命,这份执着使他成为世界瞩目的球星;对经商有着强烈兴趣的北大方正公司集团总裁张玉峰的创业史也说明,浓厚的职业兴趣是一个人事业腾飞的引擎,而对兴趣的无悔追求是事业成功的巨大推动力。对于处在职业准备阶段的大学生来说,虽然其兴趣会随着年龄增长逐渐清晰,但兴趣不稳定的因素还是存在的。所以处在这一阶段的学生还是要在父母、老师甚至相关专家的帮助下找出自己的真正兴趣所在,据此选择就业方向。明确自己的兴趣点是成功职业规划的前提。

所以说,大学生的职业规划主要是帮助大学生理性地选择与工作相关的职位,系统地规划成长路径,探求择业过程的规律,从而把握就业竞争的一系列活动过程。这种规划可以在学校相关部门和人员的帮助下进行,让学生能够理性地分析自我,认知自我,通过不断探索,结合现实情况确立与自身性格、兴趣、能力等相符合的人生理想。

二、大学生生涯规划的方法

(一)学业规划选定,关注自我评估

许多高校大学生缺乏对自己合理的定位,这种定位的缺乏会造成两种消极效果。一是高校大学生过于自负,认为自己具有较强的能力,对择业的期望值过高,要求高薪水、高职位,而对一些艰苦的工作很难接受甚至从不考虑。这种现象令许多企业的招聘者很无奈,而且对择业的大学生本人也会起到消极影响,如不接受就业指导老师的科学指导、不考虑企业给予的合理建议等。二是自卑心理,自卑心理的学生会认为自己能力太差,不能胜任大多数工作,从而可能失去很多择业机会。这两种就业心理的出现,会直接影响就业目标的制定,从而使学生没有正确的发展方向。

1. 分析自己的兴趣爱好,认定自己想干什么。兴趣是理想产生的基础,兴趣与成功概率有着明显的正相关性。要择己所爱,选择自己喜欢的专业方向和研究领域进行钻研和学习。

2. 分析自己的能力、特长,确定自己能干什么。能力是人的综合素质在现实行动中的表现,是正确驾驭某种活动的实际本领、能量和熟练水平。能力是实现人的价值的一种有效方式,也是支配人生命运的一种主导性的积极力量。因为任何一种职业都要求从业者掌握一定的技能,具备一定的条件。所以大学生要结合自己的兴趣爱好,在认定自己想干什么的基础上,确定已经具备的能力和应该培养的能力。

3. 分析未来,确定社会要求。着眼将来、预测趋势,立足于社会不断发展变化的需求。避免盲目跟风,因为最热门的并非最好的。选择社会需要又最适合发挥自身优势的专业方向和研究领域才是最好的。要把自己的兴趣爱好、能力特长同社会需要结合起来,把想干什么、能干什么、社会要求干什么有机地结合起来。

(二)强化学业规划,实现从理论型到技能型的转变

当学业规划选定以后,很多大学生或者束之高阁,或者虎头蛇尾,结果导致有了学业规划却不能实施或实施后不能持久等问题的出现,最终无法实现既定的规划。这些现象的出现是因为大学生在制定学业规划时缺少一个重要环节,即对学业规划的强化。强化学业规划就是规划执行者在执行之前充分运用想象,详细地罗列出达成学业规划的好处,从而培养出积极的心态,进而增强动力,产生更大的执行力,确保学业规划顺利完成。

从理论型到技能型的转变。目前企业在人才需求方面大都摒弃了以学历为主要依据,而是在以学历为参考的前提下更加重视学生对专业技能掌握情况,学生的技能成为了目前企业应聘中的首要条件。这是当代企业在员工应聘方面的一个重大改革,对提高企业工作效率以及企业效益两方面都具有重要的作用。而且在企业的人才需求方面更加重视对实践能力的要求,在企业中,不可否认的是,一个有工作经验的员工与一个初出茅庐的员工相比,能够大大减少企业的成本,并且可以在短时间内为企业创造稳定的效益,所以近年在企业用人方面表现出的势头是有经验的技术技能型人才比高学历但技能欠缺的人才更加抢手。

(三)学业规划分解

学业总目标制定出以后,要能自上而下地分解,即制订学习计划。以本科四年为例,可以按照以下的思路进行:四年的总学习目标,一年的学习目标,一学期的学习目标,一月的学习目标,一周的学习目标,一日的学习目标。使得学业规划落实到学习生活的每一天,确保学业规划的严格执行。

(四)学业规划评估与反馈

在实施过程中,要及时地对环境和条件做出评价和估计,对自己的执行情况做出评估。由于现实生活中种种不确定因素的存在,学业规划的设计必须具有一定的弹性,评估结果出来以后应进行反馈,以便自己及时反省和修正学业目标,变更实施措施与计划。同时应做到定期评估与反馈:每年、每学期、每月、每日进行检查评估与反馈,进而分析原因与障碍,找出改进的方法与措施。

(五)激励与惩罚

激励措施能将人的潜能和积极性激发出来,惩罚可以防止惰性的产生。一定要制定出完成阶段目标后对自己的奖励和惩罚措施:完成后怎样奖励自己,完不成将怎样惩罚自己。

三、大学各阶段的目标与任务

就像花儿需要浇灌一样,美好的大学生活也需要我们认真去经营。因此,大学生在最开始的时候就应该明确大学各阶段的目标与任务,做到心中有数、有的放矢,只有这样,才能未雨绸缪,为将来打下良好的基础。

（一）大一:打牢地基

大一是大学生活的开始。大一打好了基础,大二大三的学习才会事半功倍。首先在观念上将"要我学"变为"我要学",脚踏实地学好基础课程,特别是英语和计算机。在大规划下要做小计划,坚持每天记英语单词、练习口语,并从大一开始就坚定不移地学下去。根据自己的实际情况考虑是否修读双学位或辅修第二专业,并尽早做好资料准备。大一的学习任务相对轻松,可适当参加社团活动,担任一定的职务,提高自己的组织能力和交流技巧,为毕业求职面试练好兵。

1. 第一阶段:新生活适应阶段（入学后第一至第二个月）

这时的大学生虽然在角色上已经是大学生,但是在其心理上属于高中后、大学前阶段,他们刚刚接受高考的洗礼,正在享受高考的胜利,很多学生踌躇满志,对大学生活充满了憧憬与幻想,几乎每个人都为自己确立了远大的目标,制定了实现目标的宏伟计划。但是,这时的大学生对大学生活还不够完全了解,对大学的认知只是停留在道听途说上,学生本人对于自我和环境的探索不够。

该阶段大学生的目标与任务是:

（1）适应大学生活;

（2）积极进行自我探索,分析高中时建立起来的职业生涯目标,发现问题并修正目标;

（3）了解社会职业、职位设置;

（4）制定切实可行的大学阶段成长计划;

（5）参加校园文化活动和社会实践活动;

（6）必要时可进行专业的心理咨询和职业咨询。

2. 第二阶段:自我探索阶段（入学后三个月至第一学年结束前两个月）

这时的大学生在校园已经有了两个月的生活和学习经验,对大学生活有了一定的了解和理解,并且对自我有了一定的认识,制定了大学生涯规划。随着对所学专业的进一步了解及大学生活的深入,每一位学生的具体目标逐渐凸显出来。

该阶段大学生的目标与任务是:

（1）进一步进行自我探索,发现自身的优势、劣势、兴趣、爱好、性格、能力,发现自己希望提高的地方;

（2）了解社会职位素质要求;

(3)根据发现确定阶段性具体目标;

(4)制定实现目标的计划并积极行动;

(5)参加校园文化活动和社会实践活动;

(6)有条件的可参加能力提升训练。

3. 第三阶段:大学生涯规划阶段(大学第一学年最后两个月)

这一阶段的大学生已基本适应大学生活,经过大学生活的亲身体验和专业课程的学习,各方面能力有了一定的提高,对自我的探索逐渐深入,并开始探索职业发展方向。

该阶段大学生的目标与任务是:

(1)继续进行自我和环境的探索,了解自己的职业发展方向,了解社会相关的职业资讯;

(2)对大学生涯进行合理规划;

(3)制定大学期间阶段性目标;

(4)积极行动实现阶段目标;

(5)参加校园文化活动和社会实践活动;

(6)参加成长训练。

4. 第四阶段:初步社会探索阶段(大学一年级结束后的暑假)

这一阶段的大学生经过一年的大学生活的适应,已经完全适应大学生活,掌握了大学生活规律,建立了一定的人际关系,新环境的适应压力逐渐消退,这时的大学生开始真正从现实角度关注自己的成长,积极参加各种活动,主动进行能力提升训练。与此同时,大学生对于自己的性格、能力、优势、劣势、职业兴趣以及将来的职业方向、社会对各种人才的需求、社会经济、政治的发展、社会各职业发展的趋势等状况的探索更加积极、有效,他们已经意识到探索的重要性,并积极行动,希望自己快速成长。但是,受经历、经验、阅历的影响,这一阶段的大学生需要有效的帮助,借助外力的支持,会大大地加快他们成长的速度。

该阶段大学生的目标与任务是:

(1)进一步进行自我探索;

(2)了解将来的就业环境及职业方向;

(3)了解社会政治、经济、文化发展状况及职业、职位状况;

(4)制定自己的职业生涯规划;

(5)参加校园文化活动和社会实践活动。

(二)大二:承前启后

大二这一年里,既要稳抓基础,又要做好由基础课向专业课过渡的准备,并要把一些重要的高年级课程逐一浏览,以便向大三平稳过渡。这一年,手中应握有一两张有分量的英语和计算机认证书,并适当选读其他专业的课程,使自己的知识多元化。可参加有益的社会实践,如下乡、义工活动,也可尝试到与自己专业相关的单位兼职,多体验不同层次的生活,培养自己的吃苦精神和社会责任感。

1. 第五阶段:职业生涯规划准备阶段(大学二年级开始至二年级结束前两个月)

这一阶段的大学生对于自我和社会的认知达到了一定的水平,职业生涯发展方向进一步明确,这时的生涯规划计划避免了刚刚入大学时的盲目性,更加切合实际,更具有可操作性。

该阶段大学生的目标与任务是:

(1)学习并掌握生涯规划中生涯目标建立方法和生涯抉择方法;

(2)建立合理的价值体系和认知结构;

(3)围绕职业生涯规划制定相应的成长计划;

(4)参加校园文化活动和社会实践活动;

(5)参加专项行为训练,提升实现目标的行动力。

2. 第六阶段:职业生涯规划第一阶段(大学第二学年最后两个月)

这一阶段的大学生通过对自我及环境的探索,逐渐找到了自我价值与社会价值的结合,积极探求实现自我价值的有效途径;通过学习生涯规划目标的确立及生涯抉择方法,大大提高了自我掌控及自我设计的能力;通过参加各种实践及成长训练,快速提升综合能力,为即将到来的职业实践奠定了良好的基础。这时的大学生职业生涯发展道路开始出现不同,有的学生希望大学本科毕业后找到一份称心的工作,开始自己的职业生涯;有的学生则希望继续在某一领域进行深造。个人的选择来自于两年的探索。

该阶段大学生的目标与任务是:

(1)了解自己的职业兴趣,确定职业发展方向;

(2)掌握与就业相关的信息;

(3)掌握与就业相关的法律、政策、就业程序;

(4)树立正确的职业道德观念;

(5)完善并落实成长计划;

(6)参加校园文化活动和社会实践活动;

(7)参加专项行为训练,提升实现目标的行动力。

(三)大三:奋起直追

大三这一年里,要主动加深专业课程的学习,并把大四的课程尽量挤入大三这一学期,以便大四有相对宽松的时间求职或考研。对于大多数同学来说,大三是到了快要把自己抛向社会的时候,因而要多向大四的师兄师姐打听求职信息、面试技巧和职场需求情况,请教写求职信、个人简历的经验,并在假期开始为自己心目中的职业进行实践。准备考研或出国留学的同学,则要关注考试资讯,尽可能多渠道地搜罗各种资料。

第七阶段:职位实践阶段(大学第二学年暑假后至三年级结束前两个月)

这一阶段的大学生由于志向的不同出现了不同的生涯发展方向,这种不同带来了大学生活以后阶段的发展道路的差异。希望继续深造的学生开始备战应考研究生,将志向确定为找工作的大学生则更加积极地参加各种活动,有些学生则会到相关的单位进行职位实习。

该阶段大学生的目标与任务是:

(1)进一步明确自己的职业方向;

(2)发现自身职业竞争力的不足之处,制定职业竞争力提升计划;

(3)参加职业实践;

(4)参加校园文化活动和社会实践活动;

(5)参加专项行为训练,提升实现目标的行动力。

(四)大四:扬帆千里

大四:扬帆千里。目标既已锁定,该出手时就出手了。求职的,编写好个人求职材料,进军招聘活动,多到求职网站和论坛转一转,你自然会享受到勤劳的果实。考研和出国的,现在就是冲刺期,落足功夫,争取把目标拿下。在同学们为自己的前途忙得晕头转向的时候,毕业论文这一关可马虎不得,这是对你大学四年学习的一个检验,要对自己负责,别"剪刀加浆糊"就糊弄过去,想想被评上优秀论文是一件多么荣耀的事情啊。只要在大学前三年都能认真践行自己计划的同学,相信大四就是你收获的季节了。

1. 第八阶段:职业生涯规划第二阶段(大学三年级暑假后至大学学位毕业论文答辩结束前)

这一阶段的大学生通过相应的职位实习,发现了自己的能力与职位要求之间的差距;通过职位实习也发现了自己原来的职业生涯与社会现实之间的差距;通过职位实习发现了自己理想的职业与社会可以提供的职位之间的差距。这时的大学生开始对自己进行全面的反思,重新建立更加切合社会现实的工作理念及自我认知。学生参加各种活动更具目的性。

该阶段大学生的目标与任务是:

(1)对自己的职业生涯进行合理规划;

(2)确定职业发展方向和各阶段发展目标;

(3)寻求适合自己职业生涯发展的有效路径;

(4)掌握生涯评估方法和生涯目标修正方法;

(5)对生涯规划相关问题进行评估,发现问题;

(6)参加相应的能力提升训练。

2. 第九阶段:职业生涯规划第三阶段(大学学位论文答辩结束至离校前两周)

这一阶段的大学生通过前三年的专业理论学习和相关训练,掌握了一定的专业理论和专业技能,人际交往能力、思维能力、创新意识、团队精神都得到了相应提高。再经过自我全方位的探索及对所处环境的探索,特别是经过一年的职位实习,逐渐发现了适合自己的工作。这时的大学生会有意识地结合自己的理想职业规划自己剩余的大学生活。

该阶段大学生的目标与任务是:

(1)结合自己的职业实践和职业发展理想,寻找现实我和理想职业人之间的差距;

(2)参加快速提升训练;

(3)进一步了解社会及职位的发展变化;

(4)了解本届大学生就业相关政策及相关程序。

3. 第十阶段:职业生涯规划第四阶段(大学生活最后两周)

这一阶段的大学生面临大学毕业,即将走入社会,真正开始进入自己的职业生涯,从职业生涯规划的层面上而言,能否真正适应将来的工作及工作环境,尽快走向成功,是每一位即将走入社会的大学生关心的问题。大学生希望通过最后的大学生活使自己更加完善。

该阶段大学生的目标与任务是:

(1)了解相关就业及创业信息;

(2)参加相应快速提升训练;

(3)和相关单位及个人建立稳定的关系。

【思考练习】

1. 结合职业生涯规划的基本知识,思考大学生进行生涯规划的意义和注意事项。

2. 阐述职业选择的完整过程。

3. 请思考自己目前正处于哪个职业发展阶段,主要的生涯任务是什么?

4. 生涯探索实践:

找几张白纸写下以下几个问题的答案：

（1）你在高中时期主要对哪些领域比较感兴趣（如果有的话）？为什么会对这些领域感兴趣？你对这些领域的感受是怎样的？

（2）你在大学时期主要对哪些领域感兴趣？为什么会对这些领域感兴趣？你对这些领域的感受是怎样的？

（3）你毕业之后期望所从事的第一种工作是什么？你期望从这种工作中得到些什么？

（4）设想当你开始自己的职业生涯时，你的抱负或长期目标是什么？

（5）回想一下你的实习或实践经历，你觉得最令自己感到愉快的是哪些时候？你认为这些时候的什么东西最能令你感到愉快？

（6）回想一下你的实习或实践经历，你觉得最让自己感到不愉快的是哪些时候？你认为这些时候的什么东西最能令你感到不愉快？

现在请你仔细检查自己的所有答案，并认真阅读本章中关于职业锚的描述。对照描述，思考、分析自己是属于何种类型的职业锚，以及对将来的职业发展有怎样的启发。

第二章

知己：探索自我

【学习目标】

了解自我意识的内涵和基本内容，明晰自我意识的意义，掌握自我认知尤其是大学生自我认知的方法，以便更加全面客观地认识自己，为自身职业生涯的规划打好基础。

第一节 认识自己——自我探索的内容与方法

自我认知是大学生进行职业生涯规划的基础和前提，只有建立在充分的自我认知上的职业生涯规划才有针对性，避免盲目性，容易取得成功。如果一个人不能正确地认识自我，看不到自己的优点，觉得处处不如别人，就会产生自卑、丧失信心、做事畏缩不前……相反，如果一个人过高地估计自己、骄傲自大、盲目乐观，也会导致工作的失误。因此，恰当地认识自我，实事求是地评价自己，是做好职业生涯规划的关键，也是自我调节和完善人格的重要前提。

一、自我意识的概念

自我意识（self - consciousness），字面理解，就是个体对"自我"的意识。而意识，是一个我们常挂在口头，但是却很难定义的一个概念。因此，有多少关于意识的定义，就存在多少关于自我意识的概念。我们认为意识是指人对自己的属性、状态、行为、意识活动的认识和体验，以及对自身的情感意志活动和行为进行调节、控制的过程。

不同领域对于自我意识的界定不尽相同。在近代西方哲学界，一些哲学家赋予这一术语以更多不同的含义：在康德哲学中自我意识即先验的统觉的同义语，指主体意识对于经验材料的综合统一功能；在黑格尔的哲学体系中，则被视为人类精神在主观精神发展阶段上介乎于意识之后、理性之前的特定意识形式。

在心理学上,自我意识是对自己身心活动的觉察,即自己对自己的认识,具体包括三个层次:认识自己的生理状况(即生理的自我,如性别、身高、体重、体态等)、心理特征(即心理的自我,如兴趣、能力、气质、性格、价值观等)以及自己与他人的关系(即社会的自我,如自己的生活角色、与周围人们相处的关系、他人对自己的态度、自己在集体中的位置与作用等)。①

二、自我意识的形成

正是由于人具有自我意识,才能使人对自己的思想和行为进行自我控制和调节,使自己形成完整的个性。自我意识是人脑对主体自身的意识与反映,人的发展离不开周围环境,特别是人与人之间关系的制约和影响,所以自我意识也反映人与周围现实之间的关系。自我意识是人类特有的反映形式,是人的心理之所以区别于动物心理的一大特征。

个体对自我的觉察,或者说意识的形成,来源于个体对外界环境刺激经由记忆和思想的反应。因此,在形成记忆之前的个体是不会有自我意识的。记忆是一切思想的基础,自我认识是个人在思想之上的对于环境的反应。当婴儿开始认识到自己是单独的个体时,当他们开始使用第一人称代词"我"来表达自己时,自我意识就出现了。当一个人的记忆和思想达到一定程度后,比如,出现了完全来自大脑的思维和想象力,个体的自我意识会更加强烈。这个"我存在""我占有""我需要""我想"的思想不断地通过思维和想象力加强个体对自我的认知,直到个体有机生命体的结束。因此,自我意识从大脑的记忆力开始起直到记忆力的消失,是一个不断发展的过程。

自我意识在人的心理健康中起着很重要的作用,它制约着人格的形成、发展,在人格的实现中有着强大的动力功能。

【小资料】

个体对于自我的存在、行为和心理的认知会有一个发展过程。刚开始是比较模糊的,所以,小孩子会经常出于好奇心而做一些危险的行为和事情。这个时候,他们的自我意识是比较朦胧的。在经过不断地试错和加深记忆以及思考学习后,对于自我机体的存在就渐渐成熟,随后才会对自己的行为有意识,会区分哪些是危险哪些是安全的行为,然后决定是否要做。最后,才是对于自我心理的认知。一般来说,这需要一个人的思维和想象力达到一定程度后,才会具备这种察觉自我心理变化的能力。个体开始区分个人机体行为和心理行为的差异是自我心理认知的开始。

---

① 黄希庭. 心理学[M]. 上海:上海教育出版社,2001:119-121.

自我认知中的心理认知部分是一种比较高级的认知能力。对于教育程度低，或者智力程度比较低的人，也许终身也不具备这种自我的认知。而对于有些人，则能够超越这种心理认知。一般来说，心理认知是一个无限的过程，因为心理活动本身是无限的，它会跟着个人经历和记忆以及思想和想象力不断地发展。所以，在出现和前一阶段或者时期不同的心理活动后，个体对自我的心理认知将会有一个总结和重新的调整。

三、自我意识的内容

（一）自我意识的三种心理成分

1. 自我认知

自我认知是主观自我对客观自我的认识与评价。自我认知是自我意识系统中的基础部分，自我意识影响着人的道德判断和个性的形成，对个性倾向性的形成更为重要。对自我认知内容的了解，需要以了解自我意识为基础。[①]

自我认知包括自我观察和自我评价。自我观察是指对自己的感知、思维和意向等方面的觉察；自我评价是指对自己的想法、期望、行为及人格特征的判断与评估。简单来说，自我观察是自己对自己身心特征的认识，自我评价是在这个基础上对自己做出的某种判断。正确的自我评价，对个人的心理生活及其行为表现有较大影响。如果个体对自身的估计与社会上其他人对自己客观评价距离过于悬殊，就会使个体与周围人们之间的关系失去平衡，产生矛盾。长此以往，将会形成固定的心理特征——自满或自卑，将不利于个人心理的健康成长。

自我认知在自我意识系统中具有基础地位，属于自我意识中"知"的范畴，其内容广泛，涉及到自身的方方面面。我们进行自我认识训练，重点放在三个方面：第一，认识自己的身体特征和生理状况。第二，认识自己在集体和社会中的地位及作用。第三，认识自己内心的心理活动及其特征。

自我评价是自我意识发展的主要成分和主要标志，是在认识自己的行为和活动的基础上产生的，是通过社会比较实现的。由于我们自我评价能力往往不够精准：通常不是过高就是过低，大多属于过高型。因此，要提高我们的自我评价能力就应学会与同伴进行比较，通过比较做出评价。我们还应学会借助别人的评价来评价自己，学会用一分为二的观点评价自己。由于自我评价是自我认识中的核心成分，它直接制约着自我体验和自我调控，所以，进行自我意识训练，核心应放在

---

① [美]杰瑞·伯格（Jerry. M. Burger）. 人格心理学（第六版）[M]. 陈会昌，等，译. 北京：中国轻工业出版社，2008：37 - 38.

自我评价能力的提高上。

2. 自我体验

自我体验是主体对自身的认识而引发的内心情感体验,是主观的我对客观的我所持有的一种态度,如自信、自卑、自尊、自满、内疚、羞耻等。自我体验往往与自我认识、自我评价有关,也和自己对社会的规范、价值标准的认识有关,良好的自我体验有助于自我监控的发展。进行自我体验训练,就是让自己有自尊感、自信感和自豪感,不自卑、不自傲、不自满,随着年龄增长,让我们懂得做好事感到自豪,做错事感到内疚,做坏事感到羞耻。

3. 自我调控

自我调控是自己对自身行为与思想言语的控制,具体表现为两个方面:一是发动作用,二是制止作用。也就是支配某一行为、抑制与该行为无关或有碍于该行为而进行的行为。进行自我认知、自我体验训练的目的是进行自我监控,调节自己的行为,使行为符合群体规范,符合社会道德要求,从而通过自我监控调节自己的认识活动,提高学习效率。提高我们的自我监控能力,重点应放在促使一个转变上,即由外控制向内控制转变。我们自我约束能力较低,常常在外界压力和要求下被动地从事实践活动,比如,只有老师要求做完作业后检查,我们才会进行检查。针对这种现象,我们应学会如何借助外部压力,发展自我监控能力。

(二)自我认知的构成

自我认知首先是我们持有的关于自己的信念合集(如,我们重要的特征是什么?我们擅长什么?我们喜欢或回避什么情境?)。一般而言,一个人的自我认知,是根据自己过去的经历、自己的成功或失败、他人对自己的反应、自己与环境中其他人的比较等方面形成的。自我评估、自我探索的内容包括个人的性格、兴趣、特长、学识、技能、思维、道德水准以及社会中的自我等方面。具体来说,主要包括生理自我、心理自我和社会自我这三个部分,见表2-1。

表2-1 自我认知的内容

探索项目	对应内容
生理自我	主要包括自我相貌、身体、穿着打扮
心理自我	主要包括性格、气质、意志、情感、能力等方面的优缺点的评判与评估
社会自我	主要包括对自己在社会上所扮演的角色,在社会中的责任、权利、义务、名誉,他人对自己的态度以及自己对他人的态度等方面的评价

个人对职业发展甚至整个生活状态的满意度,很大程度上取决于自身如何对

自己的兴趣、性格、价值观及能力这些个人特质做出评价,以及如何为这些寻找一个合适的出口,表达和释放自己。探索自我、了解自我、有良好的自我认知,会增加个人对自身和环境的敏感度,从而能更好地权衡现实机会,获得职业成功和生活幸福。因为我们对自我了解的越多、认知越深,就越有可能为自己选择一条合适的道路,职业发展方向也就越明确。

【小资料】

回答以下问题,也许可以帮助你更清楚地了解自己:

1. 你现在的年龄多大?现在处在求职期间还是职业准备时期?你的心态如何?

2. 你有什么需要?哪种需要占主流?是追求有更多的发展机会,还是追求能取得更高的收入?是追求工作的舒适,还是追求竞争中的成就感?什么样的工作能满足你的这种需要?

3. 你的兴趣爱好是什么?你是喜欢与人还是与事物打交道?是喜欢管理工作还是技术工作?你的智力水平如何?你有什么样的特殊能力?这些能力比较适合什么样的工作?

4. 你的气质属于哪种类型?这种气质类型适合什么样的工作?

5. 你的性格属于哪种类型?是外向还是内向?这种性格适合什么样的工作?

6. 你的专业是什么?与哪些工作对口?

7. 家庭对你的职业发展有怎样的影响和要求?如何避免负面影响,利用正面的因素?

四、自我认知的方法

自我认知,就是对自己的兴趣爱好、能力素质、自身的优劣势等方面的认识程度,即要客观而科学地认识自身的条件与周围的环境,避免大学生在对自己认识不清的情况下做出错误的职业选择。大学生都有着丰富的知识基础和良好的教育背景,能够积极关注自己人格的成长,更加注重自我探索,其自我认知有着鲜明的特点,应该在遵循一定原则的前提下,采用科学的方法,不断提高自我认知能力。

(一)自我认知的原则

自我认知的原则,主要包括适度性原则、全面性原则、客观性原则和发展性原则。

1. 适度性原则

适度性原则是指自我评价应该适当。不适当的自我评价包括过高的评价和过低的评价两种。过高的评价往往使自己脱离现实,意识不到自己的条件限制,甚至狂妄自傲,由自信走向自负;过低的自我评价,往往忽视自我的长处,缺乏自信,过于自卑。过高或过低的自我评价,对自己的成长和职业生涯的规划都是不利的。

2. 全面性原则

全面性原则是指自我评价应该全面。既要看到自己的优点和长处,又要看到自己的缺点和不足;既要对自我某一方面的特殊素质进行具体评价,又要对其他各个方面的整体素质进行综合评价;既要考虑到全面的整体因素,又要考虑到其中占主导地位的重点因素。

3. 客观性原则

客观性原则是指自我评价应该客观。尽管是自己对自己进行观察、分析和评价,但也需要以客观事实作为基础和依据。人贵有自知之明,"自知"的可贵之处,在于自知的不易。

4. 发展性原则

发展性原则是指在做自我评价时,应该以发展变化的眼光看待自己。自我评价不但应当对自己的现实素质做适当、全面、客观的评价,而且应当着眼于未来的发展变化,预见性地估价自己将来的发展潜力和发展前景。

(二)自我认知的基本方法

1. 正式评估——测评(测量、测验)

正式评估是运用现代心理学、测量学、管理学、社会学、统计学、行为科学及计算机技术于一体的综合技术。各种测评有明确的实施、计分、解释规则的评估手段;一般结构性较强。

正式评估的好处是:(1)可以减少无关因素对测量目的的影响;(2)以相关理论为依据,有标准化的实施方式和分析方式,便于对不同人的测评结果进行比较和交流;(3)同一测评工具可以用于许多人并可以反复使用;(4)有严格的评估实施程序,看上去专业客观,增加信任感。

测评的实施:(1)应挑选适当的时间进行测评,避开有压力、身体不适或特殊情况;(2)提供安静且不受打扰的环境;(3)要求尽可能使用第一反应作答,避免长时间思考;(4)测评要一次性完成,不要中断。

2. 非正式评估——主观评价

非正式评估是从个人资料中归纳出经验,进行分析;实施过程比较灵活,没有统一的答案,要依据个人或他人(咨询师)的经验和职业技能来对结果和资料进行分析和解释,分析结果可能会更贴近参与者。

非正式评估的方法,一种是进行自我反省、比较、分析;另一种是听取别人的评价或进行咨询。

主观评价的三条渠道:

(1)从我与人的关系认识自我

人在社会,人与人交往,他人就是反映自我的镜子,与他人交往,是个人获得自我认识的重要来源。

通过他人了解自己。大文豪苏轼写道:"不识庐山真面目,只缘身在此山中。"认识自己有时候的确比较困难,一般来说,当局者迷,旁观者清,周围的人对我们的态度和评价能帮助我们认识自己、了解自己。我们要尊重他人的态度与评价,冷静地分析。对他人的态度与评价我们既不能盲从,也不能忽视。

我们不妨先从家庭中的感情扩展到外面的友爱关系,进入社会后再体验人与人之间的利害关系。有自知之明的人能从这些关系中用心向别人学习,获得足够的经验,然后按照自己的需要去规划自己的前途。但是通过和他人比较这种途径认识自己应该注意比较的参照系。

①跟别人比较的内容是行动前的条件,还是行为后的结果?比如,大学生来到大学学习,如果认为自己来自农村,条件不如别人,开始就置自己于次等地位,自然影响心态和情绪,如果比较的是大学毕业后,即行动后的成绩才有意义。

②必须明白,跟人比较是看相对标准还是绝对标准?是可变的标准还是不可变的标准?经常有一些人,认为自己不如他人。其实他们关注的可能是身材、家世等不能改变的条件,没有实际比较的意义。

③比较的对象是什么人?是与自己条件相类似的人,还是个人心目中的偶像或极其不如自己的人?

确立一个合理的参照体系,明确一个合理的立足点,对于自我的认识尤为重要。

(2)从我与事的关系认识自我

①通过自己的成就经验了解自己。通过自己所取得的成果、成就,从做事的经验中了解自己,也是一种学习。不经一事,不长一智。成败得失,其经验的价值也因人而异。

②通过自己的失败经历认识自我。对聪明又善用智慧的人来说,失败的经验也可以促使他再成功,因为他们了解自己,有坚强的人格特征,善于学习,因而可以避免重蹈失败的覆辙。

③通过自己的成败经验中获得的自我意识。对于某些自我比较脆弱的人来说,失败的经验更会导致其失败。他们往往不能从失败中学到教训,不会改变策

略追求成功,挫败后形成怕败心理,不敢面对现实,不敢应对困境或挑战,甚至失去许多良机;而对某些自大狂傲的人而言,成功也可能成为失败之源。他们可能幸得成功便骄傲自大,随后做事便不自量力,往往遭遇失败较多;或成长过于顺利,又有家世、关系,而一旦失去"保护源",便一蹶不振,不能支撑起独立的自我。因此,个体要学会通过自己的成败经验获得自我意识,并且能从成败经验中获得自我意识,同时加以分析和甄别,这样才有成功的希望①。

(3)从我与己的关系认识自我

古人曰:"吾日三省吾身",即通过自我观察认识自己。要认识自己,我们必须要做一个有心人,经常反省自己在日常生活中的点滴表现,总结自己是一个什么样的人,找出自己的优点和缺点。自我观察是我们自己教育自己、自我提高的重要途径。

①自己眼中的我。个人实际观察到客观的我,包括身体、容貌、性别、年龄、职业、性格、气质、能力等。

②别人眼中的我。与别人交往时,由别人对你的态度,情感反应等觉知到的我。不同关系的人对自己的反应和评价不同,它是个人从多数人对自己的反应中归纳出的统觉。

③自己心中的我,也指自己对自己的期许,即理想我。我们还可以从实际的我、自觉别人眼中的我、自觉别人心中的我等多个我来全面认识自己。但是,对于现代社会人而言,虽然有多个"我"可供认识自己,但形成统合的自我观念比较困难。因为受现代社会急剧变迁和多元价值观的影响使现在的社会人的自我认识难以客观、全面,这需要加强自律,好好学习,全面统合地认识自我。

表 2-2 正式评估与非正式评估的比较

正式评估	非正式评估
更客观	更主观
时间短	时间长
大多数需要专业人员的解释	需要自己或他人深入思考、分析
提供正式测评报告	无正式报告
信度、效度高,标准化	无信度、效度等,非标准化,谨慎得出结论

---

① 黄希庭. 心理学[M]. 上海:上海教育出版社,2001:125 - 126.

【小资料】

自我评估小练习

练习一:夸夸我自己

面试中,招聘官让你介绍一下你自己。请你用一分钟的时间来推销自己,要突出自己的优点和特长,设法给对方留下深刻印象。

练习二:明确我的需要

想象一下,在你面前正站着一个魔法师,只要你说出在职业中最想要的,他就可以挥动手臂,念一句咒语,帮你实现。这样的机会只有一次,你会跟他说什么?

练习三:自我画像

准备:每人一支笔、一张卡片,大约6~8人一组

操作:要求学生仔细思考,用一种动物代表自己,并在卡片上写下这种动物的名称。等所有人写完后,同时亮出卡片,请组内成员看看在这个小小动物园中有哪些动物,哪些与自己相似,哪些与自己不同,然后让大家讨论,轮流介绍自己为什么会选这种动物代表自己,该种动物的优点和缺点是什么。

第二节　兴趣、人格、价值观、能力与职业

美国著名职业规划专家舒伯(Super)将职业的发展看作是自我概念的形成、自我概念在职业语言上的存在和职业的自我概念的实现。他认为,职业自我概念是一个人整体自我概念的重要组成部分,是一个人整体自我概念在职业选择和职业发展上的反应。同时,一个人的职业选择及其职业行为,又对他的职业自我概念乃至人的整体概念的发展起着重要作用。见图2-1。

一般来说,职业自我主要包括职业兴趣、职业人格、职业价值观和职业能力。

一、职业兴趣探索

卡耐基曾向一位轮胎制造业的成功人士请教成功的第一要素是什么,对方回答说:"喜爱你的工作。如果你热爱自己所从事的工作,哪怕工作时间再长再累,你都不觉得是在工作,相反像是在做游戏。"兴趣能够给人带来在才能或成就中看不到的一些东西,这些东西就是人们想做的事情以及那些能使我们感到满意的事情。

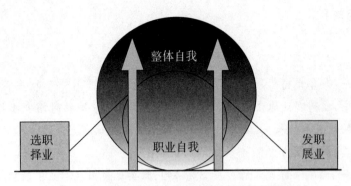

图2-1　职业选择、职业发展与职业自我的关系

(一)兴趣与职业发展的关系

兴趣是指一个人力求认识、掌握某种事物并经常参与该种活动的心理倾向,或者说,兴趣是指人积极探索某种事物的认识倾向。当兴趣的对象指向某一职业时,就称之为职业兴趣。如果我们从事某种活动时,产生了浓重的兴趣和满足感,工作时就会感到内心愉悦。

【小资料】

直接兴趣与间接兴趣

直接兴趣是由有意义的事物本身在情绪上引人入胜而引起的。例如,学生对生动的课、电影、歌曲等的兴趣就是直接兴趣。直接兴趣具有暂时性的特点。

间接兴趣是指对某种事物或活动本身没有兴趣,但对其结果感到需要而产生的兴趣。如有的学生对某些课程并不感兴趣,甚至感到乏味,但意识到学好这些课程对将来服务于社会有重要作用,因此刻苦学习,并对此产生兴趣。间接兴趣具有较稳定的特点。间接兴趣在一定条件下可以转化为直接兴趣。

大量研究表明,兴趣与工作满意度、职业稳定性和职业成就感之间都存在着明显的关联。兴趣是人们获得工作满意度、职业稳定性和职业成就感的重要影响因素。因此,职业生涯辅导也普遍将兴趣作为自我探索的一个重要方面,并研制出多种量表来测量人们的职业兴趣。同时,对于工作世界的划分在很大程度上也是参照对职业兴趣的划分进行的。

职业兴趣与从事职业相吻合是最理想的情况。一个人如果能根据自己的爱好去选择职业生涯,他的主动性将会得到充分发挥。即使十分疲倦和辛劳,也总是兴致勃勃、心情愉快;就算困难重重,也绝不灰心丧气,依然会想尽各种办法,百折不挠地去克服它,甚至废寝忘食。因此才有了"兴趣比天才重要""兴趣是最好的老师"之类的至理名言。

（二）职业兴趣的分类

目前,人们对职业兴趣的分类大多参照的是霍兰德职业兴趣理论。霍兰德把人的职业兴趣看作影响人与职业匹配的主要依据之一。他通过多年研究,提出人的职业兴趣主要有六种类型:实际型(Realistic)、研究型(Investigative)、艺术型(Artistic)、社会型(Social)、企业型(Enterprising)、常规型(Conventional)。同时,他从人格与环境相互作用的观点出发,将职业环境也分为相应的六种模式,不同的职业兴趣类型有与之相对应的职业环境类型。

六种职业兴趣的特点,大多数人都可以被归类为六种人格类型中的一种,实际型、研究型、艺术型、社会型、企业型、常规型。同样在职业环境中,霍兰德认为也存在六种对应的职业类型:实际型、研究型、艺术型、社会型、企业型、常规型。

每个人都在寻找一种环境,能够运用他的技能和能力,表达他的态度和价值观,处理适当的问题和承担一定的角色。一般来说,最为理想的职业选择就是个体选择与其个性类型相一致的职业环境。如研究型的人在研究型环境中学习和工作,这称为"人职协调"。当个人职业兴趣与职业环境特点一致时,将给个人带来较高的工作满意度、职业稳定性和职业成就感。反之,会导致无法决策、不满意的决策和缺乏成就感,产生迷茫、困惑、痛苦、对现状不满意、对未来失去希望等情绪,严重影响个人的工作和生活质量。

（三）对职业兴趣的认识误区

明确个人的职业兴趣是职业生涯规划的重要依据之一。大学生在寻找职业兴趣过程中要避免以下几个错误观念:

1. 把简单的喜欢、感兴趣当作是职业兴趣。有些人看了几本小说,就认为自己应当去从事作家这个职业;有些人喜欢打游戏,就觉得自己应该去学计算机,而当他们真的从事这些专业时,才发现并不适合。职业兴趣是要与将来的工作相关的,只有想清楚自己要从事什么样的具体工作,并对工作的内容、职责、性质等特点有所了解,且乐于准备并可以达到工作要求的知识技能时,才谈得上是真正的职业兴趣。

2. 从事自己感兴趣的工作,就意味着轻松愉快。做自己感兴趣的工作是快乐的,甚至可以激发工作热情,但并不一定轻松。实际上,不管何种工作,都要付出努力和辛劳才能取得成就,做出成绩。另外,有的时候坚持自己的职业兴趣,还要付出经济报酬和社会地位的代价,毕竟不是所有人都会对待遇高、地位高的职业感兴趣。

3. 不是自己感兴趣的工作就不做。能从事自己有兴趣的职业是每个人的理想，但职业选择除了兴趣以外，还要综合考虑性格、能力等问题，这也是现实与理想的差距和矛盾。有调查显示，多达60%的大学生正在就读自己不喜欢的专业，50%的职场人正在做着自己不感兴趣的工作。但由于各种原因，大家也只能面对现实。因此，很多人需要在现实中追求自己的理想，立足于现实，把自己不喜欢的工作做好，并在这个过程中培养兴趣、积累技能、寻找新的机会。这种曲线救国的方式也未尝不可。

（四）职业兴趣探索活动

我们可以利用霍兰德职业兴趣测评工具，来探索自己的职业兴趣倾向。下面这个探索活动也改编自霍兰德理论。

假如地球太拥挤了，我们准备移民到一个新的星球，这个星球由六个岛屿组成，小岛有不同的特点，里面的岛民也各具风格。或许你会在这个岛屿生活很长时间甚至是一辈子，所以请慎重。现在我们开始选择，下面是六个岛屿的描述：

A岛——美丽浪漫岛。这个岛上到处是美术馆、音乐厅，弥漫着浓厚的艺术文化气息，岛民们保留着传统的舞蹈、音乐与绘画。许多文艺界人士都喜欢来到这里，举行沙龙派对，寻求灵感。

C岛——现代井然岛。处处耸立着的现代建筑，标志着这是一个进步的、具有都市形态的岛屿，岛上的户政管理、地政管理及金融管理都十分完善。岛民们个性冷静保守，处事有条不紊，善于组织规划。

E岛——显赫富庶岛。该岛经济高度发展，处处是高级饭店、俱乐部、高尔夫球场。岛民性格热情豪爽，善于企业经营和贸易活动。岛上往来者多是企业家、经理人、政治家、律师等等。这些商界名流与上等阶层人士在岛上享受着高品质生活。

I岛——深思冥想岛。这个岛平畴绿野，人少僻静，适合夜观星象。岛上有很多天文馆、科技博物馆、科学图书馆。岛民们喜欢天天钻研学问，沉思冥想，探究真知。哲学家、科学家和心理学家们常在这里开会，讨论学术，交流思想。

R岛——自然原始岛。这是个自然生态优良的绿色之岛。岛上不仅保留有热带雨林等原始生态系统，而且建立了具有较大规模的植物园、动物园、水族馆，岛民以手工制造见长。他们自己种植花果，栽培蔬菜，修缮房屋，打造器物，制作工具。

S岛——温暖友善岛。这个岛的岛民们都性情温和，乐于助人，人际十分友善。大家互助合作，重视教育后代。每个社区都能自成一个密切互动的服务网络，处处充满着人文关怀气息。

现在，请写下你的选择。思考为什么做出这样的选择，并与霍兰德职业兴趣类型比较,看看自己属于哪种职业兴趣。

二、职业人格探索

(一)人格与职业发展的关系

如果说自我认知是对"我是谁"的认识,那么人格便是对"我是谁"的总结。心理学研究中对于人格的界定不同于我们日常用语。人格也是心理学中相对比较年轻的领域,而且它很难被科学地测量,也正因此,对于人格的解释,心理学界也并未达成共识。从人格的独特性来说,我们将人格界定为:一个人在生活中对人、对事、对自己、对外在环境所表现出来的一致性反应方式。人格表现受环境的影响,是个体表现出来的独特而持久的特性。也就是说,人格是一个人习惯化的思维、情感和行为反应方式。

人格和职业的最佳匹配会促使个人成为更有效的工作者。同一职业类型或团体中往往聚集着人格相似的人,比如销售行业的人大多性格外向,会计行业的人比较细心,教师行业的人乐于教导他人,等等。如果一个人所从事的职业与其人格类型是匹配的,他工作起来就轻松愉快、得心应手;反之则会不适应、困难重重,给个人的发展和组织造成影响。

【小故事】

中国古代教育家孔子非常重视人格在一个人职业发展中的作用。

季康子问:仲由可使从政也与? 子曰:由也果,于从政乎何有? 曰:赐也,可使从政也与? 曰:赐也达,于从政乎何有? 曰:求也,可使从政也与? 曰:求也艺,于从政乎何有?

这段话的意思是:鲁国大夫季康子曾向孔子打听他几个得意门生的才干。季康子问子路是否从政,孔子说,子路个性相当果敢,对事情决断得太快,而且下了决心以后,绝不动摇。决断、果敢,可为统御三军之帅,而决胜于千里之外。如果要他从政,恐怕就不太合适,因为怕他过刚易折。

季康子又问子贡能否从政,孔子说子贡太通达,把事情看得太清楚,功名富贵全不在他眼下。像这样的人,往往可以做大哲学家、大文学家。因为他有超然的胸襟,也有满不在乎的气概。但是如果从政,却不太妥当,也许会是非太明。季康子又问冉求是否可从政,孔子说冉求是才子、文学家。诗、词、歌、赋、琴、棋、书、画,样样精通,名士气味颇大,也不能从政。

可见,一生仕途坎坷的孔子,对于人格对职业发展的重大影响已经有了深刻认识。

来源:《论语·雍世》

（二）职业人格的分类

1. 卡特尔分类法

1949 年，卡特尔用因素分析法提出了 16 种相互独立的根源特质，尽管后来他发现还有 7 个根源特质，加起来总共有 23 个，但是他还是基于 16 种根源特质编制了《卡特尔 16 种人格因素测验》（简称 16PF）。这 16 种人格特质是：乐群性、聪慧性、情绪稳定性、恃强性、兴奋性、有恒性、敢为性、敏感性、怀疑性、幻想性、世故性、忧虑性、激进性、独立性、自律性、紧张性。卡特尔认为在每个人身上都具备这 16 种特质，只是在不同人身上的表现有程度上的差异。

2. 塔佩斯分类法

即使卡特尔舍弃了后来发现的 7 种根源特质，对于探讨一个人的人格而言，16 种也还是太多了。后续的特质理论研究者尝试将特质维度的数量减少到可控的程度。20 世纪 80 年代塔佩斯（Tupes）等人运用词汇学的方法对卡特尔的人格特质进行了再分析，发现了五个相对稳定的因素。提出了人格五因素模式，被称为"大五人格"。这五种人格特质英文首字母缩略词为"OCEAN"，这样也更便于记忆。分别是：

开放性（Openness）：想象、审美、情感丰富、求异、智能

尽责性（Conscientiousness）：胜任、条理、尽职、成就、自律、谨慎

外倾性（Extraversion）：热情、社交、果断、活跃、冒险、乐观

宜人性（Agreeableness）：信任、直率、利他、依从、谦虚、移情

神经质（Neuroticism）：焦虑、敌对、压抑、自我意识、冲动、脆弱

3. 荣格分类法

瑞士心理学家荣格根据两种态度——内倾与外倾，以及四种功能——思维、情感、感觉和直觉，将人格划分为八种类型：外倾思维型、外倾情感型、外倾感觉型、外倾直觉型、内倾思维型、内倾情感型、内倾感觉型、内倾直觉型。

（三）职业人格探索活动

目前，对于职业人格的探索已经发展出许多不同的方法，其中应用最广泛的是基于荣格心理理论的"梅尔－布瑞格斯心理类型指标"即 MBTI 测试。这个测试的依据是根据四个维度八个向度将人格分为 16 种类型。

1. 内向（I）—外向（E）维度

该维度用于表示个体心理能量的获得途径以及个人与外界相互作用的方式，即个人的注意力多指向外部还是内部心理。内向的人倾向于将自己的注意力和精力指向内部精神世界，喜欢以安静的思考方式来加工信息，他们更喜欢独处；外向的人倾向于将注意力和精力指向外部世界，喜欢大量的活动，偏好于通过谈话

讨论的方式来思考。外向型个体经常先行动后思考,内向型个人经常耽于思考而缺乏行动。

当思念朋友时——

I型:好久没见,写封信表达一下思念之情……

E型:好久没见,打个电话聊聊去……

你觉得自己的行为与哪种更相似? 为什么那么做?

2. 感觉(S)—直觉(N)维度

这个维度表示个体在收集信息时注意的指向,是倾向于利用各种感官去注意现实的、直接的还是更关注事件未来的可能性,以及事件背后隐含的意义。感觉型的人相信感官能告诉他们关于外界的准确信息,相信自己的经验;直觉型的人重视想象力,更注重未来,并努力改变事物而不是维持它们的现状。

当听说昨晚有 UFO 降临天津南开区时——

S型:绝对是胡说,昨晚我就在天津南开区,没看见任何迹象……

N型:UFO? 外星人这么快就来拯救人类啦? 我猜外星人既不是 ET,也不是长江7号那样,没准儿就是……

你觉得自己的思维与哪种更相似? 为什么那样认为?

3. 思维(T)—情感(F)维度

该维度用于表示个人在做决定时采用什么系统,是客观的逻辑推理还是主观的情感和价值。思维型的人通过对情境做出的客观分析来做决定,注重因果关系,很少受个人情感的影响;情感型的人常常期望自己的情感与他人保持一致,其理性判断的依据是个人的价值观。

当你与他人意见不同时——

T型:直接不讳,因为对就是对,错就是错的,不需隐藏,这样对解决问题更有利。

F型:尽可能避免伤害对方的情感,不同的意见放在私下交流好了!

你觉得自己的做法与哪种更相似? 为什么那样做?

4. 知觉(P)—判断(J)维度

该维度用以描述个体的生活方式,即倾向于以一种固定的方式生活还是相对自然的方式生活。知觉型的人会不断地收集信息以使其生活保持弹性和自然,他们努力保持开放性,以便出现更好的事件;判断型的人则倾向于以一种有序的、有计划的方式对其生活加以控制。

当快要考试时——

P型:时间还早,等到最后一周再好好复习吧!

J型:还有一个月的时间,我得好好计划,安排下复习进度,不能到时候手忙脚乱的。

你觉得自己的做法与哪种更相似? 为什么那样做?

最后,将这四个维度的类型综合起来,即形成了你自己的人格特征。如 ISFJ 型、ENFP 型、INFJ 型等等。

(四)职业人格特征

ESTP:外向感觉思维知觉型,这类人灵活、忍耐力强、实际、注重结果,喜欢积极地采取行动解决问题,喜欢物质享受和时尚,但对理论和概念上的认识感到不耐烦。

ESFP:外向感觉情感知觉型,这类人外向、友善、包容,接受能力强,热爱生命,热爱物质享受,热爱学习新技能,喜欢与别人共事。富有灵活性、即兴性,易接受新朋友和适应新环境。

ENFP:外向直觉情感知觉型,这类人热情而热心,富有想象力,认为生活充满很多可能性;能够很快地找出事件和资料之间的关联性,而且有信心依照他们看到的模式去做;很需要别人的肯定,乐于欣赏和支持别人。

ENTP:外向直觉思维知觉型,这类人思想敏捷、睿智,能激励他人,勇于发言;能随机应变地去应付新的和富于挑战性的问题;善于洞察、理解别人,有发展眼光,不喜欢例行公事。

ESTJ:外向感觉思维判断型,这类人讲求实际,注重现实,注重事实;果断,能够很快做出实际可行的决定;能够注意日常例行工作的细节;有一套清晰的逻辑标准,会有系统地跟着去做,会以强硬的态度去执行计划。

ESFJ:外向感觉情感判断型,这类人富有热情,有爱心,尽责,合作;渴望有和谐的环境,而且有决心营造这样的环境;忠诚,即使在细微的事情上也如此;能够注意别人在日常生活中的需要而努力提出帮助;渴望别人赞赏他们和欣赏他们所做的贡献。

ENFJ:外向直觉情感判断型,这类人高度关顾别人的情绪、需要和动机;能够看到每个人的潜质,并乐于帮助别人发挥自己的潜能;忠诚,对赞美和批评都能做出很快的回应。社交活跃,有启发别人的领导才能。

ENTJ:外向直觉思维判断型,这类人坦率、果断、乐于作为领导者;很容易看到不合逻辑和缺乏效率的程序和政策,从而开展和实施一个能够顾及全面的制度去解决一些组织上的问题;这类人往往是博学多闻的;能够有力地提出自己的主张。

ISTJ:内向感觉思维判断型,这类人安静而严肃,能够专注且透彻地学习;实际,有责任感,逻辑性强,并能够一步步朝着目标前进。重视传统和忠诚。

　　ISFJ：内向感觉情感判断型，这类人安静而友好，有责任感和良知，能够坚定地致力于完成他们的义务，全面、精确、忠诚、体贴，关心他人的感受。

　　INFJ：内向直觉情感判断型，这类人希望了解什么能够激励他人，对人有较强的洞察力，乐于寻求思想、关系、物质之间的意义和联系。

　　INTJ：内向直觉思维判断型，这类人在达成自己的目标时，有创新的想法和非凡的动力；其多疑、独立、对于自己和他人的要求较高。

　　ISTP：内向感觉思维知觉型，这类人灵活、容忍，有弹性，是冷静的观察者；但当有问题出现时，能迅速行动，找出可行的解决方法；能够分析哪些因素可以使事情进行顺利，又能够从大量资料中找出实际问题的重心，重视效率。

　　ISFP：内向感觉情感知觉型，这类人沉静、友善、敏感和仁慈；欣赏目前和他们周遭所发生的事情；忠于自己的价值观，忠于自己所重视的人；不喜欢争论和冲突，不会强迫别人接受自己的意见和价值观。

　　INFP：内向直觉情感知觉型，这类人是个理想主义者，忠于自己的价值观及自己所重视的人；外在的生活与内心的价值观配合；有好奇心，很快看到事情的可能与否，能够加速对理念的实践。

　　INTP：内向直觉思维知觉型，这类人对任何感兴趣的事物，都要探索一个合理的解释；喜欢理念思维多于社交活动；在他们感兴趣的范畴内，有非凡的能力去专注且深入地解决问题；有怀疑精神，有时喜欢批评。

　　（五）气质类型

　　气质是个人生来就具有的心理活动的典型而稳定的动力特征，是人格的先天基础，是一个人的永久性特征。它包括心理活动的速度（如语言、感知以及思维的速度等）、强度（如情绪体验的强弱、意志的强弱等）、稳定性（如注意力集中时间的长短等）和指向性（如内向性、外向性）。气质类型通常分为多血质、粘液质、胆汁质和抑郁质四种。

　　多血质（好动随和型）

　　类型特点：外向，活泼好动，善于交际，思维敏捷，注意力容易转移等。

　　适合职业：政治、外交、商贸、律师、广告、导游、推销员、主持人、演讲者等。

　　粘液质（沉稳内敛型）

　　类型特点：情绪稳定，有耐心，自信心强，遵守规矩，有时候比较刻板。

　　适合职业：外科医生、法官、管理人员、出纳员、会计、教师、人力人事管理主管等。

　　胆汁质（果断坦率型）

　　类型特点：反应迅速，热情开朗，情绪有时激烈、冲动。

适合职业:管理工作、外交工作、驾驶员、新闻记者、军人、公安干警、业务员等。

抑郁质(细致善感型)

类型特点:敏感,观察能力强,言行缓慢,优柔寡断。

适合职业:校对、打字、排版、检察员、雕刻工作、保管员、机要秘书、艺术工作者等。

苏联心理学家达威多娃曾形象地描述了四种基本气质类型的人在同一情景中的不同行为表现。四个不同气质类型的人上剧院看戏,但都迟到了。胆汁质的人和检票员争吵,企图闯入剧院。他争辩说,剧院里的钟快了,他进去看戏是不会影响别人的,并打算推开检票员进入剧院。多血质的人立刻明白,检票员是不会放他进入剧场的,但是通过楼厅进场容易,就跑到楼上去了。粘液质的人看到检票员不让他进入正厅,就想"第一场总是不太精彩,我在小卖部等一会儿,幕间休息时再进去"。抑郁质的人会说:"我老是不走运。偶尔来一次戏院,就这样倒霉。"接着就返回家去了。

气质取决于个体的生物属性,要么通过遗传,要么通过胎儿期影响,或者二者兼有。每种气质类型都有积极和消极的方面,未接受过气质测试的人大多数恐怕都说不清楚自己的气质类型,要掌握自身的气质类型需要进行正规的气质量表测试,在了解气质类型的基础上进行相应的职业选择。

三、职业价值观探索

(一)价值观与职业发展的关系

价值观是一种基本信念,带有判断的色彩,代表了一个人对于什么是好,什么是对,什么会令人喜爱的意见。由于个人的身心条件、年龄阅历、教育状况、家庭影响、兴趣爱好等方面的不同,人们对各种职业的主观评价也不同。从社会来讲,由于社会分工,各种职业在劳动性质的内容、劳动难度和强度、劳动条件和待遇、所有制和稳定性上,都存在差别,再加上传统的思想观念的影响,各类职业在人们心目中的声望地位也有好坏高低之见,这些评价都形成了人们的职业价值观,影响着人们对就业方向和具体职业岗位的选择。大量研究表明,个人总是倾向于选择那些能满足其价值观追求的工作。

在许多场合,我们往往要在一些得失中做出选择,而左右我们选择的往往是我们的职业价值观。比如是要工作舒适轻松还是高薪,要成就一番事业还是要安稳太平?当两者有冲突时,最终影响我们决策的是存在于内心的职业价值观,而我们有时对自己的价值观并不是很清楚。因此需要深入了解自己的职业价值观倾向,为自己选择理想的职业导航。

（二）职业价值观探索活动

职业价值观的探索可以通过一些简单易行的方法,如职业价值观测量、职业价值观清单以及价值拍卖会等。以价值拍卖为例:

职业价值观拍卖——价值观探索活动

目的:协助澄清个人的职业价值观

道具:锤子,价值拍卖清单

过程:在下面的表格中,列有 15 个与职业有关的价值项目。请你根据这些职业价值在自己心目中的优先地位排序,"1"表示最重视,"5"表示最不重视,填在下表中的第一栏内。假设你手里有 10 万元,对于各个工作价值项目,你愿意花多少钱买? 请将自己预估的数额在下表中第二栏内填写。

注意事项:

1. 不必每项都买。

2. 拍卖时,如你想对某一项出价,起价不得低于一万元。

3. 拍卖时,可以更改原定的价码,但如你想加价,每次加价至少一千元。

价值拍卖清单:

职业价值项目	顺位	预估价	成交价	得标人	得标人承诺
1. 为大众福利尽一份力					
2. 追求美感与艺术气氛					
3. 寻求创意,发展新事物					
4. 独立思考,分析事理					
5. 有成就感					
6. 独立自主,依己意进行					
7. 受他人推崇和尊敬					
8. 发挥督导或管理他人的能力					
9. 有丰厚的收入					
10. 生活安定有保障					
11. 良好舒适的工作环境					
12. 与主管平等且相处融洽					
13. 与志同道合的伙伴一起工作					
14. 能选择自己喜爱的工作方式					
15. 工作富有变化不单调					

四、职业能力探索

(一)能力与职业发展的关系

能力是指顺利完成某种活动所必须具备的一种心理特征或心理条件,能力是个人职业选择和职业成功的基础。职业能力即是劳动者从事社会生产活动的能力,不同职业对人的能力有不同要求,能力制约着人们活动的领域与职业选择的范围。

职业能力是职业选择和发展中最为现实的方面,前面我们谈到的兴趣、人格和价值观,都是对职业的倾向和期望,而职业能力可以使我们的职业理想与现实有机地结合起来,使理想落到实处。因为,无论什么职业,都要有一定的能力保证,没有能力,也不可能有机会进入相关的职业领域。另外,一个人如果不能很好地评价自己的能力,错误地选择职业,将无法发挥出自身的潜力,也将一事无成。

总而言之,职业能力是胜任某种职业的必要条件,而相关的职业实践和培训是职业能力发展的前提;同时,职业能力也是个人发展和创造的基础,职业能力越强,越能给人带来好的工作绩效,从而进一步产生职业成就感。

(二)能力的分类

人们的能力可分一般能力和特殊能力两大类。一般能力通常指智力,是那些完成各种活动都必须具备的某种能力,包括注意力、观察力等。特殊能力是在某些专业和职业活动中表现出来的能力,也可以称之为特长,如音乐能力、绘画能力、机械操作能力等。

1. 一般能力与职业

一般能力包括注意力、观察力、记忆力、思维能力和想象力等。不同职业对人的一般能力要求程度有所不同,比如律师、工程师、科研人员等对从业者的一般能力要求较高。个人的一般能力在很大程度上决定其所能从事的职业类型。

2. 特殊能力与职业

特殊能力是指从事各项专业活动的能力,如计算能力、音乐能力、语言表达能力、组织能力等。需要完成某项工作,除了要具备一般能力外,还要具有该项工作所要求的特殊能力。比如,从事律师就要求有很强的逻辑推理能力和语言表达能力,而从事建筑工程师就要有较强的空间判断能力和一定的审美能力。

【小资料】

能力的含义

在能力一词中,包括有三种含义:一是天生的智力;二是经后天学习和发展出来的技能;三是个人的能力倾向,即潜力。在招聘求职过程中,对个人能力的评判更看重技能和潜能,尤其是技能。企业寻找的是那些掌握一定技能,能够根据岗位需要去完成某项任务或解决某类问题的人。岗位往往只是满足这些技能要求的一个组合名称。

而技能又可分成三个基本的类别:功能性或可迁移性技能、工作内容或专业知识性技能、适应性或自我管理技能。这三种技能是胜任任何一份工作都不可缺少的。

(三)职业能力探索

1. 成就经历分析

每个人都是通过一次次或大或小的成就事件,来积累和检验自己在某方面的才能的。我们可以回顾曾经的成就经历,思考自己在哪些方面做出过成绩,而这次成功又运用了哪些方面的才能和技巧。这些成就事件和经历正是个人拥有的资历和能力的证据。通过记录、回忆和剖析自己的成就事件经历,我们可以充分挖掘自己的能力,找到那些常常被我们所忽略的个人才能。

你可以列举出你的5~7个成就经历,可以来源于学习、活动、实习或实践,尽可能写出过程细节,并分析在此过程中运用了哪些能力。

2. 职业能力测试

为了探索自己的能力,或就你的能力而言,判断某个特定的职业领域是否合适,可以借助一些能力倾向测验。能力倾向测验可以区分为多重能力倾向测验和特殊能力倾向测验。多重能力倾向测验是由测试各种不同能力的分测验组成的,可以一般地了解人的潜能方向,而特殊能力测验只能了解能力的某一特殊方面的情况。

(1)多重能力倾向测验

多重能力倾向测验最常用的是区分能力倾向测验(Differential Aptitude Tests 简称DAT)和一般能力倾向测验(General Aptitude Test Battery,GATB)。

DAT的8个分测验是单独施测、单独记分的,这8个分测验是:

言语推理(VR)——测量普通智能,采用文字形式的类比题目;

数字能力(NA)——测量普通智力,采用计算题,不用文字题,以避免受到其他无关能力的干扰;

抽象推理(AR)——测量非言语推理能力(亦属普通智力);

文书速度和准确性(CSA)——测量完成一件简单知觉任务的速度;

机械推理(MR)——测量对表现于熟悉情境中的机械和物理原理的理解力;

空间关系(SR)——测量想象和在心理上操作有形材料的能力;

拼写(SP)——指出拼写正误,测量英文水平;

语言运用(LU)——找出语法或惯用法错误,测量语文水平。

GATB 最初由美国劳工部从 1934 年起花了多年时间研究制订而成,专为国家就业服务机构的顾问们使用,可用来为中学生的专业定向和成功谋职提供帮助。目前全套测验包括 12 个分测验,总共可得到 9 个因素的分数,这 9 个因素是:

G. 一般学习能力(智力):把测量 V、N、S 因素的三个测验(词汇、类比推理、三维空间)的分数相加得到;

V. 言语能力倾向:由要求被试指出每一组词中两个意义相同或相反的词汇测验来测量;

N. 数字能力倾向:由计算和算术推理两个测验来测量;

S. 空间能力倾向:由三维空间测验来测量,包括理解三维物体的二维表示及想象三维运动的结果;

P. 形状知觉:由两个测验来测量,一个是匹配画有同样工具的图画,另一个是匹配同样的几何形状;

Q. 文书知觉:与 P 类似,但要求匹配名称,而不是匹配图画或形状;

K. 运动协调:由一个简单的纸笔测验测量,要求被试在一系列方格中用铅笔做出特定的记号;

F. 手指灵巧:由装配和拆卸铆钉与垫圈的两个测验来测量;

M. 手的敏捷:由在一个木板上传递和翻转木桩的两个测验来测量。

测量 F 和 M 的 4 个分测验需要简单的用具,其他几个都是纸笔测验,前面 7 个测验有替换的复本,整套测验组的施测大约需两个小时。

(2)特殊能力倾向测验

特殊能力倾向测验是鉴别个体在某一方面是否具有特殊潜能的一种工具。这类测验最初是为了弥补智力测验的不足而编制和使用的,最早出现的特殊能力倾向测验是机械能力倾向测验。由于职业选拔与咨询的需要,各种机械、文书、音乐及艺术能力倾向测验纷纷出现,同时视力、听力、运动灵敏度方面的测验也广泛应用于工业、军事上的人事选拔与分类。

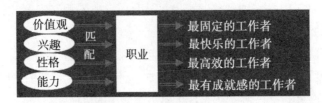

图 2-2　职业自我与职业的匹配

特殊能力倾向是相对于一般智力而言的,一些传统的特殊能力倾向,如机械和文书,现在都已并入某些多重能力倾向测验中。但特殊能力倾向测验还是很有必要的,这主要是因为多重能力倾向测验很少涉及视力、听力、运动技能及艺术才能等领域,因为它们的情况较特别,即使在多重能力倾向测验中包含有特殊能力倾向,有时也需要与学业能力倾向测验、特殊能力倾向测验结合使用,因为特殊能力倾向测验有广泛的常模和效度资料。另外,特殊能力倾向测验具有很大的弹性,既可以结合使用,也可以单独使用。

【思考练习】

1. 自我认知的方法有哪些? 在进行自我认知时要遵循哪些原则?

2. 职业兴趣探索实践

连续三个星期,在最近看见的报纸杂志上找到你认为最有兴趣和价值的文章。记住,不能翻阅审查自己以前剪下来的文章。完成练习后将文章分类,会发现自己兴趣所在。

将兴趣归类,看看哪些可以与职业相联系,选择可能从事的职业,这将能激发你最大的潜能。

做过这个练习的人告诉我们,当他们循着新发现的兴趣发展新的嗜好或重新组织自己的职业时,有极大的投入感和满足感。

3. 成功经历回顾练习

首先仔细回想一下,从小到大,让你感到自豪和有成就感的事情,写的越多越好。不管这件事是很宏大还是很微小,不管别人怎么看,都没有关系,只要这件事让你觉得很自豪就可以。

写完后,按照让你自豪程度对这些事进行排序,把让你最自豪的排在前面,然后一一来分析一下这些事情。问自己以下几个问题:

(1)在这件事里,我做了什么?

(2)从这件事里,我发现了什么?

(3)做完这个练习,我对自身的能力有何发现?

4. 他人评估练习

当别人说"你最在行的是做……""这件事找到你办就确保无误""我早知道你对此事的反应会这样""你别的可能不行,这个一定行""这是你典型的反应"等话时,将这些话语详细用笔记录,持续数星期之后,系统地分析你的笔记。你会发现你的行为有一定的模式,相信"旁观者清、当局者迷"这句话,发觉自己的潜能,找到你的最强项。

第三章

知彼：认知环境

【学习目标】

掌握环境认知的内容与方法，知晓影响职业环境认知的因素，了解行业与职业分类的信息和知识，并能对与自己相关的职业和行业进行分析。

第一节 认识环境——环境认知的内容与方法

对工作世界的认识，是进行正确而合理的职业选择的基础。从心理认知层面上看，职业信息的获得与应用可以引发自我探寻职业生涯的动机。在对职业信息进行分析、判断时，可使个人增进对自我及职业世界的了解，甚至形成认知或态度上的改变。

一、环境认知的含义

（一）环境认知的概念

感觉，是对直接作用于感觉器官的客观事物个别属性的反应。知觉，是在感觉的基础上，把过去的经验与各种感觉结合而形成的。感觉主要以生理机能为基础，而知觉是纯心理性的，具有较大的个体差异。知觉的主要心理特性包括知觉的相对性、知觉的选择性、知觉的完整性、知觉的恒常性和知觉的组织性。

伊特森（Ittelson）指出，个人是知觉系统的一部分，在知觉历程中有时很难将个人与环境分离，而且知觉是由个人在环境中所做的事决定的。知觉也是速度和正确性两者之间彼消我长的交易。知觉历程是环境行为的核心，因为它是所有环境讯息的来源。环境可刺激感官，提供个人多于其所能有效处理的讯息。知觉与感觉不同，它可说是个人之过滤历程的结果。然而，它们都是知觉历程中所欲达到的目标。心理的知觉表征系统有助于软化这种必要的交易，也就是在透视点或概略的感觉讯息改变时仍能辨认可能的物体。

环境知觉是从对环境中个别刺激的加工开始的。通常会经过刺激的觉察、刺激的辨别、刺激的辨认和刺激的评定这一系列过程。汉尔森提出,环境知觉包括认知的(思维的)、情感的(情绪的)、解释和评价的成分。

随着接触时间的延长,个体对环境的知觉敏感性会发生变化。如果刺激恒定,反应越来越弱称为习惯化。这种习惯化与对环境的适应有关,而对变化的知觉则与环境刺激变化的快慢、可觉察性有关,即环境变化的快慢影响我们对环境变化的知觉。

环境知觉可以通过两个过程完成,一是自上而下的过程,即概念驱动;另一个是自下而上的过程,即数据驱动。

格式塔理论认为,我们的大脑以一种主动的方式对刺激进行建构,提出整体大于局部之和的原则。

功能主义理论则强调有机体对环境的适应,即生物个体要寻找能使它们有最大程度生存的机会。该理论比较强调知觉反应的先天性,认为人类天生具有知觉环境中对他们有功能价值的方面。

学习理论认为,我们的知觉不是先天决定的,而是必须学会知觉环境中的关键方面。

概率功能主义,即布伦斯维克的透镜模型,它是布伦斯维克用数学来描述个体知觉过程的一个模型。当对包含多维度刺激的大环境做判断时,我们会给不同的刺激线索赋予不同的概率值(权重),并对一系列散在的环境信息过滤,重新结合成有序统一的知觉。个体利用可能歪曲的信息对环境的真实特征做一个可能性的判断。他强调知觉是一个概率计算的过程,受到个体差异的影响。

总之,认知在心理学上是指当感知过的事物重新出现在眼前时,觉得熟悉并确认是以前感知过的事物的心理过程。认知过程,是人与环境的交往传递机制的关键。环境认知(Environment Cognition)是有机体适应环境的基础,其对于有机体的重要性不言而喻。在心理学上,环境认知研究的是人们认识和理解环境的规律。它指人对环境刺激的储存、加工、理解以及重新组合,从而识别和理解环境的过程。

(二)环境认知的形成

环境认知包括环境中的实质要素及其中的事件,个人或群体情感属性及象征意义。环境认知的主题在于环境知识如何获得并进行加工的过程。在这个过程中,经验和期待是两个需要考虑的很重要的方面。

这里,我们需要引申一个与环境认知相关的概念——认知地图。认知地图,是在过去经验的基础上,产生于头脑中的某些类似于一张现场地图的模型。它是一种对局部环境的综合表象,既包括事件的简单顺序,也包括方向、距离,甚至时间关系的信息。目前,认知地图研究的直接渊源是美国心理学家托尔曼的工作,是根据对情境的"认知"获得达到目的的手段和途径,并从中建立起一个完整的"符号—格式塔"模式。

很多研究认同人们具备有认知地图(Cognitivemaps)的能力,环境讯息被保留在大脑的记忆中,记忆会随着时间不断地修正。相关认知地图研究指出,当我们首次体会出一种新环境时,便会形成大略的记忆,成为我们的地理环境之经验。人们对大环境的认知地图来源有:由地图而来的空间知识、个人经验和其他不同来源的讯息。

认知地图是环境的心理表征,不仅帮助人们熟悉周围环境,也可帮助我们寻找快捷方式和环境资源。因为这是大脑的认知架构,所以也会受到个人好恶的作用,对于环境认知能力也有所不同。例如:你我只记得自己喜欢去的地点路线图,却不记得不喜欢或是很少去的地方。这是因为认知地图的能力不但会因为好恶而具有弹性与经验的变化,而且,当我们希望探索环境中的路径时,此环境讯息还能轻易地输入到我们的大脑中,成为该区域的认知地图能力,经由大脑组织的整合,使我们能更了解环境的状况及认知。

认知地图是如何获得的? 对环境的认知地图的获得包括两方面意思,一方面是随着个体的成长发展,个体认知地图的发生过程;另一方面是个体在一个新的环境中,如何获得其认知地图。

人类只有在与环境适当地互动时才能生存。必须学习认清在环境中,所遭遇之不同物体的价值及其方位。根据研究指出,人们在过去的经验中建构出环境的影像,再唤起和检验这些影像,然后用以计划眼前的事情。这些计划不只协助我们在环境中移动,而且深深地影响我们在环境中的情感经验以及离开之后所能回想起的讯息。简言之,就是成功地预期下一步的能力,这在演化史上来说是生存的关键。而这种能力完全依赖正确地贮存有关于物理环境之讯息的能力,空间记忆使我们得以生活在超乎目前感官所及的世界中。也有学者指出,在环境中找路是一种相当复杂的活动。它涉及了计划、决策和讯息处理,这些都依赖于了解和操控环境的心智能力。

【小资料】

个体认知地图的发生过程。儿童是一种"自我中心参照系统",他们不能区分自己所看到的和别人所看到的环境的差别。随着年龄的增长以及对周围环境探索经验的增加,儿童逐渐具有了"部分协调的参照系统"和"操作协调和等级整合的参照系统"。大约7岁时,便开始具有了与成人差不多的认知地图。空间环境的表征需要 4 个连续发展的阶段,即注意并记住路标;构建路标之间的路径;核对一些路标和路径形成组块、群集;这些组块、群集再与其他特征一起整合进总体认知地图的框架中。

成年新的认知地图的获得。对于成年个体,到了一个新的环境,也会逐渐建立并发展出认知地图。这个过程与上述儿童对环境发展出认知地图的阶段基本一致。不同在于成人到一个新的环境,首先会利用现成资源,帮助自己对环境的探索,从而有助于环境的认知地图的快速构建。

认知地图受到如下因素的影响:(1)环境熟悉程度。对环境越熟悉,认知地图就越完善,越清晰,细节越多,也越接近自然。(2)社会阶层对认知地图的影响。(3)在个体差异的诸因素中,认知地图的性别差异比较明显。在总体上,男性的时空技能优于女性;在认知地图准确性与完善性方面结果并不一致;在认知地图所包含的成分的数量上,女性的认知地图中路径较男性少,标志却更多。

二、环境认知的基本内容

环境认知,包括对社会环境和组织环境的认知。对社会环境的认知与分析包括当前社会政治、经济发展趋势;社会热点职业门类分布与需求状况;自己所选择职业在当前与未来社会中的地位情况。对组织环境的认知,具体包括所选企业的内部环境分析和外部环境分析。

内部环境分析:一是组织特色、规模、结构、文化、人员流动等。二是经营战略,组织的发展战略与措施,竞争势力,发展态势是处于发展期还是稳定期或者衰退期。三是人力评估,人才的需求预测、升迁政策、培训方法、招募方式等。重点了解组织未来需要什么样的人才,需要多少,对人才的具体要求是什么,升迁政策有哪些规定。四是人力资源管理,包括人事管理方案、薪资报酬、福利措施、员工关系等。

外部环境分析:主要包括企业所面对的市场状况,在本行业中的地位与发展趋势以及所从事行业的发展状况及前景。

在职业生涯规划中,我们必须对以上谈到的组织环境和社会环境的相关信息进行认真分析。

(一)环境认知的三个因素

环境认知的三个因素是:变动性、复杂性和敌对性。

环境是由多因素构造的(Duncan,1972)①,过去的文献在概念建构以及实证研究上,已经确定了几个研究环境的因素,包括变动性:法规制度、科技及环境的变动程度;复杂性:所处环境之中有重要他人多少;敌对性:所处环境的竞争性。Dess 与 Beard(1984)②认为环境的变动性、复杂性和敌对性三因素会影响企业的组织结构。同样,也会影响个人在职业上的选择。后续的研究,又将"信息的不确定性"观点注入到环境复杂性和变动性的概念中,环境的敌对性也加入了"信息依赖"的观点,使得对环境认知的分析变得更为严谨扎实。同时,环境因素所提供的对环境较精确的描述,因素尺度的高低影响了个体在职业规划上对于不确定性的认知,也影响风险性(Risktaking)、未来性(Futurity)、主动性(Proactiveness)和防御性(Defensive)等职业策略制定上的方向,进而影响环境认知因素尺度和策略方向之间的适配,将可产生更好的职业生涯规划。

(二)职业环境认知

所谓职业环境,就是某职业在社会大环境中的现实状况、社会需求、社会地位、经济地位、未来发展趋势等。职业环境分析一般从三个维度着手:自然环境、社会环境、企业环境。

1. 自然环境

自然环境就是指人类生存和发展所依赖的各种自然条件的总和。自然环境包括人类生活的一定的生态环境、生物环境和地下资源环境。自然环境所塑造出的区位特征往往决定了一个组织或企业的文化及寿命,很多资源需求类企业要根据自身需求选址,也需要靠良好的自然文化环境吸引人才。同样,我们在选择一个职业、选择一个企业之前也要分析自然环境对职业发展所起的影响。

2. 社会环境

社会环境的构成因素是众多而复杂的,主要有四个因素:政治因素、经济因素、文化因素、信息因素。政治因素包括政治制度及政治状况;经济因素关系到经济制度和经济状况;文化因素是指教育、科技、文艺、道德、宗教、价值观念、风俗习惯等;信息因素包括信息来源和传输情况,信息的真实公正程度等。随着现代社会发展日益信息化,信息因素是社会环境的重要组成部分。社会环境分析要根据需要分为三个层次:国际、国内和区域。职业选择要了解这三个层次下社会的政

---

① Duncan,R. B. ,*Characteristics of Organizational Environments and Perceived Environment Uncertainty*[J]. Administrative Science Quarterly,17(1),pp. 313 – 327. 1972.

② Dess,Beard. Dimensions of Organizational Task Environments[J]. Administrative Science Quarterly,29(1),pp. 52 – 73. 1984.

治、经济、文化、法制、政策要求,以便更好地寻求各种发展机会。

3. 企业环境

在选择企业环境时,大学生通常要考虑如下因素:专业是否对口? 工作内容是否满足兴趣? 公司的企业文化、前景、待遇、可去性等等。将此归类下来,企业环境分析主要包括四个方面:企业实力、领导人、企业文化、企业制度。

(1)企业实力

企业的社会地位、社会声望、产品市场、发展领域、发展前景、战略目标、生命力等,这些都是一个企业实力的具体体现。

(2)领导人

一个企业领导人的能力、眼光、价值观念等,是选择一个企业必须要了解的内容。

(3)企业文化

企业文化是全体员工在长期的生产经营活动中形成并共同遵循的最高目标、价值标准、基本信念和行为规范,也可以说是一家企业的性格所在。从业者选择一个适合自己生存的企业环境,就好像选择一个志趣相投的朋友一样。

(4)企业制度

选择自己满意的企业制度,其中要考虑到企业的福利制度、工作制度、管理制度、用人制度、培训制度、升迁制度等。

企业环境分析中还应包括行业环境分析。结合社会环境分析一个行业的发展状况、抗御风险的能力、优势与问题、发展趋势等,是具体了解一个企业的前提和重要保证。现代社会科技发展迅速,许多行业逐渐消亡,更有许多朝阳行业出现、发展并壮大起来。结合社会环境分析一个行业的生命力,才可能对自己的职业生涯做出正确的规划。

【小资料】

行业环境分析

一般可以从以下几方面进行行业环境分析

- 这个行业是什么;
- 行业对生活和社会的作用及发展前景、趋势如何;
- 行业的细分领域有哪些;
- 国内外最著名的业内公司及介绍;
- 行业的人力资源需求状况及趋势如何;
- 从事行业需要具有的通用素质和从业资格证书有哪些;
- 有哪些名人做过或正在做这个行业;

- 了解行业的著名公司老总和人力总监的介绍和言论;
- 职业访谈,了解一般职员的一天;
- 企业校园招聘及大学生一般能力要求。

三、环境因素分析

职业生涯规划需要充分了解相关的环境,而职业环境分析也需要认清所选职业在社会大环境中的发展状况、未来发展趋势等。可以通过评估环境因素了解其对职业生涯发展的影响,分析环境条件的特点,把握环境因素的优势和限制,从中找到制定个人职业生涯规划的依据。

(一)环境因素分析的作用

每个人都生活在一定的环境中,其成长与发展都与环境息息相关。俗话说,适者生存。在制定个人的职业生涯规划时,要分析环境的特点,环境的发展变化,自己与环境的关系,自己在特定环境中的地位,环境对自己提出的要求或挑战以及环境对自己的有利条件与不利条件,等等。只有对这些环境因素充分了解,才能做出与环境相适应的职业生涯规划,才能做到在复杂的环境中避害趋利,使自己的职业生涯规划得以发展与实现。

职业环境无疑是个人职业生涯发展的外部约束条件,只有充分认识到外部条件的影响,个人的职业定位才会更加合理和现实。否则,脱离现实的规划和定位只会给求职者带来打击和失望。

(二)外部环境分析

职业选择的外部环境包括社会环境和行业环境。一个社会的大环境对职业的类别和职业发展前景影响极大,从而也影响到个人职业生涯规划、选择和发展。因此,在进行职业生涯规划时,首先应对社会大环境进行分析。

1. 社会文化环境因素

社会文化环境包括教育条件和水平、社会文化设施等,在良好的社会文化环境中,个人能得到良好的教育和熏陶,从而为职业发展打下坚实的基础。

社会文化是影响人们行为、欲望的基本因素。社会文化反映着个人的基本信念、价值观和规范的变动。我国是一个大国,社会文化的复杂性决定个人职业选择与职业发展要考虑组织(企业)所在地的文化因素。大学生在进行职业生涯规划时,主要了解的内容包括以下几个方面:(1)社会政策。主要是人事政策和劳动政策。(2)社会变迁。比如知识经济和信息化社会的发展,就会对人的职业生涯发展产生较大的影响。(3)社会价值观。价值观会随着社会的不断发展和进步而发生不同程度的变化,从而会影响社会对人的认识和对职业的要求。(4)科学技术的发展。科技的发展会带来理论的更新、观念的转变、思维的变革、技能的补充等,而这些都是职业生涯规划中不可或缺的要素。

2. 人口环境因素

人口环境,尤其是个人所在地区的人文因素,对职业选择与职业发展有重要的影响。

在进行职业生涯规划时,要考虑以下几个方面:(1)人口规模。社会总人口的多少影响社会人力资源的供给,从而影响职业选择和职业发展的机会。(2)年龄结构。不同的年龄段有不同的职业价值观,在收入、价值观念、生活方式和社会活动等方面都存在着差异。(3)劳动力质量和专业结构。它会影响职业选择和职业发展的机会。(4)人口的城市化。我国的城市化进程正在加快,劳动力正在由农业转移到非农业;由于户籍制度的改革,户籍对就业的限制已经放开,对就业市场造成了重大的影响。(5)人口老龄化。人口统计数据表明,当前我国人口正在迈向老龄化阶段,这种老龄化趋势将提高医疗保健行业和社会服务领域的就业机会。(6)人口流动。近期,就业和职业发展的机会主要还是集中于东部沿海地区,但近几年中央开发中西部地区的战略会对中西部的发展产生一定的推动作用。

3. 政治法律因素

当今社会具有政治制度和法律制度,这种政治法律环境对职业选择和职业发展有重要影响。大学生在进行职业生涯规划时,要了解以下几个方面:(1)政治环境因素,主要涉及国家的方针、政策,还包括教育制度、政治体制、经济管理体制、人才流动的政策等。(2)法律环境因素,指中央和地方政府的有关法律法规和有关规定。

4. 经济环境因素

经济环境也是社会环境因素的一部分,主要包括四个方面:(1)经济形势。其对职业的影响是最为明显又最为复杂的。当经济高速发展时,组织处于扩张阶段,对人力资源的需求量增加。(2)劳动力市场供求状况。我国现在的状况是高级管理人才和高级技术人才不足,具有初级技能和无技能的劳动力供给相对充裕。(3)收入水平因素。(4)经济发展水平因素。

5. 行业环境因素

在对职业所处的社会环境进行分析后、还应对职业所处的行业环境进行分析。因为,行业的环境将直接影响到企业的发展状况。进而也就影响到个人的职业生涯的发展。

行业环境分析包括对目前所从事行业和将来想从事的目标行业的分析,主要有以下几个方面:(1)行业发展的现状和优势。首先,应了解自己所从事和将来想要从事的是什么行业,比如能源行业,电力行业;其次,这个行业在我国的发展趋势如何;最后,此行业目前存在的问题以及是否具有竞争力优势。(2)国际、国内重大事件对该行业的影响,该影响是否能提供较多的职业机会。(3)行业的发展前景预测。从两方面进行分析,一是行业自身的生命力,二是考虑和研究国家对相关产业的政策。

(三)内部环境分析

在同样的行业中,有人越干越奋发向上,有人却兴趣低落,思索转换行业。其实,只有知道了什么行业适合自己,找到适合自己的环境,才能发挥才能、高效地工作。

对企业内部环境的分析主要包括以下几个方面:(1)企业实力。在激烈的市场竞争中,适者才能生存。只有适应环境、适应发展趋势的企业才能生存。(2)企业文化。企业文化决定了一个企业如何看待其员工,员工的职业生涯是被企业文化所左右的。(3)企业领导者的素质和价值观,其与企业文化和管理风格有直接的关系。企业主要领导人的抱负和能力是企业发展的决定因素。(4)企业制度。企业员工的职业生涯规划和发展,归根结底要靠企业管理制度来保障。

其他方面还有家庭环境因素、朋友和同龄群体环境因素等,都是环境分析中的一部分。

【小贴士】

大学生在找工作时,学历文凭、实践能力哪个更重要? 用人单位与人才市场的专家给出了明确答案:大学生对所应聘职业的认识程度更重要。

"进入企业后,你打算如何做起?"很多用人单位对求职者提出这样的问题,就是想从求职者的回答中了解他对这份职业的认识程度。很多用人企业的负责人表示,求职者对所应聘职业以及相关工作有清晰明确的认识比高学历更令他们欣赏。

学历、能力、对职业的认识已成为求职的几大要素,想要获得工作,首先要对欲从事职业拥有清晰的认识。很多毕业生在进入工作后会出现一些情况,多数是由于对职业认知不清楚而造成的,这使得他们在招聘时很看重求职者对职业的认识程度。由此可以看出,就业市场和用人单位也在逐渐趋向成熟。

第二节　大学生职业认知实践

"了解职业信息,探索职业世界"对于大学生的职业生涯规划有着非凡的意义。了解职业和职业环境,才懂得如何通过自身的修养不断提高自己的职业道德素质;才懂得如何融入企业文化,从而发挥出自己的最大才能;才能结合适合自己的职业塑造职业形象,从而确立高尚的职业理想,树立正确的择业观念,培育健康的就业心理,正确地选择职业,成功地走向社会。

《现代汉语词典》将"职业"解释为:"个人在社会中所从事的作为主要生活来源的工作。"

从社会学的角度界定职业的概念,日本社会学家尾高邦雄认为:职业是某种社会分工或社会角色的实现,因此职业包括工作、工作的场所和地位。美国学者泰勒认为,职业是一套成为模式的与特殊工作经验有关的人群关系,这种成为模式的工作关系的结合,促进职业结构的发展和职业意识的形成。我国学者姚裕群认为,职业指的是人们从事相对稳定的有收入的专门类别的工作。这些界定强调了职业满足个人物质需求、维持个体生命与生活的功能,突出了活动与报酬的交互性。

从经济学的角度界定职业的概念,美国社会学家塞尔兹认为,职业是一个人为了不断取得个人收入而连续从事的具有市场价值的特殊活动。美国著名哲学家、教育学家杜威认为,职业是人们从中可以得到利益的一种"生活活动"。日本劳动问题专家保谷六郎拓展了职业的内涵,认为职业是有劳动能力的人为了生活所得而发挥个人的能力,向社会做贡献的连续活动。法国一个权威字典将职业定义为:为了生活而从事的经常性活动。

综上所述,职业的合理界定应包括:从事职业的主体、职业的个体与社会功能、职业的时限以及职业的性质等要素。由此可以定义,职业是指具备劳动能力的个体,运用自身的知识、技能与态度,从事社会生产服务,为社会创造物质财富与精神财富,并获取合理的个人报酬,以满足自身的物质与精神需求的持续性活动。

一、职业的分类

所谓职业分类,是采用一定的标准和方法,依据一定的分类原则,对从业人员所从事的各种专门化的社会职业所进行的全面、系统的划分与归类。

一般来说,职业的分类是以工作性质的同一性为基础原则,对社会职业进行的系统划分与归类。职业分类的目的是要将社会上纷繁复杂,数以万计的现行工作岗位,划分成类系有别,规格统一,井然有序的层次或类别。职业分类体系主要通过职业代码、职业名称、职业定义、职业所包括的主要工作内容等,描述出每一个职业类别的内涵与外延。

通过职业分类,可以了解社会职业领域的总体状况,增强职业意识,有意识地不断提高职业素质。

(一)我国的职业分类

1999 年 5 月颁布并出版的《中华人民共和国职业分类大典》是我国第一部对职业进行科学分类的权威性文献。在深入分析我国社会职业构成的基础上,突破了过去以行业管理机构为主体,以归口部门、单位甚至用工形式来划分职业的传统模式,采用了以从业人员工作性质的同一性作为职业划分标准的新原则,并对各个职业的定义、工作活动的内容和形式、工作活动的范围等做了具体描述,体现了职业活动本身固有的社会性、目的性、规范性、稳定性和群体性的特征。

《中华人民共和国职业分类大典》将我国职业归为 8 个大类,66 个中类,413个小类,1838 个细类(职业)(自《大典》出版以后,每年都要出增补版本,增补新增加的职业类型)。8 个大类分别是:

第一大类:国家机关、党群组织、企业、事业单位负责人,其中包括 5 个中类,16 个小类,25 个细类;

第二大类:专业技术人员,其中包括 14 个中类,115 个小类,379 个细类;

第三大类:办事人员和有关人员,其中包括 4 个中类,12 个小类,45 个细类;

第四大类:商业、服务业人员,其中包括 8 个中类,43 个小类,147 个细类;

第五大类:农、林、牧、渔、水利业生产人员,其中包括 6 个中类,30 个小类,121个细类;

第六大类:生产、运输设备操作人员及有关人员,其中包括 27 个中类,195 个小类,1119 个细类;

第七大类:军人,其中包括 1 个中类,1 个小类,1 个细类;

第八大类:不便分类的其他从业人员,其中包括 1 个中类,1 个小类,1 个细类。

(二)我国的行业分类

行业分类是不同于《中华人民共和国职业分类大典》的另外一种分类模式,主要是按经济活动性质的同一性进行分类的,即主要按企业、事业单位、机关团体和个体从业人员所从事的生产经营活动或其他社会经济活动性质进行行业分类,而不按其所属行政管理系统分类。某一行业就其实质来说是指从事一种或主要从事一种活动的所有单位的聚合体。

我国 2002 年修订的《国民经济行业分类》对行业门类、大类、中类和小类进行了调整。新行业分类标准为 20 个门类,95 个大类,396 个中类,913 个小类。主要分类如下:

A. 农、林、牧、渔业

B. 采矿业

C. 制造业

D. 电力、燃气及水的生产和供应业

E. 建筑业

F. 交通运输、仓储和邮政业

G. 信息传输、计算机服务和软件业

H. 批发和零售业

I. 住宿和餐饮业

J. 金融业

K. 房地产业

L. 租赁和商务服务业

M. 科学研究、技术服务和地质勘查业

N. 水利、环境和公共设施管理业

O. 居民服务和其他服务业

P. 教育

Q. 卫生、社会保障和社会福利业

R. 文化、体育和娱乐业

S. 公共管理和社会组织

T. 国际组织

二、不同维度职业环境探索

(一)外资企业

外企流传一句话:你永远不知道明天谁是你的同事。

1. 外资企业在中国

从 20 世纪 80 年代中国实行改革开放以来,越来越多的外资企业进入中国。20 世纪 90 年代以来,跨国公司在中国设立的地区总部和具有地区总部职能的投资性公司的数量在不断增加。据不完全统计,截至 2010 年末,在北京,具有跨国公司总部性质的投资性公司已达 150 多家;在上海,已有 45 家公司建立了地区总部,有 14 家企业建立了具有总部性质的投资性公司。现在上海的外商办事处已有 1500 多家,一旦条件成熟,许多办事处会迅速升级为地区总部。根据《财富》杂志公布的调查结果,有 92% 的跨国公司已经计划近几年在中国设立地区总部。跨国公司在中国设立总部是着眼于中国市场的整体投资和战略投资。它们对一个企业上、中、下游各阶段的产品进行纵向投资,既投资生产最终产品,也投资生产零部件;并对在中国分散的单个投资项目进行重新优化组合,以使技术、人才和资本达到最优配置,以新的重组集团体系产生整体效益。

近几年,跨国公司重视产品研究的本地化,纷纷投资建立研发中心,中国正在成为跨国公司全球研发基地,主要集中在信息通信、生物制药、精细化工、运输设备制造等行业,包括微软、英特尔、IBM、松下等大型跨国公司。随着中国作为全球重要制造基地地位的逐渐形成,跨国公司在中国从事大规模研发投资的趋势不会改变,而且还会继续加强。

而商务部 2011 年初公布的数据显示,即使在全球金融危机的冲击下,我国2010 年 12 月份外商直接投资 140.3 亿美元,较上年同期增长 15.6%;2010 年全年外商直接投资 1057.4 亿美元,增幅 17.4%,突破了千亿美元。在这些外资企业中,直接吸纳就业超过 5000 万人。

2. 欧美企业的环境特点

中国和欧洲国家文化起源不同,所以在价值观、人生观等方面有很大的不同,反映在企业管理中也是如此。比如德国人崇尚"责任和严谨",美国人崇尚"个人价值和对人的尊重",法国人崇尚"热爱生活、浪漫和极强的民族自豪感",等等。这些不同会直接体现在企业文化里面,反映出各国企业职业环境的差异。

第一,鼓励个性发展,重视个人竞争。

欧美文化以个人主义为核心,即要求个人在社会生活中要有充分的自我表现,实现自我价值。因此在他们的企业文化中,强调重视个人权利,发挥个人作用,尊重个人发展、鼓励个人奋斗。欧美企业很早就意识到人才的挖掘和培养是企业获取成功的关键。在不损害企业利润原则的前提下,都把尊重人、关心人、培养人、以人为核心的原则放在重要地位。在处理公司事务的时候,与日资企业截然不同的重视汇报制度相比,欧美企业只重视结果,很少过问过程,员工在事务处理中享有一定程度的自主权,能充分地施展个体的才能和创造性,大大提高工作效率。需要注意的是,欧美企业通常都是实行短期评价,如果业绩不好,表现不好,员工很快就会被辞掉,即使是经理人也是如此。

第二,公司氛围宽松、和谐。

很多公司不管是上级还是下属,均可以直呼其名,或使用"合伙人""同事"

"夫人""先生""小姐"等没有等级的称谓。日常工作中,老板不太爱摆"老板"的架子,员工在老板面前放松自如,同事间轻松、友好的合作氛围使大家仿佛一家人一样。这样的亲切感有很大的凝聚力,能够使大家在轻松愉快的氛围中愉快工作,创造更高效益。

第三,能力最重要。

欧美企业重视团队合作以及关系协调等诸多能力。他们对企业与员工、员工与员工、员工与客户之间的关系非常重视,讲求团队管理和互相合作。员工在及时完成自身任务的同时,如果能够主动帮助别人,老板将会非常喜欢。上下级之间、同事之间还要保持及时沟通,大家尊重彼此,认同彼此间不同的思想和风格,对工作中的一些问题,可直接表达自己的想法和建议。

第四,重视创造性,追求产品质量完美。

为客户提供一流的服务和完美的产品是欧美企业的目标。因此企业鼓励员工要有对产品精益求精的创新意识和创新能力,通过各种激励措施鼓励和强化这种行为。目前,这种意识已经转化为欧美企业全体员工的自觉行动,欧美很多产品均以品质和服务享誉全球。

第五,诚信为本。

比较东西文化的特质就可以发现,西方文化追求卓越,追求自我价值的实现,因而表现为独立的精神,独立的人格,独立的价值观。实现这种"独立",需要规范管理、制度保证,严格按规则办事,追求制度效益,从而实现管理的有序化和有效化,这是欧美企业管理的共同特点,诚信为本、一切按照规章制度办事成为欧美企业鲜明的特色。

第六,责任感。

外资企业强调员工的责任感。这种责任感不仅包括对家庭的责任、工作的责任,还有社会的责任。他们认为,员工如果带着这样的责任感去对待自己周围的事物,企业就没有理由不发展壮大。企业对员工强调的主要是工作责任,尤其是每一个人对所处的工作岗位或生产环节的责任,这样环环相扣,才能生产出品质优良的产品,提供周到细致的服务,企业才能不断发展和拥有广阔的市场,才能生存下去。

3. 在欧美企业工作的职业能力要求

第一,语言能力。

语言是沟通的工具,流利的英语是进入欧美企业的第一步。如你遇到一位民族优越感极强的法国老板或德国老板,那么你所会的小语种就是你的制胜法宝了。欧美企业注重职务的功效性,主张人要适应岗位要求。因为语言的差异会造成理解的偏差,从而导致工作上的一些小失误,对工作效率产生影响,所以欧美企业对员工的外语能力要求很高。

第二,积极的学习态度和创新精神。

欧洲企业采用双向选择的自由雇佣制,不像日本企业那样讲究从一而终的忠诚度,并且会不断地优胜劣汰,企业以此来不断追求效益。因此要想在欧美企业站稳脚跟,就得不断充电,补充知识,当然你的付出和努力也会得到相应的回报。在欧美企业工作,一定要清楚自身价值,有明确的目标,想方设法实现自身价值最大化。

第三,良好的适应性。

对新环境以及公司所属国家文化的了解和掌握,是你在外企顺利工作的重要内容。只有理解了欧美等国的文化特点,才能有效地理解企业的文化,准确地认识企业的价值观和发展理念,才能有效地同老板、同事进行合作和交流,从而更好地满足企业的需要。

第四,重视实践背景。

不管什么样的社会实践,也许你是学生干部,也许你在社团中服务,也许你在社会历练,也许你在专业公司实习……欧美企业会很关心你是否有这样的实践经历,当然最重要的是你从中获得什么。所以,你需要在专业学习的同时,通过社会实践不断丰富自己,为自己的人生增加更多的砝码。

(二)国营企业

1. 国有企业的发展现状

国有企业是国民经济的重要支柱,也是国家收入的主要来源。在40年的改革历程中,国有经济布局和结构不断得到合理调整,国有企业数量在不断减少,利润却在逐渐上升,企业的效益和实力都有了相当程度的提高,在国民经济中的主导作用以及影响力也得到增强。随着改革开放的进一步深入,为了更大限度地盘活资产和增加就业机会,国有企业的数量还会继续减少,企业数量的压缩和效益的提高,更多需要企业在管理上去寻找效益。

同时,随着中国加入 WTO 后国内经济竞争的加剧和经济全球化的影响,中国国有企业面临的外部环境的不确定性更加明显。国有企业整体状况的变化,以及企业面临的全球化的环境,使得企业需要从内部挖掘更多的效益,以求得在市场中的生存并进一步发展。

2. 国有企业的人力资源管理现状

改革开放以来,随着外资企业的增加,国外企业管理理论和实践不断得到推广,国有企业传统的人事管理制度已经逐渐向现代人力资源管理方面发展。其人力资源的框架基本建立,企业的组织架构也能够参考通行的现代企业理论,岗位设置也更加科学。但是很多国有企业在人才使用上没有引入真正的竞争和淘汰机制,使得国企体系内的人才流动性差,员工危机感较差,缺乏竞争力,影响到人力资源管理规划、聘用、激励等各个方面。

另外,国有企业还没有完全完成向现代人力资源管理制度的转变,缺乏专业的人力资源管理制度和专业管理人员。不少企业只是形式上的改动,在用工制度、分配制度、人事选拔与任用制度上,仍然采用的是传统的人事管理方法。企业缺乏人力资源规划,忽视员工生涯发展与规划(动力、忠诚度、吸引力),激励机制也不完善,难以调动员工的积极性(论资排辈、人治特点突出)。

3. 国有企业对人才的要求

国有企业对应聘人员的要求,除了对企业忠诚、有团队归属感、有良好的心理素质和较强的适应能力等普遍性要求外,部分企业也有自己独特的用人标准,如:良好的思想政治素质,具备强烈的事业心和责任感,一专多能,全面发展,较强的交际能力以及社会工作经验等。

此外,国有企业对毕业生中的党员、学生干部、三好学生以及社会实践活动获奖人员格外青睐,在招聘条件中大多注明学生党员、学生干部、三好学生、在校期间表现良好者优先录用。

(三)公务员

1. 公务员分类

领导职务的公务员和非领导职务的公务员:这是根据公务员的职务和职责不同而进行的分类。所谓领导职务的公务员,是指在各级各类机关中,具有组织、管理、决策、指挥职能的公务员。具体包括:国家级正职、国家级副职、省部级正职、省部级副职、厅局级正职、厅局级副职、县处级正职、县处级副职、乡科级正职、乡科级副职。

综合管理类、专业技术类、行政执法类和其他类公务员:这是按照公务员职位的性质、特点和管理需要所做的一种分类。

所谓综合管理类公务员,是指在机关中履行规划、咨询、决策、组织、指挥、协调、监督等综合管理以及内部管理职责的公务员。

所谓专业技术类公务员,是指在机关中承担专业技术职责,为实施公共管理提供直接的技术支持和保障的公务员,如公安机关中的法医,海关的商品归类、原产地管理专家等。

所谓行政执法类公务员,是指在工商、税务、质检、环保等履行社会管理与市场监管职能的行政执法部门的基层单位的公务员。行政执法类公务员主要履行行政监管、行政处罚、行政强制、行政稽查等现场执法职责。与综合管理类公务员不同，行政执法类公务员只有对法律的执行权，而无解释权，出现纠纷时也不具备裁定权。

所谓其他类公务员，是指国家根据实际需要在综合管理类、专业技术类和行政执法类公务员以外单独设立的特殊职务类别的公务员。

选任制、委任制、聘任制和考任制的公务员：这是根据公务员产生的方式不同而做的划分。所谓选任制公务员，是指根据民意选举的方式而产生的公务员。国外许多国家的政府首脑和内阁成员都是选任制的公务员。我国公务员中的各级人民政府的组成人员，也是由各级人民代表大会及其常委会选举产生或决定任命的，因而也是选任制公务员。

所谓委任制公务员，是指由任免机关在其任免权限范围内，直接确定并委派某人担任一定职务而产生的公务员。我国公务员中的非政府组成人员主要是委任制的公务员。

所谓聘任制公务员，是指机关根据工作需要，经省级以上公务员主管部门批准，对不涉及国家秘密的专业性较强的职位和辅助性职位，按照平等自愿、协商一致的原则以合同的方式聘用而产生的公务员。

所谓考任制的公务员，是指有任免权的机关通过公开考试和考核的方法，择优录用而产生的公务员。

政务类公务员和业务类公务员：这是世界上多数国家对公务员的一种最基本的分类。我国在理论上研究过，但立法上没有采用这种分类。

所谓政务类公务员，又称政务官，一般是指由选举产生或政治任命，具有严格的任期，与政府共进退的公务员。

所谓业务类公务员，又称事务官或文官，一般是指通过公开竞争考试，择优录用，无过失则长期任职，不与政府共进退的公务员。

2. 公务员录用考试相关专业分析

各类公务员的专业需求大致如下：

政法类，对应专业为：法学、政治学与行政学、社会学、行政管理、国际政治等。

文秘类，对应专业为：哲学、中国语言文学类专业（汉语言文学、汉语言等）、历史学、新闻学、英语（外语）等。

经济管理类，对应专业为：经济学、金融学、国际经济与贸易、工商管理、电子商务等。

财务管理类，对应专业为：会计、审计、财政学、统计学、财务管理等。

信息技术类，对应专业为：计算机科学与技术、信息工程、电子信息科学类专业(电子信息科学与技术、微电子学等)、机电工程等。

3. 公务员素质要求

政治素质：必须具有远大的共产主义理想、坚定正确的政治方向；坚持全心全意为人民服务，密切联系群众，坚决维护人民群众的利益；坚持求实务实的工作作风，解放思想，实事求是，一切从实际出发，勇于开拓前进；模范遵纪守法，树立清正廉洁的公仆形象；刻苦学习，勤奋敬业，不断加强知识积累和经验积累。

专业知识和智力素质：(1)专业知识，包括专业知识和相关知识两部分。专业知识包括本专业的基本概念、基础理论、基本框架和基本常识以及本专业的来龙去脉和前后动态。相关知识即指相近或交叉专业的有关知识，对这些知识的了解有助于本职专业知识的深化和提高。(2)智力素质。智力是公务员的基本素质之一，智力水平的高低直接影响到公务员对于问题的观察、理解和思考。智力包括观察力、记忆力、思考力、想象力和操作能力。

心理素质和身体素质：公务员的心理素质指公务员在内部和外部环境作用下所形成的个性倾向性和个性心理特征，主要包括情绪和稳定性、团结协作的相容性、工作的独创性、面对服务对象的谦和态度、心理的自我调适等。身体素质主要指公务员的体力和适应力，公务员必须具备连续作战的精力，能够适应外部环境的各种变化。

4. 公务员能力要求

公务员能力是一个全面的概念，是进行公务活动所必须具备的体力、智力和技能各个方面的综合体现。公务员能力是行政能力体系的主干，包括基础性行政能力和运行性能力两大部分。按照《国家公务员通用能力标准框架》，公务员能力主要包括政治鉴别能力、依法行政能力、公共服务能力、调查研究能力、学习能力、沟通协调能力、创新能力、应对突发事件能力和心理调适能力。

政治鉴别能力：有相应的政治理论功底，坚持党的基本理论、基本路线、基本纲领和基本经验，认真实践"三个代表"重要思想；善于从政治上观察、思考和处理问题，能透过现象看本质，是非分明；具有一定的政治敏锐性和洞察力，正确把握时代发展要求，科学判断形势；贯彻执行党的路线、方针、政策。

依法行政能力：有较强的法律意识、规则意识、法制观念；忠实遵守宪法、法律和法规，按照法定的职责权限和程序履行职责、执行公务；准确运用与工作相关的法律、法规和有关政策；依法办事，准确执法，公正执法，文明执法，不以权代法；敢于同违法行为做斗争，维护宪法、法律尊严。

公共服务能力：牢固树立宗旨观念和服务意识，诚实为民，守信立政；责任心强，对工作认真负责，密切联系群众，关心群众疾苦，维护群众合法权益；有较强的行政成本意识,善于运用现代公共行政方法和技能,注重提高工作效益;乐于接受群众监督,积极采纳群众的正确建议,勇于接受群众批评。

调查研究能力:坚持实践第一的观点,实事求是,讲真话、写实情;坚持群众路线,掌握科学的调查研究方法;善于发现问题、分析问题,准确把握事物发展的历史、现状和产生的影响;积极探索事物发展的规律,预测发展的趋势,提出解决问题的建议;善于总结经验,发现典型,指导、推动工作。

学习能力:树立终身学习观念,有良好的学风,理论联系实际,学以致用;学习目标明确,根据自己的知识结构和工作需要,从理论和实践两方面积累知识与经验;掌握科学学习方法,及时更新和掌握与工作需要相适应的知识、技能;拓宽学习途径,向书本学、向实践学,向他人学。

沟通协调能力:有全局观念、民主作风和协作意识;语言文字表达条理清晰,用语流畅,重点突出;尊重他人、善于团结,能和自己意见不同的人一道工作;坚持原则性与灵活性相结合,营造宽松、和谐的工作氛围;能够建立和运用工作联系网络,有效运用各种沟通方式。

创新能力:思想解放,视野开阔,与时俱进,具有创新精神和创新勇气;掌握创新方法、技能,培养创新思维方式;对新事物敏感,善于发现、扶植新生事物,总结新鲜经验;善于分析新情况,提出新思路,解决新问题,结合实际创造性地开展工作。

应对突发事件能力:有效掌握工作相关信息,及时捕捉带有倾向性、潜在性的问题,制定可行预案,并争取把问题解决于萌芽之中;正确认识和处理各种社会矛盾,善于协调不同利益关系;面对突发事件,头脑清醒,科学分析,敏锐把握事件潜在影响,密切掌握事态发展情况;准确判断,果断行动,整合资源,调动各种力量,有序应对突发事件。

心理调适能力:事业心强,有积极、乐观、向上的精神状态和爱岗敬业的热情;根据形势和环境变化适时调整自己的思维和行为,保持良好的心态、情绪;自信心强,意志坚定,能正确对待和处理顺境与逆境、成功与失败;有良好的心理适应性,心胸开阔,容人让人,不嫉贤妒能。

此外,公务员还必须具备所从事岗位的专业能力以及必要的组织指挥、决断能力等。

【小资料】

用人单位都有自己的"中心定位",但这种定位并不是持久不变的。以前单位招聘毕业生,在能力相同的情况下,有的单位就毫不犹豫地选择硕士博士,而不是本科生。现在有些单位的思想改变了,因为他们觉得本科生更踏实、更稳定,升值的空间更大,而不是像有些硕士博士老想着加薪水,老想着跳槽。如果能力相当,他们会选择本科生。

时代在发展,企业的用人制度也在不断变化着。俗话说"计划赶不上变化","知彼"也是至关重要的一环。在"知己""知彼"之后,"抉择"是最后的机遇,也是挑战。全面的考虑,才会有正确的抉择。

三、政府促进大学生就业相关政策

大学生就业政策是国家关于大学生就业的指导性文件,它体现了国家对大学生就业的政策导向。我国的大学生就业政策导向经历了统包统分,由供需见面逐步向双向选择的过渡和以市场为导向的自主择业三个阶段。对于广大大学生来说,深入了解国家相关政策是有利于自己职业生涯规划的。

(一)创造就业岗位

对于就业岗位的创造,中央地方各级政府和相关部门,一方面针对国家重点加强的优先发展产(行)业对大学毕业生的需求情况,依托国家重点工程项目,制定了一系列优惠政策,积极引进大学毕业生。制定扶持政策鼓励中小企业和非公有制单位吸纳大学毕业生,为大学生到中小企业和非公有制单位工作营造氛围、疏通渠道、创造条件。另一方面,扩大政府公共部门对大学生的吸纳能力,按照公开、公平、竞争、择优原则,加大从大学毕业生中考试录用公务员力度,继续做好选拔大学毕业生到农村基层锻炼工作,积极引导和组织大学毕业生到社区街道工作,以适应城市社区发展的需要。

(二)鼓励自主创业

在教育走向大众化和知识经济时代来临的背景下,我国政府出台了一系列鼓励大学毕业生自主创业的就业政策。首先,为鼓励和支持大学生自主创业,工商和税收部门需简化审批手续,积极给予支持。其次,各级人事部门进一步拓宽渠道,制定政策,切实解决非公有制单位接收毕业生遇到的各种问题,支持和帮助非公有制单位接收所需的毕业生。最后,对于大学生从事个体经营的,在符合国家条件的情况下,减轻各项行政事业性收费并为大学生提供创业小额贷款和担保。

(三)增加大学生就业竞争力

增强大学生对外部市场的反应速度和能力,增强大学人才培养的质量和竞争能力,增强大学的投入和产出的效益,是我国政府在促进大学生需求供给,降低大学生劳动力市场上结构性失业问题的重大举措。具体包括深化教育改革,全面提高学生综合素质和就业、创业能力;组织实施职业院校技能型紧缺人才培养工作,开展"订单式"培养,建立一大批稳定、有效、资源共享的高职实训、实践基地,积极推进高职毕业生毕业证书和职业资格证书双证书培训教育工作。

(四)鼓励大学生到特定地区、行业就业

在就业激励方面,国家强化大学生人力资本投资收益的补偿激励机制,扩大对大学生的有效需求。为鼓励大学生到特定地区就业或从事特定的职业,实施大学生人力资本投资收益的补偿机制及国际管理;加大实施"大学生志愿服务西部计划"力度,扩大由中央财政支持的西部志愿者规模;各地区结合本地实际引导大学生到当地贫困地区,地方财政给予支持。鼓励高等学校与本校志愿服务地建立起长期、稳定的对口支援关系,鼓励和支持毕业生到西部和基层就业。国家就业激励政策的实施将会更有效地支持国家整体人力资源发展战略,最终支持国家经济和社会发展战略的要求,实现大学生、用人单位和国家的"三赢"结果。

以上只是我国政府推出的一系列大学生就业促进政策的一部分,我们不得不承认,作为一名当代大学生,必须与时俱进,加强对国家相关政策的学习,使自己真正得到"实惠"。

四、大学生职业实践

罗素说过,要购买房子,至少要到里面看看!对于即将面临毕业的大学生来说,如果不到职场中去实践和锻炼一下,就不可能对职业环境有较为深刻的认识。

职业实践,是指实地学习或在实践中学习,也是我们通常所说的"实习"。与勤工俭学不同,它的直接目的并不是获得经济报酬,而是通过实践加深对职业环境的了解和认识,锻炼自身的技能,了解如何将自身所学应用到实际工作中去。

作为大、中专院校教学中的一个重要环节,职业实践是大学生步入职场的一个必要的过渡阶段,它既能不断深化学生对"社会"这一概念的理解,又能激发他们成为一名真正的职场人士的内在动机。因此,职业实践的价值在于:

(一)学以致用,理论联系实际

职业实践可以帮助学生将自己所掌握的理论知识运用于工作和生活实际,这不仅有利于加深对书本知识的理解和巩固,还能提高他们在理论知识的指导下观察、分析和解决问题的实际工作能力。无论是自然科学,还是社会科学,仅有书本知识是不够的,自然科学的成果只有运用于实践,才能转化为生产力。社会科学知识只有运用到实践中去分析问题、解决问题,才能吸收、消化和提高。例如:贸易专业的学生只有亲自参与进出口业务的具体操作,才能熟悉商务谈判、合同的订立、进出口单证制作、报关、结算等书本学到的理论知识;金融专业的学生只有去银行、证券公司等金融机构实践,才能真正理解利息、股票、债券、资产重组的概念等等。

（二）加深对职业和行业的了解，明确职业目标

职业实践可以为学生提供了解和熟悉实际工作的机会。只有在实际工作中，他们才可以知道工作是怎么回事、自己更适合做什么、哪些知识可以应用到实际工作中、哪些知识还是自己所欠缺的、如何处理工作中的人际关系等，这些都将有助于他们更全面地认识自己和了解职业，明确自己的职业兴趣、职业能力、职业目标，从而做出科学合理的职业发展规划。

（三）实现从学生到职场人士的顺利转换

职业实践是学生从大学课堂走向社会的第一步。通过职业实践，学生可以初步完成从理想到现实的心理转换和从学生到职场人士的角色转换。顺利的心理转换可以减轻学生初入职场将要历经的现实冲击，完整的角色转换能为他们将来尽快适应新的工作岗位打下良好的基础。通过职业实践，能够帮助学生树立独立自主的意识，从而能够以更积极的心态参与到社会竞争中去。

（四）增强学生的求职竞争力

职业实践要求学生走出校园，进入社会，寻找感兴趣的或者合适的职业进行实际体验。在实践的过程中，学生将尽可能地倾尽自己所学和所能完成工作任务，实现工作目标。因此，职业实践为学生提供了一个充分展现自我才华和能力的舞台。通过这个舞台，学生们不断地累积着实际工作经历，总结着实际工作经验，从而为真正求职应聘做好充分的准备，同时也在无形中增强了自身的竞争力。

【小资料】

职业实践的获取途径以及注意事项

获取职业实践的途径

1. 充分利用校内外职业实践基地

2. 重点把握校园招聘这一环节，主动出击，积极争取职业实践机会

3. 抓住"实习生"招募机会

4. 参与各类职业、商业大赛、论坛等

5. 充分利用企业在高校开展的奖学金计划

6. 善于利用网络优势，不失时机地寻找职业实践机会

7. 其他。

职业实践的注意事项

1. 签订职业实践协议，维护自身合法权益

2. 端正职业实践态度，认真履行工作职责，为企业和自身负责

3. 贴近专业瞄准职业，选择职业实践岗位

4. 在职业实践中探索个人职业目标和定位

5. 在职业实践中考察单位,熟悉职场"生态环境"

6. 记得开证明,作为经历凭证

【思考练习】

1. 思考影响职业发展的宏观和微观环境因素主要有哪些?

2. 环境认知的内容和方法分别是什么?

3. 结合自己的专业和职业目标,分析自己的目标职业和目标行业的发展趋势和素质要求。

第四章

决策:生涯决策与目标的确立

【学习目标】

通过本章的学习,了解制定生涯目标以及进行职业决策的重要意义,明晰生涯目标制定以及职业决策的内容和原则,学会制定生涯目标和职业决策的方法。在此基础上,知晓大学生在生涯决策过程中容易出现的局限,掌握理性的生涯决策方法以防止出现决策失误。

第一节 确立生涯目标

哈佛大学曾就目标对人的影响做过一个跟踪调查。结果显示:在调查对象中3%的人有清晰而明确的中长期目标,25年后他们几乎都成为社会各界的顶尖成功人士;10%的人有清晰的短期目标,25年后他们中的大部分人生活在社会的中上层,成为各行各业不可或缺的专业人士;60%的人目标模糊,25年后他们能安稳地生活与工作,但都没有什么特别的成绩;27%的人没有目标,25年后他们生活在社会的最底层,生活不如意,常常失业,抱怨他人。这个调查给了我们一些启发:坚定的目标将成为追求成功的驱动力,个人成功与否很大程度上取决于他是否有明确的生涯目标。古人云:"凡事预则立,不预则废。"这说明确立生涯目标十分重要。因而,我们把生涯目标的制定作为职业生涯设计的核心。

一、生涯目标的分类

(一)何谓生涯

生涯,英文是 Career,有广义和狭义之分,广义的生涯是指人一生的生活过程,狭义的生涯即职业生涯。

生涯定义:是个人通过从事工作所创造出的一个有目的的、延续一定时间的生活模式。是由美国国家生涯发展协会(National Career Development Association)

提出,是生涯领域中最被广泛使用的一个观念。

这里面的延续一定时间(Time Extended)是指生涯不是作为一个事件或选择的结果而发生的事情。更确切地说,生涯在本质上是持续一生的过程。它受到个人内在和外在力量的影响。创造出(Working Out)是指生涯是一个人的愿望与可能性之间、理想与现实之间妥协和权衡的产物。生涯发展是一系列选择连续进行的结果。有目的的(Purposeful)是指生涯对个人来说是有意义和有价值的。生活模式(Life Pattern)在这里意味着生涯不仅是一个人的职业或工作,还包括生活中的各种角色担当。工作(Work)是指一种活动,可以为自己或他人创造价值。

(二)目标的含义

生涯目标,也就是我们常谈的人生目标,比如要成为什么样的人,该如何度过一生,怎样才能使人生过得有意义、有价值,怎样才能取得成功,怎样才拥有幸福的生活,生涯目标是指引人生成长和发展的导航标。

职业生涯发展目标,就是指个人在选定的职业领域内未来将要达到的具体目标,从而促使个人依据这种明确的职业目标,去规划自己的学习和实践,为实现职业目标进行积极准备并付诸实际行动。

(三)目标的分类

1. 按时间划分

个人职业目标,按时间可以分为短期目标、中期目标、长期目标和人生目标。一般说来,短期目标服从于中期目标,中期目标服从于长期目标,长期目标又服从于人生目标。具体实施目标,通常是从具体的、短期的目标开始的。当然,在制定人生目标和长期目标时,要多考虑一些自身因素和社会因素,而制定中期目标和短期目标时,则要更多地考虑工作环境因素。通过制定个人的长期目标、中期目标和短期目标,就形成了完整的个人目标体系的制定。

(1)短期目标

短期目标通常是指每日、每周、每月、每季、每年的目标,是中期目标和长期目标的具体化、现实化和可操作化展现,是最清楚的目标。其主要特征有:

①目标具备可操作性;

②明确规定具体的完成时间;

③对现实目标有把握;

④服从于中期目标;

⑤目标可能是自己选择的,也可能是公司或上级安排、被动接受的;

⑥目标需要适应环境;

⑦目标要切合实际。

【小资料】

大学生短期目标的分类

短期目标,对大学生来说是十分重要的。短期目标设定是否合理,决定着中期目标和长期目标是否可以实现。相对而言,短期目标的分类也更为复杂一些,分类的标准不一样,分类则不尽相同。

按年级来分,可为一年级目标、二年级目标、三年级目标、四年级目标。

按照学期来分,可分为上学期目标、下学期目标。

按照假期来分,可分为暑假目标、寒假目标。

按照内容来分,可分为学习目标、生活目标、社团实践目标、兼职目标、实习目标等。

按照毕业后的去向来分,可分为就业目标、考研目标、留学目标、创业目标、培训目标。

(2)中期目标

中期目标一般为三到五年,在整个目标体系中起着承上启下的作用,也是职业生涯能否有效实施和实现的重点。对大学生来说,也就是在大学学习期间应该达到什么目标。中期目标在长期目标的基础上确立,比如,毕业时找到一份满意的工作,或者上理想的学校和专业的研究生,或者到自己所梦想的国家去留学后成为一名海归,或者先择业再创业来实现当老板的理想等。中期目标相对长期目标要具体一些,其特征主要有:

①通常与长期目标保持一致;

②是结合自己的志愿和企业的环境及要求来制定的目标;

③用明确的语言来定量说明;

④对目标实现的可能性做出评估;

⑤有比较明确的时间,且可做适当的调整;

⑥基本符合自己的价值观,充满信心,愿意公布于众。

(3)长期目标

时间为五年以上的目标,它通常比较粗、不具体,会随着自身情况和外部形势的变化而变化,在设计时以画轮廓为主。长期目标主要受自己的人生目标的影响,常言道"人无远虑,必有近忧",尽管如此,在生活中人们最容易忽视的还是长期目标。设定长期目标需要考虑以下方面:

①目标有可能实现,具有挑战性;

②对现实充满渴望；

③非常符合自己的价值观，为自己的选择感到自豪；

④目标是认真选择的，和社会发展需求相结合；

⑤没有明确规定实现时间，在一定范围内实现即可；

⑥立志改造环境。

（4）人生目标

人生目标是指整个人生的发展目标。

一般说来，短期目标服从于中期目标，中期目标服从于长期目标，长期目标又服从于人生目标。具体实施目标，通常是从具体的、短期的目标开始的。

【小资料】

职业生涯目标制定举例

目标	内容
人生目标	你想成为什么样的人 你想做哪件大事或哪几件大事 你想成为哪一领域的佼佼者 你想发挥自己哪些方面的优势和特长
十年计划	今后十年你想成为什么样子 事业上有什么成就 收入达到多少 你的家庭及健康水平如何 你的生活状态怎样、社会地位怎样
五年计划	将十年计划进一步具体，把目标进一步分解
三年计划	使五年计划更具体，制定出自己的行动准则
明年计划	制定实现明年计划的步骤、方法和时间表，并确保这些是切实可行的
下月计划	包括下个月计划做的工作，应完成的任务，质和量方面的要求，财务上的收支，学习计划，结识新朋友的计划，等等
下周计划	在每周末提前制定好下周的行动计划，把下月计划中的一部分分解在下周
明日计划	明天要做哪几件事？分清楚轻重缓急，制定出执行的顺序和相应事情对应的时间

2. 按性质划分

按照性质来分可以划分为外职业目标和内职业目标。

（1）外职业生涯目标

外职业生涯规划目标是指侧重于职业过程的、外在的、可看得见的标记。它主要包括工作内容、职务目标、经济收入目标、工作环境和工作地点等方面的目标。

（2）内职业生涯目标

内职生涯规划目标是指在职业生涯规划中的知识、经验的积累，观念的转变，能力和素质的提高，以及成就感、价值感等内心感受。这些目标必须通过自己的努力才能获得和掌握。

职业生涯的内外目标不是截然分开的，两者是相辅相成、相互促进的。内职业生涯目标的发展可以推动外职业生涯目标的发展，而外职业生涯目标的实现又可以促进内职业生涯目标的实现。

3. 按实现难度划分

职业目标有难易之分。人的职业生涯发展是由低到高循序渐进的，在发展成长的过程中，个人给自己所设定的职业目标也应该分阶段，由易到难，由低层次到高层次循序渐进的递进。如果一个刚入学的大学生就给自己设定了毕业时就能成为某专业领域的专家学者，这就是不现实的。制定目标时，需要根据个人的实际情况，制定难易度合理且具有实际指导价值的职业目标。

二、生涯目标的意义

生涯目标的确立，实际上是人生目标的确立。成功者的职业生涯，大多是从指定合适的职业目标开始的。明确而坚定的职业发展目标，是取得职业成功的基本前提。具体来说，确定目标具有以下几方面的意义：

（一）生涯目标能促使产生自我发展的积极性。当我们给自己定下某个职业目标时，这个目标就成为我们生涯发展的依据和鞭策。有了方向，我们的职业发展努力才更加有效。

（二）生涯目标的确定有助于把握现在。目标的确定一定是着眼现实的，给自己定什么样的目标，需要审视现在的自己处于一个怎样的阶段。因此，目标设定的过程也就是评估现在、把握现在的过程。

（三）生涯目标引导优势发挥。当制定了一个目标以后，我们就会知道自己的使命，并且不停地在自己优势领域努力，安排好日常工作生活的轻重缓急。

（四）生涯目标有助于评估进步。大多数人每天看起来也在忙忙碌碌，却忽略了去评估自己的进步，也不知道评估的尺度和标准。目标正好提供了一种自我评估的手段，以目标的达成为指标来进行自我评估，有助于生涯规划的顺利实施，更可以督促自己朝着目标奋斗。

三、制定职业生涯目标的原则

生涯目标的客观性是指目标本身并不是空想出来的,而是建立在自我认知与环境认知的基础上,了解了个人兴趣、性格、能力、身体素质以及社会环境等各方面的情况,才能制定出一个具有可行性的、合理的目标。假如,一个人从未接受过美术绘画方面的培训,却想要在2年内成为享誉国内外的画家,这种目标,一般情况下只能是幻想或纯粹的理想。另外,当目标确定后,并不是一成不变,随着个人知识、技能、阅历方面的提升,完全可以阶段性地调整自己的发展目标,但这种调整的频率不能过于频繁。

制定职业生涯目标时,需考虑以下原则:

(一)现实原则

目标的确立要符合社会与市场的需求。职业生涯目标,如同一种"产品"。这种"产品"有市场,才有"生产"的必要。因此,在确定职业生涯目标时,要考虑到内外环境的需要。有需求,才有位置。

(二)适合原则

目标的确立要适合自身的特点,比如性格、兴趣、特长甚至身体条件等。要将目标建立在你的最优性格上、最大兴趣上、最佳特长上。

(三)激励原则

目标的确立要高低适中,恰到好处。有了远大的目标,能起到激励作用。但目标过高,脱离了实际,就会因好高骛远而招致失败;目标太低,不用努力就能实现,目标也就失去了意义。

(四)层次原则

目标的确立应该长短结合。长期目标为人生指明了方向,可鼓舞斗志,防止短期行为;短期目标是实现长期目标的保证,没有短期目标,长期目标也就不能实现。在职业生涯发展过程中,我们可以通过短期目标的实现来自我鼓励,体验到达成目标的成就感,促使自己朝着更高的目标前进。但是,如果只有短期目标,也会失去奋斗的动力。

(五)适度原则

同一时期的职业目标不宜多,最好集中为一个。人的时间精力是有限的,能胜任某一种职业也已经是不容易的事情了。因此,在确立目标时,最好把目标集中在一点上,这样才能利用个人有限的资源产出最大的成长效益。

(六)明确原则

目标的确立要具体明确。如果目标含糊不清,就起不到目标的作用。有些人打算决心干一番事业,却不知道具体干什么,这就等于没有明确的目标。目标不明确,就算投入了时间、精力和资金,也起不到"攻击"目标的作用。

（七）灵活原则

生涯目标要留有余地,在实现目标的时间安排上,不要过急、过满或过死。如果需要 5 年才能达到的目标,制定为三年或两年,就会"欲速则不达",不是计划落空,就是影响质量。如果安排过满,在同一时间里既做这个,又做那个,结果会顾此失彼,身心太累而无法坚持;如果安排过死,如规定某一时间只能做某事,若遇上干扰,无法完成,又没有补做时间,必然会落空。

【小资料】

职业生涯目标制定的"SMART"简易原则

在制定职业生涯目标,可以遵循"SMART"简易原则。

（1）目标必须是具体的（Specific）

这是指目标必须是清晰的,可产生行为导向的。比如,目标"我要成为一个优秀的大学生"不是一个具体的目标,但目标"学期末平均成绩在 80 分以上"才算得上是一个具体的目标。

（2）目标必须是可以衡量的（Measurable）

这是指目标必须用指标量化表达。例如,上面这个"学期末平均成绩在 80 分以上"目标,它就对应着量化的指标"分数"。

（3）目标必须是可以达到的（Attainable）

这里"可达到的"有两层意思:一是目标应该在能力范围内,二是目标应该有一定难度。一般人在这点上往往只注意前者,其实后者也相当重要。目标经常达不到的确会让人沮丧,但同时要注意,太容易达到的目标也会让人失去斗志。

（4）目标必须和其他目标具有相关性（Relevant））

这里的"相关性"是指与现实生活相关,而不是简单的"白日梦"。

（5）目标必须具有明确的截止期限（Time - based）

也就是说,目标必须是"基于时间"的目标,是指目标必须确定完成的日期。不但要确定最终目标的完成时间,还要设立多个小时间段上的"时间里程牌",以便进行工作进度的监控。

任何一个人都不可能一下子实现自己的职业发展目标,都需要根据自己现有的观念、知识与技能上的差异,将大目标分解为小目标,将长期目标分解为短期目标。目标分解就是将目标清晰化、具体化的过程,是将目标量化成可操作的实施方案的有效手段。当我们确定了实现自身价值的总目标高峰之后,要如登山一样将自己的总目标分成若干分目标,如阶段目标、年目标、月目标、周目标、日目标……这样才能让我们脚下所走的每一步路都能够离我们的总目标更近一点;也只有这样,我们人生发展的总目标及人生的价值才能真正实现。

另外,职业生涯规划是一个动态变化过程。当出现一些因素阻止目标实现时,或是短期、中期目标不适应总目标时,也可以适当进行修改;再者,在向目标努力的途中发现总目标出现错误的时候,也要及时停止实施,进行修改。

四、确定职业生涯目标的方法

(一)梦想法

在每个人心目中,会有各种职业梦想。这种梦想常常不去考虑任何客观条件的制约,是我们在对所接触、听闻的职业不完全了解的情况下,来确定一个职业生涯目标,具有很大的随意性和局限性,但这也是确定职业生涯目标的方法。想一想你的职业梦想是什么:

你希望拥有什么?

希望做什么?

希望成为什么?

考虑一下你的目标全部实现后你的理想生活:

最想和谁生活在一起?

你喜欢做什么?

这样的生活如何开始?

你会到哪儿去?

你会遇到什么样的环境?

这样惬意的日子结束时你会有何感受?

【小资料】

职业目标的名片探索法

1. 静下心来认真想一想自己将来与别人会面时,递给别人的名片是什么样的?

2. 接着找一张纸,自己设计它,包括正面、反面、颜色、图标及称呼和职务。

3. 然后给别人讲你为什么这么设计? 怎样努力才能达到目前的称呼和职务?

4. 反思一下,自己达到以上目的具备什么优势? 可行性有多大? 有什么困难?

（二）理论法

在饱览众多职业后,根据自己的想法树立一个职业生涯目标。简单的操作是,你可以去登录一些招聘网站,看看那里所招聘的职位都有什么,在了解具体职位的描述和工作内容之后就可以初步确定目标了。此种方式只是在理论上确定了,其树立的目标并不一定是你所想要的,所以要大量阅读职位信息,选定具体职位后与自身对照。

（三）实践法

指在参加具体的职业活动、行业活动、公司活动、社会活动中真实地体验到职业之后所形成的职业目标。另外,在现实活动下,我们可能会因为自己的一时冲动或受到什么启发,而确定一个职业目标,随后去参加相关的各种活动,以增加见识和阅历,在实践中评估和检验自己是否能朝着这一目标发展。

（四）专业定向法

这种方法是根据现在所学的专业,来确定自己未来的职业方向。假如你喜欢现在的专业,毕业后很有可能就会选择专业对口的职业去就业。比如,法律专业对应的职业有公务员、律师、教师、法律研究人员、企业法律顾问、法制专栏媒体记者、公司法务职员等。但如果你不喜欢自己的专业,则要考虑通过转专业,或通过辅修、选修专业课程,或通过跨专业考研来调整和确定自己的职业方向了。专业定向法需要对已确定方向的职业群进行更深入的探索,定向的时候需要尽可能扩大自己的职业选择面。

第二节 进行生涯决策

"生涯决策"概念最早源自于英国经济学家凯恩斯的理论,它是指一个人选择目标或职业目标时,会选择使用使其获得最高的报酬,并将损失减至最低的方法。人的工作生活中到处面临着选择和决策,比如早上穿什么衣服,中午去哪里吃饭,晚上和谁去逛街,参加什么社团,选择什么职业。约翰·坎贝尔曾指出:"正是你在生活中每个环节的选择和决策塑造了你的人生,决定了你的成败。"但对个人来说,并不是每个决策都至关重要,有些选择实在是微不足道。Hackett 和 Betz 指出,几乎不存在什么决策比选择一个职业或工作对人们的生活具有更重大而深刻的影响。可见,职业生涯决策对人生的影响。

当我们完成了对职业自我和职业环境的认知、确定职业目标范围后,需要进一步搜集、加工信息,做出与个人职业生涯发展有关的一系列决策。

一、职业生涯决策的内容

决策是指为达到一定目标,采用一定的科学方法与手段,从两种以上的可行方案中选择一个合理方案的分析判断过程。关于人的职业选择和生涯发展的决策被称为职业决策、生涯决策或职业生涯决策。

职业生涯决策是综合了个人对自我的认识,以及对环境、职业等外在因素的判断,面临生涯抉择情境时所做的各种反应,其构成要素包括:决策者个人目标,可供选择的方案与结果,以及对各个结果的评估,即目标、选择、结果、评价四要素。职业决策的整个过程与结果,要受到机会、结构、文化等社会因素,以及个人价值观与其他内在因素的影响。

具体来说,职业生涯决策包括以下内容:

- 选择何种专业与行业;
- 选择行业中的哪一种职业;
- 选择怎样的策略,来获得某一特定的工作;
- 从数个工作机会中选择其一;
- 选择工作地点;
- 选择工作的取向,即个人的工作作风;
- 选择生涯目标或系列的升迁目标。

二、职业生涯决策类型

（一）宿命型

相信命运的控制力,通常会跟随社会的发展,让外部环境决定自己的职业发展,一切顺其自然。做出这种决策的人职业认同与自尊的水平较低,或者不太愿意去掌握足够的职业信息,倾向于外控。

（二）直觉型

相信自己的直觉,跟着感觉走,依据内心深处的想法对职业问题进行决策。

（三）挣扎型

在面临众多选择时,犹豫不决或前怕狼后怕虎,既想实现远大的理想,又不敢面对现实的无奈。这种决策类型的人在进行职业决策时通常需要较长的时间。

（四）麻木型

不愿为自己的职业发展动脑筋,处于一种无意识的麻木状态,对外部信息敏感度差,做一天和尚撞一天钟,不追求进步与自我提升。

（五）冲动型

一旦有一个模糊的想法,就开始付诸实践。对未来进行思考和分析的时候,缺少策划和准备,就匆忙做出选择。

（六）拖延型

不愿对自己做出承诺,认为事情不用谋划也能自然而然地解决,所谓船到桥头自然直,车到山前必有路。

（七）顺从型

依附于组织或其他人,盲目听从他人意见,根据别人的想法和思路来指挥自己的选择方向和行动。

（八）控制型

综合考虑和分析内外部各方面的因素,果断自信地决定自己的职业定位与职业方向,敢于自我承诺,有计划、有策略、有控制地发展自己的职业生涯,做出合理的决策。

（九）紊乱型

随着职业发展和规划的实施,不断地变化和调整自己的目标和计划,一会儿东一会儿西,不知道自己到底要做什么,要往哪里去。

三、职业生涯决策方法

（一）信息加工法

Peterson 及其同事将信息加工理论应用到职业决策中并提出了四种假设。他们用信息加工金字塔来说明个体可以通过信息加工过程来完成职业决策。个体的信息加工包括三个成分:知识领域、决策技巧领域和执行加工领域,它们的关系如图 4-1。

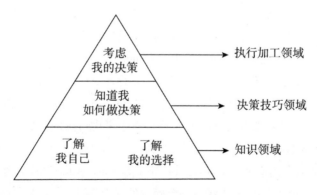

图 4-1 信息加工金字塔

从金字塔的结构可以看出职业决策的整个过程。

从顶端——执行加工领域开始,通过自我谈话、自我觉察和监控整个职业决策过程三种方式,个体能够控制自己的决策方式。其中,职业决策过程包括交流问题、分析信息或数据、综合数据、产生选项、利用优先考虑选项来评价信息,通过采取各种行动来执行计划。在决策技巧领域中使用的信息是自我知识和职业知识。

具体到决策技巧领域,Peterson 等人提出了五个职业决策技巧:交流(Communication)、分析(Analysis)、综合(Synthesis)、评价(Valuing)和执行(Execution),并缩写为 CASVE。这五个技巧有助于个体做出更好的职业决策,在决策过程中能被循环使用。

Peterson 等人强调,个体要想做出更好的决策就必须知道决策中的每一阶段所涉及的内容是什么。在交流阶段,个体要知道我需要做决策,而且需要做出一个好决策;在分析中,个体要了解自己和自己的职业选择对象;综合阶段的任务,是扩大或缩小所选职业的范围;到评价阶段,个体就要选出某个职业或专业,最后执行自己的选择。

(二)PIC 法

Gati 等人认为,职业决策过程的本质是找到与个体的偏好和能力最兼容的可选职业。在大多数情况下,广泛尝试所有的可选职业是不实用的。PIC 法认为职业决策可通过三个阶段实现。

1. 预先筛选可选职业(Prescreening the Potential Alternatives):这一阶段的目标是把选择数量减小,产生一组可以管理的有希望的职业。个人需要收集、加工每个职业的丰富信息,以减小放弃可能适合的职业的可能性。那些被认为没有希望的职业,在以后的决策中将被忽略。这一阶段可以通过 5 个步骤来实施:①搜索有希望的职业;②按重要性排序;③确定最重要方面的可接受水平的范围;④将可选职业的特征水平与个体可接受水平的范围进行对比;⑤敏感性分析。

2. 深度探索有希望的可选职业(In – Depth Exploration of the Promising Alternatives):该阶段目标是确定一些既有希望、又适合个体的职业,从而获得一个适合个体的职业列表。这一阶段需要对职业内外两方面进行评估,比如,考虑"可选的职业适合我吗?""我胜任该职业吗?"等问题。考虑可选职业的适合性将进一步减少可选职业的数量。

3. 选择最适合的职业(Choosing the Most Suitable Alternative):经过深度探索阶段,可能产生两种结果:个体获得一个确定的适合职业,或者获得两个以上的可选的合适的职业。前者很简单,不需要个体再进一步选择;后者则要求个体将这些职业进行对比和平衡它们的利弊,选出最适合的一个职业。但考虑到实际情况,也可以保留一个额外的适合职业,以应对各种变动。但如果个体对自己的选择不满意或不自信,那么就需要再思考整个决策过程,直到选出最适合的职业。

四、职业生涯决策工具

（一）SWOT 决策分析

SWOT 分析是职业决策非常有用的工具。S 代表 Strength（优势），W 代表 Weakness（弱势），O 代表 Opportunity（机会），T 代表 Threat（威胁）。其中，S、W 是内部因素，O、T 是外部因素。通过 SWOT 分析，个人可以很明了地知道自己的优点和弱点在哪里，并能评估出自己所感兴趣的不同职业道路的机会和威胁所在。

一般来说，在进行 SWOT 分析时，应遵循以下四个步骤：

1. 评估自己的长处和短处

通过 SWOT 分析，可以帮助我们找出自己的所长、找到自己最具竞争力的方面，从而去发现那些能够发挥特长和潜力、最能胜任的职业领域。这种顺势而为的优势发挥，可以让人在职业发展中更加事半功倍。

2. 审视自己的短处

首先，每个人都有自己的弱势，而且现在社会的工作分工非常细，每个人都只能在某一领域有所擅长。其次，个人在兴趣、性格、价值观上具有一定的倾向性，不可能愿意和适合从事所有职业。比如，有些人天生有艺术细胞，可以从事艺术设计工作；而有些人则缺乏美感和想象力，但却能把事务性的工作做得很高效。所以，应找到自己的短板，放弃那些自己不擅长的职业。

3. 找出你的职业机会

不同的行业都面临不同的外部机会和威胁，这些机会和威胁会影响到你的第一份工作和今后的职业发展。对职业机会的分析，包括社会环境分析、职业环境分析、人际关系的分析等。如果个人能很好地利用外部机会，将有助于职业发展，比如，充满了积极外界因素的行业将为个人提供相对更广阔的职业前景。

4. 分析你的职业威胁

在职业环境中，除了机会，我们同样面临着挑战威胁。这其中大部分是我们所不能控制的因素，我们只能努力去弱化它的影响。为此，我们常常需要进行自身的一些积累，采用一些发展策略，提高自己适应社会职业的能力，才能把挑战转化为内在动力，避免甚至消除不利影响。

（二）生涯决策平衡单

生涯决策平衡单是心理学中常用的决策工具，经常被应用于问题解决模式和职业咨询中。当我们面临两难的抉择，通常无法理性地做出决定。决策平衡单可以帮助我们把决策问题简化，将重大问题的思考方向集中到四个方面：自我物质方面的得失；他人物质方面的得失；自我赞许与否（自我精神方面的得失）；社会赞许与否（他人精神方面的得失）。

决策平衡单的基本思路是协助个体有系统地分析每一个可能的选项,判断分别执行各选项的利弊得失,然后依据其在利弊得失上的加权计分排定各个选项的优先顺序,以执行最优先或偏好的选项。其实施的步骤包括:

1. 使用平衡单

建立生涯决策平衡单,为了使决策者将所有可能的想法都具体呈现出来,在平衡单中列下个人所考虑的 2~3 个潜在职业。

2. 判断各维度的利弊得失

从上面提及的四个考察维度列出你选择职业生涯考虑的因素,分别对四个方面的正面预期和负面预期进行分析,考虑每个因素的得失程度,从 -5 至 5 给分。

3. 对每个考虑因素设置权重

上面各项考虑对每个人的意义不全然等值。为了体现出各项目不同程度的重要性,考虑每个选择中这些因素的得失程度,需对每个项目进行加权计分,每个考虑因素可按照自己的情况设置权重。加权的分数可以采用五点量表,最重要的赋予 5 分,最不重要的赋予 1 分,分别给出数,然后计分。依分数累计,得出每一职业选择的总分。

4. 排定各种选择的等级

为了能综合地对平衡单的各种选择方案做最后的评估,可以再审查一下平衡单上的项目。同样地,也可以对平衡单上的加权计分再做适当修改,改完之后进行最后加权计分。将这些选择以分数高低排列,其职业选项的优先次序即可作为个人职业生涯决策的依据。

第五章

生涯规划的实施与反馈

【学习目标】

了解职业生涯规划的完整实施过程,掌握职业生涯评估、反馈与修正的方法与内容;了解职业生涯规划书的撰写原则;熟悉职业生涯规划书的基本内容;掌握职业生涯规划书的写作方法和格式。

第一节　职业生涯规划的实施、反馈与修正

一、职业生涯规划的实施

广义的职业生涯规划的实施涵盖完整的生涯规划流程,包括自我认知、环境分析、职业选择、计划决策到行动实施、评估反馈等环节。而狭义的职业生涯规划的实施则仅指职业决策完成后,执行自我职业生涯规划目标、行动方案的行为过程及其取得的结果,主要包括每日、每周、每月、每学期、每学年具体实施生涯规划方案的有效行动步骤和具体落实效果。本节将探讨的是狭义的职业生涯规划实施问题。

职业生涯规划是一项关系自身成长发展的系统工程,在规划过程中要充分考虑计划中各项措施和行动安排的明确性和可操作性。比如,在学习方面,计划采取什么措施来提高学习效率,拓展专业视野,增强学习能力;在个人素质方面,计划在掌握专业知识学习的基础上学习哪些知识,掌握哪些技能,培养综合素质,提高职业能力,开发个人潜能;在就业能力方面,应参加哪些社会实践活动,如何权衡学校课程进度和企业实习安排,提高职业能力和就业技巧。

（一）PDCA 循环法则

职业生涯规划的具体实施过程中应遵循 PDCA 循环法这一原则。PDCA 循环法又叫戴明循环,最初是全面质量管理遵循的科学程序,现已被广泛应用于管理

活动领域之中。PDCA循环体系包括规划(Plan)、实施(Do)、反馈(Check)、处理(Action)四个步骤。P(Plan)计划,即根据生涯规划目标的要求制定科学可行的行动计划;D(Do)执行,就是具体运作,实现计划中设定的各项内容,完成阶段性目标;C(Check)反馈,要通过检查计划实施的结果与预设目标的差距,及时发现问题;A(Action)处理,对检查的结果进行分析处理,总结成功经验和失败教训,解决问题、纠正错误。对于没有解决的问题,应提给下一个PDCA循环中去解决。PDCA四个步骤间紧密相连,形成封闭的循环链条。当一个PDCA循环完成时,下一个PDCA循环又会开始,从而为职业生涯规划管理提供一个长期、持续的支持与反馈活动。

(二)职业生涯规划实施的含义

职业生涯的规划实施是完成职业生涯目标的关键环节,包括执行自我职业生涯规划目标、行动方案的行为过程及其取得的结果。职业生涯规划实施包括三层含义。

首先,规划实施隐含着计划的制定,是对生涯规划流程质量的检验。一个全面明确的职业生涯规划目标、一个科学合理的规划目标体系对于规划的顺利执行具有决定性意义。而一个缺乏统筹规划的生涯目标则会成为执行过程的绊脚石。

其次,是指职业生涯规划执行过程的行为表现。在执行规划的过程中能否做到持之以恒,始终朝着最终规划目标踏实努力奋斗;在遇到瓶颈障碍挫折困难时,能否表现出开拓进取的意志品质和坚定不移的抗挫能力,解决问题,战胜困难。这些都是执行行为的具体表现。

最后,是指职业生涯规划的执行结果。结果是生涯规划质量和执行过程质量的最终检验和说明。执行结果内含于执行之中。没有结果,即使是最好的执行过程也只是空忙。只有达到与规划预期相符的结果,规划实施过程才称得上是成功的过程。

(三)提升职业生涯规划执行力的策略

一般而言,个人自我管理能力越强,其职业生涯规划执行力也就越强。良好的自我管理方式是执行力的重要保证和催化剂,也是良好执行力的重要表现。因此,增强自我管理能力是提高职业规划执行力的根本途径。

第一,要树立积极乐观的职业信心。在自我分析过程中了解自己、接纳自己、肯定自己,相信"天生我材必有用"。只有充满理想激情、坚定执着的信念,才能拥有足够强大的动力和驱动力完成职业规划内容,最终实现职业目标和人生理想。

第二,构建科学合理的职业目标体系。目标是执行力的前提,树立具体的行动目标就如茫茫大海中亮起的那座灯塔,行动才会有方向,才谈得上规划的执行力。在确定职业生涯目标后,需要对其进行分解,细化到各个阶段并逐个制定实施计划。在制定实施计划时,需结合之前对自身的评估情况和环境的分析结论,做到制定计划有的放矢。

第三,做好时间管理,提高学习工作效率。时间管理的最好方法是从避免浪费时间开始。帕金森定律(Parkinson's Law)指出:任务会自动地膨胀,占满你所有可用的时间。合理安排时间,养成珍惜时间、高效生活的习惯至关重要。高效利用时间,利用个人生物钟效率最好的时间段来做最重要的事情。合理配置时间,首先完成重要且紧急的事务安排。克服惰性心理和逃避压力的潜意识,成为时间的主人和生活的主宰。

第四,加强实践锻炼,磨炼意志品质。意志力是执行力的基础,大学生只有拥有强大的自我控制能力、意志力才会有良好的执行力。要积极参加社会实践活动,如各类社团活动、班团活动等,在活动中主动承担任务,提高责任意识、使命感,激发创新意识和创新能力,锻炼人际交往能力、团队协作能力、抗压能力和抗挫折能力。

第五,整合身边社会资本,强化监督自省意识。要合理利用学校、家庭、同学、朋友等多种社会资本来改善自我的执行力。每一位执行者总有松懈的时候,不可能永远保持一种向上的、积极的激情,因此需要建立督导机制,依靠家长、老师、同学等督导者强有力的督促指导警醒自己,从而避免懈怠和惰性。

二、生涯规划的评估与反馈

职业生涯发展受到多种因素的影响,随着时间的推移,这些内外因素可能会发生一定的变化,还会有一些不确定因素的存在影响。这些会使实际情况与原来制定的职业生涯目标有所偏差,因此需要对生涯规划的目标、路径以及策略等方面重新进行必要的评估并做出适当的调整,以保证职业生涯规划的可行性和有效性。评估与反馈的过程是个人对自己、对环境不断重新认识的过程,是使职业生涯规划更加有效的手段,是完整生涯规划的组成部分。对职业生涯设计的评估与反馈主要包括职业的重新选择、职业生涯路线的重新选择、人生目标的修正、实施措施与计划的变更等。

(一)生涯规划评估

1. 评估的内容

职业生涯规划的评估对象包括规划目标、路径、策略等方面。

(1)目标评估

如果在职业规划实施过程中,发现自己错误地判断了个人兴趣、个人能力等,或是社会环境、经济形势发生较大变动,那么,朝着原定目标努力的过程会非常压抑痛苦,往往事倍功半。这时,就需要反思和评估当初的职业目标制定得是否合理,是否需要重新选择职业。

(2)路径评估

当出现更适合自身发展和职业生涯发展的机会或选择,而原定发展方向缺少发展前景,或原定的发展方向超出了自己能力范围的时候,都可以考虑调整发展方向。

(3)策略评估

在规划目标正确、路径适宜的前提下,如果在向目标努力的过程中,没有收到实际的成效,则可考虑对目标重新进行阶段性分解,调整执行计划,改变行动策略。

(4)其他评估

当个人遇到身体状况、家庭、经济状况或其他意外情况时,可以考虑暂时调整一下自己在职业生涯上的规划,缓解心理压力,以达到职业、生活与家庭的平衡。

2. 评估的方法

评估时,可以根据个人的实际情况采用适当的方法。比如反思法,即通过回顾自己的职业生涯规划实践过程,反思各个规划环节是否科学、合理、符合自己的情况,计划实施效果如何,还存在哪些问题,等等;也可以将把自己的职业生涯规划告诉亲朋好友,邀请他们从旁观者角度审视自己的规划方案及实施的效果。虚心、主动征求别人对自己计划的看法,往往会受益匪浅;另外,在职业生涯规划时还应多比、多思、多学,吸取别人科学的方法。对别人职业生涯规划的分析观察,往往有助于自己对职业生涯规划进行适当修改。

(二)反馈与修订计划

在职业生涯规划过程中,最后一个步骤是信息反馈与修订。职业生涯的反馈与修正就是在生涯规划实施的过程中根据实际状况,通过阶段性目标完成情况的信息反馈,反省策略方案的可信度、契合度和成功概率,调整修正生涯规划,使之适应现实要求,并为下一阶段生涯规划的实施提供参考与依据的过程。

1. 反馈与修订的内容

获得反馈信息后,需要根据评估的结果进行目标和策略方案的修订。职业的重新选择、职业生涯路线的选择、阶段目标的修正、实施措施与行动计划的变更等等都属于反馈与修订范畴。在这期间要做到谨慎判断,果断行动,从而保证职业生涯的健康顺利发展,最终实现人生的职业理想。

2. 反馈与修订的意义

通过职业生涯规划的反馈与修订,可以对自己的成长轨迹和未来发展路径有清晰的了解,坚定达成职业目标的信心;可以促使规划主体自觉总结经验教训,不断地审视自我、调整自我,进一步了解自己,修正自我认知;还要求规划主体关注内外环境变化情况,不断修正策略和目标,以确保个人生涯规划的有效性。

(三)职业生涯规划的实施评估策略

1. 确定一位职业导师。职业生涯规划是一项复杂的系统过程,需要倾注自己的心血,付出极大的努力。如果能够得到一位前辈的职业指导,将会帮助我们更加清楚自己的目标方向,掌握更多更有效的发展策略,无疑会事半功倍,大大加速达成目标的进程。

2. 把目标和行动计划放在容易看到的地方,不断提醒自己要坚持不懈。有不少人在制定了规划以后就将其束之高阁,这是导致职业生涯规划失败的最大原因。为了保证规划的有效实施,一般来说,至少要每三个月检查一次自己的行动进度,甚至周期更短。同时,还需经常审视职业目标和行动计划,必要时做出调整。

3. 针对职业生涯规划中的职业岗位能力要求,分析目前自己在专业知识技能、工作岗位能力等方面的不足,针对自己需要提高的方面,从课堂培训、自学、实践、实习等多种方法中找到最佳方式,行之有效地缩小与目标的差距。

4. 职业生涯规划不是制定之后就一劳永逸的事情,需要不断检查、微调,必要时还可能做大手术。为此,我们必须时常审视自己处在何种位置,何种职业环境,尤其是市场需求有哪些变动,以三至六个月为一个周期给自己的规划做一个反馈。

第二节　撰写职业生涯规划书

古人云:"凡事预则立,不预则废。"要想在激烈的人才竞争中脱颖而出,顺利实现自己的人生目标和职业理想,应该提早明确职业目标和奋斗方向,制定设计职业生涯规划。

一、职业生涯规划书的概念

制定生涯规划书的过程也就是个人根据自身特质和客观环境的综合分析,确定自己的职业发展目标及策略,并按一定时间安排制定相应的工作、培训、教育等行动计划的过程。规划的思路、依据、内容和结果形成文字性的方案即构成了职业生涯规划书。职业生涯规划书是个人职业生涯成功的战略指南,对实现个人职业梦想有着非常重要的意义。首先,职业生涯规划通过自我人格特质分析,促使我们深入了解自己、发现自己的专长、挖掘自我潜能;其次,树立明确的职业发展目标,提供自我管理的导向约束,有效克服职业生涯的发展阻碍;最后,职业目标达成的过程,也是提升个人综合素质、塑造个人职业竞争力的过程。

二、制定职业生涯规划书的原则

职业生涯规划书的拟定是为实现职业生涯目标服务的,需要遵循以下原则:

(一)独特性

正如德国哲学家莱布尼茨所说"世界上没有两片完全相同的叶子",世上也没有两个完全相同的人。每个人的性格特征、知识结构、兴趣爱好、能力倾向等都有自己的特点,其家庭条件、成长经历、社会关系也都不同,因而在制定生涯规划时不可能找到普适的路径,必须综合考虑个人各个方面的实际情况,充分发挥个人优势特长,因人而异量身定制。

(二)可行性

职业理想能否顺利实现有赖于职业生涯的规划方案是否可行。可行性体现在两个方面:一是生涯目标的可行性,即目标的设定是否建立在现实条件的基础上;二是职业行动计划的可行性,行动计划是否是自己可以做到的,是否能够根据一定标准进行考核监督并验收通过。

(三)阶段性

根据舒伯的生涯彩虹图,个人的发展具有阶段性,每个人在自己人生发展的不同阶段所承担的重点社会角色和发展任务是不同的。职业生涯规划也应该根据自己的年龄阶段设计不同的内容,以适应每个发展阶段的特点,使每个阶段都能充实度过,并逐步达成阶段性目标,从容过渡到下一阶段目标,从而实现自己的人生目标。

(四)发展性

现代社会发展日新月异,职业生涯规划要具有一定的超前性和预测性。当社会、经济、政策、市场等方面出现新情况时,能根据自我发展、社会变迁以及其他不可预测的因素,主动适应各种变化,及时评估,灵活调整,不断修正、优化自己的职业生涯规划。

(五)一致性

在调整职业生涯规划的过程中要坚守规划目标的持久性和一贯性。短期的目标有可能需要调整,目标的调整修正应和长远的人生目标始终保持一致,使得整个规划始终围绕自己的人生目标而展开,过去、现在和未来应有内在的一致性和延续性。除非遇到不可抗力事件或未预料到的严重事件影响,一般不要对发展规划做出颠覆性的修改或调整。

三、职业生涯规划书的基本格式

（一）表格式

表格式的职业生涯规划书 PPDF（Personal Performance Development File）是一种简约直观的职业生涯发展设计文件。内容相对简洁，一般来说，仅包括个人情况基本介绍、职业目标的说明、各阶段规划任务与发展策略。这种格式的规划书更适合用作阶段任务的提示。示例如下：

表格式职业生涯规划书

基本情况	姓名:夏晴 性别:女 专业:艺术设计 年级:本科三年级 设计专业扎实,略通经贸知识,通过大学英语四级考试;热情乐观,极具亲和力,具有较强的人际沟通能力;思维敏捷,表达较流畅;在大学期间长期担任学生干部,有较强的组织协调能力;创新意识较强,有很强的学习能力
职业目标	知名设计师、高级工程师(艺术设计方向)
发展策略 (职业发展路线)	设计员—独立设计师—设计经理、设计总监—高级工程师、知名设计师或企业高级管理人员
短期规划	通过实践学习,深入了解外国的企业管理理论和设计理念,具备在艺术设计领域从事具体设计工作的理论基础,通过实习具有一定的实践经验,通过 ICAD 初级国际商业美术设计师职业资格认证,以优异成绩完成本科学业并找到一份艺术设计方向设计员的工作。踏实努力工作,积累工作经验,提高从业技能,早日成为具备独立设计能力的设计师
中期规划	熟练处理本职务工作,工作业绩在同级同事中居于突出地位;熟悉企业运作机制及企业文化,能与公司上层进行无障碍的沟通;通过 ICAD 中级国际商业美术设计师职业资格认证;成为设计经理、设计总监
长期规划	拥有广泛的社会交际网,能在国内外专业刊物发表自己的作品;完成 MBA 的深造学习,取得硕士学位;成为知名设计师或高级工程师

（二）条目式

这种格式的规划书有职业生涯规划的主要内容,但语言表述简单,以条目形式一一列出,缺乏详细的材料分析和评估,简单明了,规划过程的逻辑性不强。示例如下:

【范例】

我叫穆然,是一名计算机科学与技术专业的本科二年级学生,现结合自身情况做出以下生涯规划安排:

(1)自我评估

优点:我的责任心强,热心助人,在担任班干部期间,具有为同学服务的意识;做事情认真仔细、有条理、有计划,也比较踏实努力;学习能力强,专业核心课程成绩良好;为人热情开朗、乐于与同学沟通。

缺点:做事急躁;不够自信,不够独立;主动性有所欠缺;同领导和上级打交道的时候,会紧张;有时候在没有很好地理解别人的需求时,会好心办坏事。

(2)职业环境评估

教育部门的统计资料和各地的人才招聘会都传出这样的信息:计算机、微电子、通信等电子信息专业人才需求巨大,毕业生供不应求。从总体上看,电子信息类毕业生的就业行情十分看好,10年内将持续走俏。网络人才逐渐吃香,其中最走俏的是下列三类人才:软件工程师、游戏设计师、网络安全师。

(3)职业目标

我选择的职业方向是软件工程师。其职业发展轨迹为:程序员—高级程序员—设计师—软件架构师—首席架构师。

(4)目标分解策略

①2017~2019年

成果目标:做好专业知识技能的储备工作。

学习目标:取得大学毕业证书,学位证书;通过大学英语六级考试(已通过大学英语四级考试);通过全国计算机等级考试;四级网络工程师考试认证和程序员考试(正在培训);通过机动车驾驶考试(正在学习)。

能力目标:提高专业技术能力、软件应用能力、沟通能力和团队协作能力,争取行业内公司的实习机会,为就业做好专业准备。

需要克服的主要困难:合理利用大学期间所剩不多的时间,学完自己想学的专业知识,并尽量拓展其他相关领域的知识视野。

②2019~2023年

成果目标:在中型网络信息企业找到一份满意的工作,积累工作经验,提高工作能力。

学习目标:不断学习和丰富自己的实践经验,将以前书本上的知识全部转化到现实的工作应用之中。完成软件工程在职研究生的学习,拿到工程硕士学位。通过微软认证软件开发专家(MCSD)认证考试或CCNA认证。

职务目标:完成程序员到高级程序员再到设计师的职业发展过程。

能力目标:积累程序设计工作经验,学会与同事合作,建立良好的人际网络关系。

经济目标:工作五年后年薪达到 15 万元左右。

③2023～2027 年

成果目标:在软件工程行业内十强企业中找到工作,承担若干项大型综合项目,提升业内知名度,拓展人脉关系。

职务目标:从设计师成为软件架构师。

能力目标:结合实际项目经验,透彻领会应用设计模式,了解软件工程在实际项目中的应用以及小组开发、团队管理。

经济目标:工作十年后年薪达到 40 万元左右。

……

(三)论述式

论述式的规划书通常格式完整、规范,通过对自身条件、职业认识以及职业目标的定位分析来说明职业生涯设计的依据,对个人职业生涯的选择规划进行了全面而详尽的分析和阐述,充分反映了规划主体的内心思考过程。

四、职业生涯规划书的主要内容

职业生涯规划书是对职业生涯规划的书面化呈现,是指导实现个人人生目标以及职业梦想的蓝图,包括扉页、自我分析、环境评估、职业选择、生涯策略和评估与反馈等基本内容。

1. 扉页

包括题目、姓名、基本情况介绍(如专业、年级等)、规划年限、年龄跨度、起止时间。其中规划年限视个人具体情况而定,短则半年,长则五到十年。建议大学生职业规划年限为三至五年。

2. 自我分析

自我分析是职业生涯规划的重要环节,是职业生涯规划主体基于对自己全面了解和深入剖析后对自己有关职业发展因素所做出的分析判断,包括性格气质、兴趣爱好、思维模式、知识结构、能力层次、愿望理想等诸多方面。通过回忆个人经历、评估个性素质、判断职业价值观念,从而弄清楚我想干什么、我能干什么、我应该干什么、在众多的职业面前我会选择什么等问题,最终对自我做以全面分析和总结。职业生涯规划书中可包括以下内容:(1)个人经历回放;(2)个人性格评估;(3)个人能力盘点;(4)个人职业倾向分析;(5)个人职业价值观判断;(6)自我分析与评估总结。

3. 环境评估

人是社会及其环境的产物,一个有效的职业生涯规划必须要充分考虑规划主体所处的社会环境。通过分析社会经济制度、学校家庭、行业组织环境的特点、形势以及发展趋势,充分考虑环境因素为职业生涯发展所提供的机遇平台以及约束限制,从而综合评估环境因素对职业生涯发展的各种可能影响。职业生涯规划书中可包括以下内容:(1)社会环境分析;(2)学校环境分析;(3)家庭环境分析;(4)行业环境分析;(5)组织环境的分析;(6)职业分析;(7)岗位分析;(8)环境分析结论。

4. 职业选择

选择职业,就是选择人生。职业选择是职业生涯规划的核心环节,是规划主体依照自己的职业期望,凭借自我分析评估挑选职业,使自身素质与职业需求特征相匹配的过程。这一环节包括选择职业方向、判断职业价值、分析职业发展潜力、明确职业发展路径等内容,力求使自己的素质潜能与职业目标完成最佳配合。职业生涯规划书中可包括以下内容:(1)明确可选的职业目标;(2)职业评估与决策;(3)职业生涯路径设计;(4)职业定位结论。

5. 生涯策略

没有切实的行动,职业目标只能是个瑰丽的梦想。实现职业生涯目标需要具体可行的策略方案和行为措施来保证。在确定职业定位后,要制定周详细致的策略方案,如个人培训计划、工作改善计划等,积极构建职业社会资本,不断提高个人综合能力和核心竞争力,完成各阶段性目标。职业生涯规划书中可包括以下内容:(1)长期、中期、短期职业生涯计划;(2)各阶段计划的分目标、计划内容(专业学习、职业技能、职业素养);(3)计划实施策略。

6. 评估与反馈

评估与反馈是保障生涯规划实施的关键环节。在践行职业生涯规划的动态过程中,要随时根据反馈情况评估职业生涯规划,修正自我认知,总结经验教训,纠正最终职业目标与阶段性目标的偏差,保证职业生涯规划的行之有效,最终促使生涯目标的实现。职业生涯规划书中可包括以下内容:(1)可能存在的风险;(2)预评估的内容;(3)风险应对方案。

五、职业生涯规划书撰写的注意事项

(一)信息搜集科学全面

职业生涯规划分析的重点在于自我分析和环境评估等环节。在自我分析环节中,可以借助职业测评工具(如职业价值观测试量表、性格与职业选择测试量表等)对个人职业价值取向、职业性格兴趣、职业能力素质等做出客观系统的分析。

但为避免职业测评结果解读的倾向性,还需要采用个人思考回顾、他人评价等多种渠道策略,从而得到全面的结论。在对职业环境进行评估分析时,也需要多途径收集资料,如网络、图书、从业者访谈、岗位实习等。在广泛收集信息的基础上整合分析以保证论证过程的科学合理和结论的真实可靠。

(二)职业目标切实可行

职业生涯规划能否成功在很大程度上取决于有无适当切实的职业目标。职业目标的设定要结合个人实际情况,从客观现实出发,避免盲目从众、追逐热点、好高骛远、脱离现实,遵从择己所长、择己所爱、择世所需的原则。要注意兴趣爱好和素质能力的区别、权衡个人意愿与社会需求的差异,在影响职业发展的众多因素中找到一个最优契合点,从而确定一个正确可行、富有生命力的奋斗目标。

(三)计划制定具有可操作性

针对职业目标确定后的各发展阶段设定的具体措施方案要具有可操作性,这是评价一份生涯规划书的重要指标。因此,在进行目标分解和路径选择时要特别注意时间的连续性以及素质能力提升的递进性。大学的学习生活质量对未来的职业生涯发展具有至关重要的影响,也是职业发展规划的重要时期,要特别注意大学阶段各年级行动安排和策略的侧重方向,为全面提升自己的专业素养和就业能力做好计划安排。

(四)生涯规划周期长短适宜

在职业生涯规划中要注意长远目标与中短期目标制定的区别。通常,长远目标是以实现自己的人生理想为蓝本而设定的长期未来目标。大学生处在职业生涯的探索起步阶段,其素质、能力、价值观、行为模式等方面均还处于形成发展过程之中,未来的不确定性很大,受偶然因素影响的可能性也较多,很难做好远景规划。因此,大学生的中短期职业生涯规划周期以三到五年为宜。

第三节　职业生涯规划书范例

题　目:希望在脚下延伸

规划人:梁晨(2010 级法学专业)

一、卷首语

"计划是生活的一部分",在发展日新月异的当今社会更是如此。所以在人才竞争激烈的当下,职业生涯规划逐渐成为提升个人职场竞争力的重要武器。对企业而言,职业生涯规划则是体现公司"以人为本"的管理理念、关注员工的持续成长的有效的手段。对每个人而言,职业生命是有限的,如果不提早进行有效的规划,势必会造成生命和时间的浪费。"常立志不如立长志。"作为当代大学生,若是带着一脸茫然,踏入这个拥挤的社会怎能满足社会的需要,使自己占有一席之地?因此,我试着为自己拟定一份职业生涯规划,将自己的未来好好地设计一下。确定了自己的发展目标,并为之做出不懈的努力,相信自己一定会成功!

二、自我认知分析

(一)自我评价

1. 自己优势分析:我是一个认真而严谨的人,勤奋而富有责任感,遇到问题善于和别人交流,认准的事情很少会改变或气馁,做事深思熟虑,信守承诺并值得信赖。我依靠理智的思考来做决定,总是采取客观、合乎逻辑的步骤,不会感情用事,甚至在遇到危机时都能够表现得很平静。我谨慎而传统,重视稳定性、合理性,同时兼顾灵活性;我善于聆听并喜欢将事情清晰而条理地安排好。我对细节非常敏感,有很实际的判断力,决定时能够运用精确的证据和过去的经验来支持自己的观点,并且能非常系统地、有条不紊地去做。很多的时候我都会考虑一些创造性的解决办法。

2. 自己劣势分析:我看问题有很强的批判性,通常持怀疑态度。我过于认真,对某些事物过于严谨和挑剔;我非常有主见,时常会将自己的观点和标准强加给别人,而且无视那些不自信的人的建议,对他人的管束比较厌烦,过于个人主义。

3. 当前的知识储备:我的主干学科为法学专业。其主干课程有:法理学、中国法制史、宪法、行政法与行政诉讼法、民法、商法、知识产权法、经济法、刑法、民事诉讼法、刑事诉讼法、国际法、国际司法、国际经济法。主要实践性教学环节:包括法律咨询、社会调查、专题辩论、模拟审判、疑案辩论等。

(二)他人评价

评价人		评价内容	建议
家人	父亲	懂事、视野比较开阔、上进心较强	要多历练,多磨砺
	母亲	善良孝顺、有思想、有点儿浮躁	专注学习,收敛脾气,注意身体
老师	田老师	想法多,组织能力比较强	性格还要更成熟
	张老师	综合素质高,创新意识强,有思想	要多和同学们交流
朋友	马晓曦	开朗乐观、上进、脑子活	不要太傲
	朱明达	有想法、够义气	不要太理想主义

(三)心理测评结果

1. MBTI 人格类型测试

美国的凯恩琳·布里格斯和她的女儿伊莎贝尔·布里格斯·迈尔斯研制了迈尔斯—布里格斯类型指标(MBTI)。这个测试由外倾(E)—内倾(I)、感觉(S)—直觉(N)、思维(T)—情感(F)、判断(J)—知觉(P)四个维度构成。结果显示,我的性格类型倾向为"ESTP"型,即"外向、感觉、思维和知觉"型。

(1)"ESTP"型优势

"ESTP"型是敏锐的发现者,善于看出眼前的需要,并迅速做出反应来满足这种需要,天生爱揽事并寻求满意的解决办法。"ESTP"型精力充沛,积极解决问题,很少被规则或标准程式框住。能够想出容易的办法去解决难办的事情,从而使自己的工作变得愉快。"ESTP"型是天生的乐天派,积极活跃,随遇而安,乐于享受今天。对提供新经验的任何事物、活动、食物、服饰、人等都感兴趣,只愿享受今天,享受现在。"ESTP"型好奇心强,思路开阔,容易接受事物,倾向于通过逻辑分析和推理做出决定,不会感情用事。如果形势需要,你会表现出坚韧的意志力。偏爱灵活地处理实际情况,而不是根据计划办事。"ESTP"型擅长于行动,而非言语,喜欢处理各种事情,喜欢探求新方法,具有创造性和适应性,有发明的才智和谋略,能够有效地缓解紧张气氛,并使矛盾双方重归于好。"ESTP"型性格外向,友好而迷人,很受欢迎,并且能在大多数社会情况中表现地放松自如。

(2)"ESTP"型劣势

由于"ESTP"型关注外界各种变化信息,喜欢处理紧急情况,不愿意制定规划去预防紧急情况的发生。常常一次着手许多事情,超出自己的负荷,不能履行诺言,可能使周围的人陷入混乱。"ESTP"型需要试着找到一些能让自己按时完成任务的方法。"ESTP"型的注意力完全集中在有趣的活动上,喜欢不断地接受新的挑战,不愿意在目前沉闷的工作中消磨时间,难以估计自己行为带来的结果。"ESTP"型需要为自己订立一个行为标准。当情况环境转变时,很容易忽视他人的情感,变得迟钝和鲁莽。

2. DISC 测评

DISC 测评是一种"人类行为语言测评",基于美国心理学家威廉·莫尔顿·马斯顿博士的研究成果而设计的职业性格测试。该测试由四项因子组成,即支配(Dominance)、影响(Influence)、稳健(Steadiness)和服从(Compliance)。其测评结果:

(1)他人眼中的我:服从型

(2)工作压力下的我:稳健型

(3)综合情况下的我：服从型

即在 DISC 测试中,我的职业性格属于稳健、服从型性格。

三、环境分析

(一)职业环境分析

中国目前正向法制化社会转型,随着全民的法律意识的逐渐增强,整个社会对法学专业人才的需要旺盛,法学专业十几年来也一度被视为热门专业。但随着报考人数的剧增,竞争加剧,就业形势也变得日益严峻。目前,低层次人才过剩,而高层次法学人才,如懂外语和国际经济法的复合型人才极为缺失。

(二)学校环境分析

目前就读于××大学进行本科学习。校园学习氛围浓郁,软硬件设施完备,法学专业作为我校的传统优势专业之一,师资力量也较为雄厚。学校重视实践教学和学生实践能力的提升,为提高就业能力搭建了较好的平台。专业同学的竞争意识较强,专业交流探讨机会较多。但由于学校地理位置及地区经济情况的限制,对于学生来讲,择业机会较少,眼界较窄。

(三)家庭环境分析

父母均为教师,自小家里就有较为浓郁的知识分子气息,经济状况良好,至学习完结期间都能提供稳定的经济支持。父母教导有方,平时也比较注重运用相关的教育激励方法,注意培养我的综合能力。因此,我的性格中既有好强、开拓的一面,又有稳重、踏实的一面。教师家庭社会关系相对简单,没有太强的社会背景支持。

四、职业目标确定

(一)法学主要就业方向分析

法学专业学生主要从事企业法律顾问、公务员(特别是公检法系统)、律师和公司管理人员 4 类工作。其进入门槛、发展路径、薪金水平和职业特点见下表:

工作方向	主要门槛	职业发展路径	年薪水平	特点
企业法律顾问	外语水平、专业能力、实务经验	助理—法务主管—高级法律顾问	外企:5 万～10 万元 民企、国企:2 万～7 万元 一年经验增长年薪 2 万元	与专业对口,体制较有活力,实务性较强,稳定性居中

续表

工作方向	主要门槛	职业发展路径	年薪水平	特点
公务员	司法考试、公务员考试、社会关系	通过统一的公务员考试	与所在地区经济发达水平成正比,各种收入汇总比所在地平均工资水平高一大截	收入稳定,福利保障完善,政治素质、反应能力和组织能力要求较高
律师	司法考试、实务经验、人脉关系	助理律师—实习律师—执业律师—合伙人律师—主任律师	与个人能力、实务经验和案源情况相关性较大,多可达数百万元,少则几万元	工作性质较复杂,体制灵活,较为自由;专业性强,挑战性大;但事业初期艰难,对意志力考验巨大;对社会关系的依赖性较强
公司管理人员	沟通能力、学习能力、办公室技能	职员—部门主管—公司经理	销售类、外贸类年薪水平相对较好	抛弃专业背景;体制较有活力,需要较强的拓展学习能力和管理能力,稳定程度一般

(二)目标职业分析

我给自己设定的未来发展方向是律师方向,目前有外语、财务学科背景的复合型律师人才职业前景十分看好。律师作为社会公认的高收入阶层,社会地位较高。北京、上海、广州、深圳和沿海经济发达的省会城市律师行业发展较好,但收入水平"贫富不均",遵循二八定律,其行业准入中需要通过国家司法考试,通过率较低,2008年通过率仅为23%。此外,我将公务员选作备选职业目标。

(三)职业目标确定后的个人SWOT分析

1. 优势:口才较好,能清晰地表达自己的想法;能熟练使用Office商务软件,计算机文字处理及信息录入编辑等办公室能力经验较为丰富;英语应试能力较强,已通过大学英语四级考试;学生社团活动经验丰富,组织能力较强;学术思考能力较强,专业成绩优秀;学习能力强,情绪稳定,抗挫折能力较强。

2. 劣势:专业知识学习系统性和专业知识理解的深刻性有待增强;人际网络薄弱,家庭背景对此帮助不大;缺乏大型律师事务所实习经验,对案件处理流程还不够熟悉;英语口语能力有待提高,对日语、德语的学习应提上学习日程;对行业内的专业化道路选择方向不够明确,缺少财务等明显具有优势的知识结构。

3. 机遇:中国成为世界最大的经济体之一,为中国的法律服务领域提供了更加广阔的空间和舞台;国际间贸易冲突明显增多,非诉讼法律事务大幅增加,给法律服务业的发展提供了难得的发展机会。公民、法人的法制观念不断增强,采取法律手段解决纠纷将是市场主体进行经济活动的首选。

4. 挑战:研究生扩招将导致本科生就业竞争更加激烈;高端人才数量不够、取证困难等因素制约着法律服务行业的发展;律师行业对人脉、经验的要求非常苛刻,但这两项都需要时间的积累,因此就业初期十分艰难,不利于成长。

五、生涯策略规划

律师这一职业发展的轨迹分为五个阶段:助理律师—实习律师—执业律师—合伙人律师—主任律师。为了完成这条职业发展路径,计划如下:

(一)近期计划(2012~2016年)

核心任务:储备专业知识、拿到各种入门证书、熟悉基本业务、完成学业

2012~2013年 大三:

1. 准备考研英语,高分通过大学英语六级考试;

2. 完成民法、民诉、刑法、刑诉、经济法、行政法、行诉等主要部门法的司法考试音频资料学习,搭建系统的知识结构框架;

3. 了解民商法或经济法考研专业课备考书目,完成基本的两本教材和经典著作的阅读;

4. 了解人民大学的考研流程,找到人民大学的朋友建立稳定的考研咨询关系;

5. 完成一篇优秀学年论文,力争发表在法学领域重要刊物上;

6. 争取加入中国共产党;

7. 寒假找机会去省会的优秀律师事务所实习,了解律师工作方式、熟悉工作内容,拓展相关人脉;

8. 通过全国计算机等级二级考试。

2013~2014年 大四:

1. 全力准备人民大学民商法或经济法学研究生;

2. 通过司法考试;

3. 完成一篇优秀的毕业论文;

4. 力争成为优秀毕业生;

5. 大四暑假利用时间学习驾驶,拿到驾照。

2014~2016年 研究生:

1. 选择声望好、资源广泛的导师;

2. 参与2项省部级以上社科项目,在核心期刊上发表2~3篇学术论文;

3. 研二前拿到商务英语(BEC)证书、人事部三级翻译证书;

4. 利用假期参加 2 次以上大型外资律师事务所实习,增加行业从业经验;

5. 研究生期间参加一定的社团活动,锻炼能力,开拓眼界,结交朋友;

6. 研二前考一次雅思,拿到 7.0 分以上的成绩;

7. 研究生阶段学习一门第二外语,法语、德语或日语;

8. 完成一篇高质量的硕士毕业论文;

9. 参加大型律师事务所的实习生计划,通过优秀实习生名额留下进入工作,熟悉业务。

(二)中期计划(2016~2025 年)

核心任务:回到二线城市,熟悉律师事务所规则,对专业知识查漏补缺,确定专业道路,充分扩展人脉,建立基本客户群。

1. 从大城市回归二线城市,进入该地顶尖律师事务所。了解律师事务所的工作模式、工作需求,找出差距,有针对性地对实践性知识进行再学习,争取在半年之内使自己适应地区环境和工作生活方式。

2. 拜师学艺、逐渐精于业务。不断充电、钻研业务知识,尽早独立地高质量完成业务,建立基本客户群。

3. 融入工作群体团队,拓展人脉,熟悉多名部门领导,建立多层次的人际网络。

4. 根据市场观察预测,听取师长意见,确定选择专业化道路方向。

5. 提升学历层次、完善学历结构。可考虑在工作 3~5 年左右考取博士研究生,并辅修一门专业性学科,如证券、工程管理、教育投资等,奠定日后发展的专业性知识基础。

6. 实现从实习律师到执业律师、执业律师到合伙人律师的职业发展转型。

(三)长期计划(2025~2050 年)

核心任务:增强管理能力、扩大行业内的话语权、完成客户群的整合。

此阶段,对业务的实际操作会大大减少,需要把精力投入在律师事务所的宏观管理和团队整体业务拓展、固有客户群的优化整合和新客户群的开发上面。因此,需要提高自身管理水平,创建律师事务所企业文化,实现从合伙人律师到金牌主任律师的转型。

六、规划调整

(一)自我监控与评估

学习阶段以学期为单位、工作阶段以季度为单位对自己的发展提高情况进行分段评估和量化评估。2012~2014 年的评估方案如下表所示:

完成时间	目标考核项目	监督人	是否完成	完成质量/未完成原因
大三	大学英语六级500分以上通过	杨小沫		
大三	听完主要部门法的司法考试音频	杨小沫		
大三	联系备考人民大学学长	林泉		
大三	完成一篇高水平学年论文并发表	蔡老师		
大三	通过计算机二级考试	杨小沫		
大三	加入中国共产党	秦老师		
大三	去省会的优秀律师事务所实习	妈妈		
大四	通过司法考试	杨小沫		
大四	考上人民大学硕士研究生	杨小沫		
大四	力争成为优秀毕业生	秦老师		
大四	完成高质量学士毕业论文	田老师		
大四	拿到驾照	爸爸		

（二）影响因素

主要有国家政策与就业形势、自身学历水平和客观机遇的未知性。

（三）目标调整

通过定期对职业生涯规划实施情况进行评估,对量化标准进行考核,没有完成的或完成情况不佳的要分析问题,进行矫正。矫正后要跟进后续发展,对持续解决效果不理想的要考虑方法与方向问题,有针对性地调整职业规划。当自我评估连续两个考核时间段超过60%的硬性指标没有完成时,考虑备用方案。当有利于备用目标职业的客观条件出现时,考虑调整为备用方案。另外在本科毕业选择研究生专业和研究生毕业选择工作岗位的拐点时,应注意专业方向的调整细化。

七、结束语

每个人心中都有一座山峰,雕刻着理想、信念、追求、抱负;每个人心中都有一片森林,承载着收获、芬芳、失意、磨砺。一个人,若要获得成功,必须拿出勇气,付出努力、拼搏、奋斗。成功,不相信眼泪;成功,不相信颓废;成功,不相信幻影。未来,要靠自己去打拼!别人相不相信并不重要,重要的是我对自己充满了信心。只要我付出了艰辛的努力,采取了正确的方法。我想成功就离我不远了。

【思考练习】

1. 为什么要做职业生涯规划?如何实施一项完整的职业生涯规划?

2. 撰写职业生涯规划书时,应遵循哪些原则? 注意哪些事项?

3. 请根据自己的实际情况,填写下列表格完成自我评估、环境与职业评估、确立职业目标、制定职业生涯策略、评估与反馈部分,最终完成一份完整的生涯规划书。

(1)自我评估

附表 1:自我评估

自我评估	性格		
	兴趣和特长		
	缺点和不足之处		
	社团经历和社会经验		
	已具备能力		
	现学专业及主要课程		
	现有外语水平		
	现有计算机水平		
	应用水平		
	职业价值意愿	请从工作性质、工作环境、工作伙伴、工作时间、工作待遇、社会需求、职业技能等方面来描述你理想中的职业生活及愿意从事这一职业的理由	
社会中的自我评估	对你人生发展影响最大的人对你的看法和期望	称呼	对你的看法、期望和建议
	他人对你的看法和期望		

(2)环境与职业评估

附表2:环境与职业评估

人际关系分析		
校园环境对你成才的影响	学校	
	院系	
	专业	
	班级	
	宿舍	
认识职业世界	人才供需状况与就业形势分析	
	对人才素质要求	
	对人格特质要求	
	对知识的要求及学校中哪些课程对从事该项职业有帮助	
	对能力的要求	
	对技能训练要求	
	对资格证书要求	
	每天工作状况	
	该岗位收入状况	
	业内人士对所从事工作的满意之处	
	业内人士对所从事工作的不满之处	
	该职业发展前景	
	其他	

（3）初步确立目标

附表3：确定目标

描述初步职业理想	职业类型		职业名称		具体岗位	
	职业地域		工作环境		工作时间	
	工作性质		工作待遇		工作伙伴	
	职业发展期望					
	职业岗位发展规划					
SWOT分析	实现目标的优势（S）					
	实现目标的劣势（W）					
	实现目标的机遇（O）					
	实现目标的威胁（T）					

（4）职业生涯策略

附表4：生涯策略

职业生涯规划总体目标				
步骤		目标分解	提高途径及措施	完成标准
2012～2014年的自我规划	阶段性目标			
	2012年上半年			
	2012年下半年			
	2013年上半年			
	2013年下半年			
	2014年上半年			
	2014年下半年			
2015～2016年的自我规划	阶段性目标			
	2015年上半年			
	2015年下半年			
	2016年上半年			
	2016年下半年			

(5)生涯评估与反馈

附表5:评估与反馈

		专业学习 成绩排名		素质拓展 总分	
自我评估	测评结果				
		发展性素质 测评		身体素质 状况	
	获得奖励 和荣誉				
	自我规划 落实情况				
	成功经验				
	总结教训				
父母评价 与建议					
同学朋友评 价与建议					
教师评价 与建议					
成才外因 评估					
职业目标 修正					
规划步骤、 途径及完 成标准修正					

专题二

02

| 职前备战：就业过程指导 |

第六章

大学生就业形势总览

【学习目标】

了解我国总体劳动力以及大学生的就业现状,明晰就业市场的需求和走向,学会分析影响大学生就业的各种因素,并据此有针对性地提高自身的就业实力。熟悉大学毕业生现行就业政策的框架及国家促进大学生就业的政策法规,如大学生志愿服务西部计划、基层就业政策以及大学生创业优惠政策等。

第一节 大学生就业环境分析

"知己知彼,百战不殆。"对于即将走上社会的毕业生来说,如果在求职前对就业形势有足够的了解,那无疑是如鱼得水、如虎添翼。相反,如果对就业形势和就业市场一无所知,盲目出击,则可能功败垂成,最终两手空空,一无所获,尤其是目前中国大学生就业问题日趋严重,已成为构建和谐社会的一大阻碍。因此,在开始找工作之前,认真分析当前市场需求和就业形势,是每个大学生的必备功课。

一、我国总体就业形势

大学生就业形势的好坏,不仅与大学生个人的素质相关,与整个社会的大环境也密不可分。因此,大学生在就业时,除了关注自身的条件外,还应该综合把握社会的就业形势,灵活运用各大就业市场的优点,才能顺利就业。

陈宝生部长在 2017 届全国普通高校毕业生就业创业网络工作视频会议上指出:2017 届全国普通高校毕业生 795 万人,比 2016 届增加 30 万人。总体看,我们具有做好工作的诸多有利条件。一是当前我国经济运行总体平稳,呈现稳中有进、稳中向好的发展态势。新经济、新产业、新业态不断涌现,创新创业环境不断优化,为高校毕业生就业创业提供了新空间。二是国家"十三五"规划明确提出,坚持就业优先战略,实施更加积极的就业政策,创造更多就业岗位,着力解决结构性就业矛盾,完善创业扶持政策,鼓励以创业带动就业,为高校毕业生就业创业提供了更多政策支持。三是有关部门协调配合,完善了推进工作的联动机制。教育部、人社部从2016年起共同组织实施"高校毕业生就业创业促进计划",通过能力提升、创业引领、校园精准服务、就业帮扶和权益保护五大行动促进高校毕业生就业创业。同时,我们也要看到2017届高校毕业生就业创业形势依然复杂严峻。一是经济持续发展的基础尚不牢固。我国经济仍处在转型升级、动能转换的关键阶段,传统产业去产能带来的就业压力仍然较大。二是部分行业需求趋弱。据统计分析,制造业、批发和零售业、居民服务和其他服务业、建筑业等行业的用人需求均有所下降,其中房地产业需求同比下降18%、制造业同比下降9%。三是结构性矛盾仍然突出。部分高校(如1999年后新设本科高校、地处非中心城市综合性高职等)、部分专业(如艺术类、法学类、语言类、师范类、医学类等)、部分人群(如少数民族毕业生、农村困难家庭毕业生等)就业压力比较突出。2012年的毕业生人数680万,2013年毕业生人数达到699万,截至目前,2017年毕业生人数为795万,2018年则为820万,再加上往届没有实现就业的,需要就业的毕业生数量之大可想而知。

我国是世界上劳动力资源最丰富的国家,近年来一直面临就业难的问题。当前主要表现在劳动力增长速度快,劳动力供求总量矛盾和就业结构性矛盾同时并存,城镇就业压力大及农村富余劳动力向非农领域转移速度加快局面同时出现,新成长劳动力就业和失业人员再就业等问题相互交织。另外,持续不断的经济结构调整、技术进步和产业升级,造成部分行业和企业不断减少就业岗位,持续产生新的就业问题。

(一)就业劳动力现状

根据劳动和社会保障部科研所的数据显示:我国在"十一五"期间计划年均新增劳动力需求总量为1800万,但是"十一五"期间每年新增劳动力供给数量为2000万,每年将出现200万富余劳动力。供给和需求之间存在差距,预计我国在未来几年内在劳动力总量上将出现供大于求,劳动力大量闲置现象。

人力资源和社会保障部部长尹蔚民在2011年全国就业工作座谈会上开篇阐述,当前乃至整个"十二五"期间,我国就业形势依然严峻,就业任务十分艰巨。一方面,我国就业总量压力依然很大,劳动力供大于求的格局并未改变。而另一方面,就业的结构性矛盾将进一步加剧,部分企业"招工难"与部分劳动者"就业难"问题并存。

(二)劳动力总体就业形势

近年来我国总体就业形势依然供大于求,结构性的矛盾比较突出,就业形势越来越复杂。中央已经明确提出要坚持把"就业作为经济社会发展的优先目标"。今后五年，城镇劳动力的供求缺口呈递增趋势。

以 2012 年为例，我们可对今后一段时间内城镇劳动力市场上需要关注的就业困难群体构成做出大体的数量估计，剔除在农村内部流动部分后，农民工进入城镇就业的人数约 1.46 亿人，新毕业大学生约 680 万人，加上往年毕业尚未就业的 150 万人，总共超过 800 万人，按照近年来较高的登记失业率 4.3% 估算，城镇失业和可能失业的人数大约 1600 万人，假设 8000 余万灵活就业人员中有一半就业比较稳定，另外 4000 万则属于就业困难人员。这些人群之间可能有交叉，但总体而言可以反映就业困难群体的数量和构成，即全部城镇就业人口中接近一半经常面临明显的就业困难。对此，相关部门明确指出将采取就业政策和产业政策进一步结合、扩大就业岗位、加大就业公共服务、加强创业引导等措施，使整个就业形势保持基本稳定。从高校角度来看，解决大学生就业困难应从高等教育改革、实习制度、就业培训和中介服务等方面入手，提高人力资本与劳动力市场的匹配效率。

在有关"招工难"的问题方面，人力资源和社会保障部部长尹蔚民认为，目前招工难有向中西部地区蔓延的趋势。但他指出，招工难只是当前就业领域结构性矛盾的一种反映，我国就业问题的基本格局仍然是供大于求，就业总量的压力还是第一位的。

从以上信息可以看出，目前我国的就业形势不容乐观。与此同时，国内外经济形势的转变使得国内就业面临新的经济环境。在新的经济环境下，短期内国内就业形势很难得到根本扭转。

（三）国内外环境对就业形势的影响

1. 金融危机对出口和投资的影响

2008 年 9 月全球性的金融危机正式爆发以来，很多发达国家经济陷入衰退，新兴国家和其他发展中国家的经济增长也迅速下滑，导致国际贸易出现萎缩。

金融危机首先影响的是外向型企业，而外向型经济在我国经济扩张和就业增长中，发挥了重要作用。因此国际经济环境的恶化，严重影响到了我国的就业形势。在本次世界性经济危机中的重灾区美国、欧盟都是我国外贸最大的出口国家。随着危机的深化，这些国家相继出现经济衰退、收入水平下降、失业人口增多的情况，进口需求随之减少，对我国产品的总需求已经由持续高增长转为低增长。由于外部需求减少，订单锐减，出口增速迅速下降。2008 年 3 月到 2009 年 3 月，出口增速就下降了 47.7%。按照出口每变化一个百分点就影响 20 万个就业机会来计算，相当于减少了 950 万个就业机会。大量出口加工型企业和外贸企业受到直接冲击后陷入经营困境,不得不削减生产或关门倒闭,大量工人失业。

金融危机爆发之后,一些跨国企业或投资者由于受到资本市场筹资和融资的约束,无法筹措资金对新兴市场进行投资。而且,中国制造业成本上升和利润率较大幅度下降的情况,也减少了外商对投资盈利预期,从而减弱对中国的投资意愿。外商直接投资的减少导致提供的新的就业机会减少。

随着世界各国经济形势的普遍恶化,以及劳动力市场就业需求的萎缩,一些已经失业和面临失业的海外劳动力转而回国寻找就业岗位,一些国际劳务承包工程也受到影响,以及一些国家出于保护本国劳动力就业机会而限制国外劳动力就业的政策,都导致海外就业的劳动力回流不断增加,加重我国国内的就业压力。

2. 人民币升值压力的影响

金融危机爆发之后,许多国家的货币对美元大幅贬值,而我国人民币相对其他货币一直处于升值状态,而且仍存在长期升值预期。人民币升值,出口商生产成本和劳动力成本则会相应提高,这使我国部分出口产品失去价格优势。我国劳动密集型企业的产品档次不高,附加值含量低,在国际市场价格保持不变的情况下,出口利润的下降将严重影响出口商的积极性。另外,人民币升值将导致房地产、基础设施以及服务业劳动力价格的上升,会使外商的投资成本上升,因此在很大程度上降低了我国对外商直接投资的吸引力,甚至导致已落户我国的外商投资企业转移出去,原有企业工人面临失业。

3. 国内经济增长放缓、内需不足

总体来看,我国国民经济正处于趋稳回升的重要阶段,但部分经济指标(如外贸增长率、CPI、用电量等)仍然处于同比下滑或波动较大阶段,回升过程中还存在不确定、不稳定的因素。

国内经济形势恶化使得居民对未来预期的不确定性增强,从而引发消费的萎缩。在国内需求不足的影响下,国内许多厂商出现产品积压的现象,厂商面临利润下降和停产的风险。在这种形势下企业开始大量裁减人员,进一步引起经济的衰退和就业的减少。

(四)政府促进就业的举措

党和国家一直高度重视就业工作,出台了很多全局性文件和政策,促进就业一直是我国政府最为关心并重点解决的经济社会问题之一。改革开放以来,中国政府始终将促进就业作为国民经济和社会发展的战略性任务。党的十七大提出了坚持实施积极的就业政策,实现社会就业更加充分的奋斗目标。就业促进法对促进就业工作也做出了法律规范,要求各地区、各部门要根据新的形势和工作要求,切实做好促进就业工作。在《国务院关于做好促进就业工作的通知》中指出:

1. 明确就业工作目标任务,强化政府促进就业的领导责任

把扩大就业放在经济社会发展的突出位置。在发展经济和调整产业结构、规范人力资源市场、完善就业服务、加强职业教育和培训、提供就业援助等方面制订具体措施,努力实现社会就业更加充分的目标。实施积极的就业政策,多渠道增加就业岗位。贯彻实施鼓励、支持和引导个体、私营等非公有制经济发展以及加快发展服务业等一系列有利于促进就业的政策措施,促进非公有制经济和第三产业有序发展,促进中小企业发展。

改善创业环境,促进创业带动就业。完善支持自主创业、自谋职业政策体系,建立健全政策扶持、创业服务、创业培训三位一体的工作机制,简化程序,规范操作,提高效率,增加融资渠道,放宽市场准入限制,加强信息服务。

积极做好高校毕业生就业工作。把高校毕业生就业纳入就业工作总体部署,明确目标,落实责任,健全工作机制,进一步加强高校毕业生实践能力和就业能力,引导高校毕业生面向基层就业和创业。

2. 完善政策支持体系,进一步实施积极的就业政策

妥善处理现行政策与法律规定的衔接问题。按照法律要求,对政策进行完善和规范,明确政策支持对象和内容,调整完善操作办法,解决政策落实中的难点问题,提高政策的实施效果。

登记失业人员创办企业的,凡符合相关条件,可按国家规定享受税收优惠政策。符合有关残疾人就业优惠条件的,可以享受现行增值税、营业税、企业所得税、个人所得税等税收优惠政策。进一步完善小额担保贷款政策,创新小额担保贷款管理模式。各地可根据实际情况适当提高小额担保贷款额度和扩大贷款范围。

3. 进一步加强就业服务和管理,健全面向全体劳动者的职业技能培训制度

建立统一开放、竞争有序的人力资源市场,加强部门协调,完善管理制度,维护人力资源市场的良好秩序。加强人力资源市场信息网络及相关设施建设,建立健全人力资源市场信息服务体系,完善市场信息发布制度。

建立健全公共就业服务体系,规范公共就业服务机构,明确服务职责和范围,合理确定各级公共就业服务机构的人员编制,加强公共就业服务能力建设,将公共就业服务经费纳入同级财政预算,保障其向劳动者提供免费的就业服务。建立健全就业登记和失业登记制度、面向全体劳动者的职业技能培训制度。完善职业培训补贴办法,建立健全职业培训补贴与培训质量、促进就业效果挂钩机制,增加各类劳动者职业教育培训机构,提高培训的积极性。

4. 进一步完善面向所有就业困难人员的就业援助制度

进一步建立健全就业援助制度,积极帮助和扶持有就业愿望和就业能力,且积极求职的就业困难人员就业。要通过公益性岗位援助等多种途径,对所有就业困难人员实行优先扶持和重点帮助。鼓励资源开采型城市和独立工矿区发展与市场需求相适应的接续产业,引导劳动者转移就业。

二、国内大学生就业形势分析

最近几年,受到经济回暖和毕业生就业人数持续攀升的双重影响,大学生就业形势依然十分严峻。总体上看,就业市场呈现就业薪资与就业难度和压力双重看涨的趋势。与此同时,就业市场还呈现两大特征:一是有实习或技能培训的毕业生更受青睐;二是定向招聘、代招聘成为招聘新趋势。此外,部分专业人才缺口仍然很大。

(一)就业薪资与就业难度和压力双重看涨

随着经济逐步回暖和通货膨胀的上升,毕业生的就业薪资正在逐步提升,有上涨的趋势,但这并不意味着毕业生容易就业。相反,由于就业人数到达顶峰,毕业生的就业压力也在逐步增大,毕业生对于第一份工作的薪酬期望值也继续降低。大学生对于起薪期望值的降低一方面说明了大学生能够更加理性地看待当前的就业现状;但另一方面,过分降低的心理期望值同时也会打击毕业生的求职信心。因此,大学生在求职时应全方位了解该职位薪酬水平,经济形势的回暖虽然会给大学生起薪带来影响,但是对于毕业生而言,还是应该更加理智地对待薪酬待遇,做好前期的调研非常重要。

(二)毕业生就业市场呈现两大特征

1. 有实习或技能培训的毕业生更受青睐

近几年,企业招聘应届毕业生的侧重点都放在考察毕业生在校参加社会实践与技能培训的经历上,这种趋势一直在持续。智联招聘的统计数据显示,工作经验、在职培训、综合能力、教育背景四项排在企业考察候选人任职资格的前列。据51Job 的人力资源专家分析,有过 2 年工作经验或是接受过专业培训的人比没有的人求职成功概率大 3 倍。一位 IBM 的招聘经理直言,参加过实训的学生更贴近 IBM 的实际工作需求,学生的素质和项目实战技能与普通招聘者相比要高很多,招聘风险和成本会更低,毋庸置疑,企业会优先选择这类学生。因此,在竞争激烈的应聘中,如果毕业生有一份或者几份含金量比较高的实习经历或是技能培训,将是一大亮点,也容易从众多应聘者中脱颖而出。

2. 定向招聘、代招聘成为招聘新趋势

中国的企业招聘到目前为止经历了三个时代,第一个时代是 2003 年和 2004

年,企业招聘的主要方式是到人才市场招聘会招聘人才,而现在在招聘会几乎看不到好的企业来招揽人才,越来越多的企业借助招聘会的平台做公司形象宣传;2008 年之前是企业招聘的第二个时代,这个阶段企业非常重视网上招聘,因为与招聘会相比,它的成本更低、招聘更灵活、招聘时间跨度更长;2008 年金融危机后,企业招聘进入精准管道招聘的时代,企业更愿意和专业的技能培训机构合作,直接将企业需求订单发给培训机构,或是由培训机构帮助培训后推荐,或是直接由培训机构代招聘,这样企业的招聘成本更低,招聘对象更加精准,入职企业员工上手更快。某知名 IT 企业的人事经理坦言:曾经在网上招聘一个高级 JAVA 软件工程师的职位,招聘了三个月只招到了一个人,而且这个人没过试用期就走掉了,这样招聘的效果太差,企业的招聘成本非常高。从去年开始,我们和某培训学校合作订单培训,不但可以找到自己需要的人才,而且这些人都上手很快,潜力较大,为公司业务的快速发展提供有力的保证,我相信订单实训会成为我们未来首选的招聘方式。

（三）人才缺口分析

社会保障部科研所的数据显示:我国在"十一五"期间计划年均新增劳动力需求总量为 1800 万,但"十一五"期间每年新增劳动力供给为 2000 万,每年将出现200 万富余劳动力。根据中国人事科学研究院《2005 中国人才报告》预计,到 2011年我国专业技术人才供应总量为 4000 万,而需求总量为 6000 万。以上两项数据表明:我国劳动力总体有富余,但专业技术人才仍将出现供不应求的局面。

1. 农业科技人才缺口 218 万人

2011 年农业科技人才需求达到几百万人,但相关人才供给有限。根据国务院颁布的《农业科技发展纲要（2001～2011）》数据显示,我国共有涉农院校 43 所,在校学生大约为 9 万,教学和科研人员为 3.5 万人,130 万大中专毕业生中已有 80万人离开了农业。到 2011 年,第一产业人才缺口已达到约 218 万人。

2. 工科类人才缺口 1220 万人

我国大学生中 38% 为工科类学生,但是毕业生人数还是不够,振兴我国工业还需大量的工程师,主要集中在 IT、微电子、汽车、环保、系统集成、新材料、新能源与节能技术开发、条码技术、铁路高速客运技术等领域。到 2011 年,人才缺口数字巨大,达到约 1220 万人。由此可见,工科类人才仍旧十分走俏。

3. 高端涉外人才缺口 325 万人

该产业将是扩大就业岗位最多的部门。一些高端涉外人才需求很大,比如涉外会计、涉外律师、涉外金融服务、电子商务、同声传译、数字媒体、物流、精算和心理咨询等行业,都需要大量人才。到 2011 年,人才缺口在 325 万人左右。

由此可见,我国专业技术人才总量还处于供不应求的局面,大学生"就业难"仅仅为一种表象。原因有两点:第一,作为一名大学生是否学有所成,知识和能力结构能否达到企业用人标准,这值得思考;第二,个人就业意愿和社会意愿存在很大差异。

(四)高薪专业预测

好的专业和好学校一样重要,未来企业更关注的是大学生的专业含金量。专业选择是否得当,决定着将来能否学有所成,有关专家对未来高薪专业进行了预测。

1. 新兴 IT 专业

从国内就业市场看,传统的 IT 人才已趋向饱和。但是,在移动通信、电子消费品生产方面以及网络通信、网络安全等新兴领域,人才需求量却很大。

2. 金融专业

随着外资银行进入中国市场步伐的加快,以及中资银行的国际化发展和上市,未来几年,国际化金融人才将迎来需求高峰。

3. 创意设计专业

来自就业市场的信息告诉我们,汽车设计、环境设计、建筑设计、工业设计、服装设计、软件设计等创意设计人才的需求正不断看涨。

4. 市场营销

市场营销是 21 世纪十大热门职业之一,市场经济急需大批市场营销的专业人才。在未来的十年乃至二十年,市场营销的高级人才都将是中国人才市场上的"香饽饽"。

5. 会计

在不同地区、不同行业里,会计和金融人才不但不会出现过剩,中高级财务人员反而更加抢手。

6. 酒店及旅游管理

随着奥运会、世博会以及各种国际大型活动在我国举行,中国对酒店及旅游管理方面人才的需求与日俱增。高级酒店管理人才在职场上将炙手可热。

7. 建筑专业

国内基础设施以及公共建设的高速发展,拉动了建筑人才的需求。具备多元文化背景、国际化视野的人才将成为建筑业人才需求的主流。

8. 环境保护专业

随着人们生活水平日益提高,环境保护意识随之增强。国家经济的发展也对环境提出了新要求。可以预见,环保人才将成为未来几年的热门职业。

9. 生物专业

生命科学是 21 世纪最重要的学科之一,已成为工业化国家的战略技术。未来国内的实验室以及医药制造、食品制造、农产品等企业中,都需要具备世界一流教育背景的研发人员。

10. 翻译专业

随着中国国际贸易的发展和会展经济的崛起,对专业翻译人才的需求也越来越多。

11. 大众传媒

随着跨国媒体的不断进入,急需大量既熟悉内地媒体市场,又具有国际化运作经验的本土高级传媒经营人才,传媒人才正成为职场上的"领军人物"。

12. 物流管理专业

随着中国物流业的全面开放,各种新型流通方式的迅速发展,国内市场对物流人才的需求急剧上升。

三、大学生就业市场分析

随着社会主义市场经济体制的建立和高校毕业生就业制度改革的深化,我国大学生就业市场逐步建立起来。在就业市场的作用下,大学生人才资源得到了有效的配置和利用,促进了经济社会的发展;学校与社会之间的联系也大大加强,促进高校教育改革的同时,大学生主动学习、自我提升的积极性也得到了加强。然而,目前我国大学生就业市场仍然处于起步阶段,面临着很多问题。改革原有体制,健全市场规则,大学生就业市场的规范化发展已成为必然趋势。

(一)大学生就业市场的现状

我国大学生就业市场通过近几年的建设和发展,渐具雏形,呈现出以下特点:

1. 市场主体具有一定的自主权

大学生就业市场主体包括毕业生这一就业主体和企事业单位这一用人主体。现在,政府对毕业生的管理已经从具体的人头管理转变为宏观统筹。统招的大学生拥有双向选择权,可以在全国范围内自主择业。与此同时,用人单位也有了相当的自主择人权,且择优用人,已成为共识。其中企业单位可依据《企业法》招聘录用人才,国家机关根据《国家公务员暂行条例》考核录用公务员,事业单位实行了分类管理的用人制度,用人单位接收毕业生逐渐从一种政府行为变为用人单位和毕业生的一种法律行为。

2. 市场机制的作用日益明显

目前,市场机制逐步发挥了在毕业生资源配置中的基础性作用,大部分高校毕业生进入人才市场,通过"供需见面"和"双向选择"的方式来落实工作单位。

有关资料表明,经济较发达地区90%以上的毕业生是通过人才市场找到工作单位的;全国重点高校或一些工科类专业的毕业生基本上是通过市场方式就业的。

在市场机制的作用下,毕业生及其家长的择业观也正在逐步改变。经过几年的双选及供需见面活动,相当一部分毕业生及其家长对就业制度改革有了一定程度的理解,他们自主择业意识开始觉醒,主观能动性日益增强,就业观念正在悄然发生变化。

3. 不平衡现象依然存在

总体而言,地区、学校、学历、用人单位之间的需求差距拉大,中西部地区、地方院校、低学历层次的毕业生就业困难,部分传统产业用人单位需求不足。

(1)学科之间不平衡

随着技术进步和社会经济的发展,不同学科专业之间毕业生的就业存在较大差异。总的来说,对专业需求明确的职位总量是理工科大于文科,通信、电子、土建、机械、自动化等学科专业的毕业生供不应求;而哲学、法学、历史学、社会学等人文学科毕业生的社会需求较小。

(2)学历之间不平衡

社会对毕业生学历层次的要求越来越高,高层次、高学历的毕业生争夺大战愈演愈烈。总体来说,社会对研究生需求旺盛,本科生供需基本持平,而低层次、低学历的毕业生就业越来越困难。

(3)地区之间不平衡

由于我国各地区经济发展的不平衡,毕业生就业的地域范围相对比较集中,呈现出"东部多,西部少;城市多,农村少"的特点。东部沿海地区、经济发达地区及一些中心城市对毕业生需求旺盛,中西部地区的需求有所增加,而一些边远省区及经济相对落后的地区需求仍然不足。

【小资料】

从地区来看,热门的求职城市主要有:北京、上海、广州、深圳、南京、天津、成都、杭州、沈阳、西安、济南、哈尔滨等。从地域来看,长江三角洲、珠江三角洲等都是吸引人才的大磁石。

(4)院校之间不平衡

重点大学、名牌院校、名牌专业的"名牌"效应呈现出优势,社会需求增长;而对非重点大学及一般专业毕业生的需求相对不足。

(5)用人单位之间不平衡

虽然作为传统毕业生就业主渠道的国有大中型企业的需求有所回升,但吸纳能力仍有限，而三资企业、民营企业及高新技术产业企业（尤其是信息产业企业）的需求数量却大大增加。

（6）性别之间不平衡

由于部分用人单位提出只接收男生，不接收女生，从而造成男女生就业机会不均等，导致了性别在就业形势上的差异。

4. 社会对毕业生的要求进一步提高

由于现在的毕业生就业市场已经是买方市场，就业竞争日益激烈，用人单位对毕业生各方面的要求也越来越高。毕业生的学校品牌、学历层次、知识水平及综合素质都是用人单位所关注的重点；在招聘过程中，更是要通过从网申、性格测试、笔试到几轮面试的层层筛选。

很多用人单位为了找到优秀的毕业生，不再是仅仅参加人才招聘会，而是主动到学校进行宣讲，开展单独招聘。在人才选择上，更加注重毕业生的素质、能力和职业品质。

【小资料】

为了全面考察应试者，脑筋急转弯、场景模拟、电话面试等新颖的面试方法经常被面试人员搬进考场；除了传统的面试方式，很多名企甚至安排了一些"非常规"的面试环节，例如：视频面试、行为面试、饭局面试、杀人游戏、设计路障等。企业通过这些面试，暗中窥探应试者的反应能力、知识、素养和品质，但很多大学生或忽视不见或不知所措，最后只会是白白丢失机会。

5. 以学校为基础的毕业生就业市场已经基本形成

目前，以学校为基础的毕业生就业市场和就业指导服务体系已经建立，为毕业生和用人单位提供多方面的帮助、指导和服务。与其他各类人才市场相比，以学校为主体的就业市场，尽管规模相对较小，但其针对性较强，供需双方专业对口，学校的中介作用可以得到充分发挥。因其具有高效、可靠、真实、规范等特点而受到了毕业生和用人单位的普遍欢迎。

（二）大学生就业市场存在的问题

目前大学生就业市场还存在诸多问题，有待调整和完善，比如市场主体地位的不平等、法律法规的缺失等。

1. 市场缺乏固定的时间和场所

目前的就业市场种类繁多，有政府部门举办的，有省市毕业生主管部门、用人单位组织的、学校组织的，且这些就业市场举办招聘会的时间和地点变化不定。用人单位和毕业生常常在各类招聘会之间疲于奔命，不仅影响毕业生的学业，也增加了招聘求职投入成本。毕业生难以充分地做出有针对性的求职准备,因为求职活动往往在每年的十月份就开始了,而这个时候大部分学生还要忙于课程学习和毕业论文的撰写。

2. 制约机制失衡

在就业市场中,毕业生与用人单位拥有自主择业与择人的权利本是件好事,但在大学生就业市场的各个组成部分、毕业生交换的各个环节中,毕业生、用人单位、市场管理方的相互作用、合理制约机制还不是很完善。一些用人单位只愿享受权利,不愿承担责任,他们不按市场规则招聘毕业生,为毕业生提供虚假信息,搞不公平竞争。一些毕业生也经常出现违约行为,他们或把单位作为"跳板",或作为"培训中心",或者签约后任意毁约,或者报到后不辞而别,置市场规则于不顾,从而削弱了市场应有的作用。

3. 政府宏观调控不到位

我国长期的城乡二元结构和区域经济发展的不均衡,使各地的工资福利待遇、社会公共资源和个人发展空间有很大差异。大学生都愿意选择在经济发达的一、二线大城市就业,宁可在大城市从事完全不能发挥专长的工作,也不愿意去中西部和基层。这就造成了局部就业市场的严重供需失衡,而这些也凸显了政府在人才引进与激励机制、缩小区域发展差异等方面宏观调控的不到位。

【案例思考】

近年来,不同的统计资料都表明,"北京、上海、广州、深圳"是大学毕业生就业的首选之地,大连、厦门等二线沿海城市次之。这种"宁要大城市一张床,不要中西部一套房"的就业心态,一方面使北京、上海等大城市人满为患、不堪重负,另一方面也让中西部陷入了"发展缓慢—人才流失—发展更加缓慢"的恶性循环。

针对这种现象,专家认为,当代社会人才流动频繁,毕业生找工作不能强求一步到位,死守着一座城市。很多毕业生认为北京、上海等大城市饭碗多、机会多、前途广,却没想到竞争的人更多。在目前大城市人才竞争惨烈的情况下,刚毕业的大学生很难获取好工作。因此,先去二线城市、内地城市工作几年以积累经验,然后"曲线进城"或许更为明智,也更能减轻时下巨大的就业压力。

4. 配套法规不健全

毕业生就业市场目前尚无协调统一的管理规范和明确法规,未明确市场中政府、学校、中介机构、用人单位、学生等各方角色的权利和义务;未明确提出就业程序及保护公平竞争的手段;对市场中收费的项目及标准、协议书的签订、违约的制裁、纠纷的仲裁、毕业生和用人单位合法权益的保障等无明确规定。毕业生就业市场法规的不健全,导致市场无序化。

5. 企业的人才观落后

很多企业对人才的取舍不是从企业的发展和岗位的需要出发,而是搞人际关系和"面子工程"。一部分用人单位盲目追求高学历毕业生来为自己装门面,而不管人职是否匹配,一味攀高。另一部分,尤其是一些国企,把接收毕业生作为本单位职工的一项福利工程,为职工的子女"量身订岗",把那些有真才实学的毕业生拒之门外。择优录用的原则在"关系"面前显得苍白无力,这种不良风气诱使毕业生"八仙过海,各显神通",找关系,探门子,送钱送礼,使大学生就业市场严重背离了公平竞争的原则。

(三)大学生就业市场发展趋势

随着社会主义市场经济体制的建立与完善,有关部门将会逐步健全市场规则,加强市场管理,形成统一开放、竞争有序的市场体系,推动大学生就业市场的规范与发展。从目前市场状况分析,今后几年大学生就业市场将有以下发展趋势:

1. 就业形势持续不乐观

随着高校扩招,毕业生人数在短期内迅猛增加,然而社会的有效需求在短期内却增加有限,而用人单位对毕业生的要求也越来越高。虽然我国仍属高等教育欠发达、人才紧缺的国家,但由于整体就业形势的严峻,再加之企业职工的下岗分流,机关事业单位的减员增效,以及成人高等教育的飞速发展,造成部分专业、部分毕业生及低层次人才的"过剩危机",形成求职难的状态。毕业生获得"好工作"的机会将趋于减少,"高学历低用"者比例增大。同时,毕业生也会调整就业期望,更多的人会选择"先就业,再择业"的曲线救国方式,而且随着国家、地方相关政策和用人制度的完善和到位,农村、基层单位及边远地区将成为越来越多毕业生的自愿选择。

2. 宏观调控进一步加强

大学生就业市场实现现代化、规范化和信息化,才能有效实施"市场导向、政府调控、学校推荐、毕业生与用人单位双向选择"的大学生就业制度,才能让大学生就业通过市场机制实现人才的最佳配置。大学生就业市场的完善离不开政府的宏观调控,比如,许多行业部委所属高校逐步划归地方管理后,行业尤其是艰苦行业人才的急需如何保证,边远地区所急需的人才如何得以充实,这些实际问题仅靠市场调节或思想教育是难以奏效的,必须有切实可行的宏观调控手段。从相关部门出台的一系列促进就业的政策来看,今后国家将会加强以市场为导向的宏观调控力度,积极引导、吸引毕业生到关系国计民生的国有骨干企业、重点教学科研单位、国防、军工及边远、艰苦地区就业。

3. "无形市场"发挥更大作用

随着高校就业体制改革的不断深入,利用现代化手段传递供需信息,毕业生网上就业和用人单位网上招聘必然成为高校毕业生就业工作发展的新趋势。越来越多的学校将充分发挥现代信息技术作用,采用现代网络手段扩大对专业就业信息的传播,通过信息网络创建自己的就业网站,友情链接全国各地人才市场的信息网站,汇集全国各地区、各部门的就业政策和人才需求信息供毕业生查询,为大学生创造广阔的就业空间,使大学生就业市场逐步形成一种规范化的运作机制,更好地为高校毕业生、用人单位提供高效、优质的服务平台。

4. 高校更加重视就业工作

由于国家对高校就业指导部门作用的肯定和重视,且毕业生就业工作关系到学校的生存和发展,各高校纷纷采取了有力措施,加强领导,加大投入,把毕业生就业工作放在学校建设工作的首位,不断强化就业指导服务,提升校园招聘的质量与规模,将就业服务与指导贯穿于高校教育的全过程中。部分高校还通过建立毕业生就业实习基地形成"预就业"人才培养模式,加强与用人单位的友好合作和联系,建立高校与用人单位之间的"捆绑式"联合体,从而形成长期稳定的供需合作。

第二节　大学生就业政策介绍

一、我国大学生就业政策框架

《普通高等学校毕业生就业工作暂行规定》(教学〔1997〕6 号)、《关于进一步深化普通高等学校毕业生就业制度改革有关问题的意见》(国发〔2002〕19 号)、《关于进一步做好 2003 年普通高等学校毕业生就业工作的通知》(国发〔2003〕49 号)、《关于进一步做好 2004 年普通高等学校毕业生就业工作的通知》(国发〔2004〕35 号)、《关于做好 2007 年普通高等学校毕业生就业工作的通知》(国发〔2007〕26 号)、《国务院办公厅关于加强普通高等学校毕业生就业工作的通知》(国办〔2009〕3 号)《国务院关于进一步做好普通高等学校毕业生就业工作的通知》(国发〔2011〕16 号)《教育部关于做好 2013 年全国普通高等学校毕业生就业工作的通知》(教学〔2012〕11 号)、《"十三五"促进就业规划》(国发〔2017〕10 号)等文件明确了毕业生就业改革的方向和工作重点,做出了一系列决策和部署,初步形成了新时期高校毕业生就业工作的政策框架。

（一）实行中央和地方两级管理，以地方管理为主的工作机制

中央建立了由国务院有关部门参加的高校毕业生就业工作联席会议制度，定期研究、协调解决工作中的重大问题。各省、自治区、直辖市人民政府建立了高校毕业生就业工作的领导协调机制。各地区、各有关部门把高校毕业生就业工作列入重要议程，纳入经济和社会发展规划，作为就业和再就业工作的重要组成部分。各地区、各有关部门和高等学校建立高校毕业生就业工作目标责任制，明确工作目标，制定具体措施，解决实际问题，确保高校毕业生就业。

（二）积极拓宽毕业生就业渠道，引导毕业生面向西部、基层就业

拓宽高校毕业生到基层就业的渠道，鼓励高校毕业生到基层、中小企业和艰苦地区就业。各级政府积极为高校毕业生创造工作条件，主要充实城市社区和农村乡镇基层单位，从事教育、卫生、公安、农技、扶贫和其他社会公益事业。

鼓励和支持毕业生到中小企业工作，到西部地区工作。到西部贫困县的乡镇一级教育、卫生、农技、扶贫等单位服务两年，服务期间计算工龄。志愿者服务期满后，鼓励扎根基层或者自主创业和流动就业；愿意报考研究生或报考党政机关和应聘国有企事业单位的，仍然享受在艰苦地区工作两年或两年以上人员的优惠政策。

（三）培育和建设更加完善的毕业生就业市场

各级政府采取有效措施，积极推动高校毕业生就业市场建设，并与人才市场和劳动力市场相互贯通和资源共享。做好为毕业生服务的窗口工作。在大中城市的劳动力市场开辟专门针对高校毕业生和技术技能人才的服务窗口，开展有针对性的指导、服务、培训和招聘活动。严格规范各种毕业生招聘会秩序，禁止以盈利为目的举办高校毕业生招聘活动，切实维护毕业生的合法权益，保护毕业生的人身安全。

高校毕业生就业主管部门及其他部门建立用人单位招聘毕业生信用制度，对发布虚假招聘信息，利用招聘信息进行欺诈、损害毕业生权益的，将做出严肃处理。

（四）建立高校毕业生社会服务体系

构建更加完善的毕业生就业工作服务体系。高等学校毕业生就业指导和服务体系建设是现代大学制度和教育教学改革的一项重要内容，要建立完善的毕业生就业工作体系。

做好信息收集工作，专门收集一批适合高校毕业生的就业需求信息，并组织召开专门针对高校毕业生的供需见面会。加快高校毕业生就业信息化进程。目前各高校已基本实现就业服务信息网络化并与国家和省市网互联互通，同时正加

快毕业生就业服务网信息资源建设,尽快实现网上招聘和远程面试。

充分发挥现有的高校毕业生就业市场、人才市场和劳动力市场的作用。凡就业确有困难、需要帮助的未就业高校毕业生,可到当地政府有关部门所属的高校毕业生就业指导机构、人才交流机构或公共职业介绍机构登记。对已进行登记的未就业高校毕业生,有关机构提供免费就业指导和就业信息服务。对其中的党员、团员,要按有关规定,定期组织活动。根据市场需求,有组织地定期举办短期职业技能培训。

为高校毕业生办理户口和人事档案手续提供便利。本人落实工作单位后,公安部门按有关规定办理户口迁移手续,档案迁入用人单位规定的档案管理机构或迁回入学前户籍所在地,户籍和档案在同一地区。

(五)加大对毕业后就业工作的政策支持力度

深化人事制度和劳动用工制度改革,完善并严格执行职业资格准入制度。对于国家规定实行就业准入的职业,从业者和初次就业者必须取得相应资格证书后,方可上岗;对其中新增加的就业岗位,优先录用符合相应资格条件的高校毕业生。

在国家政策规定范围内,切实落实用人单位的用人自主权。省会及省会以下城市逐步取消进入指标、户口指标等限制,以利于高校毕业生就业。取消限制高校特别是专科高职毕业生合理流动的政策规定,允许高校毕业生跨地市、跨省(自治区、直辖市)就业。

党政机关录用公务员和国有企事业单位新增专业技术人员和管理人员,主要面向高校毕业生,公开招考或招聘,择优录用。各级党政机关特别是地(市)、县、乡级机关录用公务员,严格坚持"凡进必考"制度。

切实解决非公有制单位聘用高校毕业生的有关问题。积极放宽建立集体户口的审批手续,及时便捷地办理落户手续。用人单位要按照国家有关规定与所聘毕业生签订劳动合同,为其办理社会保险手续,缴纳社会保险费用,保障其合法权益。

(六)建立完善的就业状况报告、公布、督查和评估制度

各省、自治区、直辖市正在建立并不断完善高校毕业生就业监测体系,科学、准确、快速地报告就业工作进展情况,及时公布当地高等学校的毕业生就业率。

加强对毕业生就业工作的督促检查,重点检查就业工作薄弱地区、薄弱学校,对工作不落实、政策不到位的情况限期整改。

(七)鼓励自主创业和灵活就业

从事个体经营和自由职业的高校毕业生要按当地政府部门的规定,到社会保

险经办机构办理社会保险登记,缴纳社会保险费。

鼓励高校毕业生自主创业,为其提供创业培训、项目开发、小额贷款和担保、税费减免、跟踪服务等一条龙服务。

二、大学生具体就业政策

为了促进大学生就业,中央和地方都出台了很多优惠政策。主要包括到基层就业的优惠政策、积极参与科研项目的优惠政策和鼓励大学生到中小企业就业的优惠政策。了解这些政策,有利于明确自己的就业方向,也有利于让政策为自己服务。

(一)到基层就业的优惠政策

1. 什么是基层就业

(1)基层就业的内涵

基层就业就是到城乡基层工作。国家近几年出台了一系列优惠政策鼓励高校毕业生积极参加社会主义新农村建设、城市社区建设和应征入伍。一般来讲,"基层"既包括广大农村,也包括城市街道社区;既涵盖县级以下党政机关、企事业单位,也包括社会团体、非公有制组织和中小企业;既包含自主创业、自谋职业,也包括艰苦行业和艰苦岗位。

(2)国家鼓励毕业生到基层就业的主要优惠政策包括哪些?

①对到农村基层和城市社区从事社会管理和公共服务工作的高校毕业生,符合公益性岗位就业条件并在公益性岗位就业的,按照国家现行促进就业政策的规定,给予社会保险补贴和公益性岗位补贴。

②对到农村基层和城市社区其他社会管理和公共服务岗位就业的,给予薪酬或生活补贴,同时按规定参加有关社会保险。

③对到中西部地区和艰苦边远地区县以下农村基层单位就业、履行一定服务期限的高校毕业生,以及应征入伍服义务兵役的高校毕业生,按规定实施相应的学费补偿和国家助学贷款代偿。

④对具有基层工作经历的高校毕业生,在研究生招录和事业单位选聘时实行优先政策,在地市级以上党政机关考录公务员时也要进一步扩大招考录用的比例。

(3)什么是基层社会管理和公共服务岗位?

所谓基层社会管理和公共服务岗位,包括村官、支教、支农、支医、乡村扶贫,以及城市社区的法律援助、就业援助、社会保障协理、文化科技服务、养老服务、残疾人居家服务、廉租房配套服务等岗位。

(4)什么是其他基层社会管理和公共服务岗位?

在街道社区、乡镇等基层开发或设立的相应的社会管理和公共服务岗位。部分由政府出资,或由相关组织和单位出资。所安排使用的人员按规定享受相关补贴。

(5)什么是公益性岗位?

由政府出资开发,以满足社区及居民公共利益为目的的管理和服务岗位。公益性岗位优先安排困难人员或特殊群体,并从就业专项资金中给予社会保险补贴和岗位补贴。

(6)什么是公益性岗位社会保险补贴?

符合公益性岗位条件的用人单位招用就业困难和零就业家庭的高校毕业生并按规定为其缴纳社会保险费后,政府从当地财政再就业资金中给予用人单位资金补助。

(7)什么是公益性岗位补贴?

街道(社区)或其他经批准的劳务派遣组织安排就业困难和零就业家庭的高校毕业生从事公益性岗位工作,并对聘用人员实行统一管理、统一发放工资、统一缴纳社会保险费、签订半年以上的劳动合同,由当地财政对用人单位给予补贴。

2. 补偿学费和代偿助学贷款

(1)学费补偿和助学贷款代偿的政策内容主要是什么?

中央部门所属高校应届毕业生(全日制本专科、高职生、研究生、第二学士学位毕业生)到中西部地区和艰苦边远地区基层单位就业、服务期在三年以上(含三年)的,其学费由国家实行补偿。在校学习期间获得国家助学贷款(含高校国家助学贷款和生源地信用助学贷款,下同)的,补偿的学费优先用于偿还国家助学贷款本金及其全部偿还之前产生的利息。定向、委培以及在校期间已享受免除全部学费政策的学生除外。

(2)国家实施补偿学费和代偿助学贷款的就业地域范围包括哪些?

国家对到中西部地区和艰苦边远地区基层单位就业并履行一定服务期限的中央部门所属高校毕业生,按规定实施相应的学费补偿和助学贷款代偿,这里涉及的地域范围主要包括:

①西部地区:西藏、内蒙古、广西、重庆、四川、贵州、云南、陕西、甘肃、青海、宁夏、新疆等 12 个省(自治区、直辖市);

②中部地区:河北、山西、吉林、黑龙江、安徽、江西、河南、湖北、湖南、海南等 10 个省;

③艰苦边远地区:由国务院确定的经济水平、条件较差的一些州、县和少数民族地区。(详情可登陆中国政府网查询)

④基层单位:

a. 中西部地区和艰苦边远地区县以下机关、企事业单位,包括乡(镇)政府机关、农村中小学、国有农(牧、林)场、农业技术推广站、畜牧兽医站、乡镇卫生院、计划生育服务站、乡镇文化站、乡镇劳动就业服务站等;

b. 工作现场地处以上地区县以下的气象、地震、地质、水电施工、煤炭、石油、航海、核工业等中央单位艰苦行业生产第一线。

(3)学费补偿和助学贷款代偿的标准和年限是多少?

每生每学年补偿学费和代偿国家助学贷款的金额最高不超过 6000 元。在校学习期间每年实际缴纳的学费或获得的国家助学贷款低于 6000 元的,按照实际缴纳的学费或获得的国家助学贷款金额实行补偿或代偿。每年实际缴纳的学费高于 6000 元的,按照每年 6000 元的金额实行补偿或者代偿。

本科、专科(高职)、研究生和第二学士学位毕业生补偿学费或代偿国家助学贷款的年限,分别按照国家规定的相应学制计算。在校学习的时间低于相应学制规定年限的,按照实际学习时间计算补偿学费或代偿助学贷款年限。在校学习时间高于相应学制年限的,按照学制规定年限计算。每年代偿学费或国家助学贷款总额的三分之一,三年代偿完毕。

(4)中央部门所属高校毕业生如何申请学费补偿和助学贷款代偿?

①在办理离校手续时,向学校递交《学费和国家助学贷款代偿申请表》和毕业生本人、就业单位与学校三方签署的到中西部地区和艰苦边远地区基层单位服务三年以上的就业协议;

②在校学习期间获得国家助学贷款的,在与国家助学贷款经办银行签订毕业后还款计划时,注明已申请国家助学贷款代偿,如获得国家助学贷款代偿资格,不需自行向银行还款;

③高校负责审查申请资格并上报全国学生资助管理中心。

(5)地方所属高校毕业生到基层就业如何获得学费补偿和助学贷款代偿?

财政部、教育部印发的《高等学校毕业生学费和国家助学贷款代偿暂行办法》要求,各地要抓紧研究制定本地所属高校毕业生面向本辖区艰苦边远地区基层单位就业的学费补偿和助学贷款代偿办法。地方所属高校毕业生到基层就业是否可以获得学费补偿或国家助学贷款代偿,以及如何申请办理补偿或代偿等,请向学校所在地政府有关部门查询。

3. 农村教师特岗计划

(1)什么是农村义务教育阶段学校教师特设岗位计划?

2006 年,教育部、财政部、原人事部、中央编办下发《关于实施农村义务教育阶段学校教师特设岗位计划的通知》,联合启动实施"特岗计划",公开招聘高校毕业生到"两基"攻坚县农村义务教育阶段学校任教。特岗教师聘期三年。

(2)农村教师特岗计划实施的地区范围包括哪些?

2006年~2008年"特岗计划"的实施范围以国家西部地区"两基"攻坚县为主(含新疆生产建设兵团的部分团场),包括纳入国家西部开发计划的部分中部省份的少数民族自治州,适当兼顾西部地区一些有特殊困难的边境县、少数民族自治县和少小民族县。2009年,实施范围扩大到中西部地区国家扶贫开发工作重点县。

(3)农村教师特岗计划招聘对象和条件是什么?

①以高等师范院校和其他全日制普通高校应届本科毕业生为主,可招少量应届师范类专业专科毕业生。

②取得教师资格,具有一定教育教学实践经验,年龄在30岁以下的全日制普通高校往届本科毕业生。

③参加过"大学生志愿服务西部计划"、有从教经历的志愿者和参加过半年以上实习支教的师范院校毕业生同等条件下优先。

④报名者应同时符合教师资格条件要求和招聘岗位要求。

(4)农村教师特岗计划的招聘程序有哪些?

特岗教师实行公开招聘,合同管理。合同规定用人单位和应聘人员双方的权利和义务。

招聘工作由省级教育、人力资源社会保障、财政、编办等相关部门共同负责,遵循"公开、公平、自愿、择优"和"三定"(定县、定校、定岗)原则,按下列程序进行:①公布需求;②自愿报名;③资格审查;④考试考核;⑤集中培训;⑥资格认定;⑦签订合同;⑧上岗任教。

4. 选聘高校毕业生到村任职

(1)什么是选聘高校毕业生到村任职?

2008年,中组部、教育部、财政部、人力资源和社会保障部出台了《关于印发〈关于选聘高校毕业生到村任职工作的意见(试行)〉的通知》,用五年时间选聘10万名高校毕业生到农村担任村委会主任助理、村党支部书记助理或团支部书记、副书记等职务。选聘的高校毕业生在村工作期限一般为2~3年。

(2)选聘到村任职的对象是什么?要满足哪些条件?

选聘对象为30岁以下应届和往届毕业的全日制普通高校专科以上学历的毕业生,重点是应届毕业和毕业1至2年的本科生、研究生,原则上为中共党员(含预备党员),非中共党员的优秀团干部、优秀学生干部也可以选聘。

基本条件是:①思想政治素质好,作风踏实,吃苦耐劳,组织纪律观念强。②学习成绩良好,具备一定的组织协调能力。③自愿到农村基层工作。④身体健康。此外,参加人力资源社会保障部、团中央等部门组织的到农村基层服务的"三支一扶""志愿服务西部计划"等活动期满的高校毕业生,本人自愿且具备选聘条件的,经组织推荐可作为选聘对象。

(3)选聘到村任职的程序是什么?

选聘工作一般通过个人报名、资格审查、组织考察、体检、公示、决定聘用、培训上岗等程序进行。

5. 其他

(1)到基层就业如何办理户口、档案、党团关系等手续?

对到西部县以下基层单位和艰苦边远地区就业的高校毕业生,实行来去自由的政策,户口可留在原籍或根据本人意愿迁往就业地区;人事档案原则上统一转至服务单位所在地的县级政府人事部门,由政府主管部门所属的人才交流机构提供免费人事代理服务;党团组织关系转至服务单位,对服务期间积极要求入党的,由乡镇一级党组织按规定程序办理。

(2)中央有关部门实施了哪些基层就业项目?

近年来,中央各有关部门主要组织实施了四个引导高校毕业生到基层就业的专门项目,包括:团中央、教育部等四部门从 2003 年起组织实施的"大学生志愿服务西部计划";中组部、原人事部、教育部等八部门从 2006 年开始组织实施的"三支一扶"(支教、支农、支医和扶贫)计划;教育部等四部门从 2006 年开始组织实施的"农村义务教育阶段学校教师特设岗位计划";中组部、教育部等四部门从 2008 年起组织实施的"选聘高校毕业生到村任职工作"。

(3)什么是"三支一扶"计划?

三支一扶是支教、支医、支农、扶贫的简称。2006 年,中组部、人事部等八部门下发《关于组织开展高校毕业生到农村基层从事支教、支农、支医和扶贫工作的通知》,以公开招募、自愿报名、组织选拔、统一派遣的方式,从 2006 年开始连续 5 年,每年招募 2 万名高校毕业生,主要安排到乡镇从事支教、支农、支医和扶贫工作。服务期限一般为 2~3 年。招募对象主要为全国普通高校应届毕业生。

(4)什么是大学生志愿服务西部计划?

大学生志愿服务西部计划由共青团中央牵头,教育部、财政部、人力资源和社会保障部共同组织实施。从 2003 年开始,每年招募一定数量的普通高等学校应届毕业生,到西部贫困县的乡镇从事为期 1~3 年的教育、卫生、农技、扶贫以及青年中心建设和管理等方面的志愿服务工作。

(5)参加中央部门组织实施的基层就业项目,服务期满后享受哪些优惠政策?

"选聘高校毕业生到村任职""三支一扶""大学生志愿服务西部计划""农村义务教育阶段学校教师特设岗位计划"项目。服务期满的毕业生,享受以下优惠政策:

①公务员招录优惠:地(市)级以上党政机关录用公务员,要明确录用具有两年以上基层工作经历的人员比例;县及乡镇机关要拿出一定职位,专门招考到村任职等基层就业项目的大学生。

②事业单位招聘优惠:鼓励在项目结束后留在当地就业,参加各基层就业项目相对应的自然减员空岗,全部聘用服务期满的高校毕业生。从 2009 年起,到乡镇事业单位服务的高校毕业生服务满一年后,在现岗位空缺情况下,经考核合格,即可与所在单位签订不少于三年的聘用合同。同时,各省(区、市)县及县以上相关的事业单位公开招聘工作人员,应拿出不低于 40% 的比例,聘用各基层就业项目服务期满考核合格的毕业生。

③考学升学优惠:服务期满后三年内报考硕士研究生初试总分加 10 分;同等条件下优先录取;高职(高专)学生可免试入读成人本科。

④国家补偿学费和代偿助学贷款政策:参加各基层就业项目的毕业生,符合规定条件的,可享受相应的学费补偿和助学贷款代偿政策。

⑤服务期满自主创业的,可享受行政事业性收费减免、小额贷款担保和贴息等有关政策。

⑥其他:各基层就业项目服务年限计算工龄。服务期满到企业就业的,按照规定转接社会保险关系。

(二)参与科研项目的优惠政策

1. 科研项目的范围和聘用对象

(1)国家和地方重大科研项目包括哪些?

由高校、科研机构和企业所承担的民口科技重大专项、"973 计划""863 计划"、科技支撑计划项目以及国家自然科学基金会的重大重点项目等。这些项目可以聘用高校毕业生作为研究助理或辅助人员参与研究工作,此外的其他项目,承担研究的单位也可聘用。

(2)哪些毕业生可以被聘为研究助理或辅助人员?

聘用对象主要以优秀的应届毕业生为主,包括高校以及有学位授予权的科研机构培养的博士研究生、硕士研究生和本科生。

(3)科研项目聘用的毕业生是否为在编职工?

不是项目承担单位的正式在编职工,被聘毕业生需与项目承担单位签订服务协议，明确双方的权利、责任和义务。

2. 科研项目的服务协议

（1）科研项目承担单位与被聘毕业生签订的服务协议应包含哪些内容？

①项目承担单位的名称和地址；

②研究助理的姓名、居民身份证号码和住址；

③服务协议期限；

④工作内容；

⑤劳务性费用数额及支付方式；

⑥社会保险；

⑦双方协商约定的其他内容。

服务协议不得约定由毕业生承担违约金。

（2）服务协议的期限如何约定？

服务协议期限最多可签订三年，三年以下的服务协议期限已满而项目执行期未满的，根据工作需要可以协商续签至三年。三年期满后，毕业生有意继续在项目单位工作、项目承担单位同意接收的，则需按正式聘用手续办理。

（3）服务协议履行期间可以解除协议吗？

服务协议履行期间，毕业生可以提出解除服务协议，但应提前15天书面通知项目承担单位。

项目承担单位提出解除服务协议的，应当提前30日书面通知毕业生本人。研究助理被解除服务协议或协议期满终止后，符合条件的毕业生可按规定享受失业保险待遇。

（4）被聘毕业生如何获取报酬？

由项目承担单位向毕业生支付劳务性费用，具体数额由双方协商确定。被聘为研究助理时间计算为工龄。

（5）项目承担单位是否给被聘用的毕业生上保险？

项目承担单位应当为毕业生办理社会保险，具体包括基本养老保险、基本医疗保险、失业保险、工伤保险、生育保险，并按时足额缴费。参保、缴费、待遇支付等具体办法参照各项社会保险有关规定执行。

（6）被聘用的毕业生户档如何迁转？

毕业生参与项目研究期间，根据当地情况，其户口、档案可存放在项目承担单位所在地或入学前家庭所在地人才交流中心。项目承担单位所在地人才交流中心或入学前家庭所在地人才交流中心应当免费为其提供户口、档案托管服务。

（7）服务协议期满后如何就业？

协议期满，如果项目承担单位无意续聘，则毕业生到其他岗位就业。同时，国家鼓励项目承担单位正式聘用（招用）人员时，优先聘用担任过研究助理的人员。项目承担单位或其他用人单位正式聘用（招用）担任过研究助理的人员，应当分别依据《劳动合同法》《国务院办公厅转发人事部关于在事业单位试行人员聘用制度意见的通知》（国办发〔2002〕35号）等规定执行。

（8）毕业生服务协议期满被用人单位正式录（聘）用后，如何办理落户手续？工龄如何接续？

担任过研究助理的人员被正式聘用（招用）后，按照《国务院办公厅转发教育部等部门关于进一步深化普通高等学校毕业生就业制度改革有关问题意见的通知》（国办发〔2002〕19号）有关规定，凭用人单位录（聘）用手续、劳动合同和《普通高等学校毕业证书》办理落户手续；工龄与参与项目研究期间的工作时间合并计算，社会保险缴费年限合并计算。

（三）到中小企业就业的优惠政策

各级政府要进一步清理影响高校毕业生就业的制度性障碍和限制，为到中小企业就业的高校毕业生提供户籍与档案管理、人事代理、社会保险办理和接续、职称评定以及权益保障等方面的服务。

1. 落户与档案管理

（1）到中小企业就业可否在当地落户？

对各类企业招用非本地户籍的普通高校专科以上毕业生，各地城市应取消落户限制（直辖市按各自有关规定执行）。

（2）到中小企业就业档案如何管理？

目前我国对档案的管理主要有单位管理和社会管理两类：有档案管理权限的企事业单位可直接接收、管理档案；无档案管理权限的企事业单位，主要包括公有制和非公有制（个体、私营、外资）在内的中小企业，可以由各地的人才交流中心、政府批准的人才服务机构为高校毕业生提供档案管理、人事代理、社会保险办理和接续等方面的服务。档案不允许个人保存。

（3）什么是人事代理？

人事代理是指由政府批准的人事档案管理机构（各类人才服务机构），按照国家有关人事、劳动等政策法规要求，接受单位或个人委托，为多种所有制经济尤其是非公有制经济单位及各类人才办理：①人事档案管理；②因私出国政审；③在规定的范围内申报或组织评审专业技术职务任职资格；④转正定级和工龄核定；⑤大中专毕业生接收手续；⑥其他需经授权的人事代理事项。

(4)高校毕业生怎样办理人事代理?

人事代理方式可由单位集体委托代理,也可由个人委托代理;可多项委托代理,也可单项委托代理;可单位全员委托代理,也可部分人员委托代理。

对于离校时已落实工作单位的高校毕业生,其人事代理由毕业生的接收单位统一负责委托管理;对于离校时未就业、自主创业和灵活就业的高校毕业生,可以个人委托政府批准的人事代理机构办理委托管理。

2. 社会保险

(1)什么是社会保险? 包括哪些险种?

社会保险是指国家通过立法强制实行的,对劳动者因年老、工伤、疾病、生育、残废、失业、死亡等原因丧失劳动能力或暂时失去工作时,给予劳动者本人或供养直系亲属物质帮助的一种社会保障制度。

社会保险包括:养老保险、失业保险、医疗保险、工伤保险和生育保险。

(2)高校毕业生怎样办理社会保险?

高校毕业生一定要关心自己社会保险关系的建立、转移和接续。大学生毕业后就业,有用人单位的,其所在用人单位应按规定为其办理参保缴费手续,建立社会保险关系;灵活就业的,本人应到当地社会保险经办机构办理参保缴费手续。用人单位和个人应按规定按时足额缴纳社会保险费。与单位解除劳动合同关系后,要按当地政府的规定,到社会保险经办机构办理社会保险关系的中断或转出等事宜。毕业生在与新单位重新确立劳动合同关系后,社会保险经办机构应为毕业生办理社会保险关系的转移和接续手续。

3. 服务外包

(1)什么是服务外包和服务外包企业?

服务外包是指企业将其非核心的业务外包出去,利用外部最优秀的专业化团队来承接该业务,从而使其专注核心业务,达到降低成本、提高效率、增强企业核心竞争力和对环境应变能力的一种管理模式。

服务外包企业是指其与服务外包发包商签订中长期服务合同,承接服务外包业务的企业。

(2)目前服务外包产业主要涉及哪些领域及地区?

服务外包产业主要涉及软件研发、产品技术研发、工业设计、信息技术研发、信息技术外包服务、技术性业务流程外包等领域。

我国目前有服务外包示范城市 20 个,分别是北京、天津、上海、重庆、大连、深圳、广州、武汉、哈尔滨、成都、南京、西安、济南、杭州、合肥、南昌、长沙、大庆、苏州、无锡。

（3）服务外包企业吸纳高校毕业生有哪些财政支持？

为了鼓励服务外包企业吸纳高校毕业生，对符合条件的技术先进型服务外包企业，每新录用1名大专以上毕业生从事服务外包工作并签订1年以上劳动合同的，中央财政给予企业每人4500元的经费支持。

（四）鼓励自主创业的优惠政策

1. 高校毕业生怎样提升自主创业的能力？

有意愿自主创业的大学生，可以参加创业培训和实践，接受普遍的创业教育，以系统学习创办企业的知识、完善创业计划、提高企业盈利能力、降低风险、促进创业成功。

目前，许多高校已经开设了创业培训方面的课程和创业实践活动，在校大学生可以选择参加；另外，各地人力资源社会保障部门也开办了创业培训班，离校未就业的高校毕业生可向当地人力资源社会保障部门申请，参加有补贴的培训。如"GYB"（产生你的企业想法）、"SYB"（创办你的企业）、"IYB"（改善你的企业）。

2. 高校毕业生自主创业，可以享受哪些优惠政策？

（1）小额担保贷款和贴息支持

①登记失业的高校毕业生自主创业，自筹资金不足的，可向当地指定银行申请不超过5万元的小额担保贷款；对从事微利项目的，还可获得贴息支持。

②自愿到西部地区及县以下的基层创业的高校毕业生，自筹资金不足时，也可向当地经办银行申请小额担保贷款；对从事微利项目的，可获得50%的贴息支持。

（2）免收有关行政事业性收费

高校毕业生从事个体经营，且在工商部门注册登记日期在其毕业后两年内的，自其在工商部门首次注册登记之日起三年内免收管理类、登记类和证照类行政事业性收费。

（3）享受培训补贴

离校后登记失业的毕业生，参加人力资源社会保障部门举办的创业培训，可享受职业培训补贴。

（4）免费创业服务

有创业意愿的高校毕业生，可免费获得公共就业服务部门提供的创业指导服务，包括项目开发、方案设计、风险评估、开业指导、融资服务、跟踪扶持等内容。

3. 小额担保贷款

（1）什么是小额担保贷款？小额担保贷款的用途是什么？

小额担保贷款是指通过政府出资设立担保基金，委托担保机构提供贷款担保,由经办商业银行发放,以解决符合一定条件的待就业人员从事个体经营自筹资金不足的一项贷款业务。

小额担保贷款主要用作自谋职业、自主创业或合伙经营和组织起来创业的开办经费和流动资金。

(2)申请小额担保贷款额度是多少?贷款期限有多长?

国家规定个人申请额度最高不超过5万元,各地区对申请小额担保贷款额度有不同规定,许多地区额度还高于5万元。合伙经营贷款额度更大。

小额担保贷款的期限一般不超过两年,可展期一年。

(3)怎样申请小额担保贷款?在哪些银行可以申请小额担保贷款?

小额担保贷款按照自愿申请、社区推荐、人力资源社会保障部门审查、贷款担保机构审核并承诺担保、商业银行核贷的程序,办理贷款手续。

各国有商业银行、股份制商业银行、城市商业银行和城乡信用社都可以开办小额担保贷款业务,各地区根据实际情况确定具体经办银行。在指定的具体经办银行可以办理小额担保贷款。

4. 哪些项目属于微利项目?

中国人民银行、财政部、原劳动和社会保障部等联合下发了《关于改进和完善小额担保贷款政策的通知》(银发〔2006〕5号),明确由各省、自治区、直辖市、计划单列市人民政府结合实际确定微利项目的范围。主要包括:家庭手工业、修理修配、图书借阅、旅店服务、餐饮服务、洗染缝补、复印打字、理发、小饭桌、小卖部、搬家、钟点服务、家庭清洁卫生服务、初级卫生保健服务、婴幼儿看护和教育服务、残疾儿童教育训练和寄托服务、养老服务、病人看护、幼儿和学生接送服务等。

对于从事微利项目的,贷款利息由财政承担50%(中央财政和地方财政各承担25%,展期不贴息)。

【思考练习】

1. 我国大学生就业政策的主体框架是怎样的?

2. 针对自己的职业目标,研究相关的政策法规,并思考这些政策对自身就业的影响,自己该如何运用这些政策?

3. "大学生需要对就业形势和自身状况有一个清醒的认识,不必盲目在大城市扎堆,在小城市、在基层、在农村,同样有锻炼成长的机会,同样可以施展才能。"对于这种说法,你是如何理解的?

4. 对于政府鼓励大学生要"先就业后择业",积极面向中小型企业就业的政策你是如何理解的?

第七章

求职材料与心理准备

【学习目标】

机会总是垂青有准备的人。在求职前做好相关的准备工作,对求职是否成功和顺利有着重要的影响。通过本章的学习,了解求职中常见的心理问题和择业误区;知晓并掌握心理调试和压力管理的常见方法,树立正确的择业观。了解搜集与处理求职信息的方法、途径、原则等,掌握制作简历及求职信的要点,从总体上明确如何进行求职的前期准备工作。

第一节　求职心理锻造

古人云:"工欲善其事,必先利其器。"漫漫的求职征途上,只有磨炼出良好的心理素质,才能在浩荡的求职大军中脱颖而出,抓住用人单位伸出的橄榄枝。

一、什么是良好的求职心理

求职心理,是指行为个体在求职这一特定社会活动中所表现出来的个性特征、认知能力、情感特征、意志品质、社会适应能力等多方面素养。求职心理受到遗传因素的影响,也与后天的生活环境和教育环境有密切的关系。经过长期不断的后天因素的作用,个体在求职过程中,可以树立更加积极的求职观念,完善自身的求职能力。当然,求职中受到的挫折、失败等也是求职心理的重要组成部分。

美国著名的人本主义心理学家马斯洛认为,良好的心理素质主要表现在十个方面:具有良好的适应力、充分的自知力、适度的自制力、人格完整与和谐、有切合实际的生活目标、不脱离现实环境、善于从经验中学习、能保持良好的人际关系、有限度地发挥个性、恰当地满足个人基本需求等。

具有良好的求职心理素质的求职者就是指具有良好心理素质,能够在复杂、动态的求职过程中善于调整自身状态,使自己具有良好竞争力和优秀综合素质的个体。而只有那些"有准备"且懂得推销自己的人,才能寻找到合适的机会,得到招聘单位的青睐,反之则会铩羽而归。良好的求职心理素质主要表现在以下几个方面:

(一)未雨绸缪

谋求适当的工作机会,不仅是获得生活资源的需要,更是实现自我价值的途径。每个人都是为了实现个体在社会中的价值而存在。从出生起,每个人都在实现自我价值、为社会服务做准备。可以说,求职之前,个人所有的生活经历都为求职过程服务。大凡有志向的人都会在一点一滴的生活细节和学习中积累起求职所必需的综合素质。而真正进入求职环节后,求职者的未雨绸缪就显得尤为重要。尽可能更多地收集、掌握应聘单位的信息,客观地了解招聘单位情况,选择适当的时机主动出击,不仅能够让招聘单位看到求职者的诚意,还能给招聘人员留下提前进入角色的印象。尤其当求职者能够不卑不亢地就单位现有情况提出自己的建议或是指出自己的加入将给招聘单位带来哪些效益时,定会使招聘人员对求职者刮目相看。

(二)信心坚定

英国哲学家黑格尔说过:"人应尊重自己,并应自视能配得上最高尚的东西。"信心是成功的保证,是正确认识自我的结果。一个信念坚定、敢于正视自我、肯定自我的求职者,才能得到招聘人员的信赖。信心坚定的一个重要特征就是在竞争中保持良好的心态。今天,竞争机制已经渗入社会和人生的方方面面,缺乏竞争意识,对于实现理想和目标是非常不利的。但凡想要获得良好发展的个体,务必加深对竞争机制的认识,正视现实,转变观念,客观评价自己的能力,做好参与社会竞争的心理准备。

(三)发挥特长

由于个体的差异性,每个人的心理素质和个人能力是不一样的。在求职过程中,具有良好心理素质的表现就是善于学习,善于发挥自己的长处。一个人的学历可能并不高,但是他具有丰富的行业经验、踏实的工作作风或是出色的管理才能,这也是用人单位需要的。因此,在求职过程中,正确分析自己的优势和劣势,在考核中充分地将自己的长处展现出来,将可能赢得用人单位的青睐。

二、塑造健康求职心理的途径

大学毕业生在就业过程中会遇到许多意想不到的挫折和困难,从而导致心理问题,如果不能尽早调适,就会影响毕业生的求职结果,甚至导致更可怕的后果发生。近年来,大学生就业难的情况越来越严重,相关的心理问题也日益增多,出现问题不可怕,关键是如何运用正确的调适方法,有效地及时地排除异常心理情况,保持稳定的情绪,培养积极的求职心理,顺利实现就业。

(一)正确认识社会

当今时代的特征是机遇与挑战并存,每一位处于择业阶段的大学生,都将面临更加激烈的就业竞争,同时也将面临比以前更多的机会。要正确地认识社会并非易事,这主要是由两方面原因造成的:一是社会是复杂的,要想正确地认识社会有一定的难度;二是大学生阅历浅,社会心理成熟度低,往往只会用比较简单的思维方式去看待十分复杂的社会问题。毕业生认识社会应注意以下几点:

1. 正确地看待就业问题

毕业生涉世不深,思想单纯,特别是在就业过程中遇到困难时,往往不从主、客观两方面辩证地分析原因,而是怨天尤人,感叹生不逢时。其实,在社会主义国家,先进的社会规范总是占主导地位的。在市场经济条件下,企业要生存、发展,关键靠人才,靠关系谋职的现象只是局部的、暂时的。随着改革的深化,这种现象将逐步减少,直至消灭。

虽然社会原因起到了一定的作用,但据了解,绝大多数成功就业、创业者主要是靠自身的努力而成功的;而就业或创业失败的基本原因却是自身素质不足所致。

2. 认识避免情绪化

情绪对认识有积极作用,也有消极作用。如果认识完全被情绪支配,那么,就有可能削弱理智和判断力,看不清、看不透社会的本质。其具体表现为:如果事遂人愿,则异常兴奋,眼前一片光明;一旦遇到麻烦,就满腹牢骚,顿觉前途渺茫。大学生应客观、理智地对待社会现象,对待择业、就业的成功与失败,不要被个人情绪所左右。要做到这一点,主要方法是提高自己的心理素质。

3. 避免消极的人生态度

由于社会纷繁,大学生就认为一切都深不可测,因而就不去认识社会、关心社会,把自己和社会截然分开,用局外人的眼光去看待社会。这种态度是不正确的,应当看到,个人与社会是密不可分的:社会发展了,个人的境遇也会好起来;社会状况不佳,个人的发展也将受到制约。当今社会是催人奋进的社会,我们应关心时事,关心社会的发展,确立正确的人生价值观。大学生在就业前应对社会需要什么样的人、不需要什么样的人有所了解,以便用社会需求的标准来严格要求自己,使自己在激烈的人才竞争中站稳脚跟。

(二)正确认识自己

认识自己是择业中的关键环节之一。在求职过程中,如果对自己的主观评价与社会对自己的客观评价趋于一致,就容易成功;如果主观评价高于社会客观评价,往往会导致碰壁、失败;如果主观评价低于社会客观评价,则信心不足、犹豫不决,很可能会坐失良机。因此,认识自我是成功走向社会的必要条件。求职者应了解自己的气质、性格、能力等,以便确定切合实际的求职目标。要做到正确认识自己有以下几点值得注意:

1. 自我剖析

要经常对自己的心理、行为进行剖析,使自我评价逐步接近客观实际。自负者要经常作自我批评,通过不懈努力来弥补自身不足;自卑者要看到自己的长处,增强自信心。

2. 通过比较来认识自己

有比较才有鉴别。事实上,人们往往是通过与别人的比较来认识自己的。一是与同学比较来认识自己,不仅比考试分数,更应注重比实际操作能力。通过比较,可以认识自己的长处和不足,认清自己在相比较的人群中所处的位置,以便扬长避短。二是通过别人的态度来认识自己,当然,别人的态度不一定能全面评价一个人,但大多数人的态度总是能说明某些问题的。一个求职者如果不注意与共同竞争者相比较,就很难判断出自己的成功概率。

3. 通过咨询来了解自己

大学生可以向就业指导教师和班主任咨询,也可征求同学、家长和熟悉自己的人的意见。长期学习、工作、生活在一起的人对自己的言行看在眼里,印象很深,对自己的评价会更公正、更客观。

(三)做好心理准备

1. 永远充满自信

自信是一个健全人必须具备的心理素质,它是前进的动力,成功的保障。古今中外,凡是有所成就的人,尽管各自的出身、经历、思想、性格、兴趣、处境等不同,但他们对自己的才能、事业和追求都充满必胜的信心。自信能积极适应环境,以艰苦卓绝的奋斗改变自己的命运,实现自己的人生价值。可以说,自信是成功者共同的秘诀。那么,怎样才能使自己在择业过程中保持自信呢?

首先,要相信自己的能力。每个人都有相当大的潜在能力。当一个人面临择业,忧心忡忡、担心失败的时候,多半不是真的不行。自己条件可能并不过硬,但别人也不见得比你强。每个人都有自己的优势,都有可能在择业竞争中占据主动地位。

其次,要积蓄自信的资本。自信要有扎实的基础、良好的素质作资本,以雄厚的实力作后盾。只要具备了真才实学,自然就会对自己的选择充满信心。

2. 提高受挫承受能力

古今中外多少仁人志士,哪一个不是从坎坷与挫折中走过来的? 一时受挫并不能说明你永远会失败。挫折是一种鞭策,它对失败者并不是淘汰和鄙视,相反能促使失败者振作起来。面对挫折,正确的态度应该是具有面对失败的不屈性,勇对挫折、冷对挫折、智对挫折,最终成为战胜挫折的强者。青年人应把挫折看作是锻炼意志、提高能力的机会。大学毕业生面对复杂的就业问题,可能要经历多次面试选择和失败的打击,很有必要提前做好心理准备,特别是"受挫准备"。视挫折为鞭策,说起来容易,但一个人经过多次失败的打击后,很容易消沉而失去斗志。大学毕业生都很有文化,但并非都能在自己的工作岗位上得心应手。过硬的职业技能,对职业成功固然重要,充分的心理准备更是不可缺少的。

因此,在校期间要调整心态,充分做好心理上的"受挫准备"。在事业顺利的时候不沾沾自喜,以平常心对待工作上的平淡、无为和不被重用;在屡试屡挫的境地中屡挫屡试,不懈追求;在似乎"一文不名"的地位上奋发向上,一鸣惊人。这是事业成功者的必备素质。

三、求职压力管理

压力是生活中普遍存在的问题,一定程度的压力有助于提高个人生活的质量和学习、工作的效率,但过度的压力则会影响身心健康。随着社会的发展,求职者的压力越来越大,这也使得求职者的身心健康受到日趋严重的损害。其实面对压力并不可怕,关键是要采取积极的态度和积极的应对方式来缓解压力。如何减轻压力就是自我压力管理要研究的内容,压力管理训练主要是指采取一些方法来增强个体应对压力事件和由此引起负面情绪的能力。

(一)正确认识压力

对压力的认识是指求职者对压力的作用所持有的总体的观点,是对压力的作用所进行的有关正面效应或负面效应的主观评价。现在求职者大都持着"压力有害观",认识倾向于压力对人的负面效应,其实压力也有积极的、有价值的一面。压力感的积极面在于,适当强度的压力(低于中等水平的压力感)对求职者有一定的激励作用,它有助于增强求职者的敏锐性、反应能力,从而提高活动绩效。因此,对压力应该有一个辩证的认识。不能正确地看待压力实际上不仅会加强求职者对压力的不良反应程度,还直接影响着压力应对方式的选择及应对效能。

(二)求职者的压力应对方式

心理压力应对是指人们为消除压力而做出的努力。随着求职者心理的日趋成熟,多数人虽能客观地分析压力来源及产生原因,但是在减轻心理压力所采取的方式上,一般采用自我解决或向同学、朋友倾诉的方式;或者是向老师和心理咨询机构求助;还有人采取自我忍受、逃避和消极应对的方法。实际上,对求职者来说,一切消极的应对方法都是不可取的,它只是暂时减缓了压力,但不利于提高个人调节心理压力的能力。面对压力不能逃避,要学会驾驭,面临压力特别是过度压力时应该采取理智的应对方式,采取主动应对方式,主动寻求帮助,主动自我调节。

一般来说,求职者的心理调节渠道依次为:自我调节、知心朋友、家人、同事、社会咨询机构。据调查,求职者面对压力时"自己解决"是主要策略,有50% ~ 70%的人采取这种压力应对方式。因此,求职者学会压力的自我管理对减缓压力是必不可少的。

(三)如何进行压力的自我调节

1. 正确进行自我评价

良好的自我评价和自我认知是大学生良好就业心理素质形成的基础。正如前面所提到的,求职者的自我评价容易出现的问题常常是自我肯定不足和自我评价过高,也就是低估和高估了自己。正确的自我评价首先要客观地认识自己,其次要学会主动适应外部环境。当然,求职者的自我认识日趋完善,而且只要自己注意到这个问题,就能正确地认识自己。自我认识,是指个体对自己的各方面的观察和评价,是自我体验的基础和自我控制的前提,制约着自我意识的发展。自我认识的结果决定着主体的自我形象和内心情绪体验,以及自我评价。只有保持对自己的客观认识,才能产生客观的评价,明确自我发展的方向。要取得别人的尊重首先要自尊与尊重别人,要懂得与人协作的道理,从而使自尊心提高到一个更自觉的水平;保持积极的心态和情绪,要提高心理健康能力;全面分析自己,肯定优势,发现不足。

2. 增强心理承受能力

相同的压力源、相同的压力事件,由于个体认识的不同,可产生不同的压力感。这里涉及到个体的不同心理承受能力。现代社会,求职者从小大都在安逸的生活环境中成长,长期一帆风顺的生活,使他们挫折承受能力普遍不强,一旦从象牙塔走向社会,问题便显露出来,因此提高求职者对压力的认知评价,增强心理承受力是十分必要的。事物都有两面性,压力也是如此。巴尔扎克说过:"世界上的事情永远不是绝对的,结果完全因人而异。苦难对于人才是一块垫脚石,对于能干的人是一笔财富,对于弱者则是万丈深渊。"对求职者来讲,应该认识到压力的客观存在,有应付压力的心理准备,正确认识现实和理想,理智地对待挫折和失败。不要害怕压力,把压力看成是生活的挑战,成长的机会。

3. 情绪应对方法

这是通过调节由于压力引起的情绪上的不适应来应对压力。首先,自我控制情绪。保持良好情绪,控制消极情绪。快乐地生活,生活也给你快乐。对一切不要期待太高,不苛求于人于己于事,不要为小事患得患失或自责。当然,我们不是说做到完全没有消极情绪,而是在有了消极情绪时能理智地分析自己的情绪,及时地调控情绪。其次,学会自我宣泄。适度的宣泄可以把不快情绪释放出来,从而使紧张、痛苦、悲哀等情绪得到缓和,过分压抑自己的情绪,只会使情绪困扰加重,不利于身心健康。父母、朋友、同学、老师、心理咨询者都可以成为倾诉对象,大哭、大喊、运动等都可以成为宣泄方式。再次,转移、升华不良情绪。求职者如果注意培养和发展自己的兴趣爱好,在学习之余进行多方面的自我娱乐活动,也能转移由于各种原因而引起的不良情绪反应。情绪升华是一种高水平的情绪调控,是将压力变为动力的方法,如有的同学将对自己外貌不满意的情绪转移到努力学习,提高个人素质上。最后,可以运用积极的心理防御机制来调节压力,比如心理的认同和补偿等等。

4. 改变行为特征

因为性格、环境等因素,每个人的行为都会呈现某些较稳定的特征,不同行为特征的人对待压力事件的反应是不一样的,按照人们的行为特征将人划分为 A 型行为者和 B 型行为者两种。A 型人的特点是争强好胜,富有急迫感和竞争性;对于影响其工作成就和发展的人和事表现出不耐烦。这种人追求成功的欲望强烈,总是感到时间紧张。他们对于压力源的反应充满敌意与愤怒。这些性格特点使 A 型行为者长期生活在压力之中,其后果往往是导致心脏病、酗酒和其他身体及行为问题。B 型人对于压力源的反应则与前者不同。他们更松弛,不易发怒。这并非指他们懒惰,没有进取心。只不过 B 型人处世较为自然,不易受外界的影响。因此,求职者要重视自己的行为特征,并努力调整自己的认知、思维和行为方式,如竞争意识过强的要试着谦让,时间压迫感很强的要学会张弛有度,而没有时间观念或行为退缩的也要调整行为特征。

5. 时间管理技巧

时间紧张是有压力的原因之一,如果感到每天有做不完的事情,时间不够支配,则压力也很大。但是有的人不是时间不够用,而是不善于管理时间。造成时间压力感的因素有很多,包括缺少计划、缺乏重点、工作不讲实效而造成工作重复、犹豫不决、缺少授权、信息不足或材料储备无条理、交际过多、能力有限或缺乏耐心等。此时不妨学习有效的时间管理,将任务根据紧急和重要两个维度分类,每天统筹安排时间,首先处理紧急且重要的事情,所有的任务根据其性质采取不同的处理方式,安排相应的时间。在这些时间里不做琐碎事务,以免整块时间被分割而不能完成原来安排的任务。

6. 身心放松方法

放松是指身体或精神由紧张状态向松弛状态转向的过程。休闲锻炼、养成愉悦健康的身心条件,是减轻压力的必要举措。

- 保持充足的睡眠,以及适当规律的休息。睡前不要吃得或喝得太多,消化道的运作会降低睡眠质量。

- 提醒自己任何事不可能都是尽善尽美的。

- 体育锻炼。据研究分析,在经过 30 分钟的脚踏车锻炼后,上健身房 30 分钟,或者快走 30 分钟,被测试者的压力水平下降了。户外运动最佳,不仅能使人心情开朗,视野开阔,还能调动起人身体里的懒散细胞,补充肌肉缺少的氧,加速新陈代谢。

- 偶尔可听音乐放松自己。

- 放慢一下生活节奏,放慢说话的速度,轻松一下,可能会有好的效果。

- 记日记,与朋友交谈,把愉快的事情和他人分享;学会与亲密的朋友和知己畅谈你的情绪和感受。

求职者在实际生活中所感受到的压力源,往往非常复杂。单凭一种应对策略,显然无法解决问题,集中多种应对资源和应对策略,才能有效地消除或者减少压力,从而实现个体内部心理状态的平衡。

第二节 求职信息的搜集与处理

求职信息是大学生择业的基础,是解决就业的核心资源。信息搜集的有效性与信息处理的高效性都将直接影响到就业前景。求职信息的搜集与处理是大学生求职应聘前的基本准备工作,大学生要根据目前的就业形势,及早准备、及早动手,在广泛搜集求职信息、了解市场动态的基础上,对信息进行分类、整理及筛选,为自己寻找更多的就业机会。

一、求职信息搜集

获取求职信息是大学生进行求职的基础准备,求职信息的数量多少、质量高低、使用效率等将直接关系到求职的结果。因此大学生在正式开始自己的求职历程时,首先要重点关注的便是信息的搜集问题。信息在于寻找,机会在于把握,如果能及时获取信息并有效处理,就能获取求职的主动权。

(一)获取信息的意义

随着信息时代的到来,信息在我们生活中的地位已经越来越重要,就业竞争在一定程度上可以看作是拥有信息能力的竞争。谁掌握的信息多,谁就能在竞争中获取更多的机会。在大学生求职过程中,大部分同学能够意识到信息的重要性,及时抓住信息、把握就业机会;也有部分同学,闭目塞听、缺乏信息,一味拿着自荐材料四处乱碰;还有的同学由于信息不够全面、准确,在没有找到最适合自己的工作时就草率决定,签约后又后悔不已。大学生求职,不仅取决于社会因素、政治因素、经济因素,以及毕业生个人的专业、能力、学历等,还取决于毕业生是否拥有有效的信息。

首先,求职信息是大学生求职的基础。求职信息是通往用人单位的桥梁,随着毕业生就业工作的逐步市场化,用人单位与求职毕业生的双向选择关系日益强化,通过政府职能部门进行人才分配早已成为历史。对毕业生而言,如果不能拥有准确有效的求职信息,就无法把握就业的主动权,顺利走入社会,实现职业理想将变成一句空话。

其次,求职信息是就业决策的重要依据。大学生要想使自己的就业决策更具科学性,就必须要保障求职信息的质量。在主要关注用人单位信息的同时,也要适当了解国家的就业方针、各地方及行业的就业政策、自己所属院校的就业细则等。如果这些信息的获取量不足,毕业生在进行就业决策的时候,其科学性、合理性就要大打折扣。

最后,求职信息是大学生顺利就业的有效保证。如果学生依据所拥有的求职信息,经过筛选比较后确定了目标,那么最终所要面临的就是求职面试。对于大学毕业生而言,要想顺利通过面试关,首要一点是必须对用人单位的情况有一定程度的了解,这是对求职信息深度上的要求。如果在单位面试过程中,只能抽象地表明求职的意愿,对企业的经营方式、产品结构、市场行情及以往的历史和今后的发展一无所知,不能将自身优势与企业发展相结合,那这样的面试结果可想而知。当然,就业成败涉及的因素是多方面的,把握就业信息的深度只是其中的一个条件。

虽然目前普遍存在高校毕业生找工作难、就业压力大等问题,但我们不能就此现象轻易得出"人才过剩"的结论。大学生就业难,其中一个很重要的原因就是求职信息不通畅。一方面,毕业生不能及时有效地获取用人单位的人才需求信息;另一方面,用人单位也找不到需要的人才。因此,如何全面、有效地收集求职信息,对于毕业生来说是至关重要的。

(二)信息搜集原则

搜集就业信息是大学生成功就业的第一步,这一步能否走好,直接关系到其他环节能否顺利进行。实践证明,走好这第一步的关键在于掌握正确的信息搜集的原则。

1. 准确性

即要求信息所反映的情况必须真实、可信,因为就业信息是否准确,是择业时做出决断的关键要素。必须坚持实事求是,在收集信息的过程中,要边收集边识别,排除那些不真实或不准确的信息,并且在识别时不要主观臆断,尽量做到客观评估。信息的准确性很重要,如果信息不能达到准确真实的要求,导致的结果必然是失败的。例如海南建省前夕,内地得到海南特区需要大量人才的信息,于是许多大学生纷纷前往,掀起了"百万大军下海南"的高潮。但其实这种信息是不准确的,因为在建设初期,很多工作还未完全落实,发展空间有限,所需人员无论是从数量上还是从专业上都是有一定限度的,正是由于信息的不准确,使当时大部分人错误决断,败兴而归。

2. 针对性

随着人才市场的发展,求职信息日益丰富。如果在信息搜集过程中不注意针对性,那么就可能在众多的信息中把握不住方向,从而捕捉不到最合适自己、最具价值的信息。这就要求大学生在搜集求职信息的时候,必须对自己有一个充分的认识,根据自己的特长、能力等各方面的因素综合考量,然后有针对性地搜集有关求职信息,避免因收集范围过大而浪费不必要的人力和时间。

3. 系统性

求职信息的搜集要求具有系统性特征,也就是要注重信息收集的连续性和完整性,而不是将各种零碎的信息随意摆放在那里。这个原则就需要大学生在收集信息的时候能够将各种相关信息进行汇总、加工和提炼,形成一种能客观、系统地反映当前就业市场、就业动向的信息体系,从而为自己就业提供更加可靠的依据。

4. 条理性

求职信息的收集既要满足当前需要,又要适当考虑未来发展。收集信息时要努力拓宽信息来源,增加收集渠道,同时能持之以恒,日积月累。而在开始信息收集之前,首先需要制定收集计划,明确信息收集的目的,只有目的明确,求职信息收集才有方向。其次要明确自己所需要的求职信息的内容范围,要做到有的放矢,条理分明,而不是将所有信息统统收集上来。最后要选择信息搜集的方法和渠道,方法正确,就可以在信息搜集的过程中少走弯路,达到事半功倍的效果。

5. 主动性

大学生只有积极主动地去搜集信息,才能把有价值的就业信息捕捉到手,把握更多的机会。在当今的信息时代,每时每刻都产生着大量的信息,信息交流的渠道也逐渐增多,因此,毕业生要熟悉求职信息的来源、特点,善于利用各种手段和方法去收集有效信息,如果被动等待是不可能获得全面适用的求职信息的。

(三)信息搜集途径

搜集求职信息是择业的基础,求职信息越广泛,择业的视野就越宽阔,求职信息质量越高,择业的把握就越大。多拥有一则信息,就等于为自己增加一次择业机遇。因此,大学生必须利用各种渠道、各种方式,广泛、全面、准确地收集与求职有关的各种信息,为择业做好充分的准备。

1. 学校负责就业的有关部门

学校的毕业生就业指导中心和各院系的相关机构作为毕业生就业的重要中介机构,与中央有关部委和各省市的毕业生就业主管部门以及有关用人单位都保持着密切联系。无论从哪个角度来看,学校都应是收集就业信息的主要渠道之一,因为就目前的就业机制来看,学校是连接大学生就业工作所涉及的有关对象的核心环节。他们既与毕业生就业工作所涉及的各级主管部门之间保持着密切联系,又是用人单位选录毕业生所依赖的一个重要窗口。正是由于这一特定位置,使学校对就业信息的占有量大于任何一个部门,同时其所掌握信息的准确性、权威性也相对较高。此外,由于学校接触到的所有信息都是用人单位针对学校情况设置而来的,因此适用性、可信度也较高。目前各高校毕业生就业工作的职能部门大都开始逐渐转变观念,以市场为导向,以服务为宗旨,在公布信息、提供咨询、就业指导等方面都做了大量的工作,也取得了显著成效。因此,毕业生要主动依靠他们,充分利用学校就业信息网络的丰富资源,获取有价值的信息。

2. 就业中介服务机构及双选会

目前大学生就业面向三大人才市场,教育系统的毕业生就业市场、人事部门的人才市场以及劳动部门的劳动力市场。除此之外,还有一些私营中介举办的不同规模和层次的招聘会和宣讲会。各类毕业生就业服务机构和就业市场为促进就业,搭建用人单位与人才的沟通交流桥梁,积极为用人单位选用人才和毕业生就业搭建交流平台。各地方都有专门的人才市场,地方和各行各业每年都要举办大大小小的人才交流会,很多高校也要组织大型的双选会或校园专场招聘会。这些人才市场、交流会、双选会和招聘会不仅为用人单位和毕业生面对面接触提供了机会,还为毕业生提供了大量的需求信息。毕业生要高度重视,充分利用这些机会,走访用人单位的摊位,寻找交流的机会,尽可能多地了解相关职业和行业情况,收集大量的用人信息。此外,猎头公司作为中介机构与一般的人才服务机构不同,他们的服务对象是中高级管理人员和技术人才,手中掌握着大量跨国公司职位空缺情况。不过对于应届毕业生来说,由于初出茅庐,缺少实践经验,想成为猎取对象的概率不大。但如果出身名校,且在校期间有专利发明或是在国际上发表了具有影响力的论文,又或者在实践实习过程中有非凡的经历和表现,得到猎头公司的推荐也是有可能的。

3. 各种社会关系

所谓通过社会关系,就是通过亲戚、朋友、师长及其他熟人等社会关系获取求职信息,通俗地讲,就是我们日常所说的"门路",这里不能将社会关系简单归于"走后门",并一味加以排斥,这里所说的关系实际上指的是一种途径和渠道。就个人和家庭的各种社会关系在帮助和推荐毕业生就业这方面来看,他们可以利用自己的各种优势和人际资源尽力去帮助毕业生就业或提供就业信息;从师长这个渠道来看,他们对相关行业和专业领域的发展情况、毕业生适合的就业区域、单位、岗位等信息的把握都比较准确、具体。这些资源对毕业生获取求职信息的作用不可低估。事实上,每年都有相当一部分毕业生是通过这种方式就业的。

4. 实习单位

实习是大学生专业理论知识应用于实践、加强对理论知识的理解和进一步提高理论水平的过程,实习单位一般都是专业对口单位,通过实习大学生可以比较深入地了解单位各方面的信息,同时单位对大学生也有所了解。如果单位有招聘毕业生的名额,而毕业生的条件又恰好让单位满意,毕业生就极有可能成为招聘对象,每年通过实习落实就业的毕业生也有相当可观的数量。并且通过实习,大学生可以对社会上的职业结构、行业发展和专业需求有所了解,能够较为充分地收集信息。大学生要学会去充分利用这些机会,在增长实践知识、提高实践能力的同时,为就业做好准备。

5. 大众传媒

由于毕业生就业是社会关注的焦点问题,近些年来逐渐引起了大众传媒的普遍关注。有关就业的讲座、招聘广告时常登载或报道。大众传媒具有受众面广、传播速度快、形式多样、信息量大等特点,是获取求职信息最广泛、最快速的渠道。大学生可以通过报刊、电视、网络等渠道,了解就业市场动态,获取求职信息。尤其在信息网络化时代,利用互联网寻找求职信息为我们提供了极大的便利。互联网上信息量大、查询快捷,毕业生要养成经常上网查询的习惯,这样可以获得大量的求职信息。同时通过各类人才网站、企业网站、政府就业网站等,除了可以获得就业岗位信息外,还可以获得大量的就业政策、行业发展、市场分析信息以及招聘会、宣讲会等的时间安排。各高校也有相应的就业指导网站,这类信息时效性强,更新快,更加针对在校毕业生的特点,非常值得毕业生关注。

【小故事】

各大求职信息网站

中国国家人才网 http://www.newjobs.com.cn

中国南方人才网 http://www.job168.com

中国北方人才网 http://www.tjrc.com.cn

前程无忧网 http://www.51job.com

中华英才网 http://www.chinahr.com

智联招聘网 http://www.zhaopin.com.cn

中国俊才网 http://www.goodjob.cn

应届生求职网 http://www.yingjiesheng.com

泰达人才网 http://www.tedahr.com

(四)信息搜集内容

毕业生在收集求职信息的时候,主要包括两大类:一是宏观就业信息,即国家社会经济发展和人才供求状况、方针政策等;另一类是微观就业信息,即各用人单位具体的人才需求信息。对于用人单位的信息要了解到位,不能模棱两可,很多信息都不容忽视。

1. 用人单位的需求信息

首先,要关注用人单位的人才需求信息,这也是大部分求职者通常关注的部分。要了解用人单位到底什么岗位需要招纳人才,在生源、学历、技能、性别、经验等方面都有什么样的要求和规定,这个岗位是否适合自己等。如果岗位要求与自己的能力不匹配,而且与自己的兴趣也相差甚远,那就不做考虑了。还要了解基本的岗位信息,对于应聘者准备材料也有指导作用,求职者可以根据岗位需求,将自己与岗位相匹配的能力特长突出出来,辅以相关材料证明自己的实力,以提高应聘成功的概率。

2. 用人单位的基本情况

在对岗位有了一定的了解之后,可以进一步对单位做一个整体熟悉。以某企业为例,要知道这家企业的性质、规模、主要业务领域、发展历史、未来的发展战略、组织构成、文化理念等,通过多方面的信息介绍,初步对该企业形成一个基本认识,同时还可以通过相关论坛、新闻,发掘一些外界对该企业的评价,从而获得更多的信息。

3. 工作环境和时间

对于工作单位的地理位置、工作环境,以及岗位所要求的工作时间要清楚。工作是在室内还是室外,办公地点具体在什么位置,自己是否可以接受,工作环境是否符合《劳动法》规定的劳动保护条件,工作是否需要经常出差、加班,节假日是否能正常休息,等等。虽然有些人对工作环境不太在意,不管在什么样的环境下都可以努力工作,但有些信息还是提前掌握比较好,例如单位很不错,岗位也可以接受,但单位离自己目前的住处距离太远,交通也不是十分便利,那这些问题自己是否可以克服或是解决,这就需要事前做出考虑。虽然从短期来看地理位置并不是十分重要,但如果想要在一家单位长期发展,这就是不得不考虑的问题。当然,目前的求职市场竞争十分激烈,求职者也不要对工作地点和环境过分挑剔。但无论怎样,对目前的选择多一点考虑总会让自己有更多的准备。

4. 薪酬福利待遇

首先对于薪酬部分,要关注单位给予薪酬的范围。是否有"五险一金",是否有其他福利项目保障,薪资的基础和绩效部分如何计算,是否有附加条件,行业内同等职位的薪酬大致是什么水平,权、责、利是否对应,等等。诸如此类的问题都可以在信息收集时多做了解,以免到最后谈 Offer 的时候,才发现公司给予的薪酬福利水平是自己不能接受的,那之前付出的时间和精力都将付之东流。

二、求职信息处理

(一)科学筛选

由于信息的来源和获取的方式不尽相同,已经收集到的大量的求职信息内容很可能是杂乱无章的,有的相互矛盾,有的虚假不实。因此大学生对于已经搜集到的需求信息,应结合自己的实际情况,加以筛选处理,去伪存真,有目的、有选择地进行排列、整理和分析,只有这样才能使求职信息具有科学性和有效性,使之能更好地为自己的求职服务。科学地筛选求职信息需要注意以下几点:

1. 去伪存真,有效筛选

面对众多的求职信息,要进行筛选和处理。这个过程简单来讲就是要结合自己的实际情况,对信息进行去粗取精、去伪存真,有方向、有条理地进行整理和分析,使得到的信息更具准确性和有效性。筛选信息可以依照真实性、时效性、价值性三个标准进行,同时通过分析已经获取信息的具体情况,如用人单位的要求、具体岗位、发展空间、薪酬待遇、工作地点等,依次对信息进行筛选,这个过程主要基于大学生对自我的客观评估,以及对信息进行剖析。

2. 善于对比,把握重点

这一点是处理信息的核心之所在。筛选信息的时候,要将与自己有关的信息按重要程度排序标明,一般的信息则仅做参考。主次不分,可能使你在求职过程中走过多的弯路,耗费过多的精力,有时求职者因为自己将时间花在众多一般信息上,结果可能使自己错过良好的机遇。因为信息并不为个人所独有,而且信息具有明显的时效性,谁赢得时间,谁就可能抢占主动,首先成功,因此要注意信息的时效性,如简历提交的截止日期、面试或笔试时间等。

3. 透彻了解,充分利用

对求职信息的充分利用,主要表现在求职者可以根据信息调整自己的求职策略。对于重要的信息,要注重寻根究底,争取对目标单位的历史、现状、未来等各个方面有一个清醒的整体认识。有些情况还要通过合适的方式或侧面进行了解,如果能详细掌握这些材料,就能在随后进行的面试中处于主动,从众多应聘者中脱颖而出,同时可以拉近自己与用人单位的距离,使面试官感受到你对面试的重视以及进入单位发展的渴望。

4. 求证归整,做好准备

对于已经筛选过的求职信息,还要做信息的求证工作。可以通过电话、网络、实地访问等查询方式来了解用人单位各方面的情况,修正和补充有关信息,以此来验证筛选信息的真实度和时效性。而求职信息经过筛选和求证后,有时仍然是零碎纷乱的,这就需要对所有信息加以归整和分类,这样既防止了求职信息的遗漏,又方便对所收集的求职信息进行检索和查阅,使自己再利用这些信息时更加方便快捷,这样就不至于出现有些求职者由于在前期随意投递简历,当用人单位致电通知参加面试时,自己完全对该公司没有任何印象,并且自己也没有记录可以查询。在此为大家列出一些信息整理的表格,以供参考(见表7 – 1,表7 – 2,表7 – 3)。

表7 – 1 个人就业信息管理表

个人就业信息管理库									
时间	单位名称	单位性质	招聘岗位	招聘人数	公司地址	联系电话	E – mail	网址	备注

表7-2　招聘会、宣讲会信息管理表

招聘会、宣讲会信息管理库

举办时间	名称	主办单位	地点	联系人	联系方式	备注

表7-3　用人单位基本情况信息表

用人单位基本情况信息库

单位名称		所有制性质	
所在地		联系方式	
经营范围		福利待遇	
发展前景		经济情况	
……		……	

(二)合理运用

求职信息的运用实际上就是在求职信息整理分析的基础上,充分利用那些可用信息去付诸实施,进行职业知识能力提升、职业选择和职业确立的过程。求职信息直接受当前就业形势与就业政策的影响,在当年的就业期限内对毕业生能否就业起到了举足轻重的作用。毕业生只有充分利用信息,全面分析市场需求,不断加强自身学习和实践活动,使自身的知识结构、知识水平和综合素质适应市场标准并顺利完成择业这一过程后,才算达到了收集和分析筛选信息的目的。

求职重点目标一旦确定,就要及时主动与用人单位联系,询问面试时间、地点和要求。并按照要求准备好一套相应的应聘材料,使求职信息尽快变成供需双方交流沟通的纽带。求职信息的运用主要体现在三个方面:首先,是要运用有价值的信息,及时有效地选择适合于自己的工作,要根据职业的要求和自己具备的条件,选择适合于自己的最佳职业。其次,是要根据筛选出来的信息,发现自己的不足,调整自己的知识结构,提高自己的工作能力。如发现自己的哪方面课程和知识不足,要主动去学习。发现自己哪方面的技能欠缺,要及时参加训练,以便快速掌握,弥补自己的不足。最后,对就业信息的充分利用,还表现在分享那些对自己没用但对身边朋友同学有价值的信息上,通过分享信息帮助他人,在拓宽信息来源的同时,也体现了大学生互帮互助的良好素质。

第三节　求职材料准备

目前的就业市场竞争激烈,强手如林,大学生想要在就业竞争中处于有利地位,在最短的时间内找到适合自己的工作,除了自身条件优秀外,还需要具备一定的求职策略和技巧,而准备一份精美的求职材料是目前大学毕业生求职时主要采用的手段。因为求职者与用人单位的首次接触往往是通过书面自荐材料发生的。因此,制作一份具有说服力、吸引用人单位的求职材料是求职前的必要准备。求职材料主要包括:简历、求职信、学校推荐表、成绩单、获奖证书及相关资格(资质)证书等。本节主要阐述简历和求职信,其他求职材料略述。

求职信与求职简历不同,二者既有区别又有联系。从写作格式上来看,求职信通常以书信形式来行文,而简历的撰写形式多样;从内容上来看,求职信重在阐述求职目标、求职理由、求职条件,而简历重在展示自己能满足岗位要求的硬件条件,比求职信更为详细具体。而求职信和简历之间又存在着相辅相成的关系,求职信可以使用人单位了解求职者的意愿和条件,而简历是求职信的补充和证明。

一、简历

个人简历就是对自己的背景、优点、成就和有关个人资料进行简单概括后形成的求职材料。在求职应聘时,求职信必不可少,简历亦不可或缺。简历往往是用人单位了解求职者的第一扇窗口,是求职者与用人单位沟通的第一通道,因此,简历的重要性是不言而喻的。

大学生毕业求职简历的设计与制作,就是指将毕业生的基本情况、学习经历、实践经历、能力素质、求职意向等个人求职信息,以统一规范的视觉形象表达出来,使用人单位对应聘者有一个整体了解。而任何一个好单位,都会收到大量的求职简历,在早期简历筛选时,没有哪个人事主管会逐一仔细阅读所有简历,而是采用快速浏览的方式，迅速捕捉他们关注的信息点，一般每份简历的浏览时间不会超过1分钟，无法吸引他们注意力的简历可能匆匆十几秒就被搁置或丢弃。在如此严峻的就业形势下，应届毕业生不得不费尽心思打造一份能吸引眼球的简历。

（一）简历的基本类型

1. 普通型

普通型的简历，通常是按照时间顺序将求职者的个人信息、教育背景、实习实践经历等信息逐一进行排列的一种简历格式。主要的使用者多见于初涉职场的新人，或是对简历不够重视的求职者。普通型的简历适用范围广，因为多是陈列基本情况，所以不会受所申请职位的限制，投递到哪一家用人单位，都不会有太大问题，但它的缺点就是针对性不强。对于应届毕业生来说，如果能精心准备一份清晰准确、突出重点的通用简历，就已然为求职奠定了良好的基础。

2. 针对型

针对型简历与普通型不同，通常要展示特长，会在简历的开始就表明自己的求职目标，强调自己具有适合所求职位的种种技能和经验，并把简历内容限定在所求职位的要求上，紧紧围绕岗位，不做多余陈述。一般来讲，此种形式的简历适用于有丰富行业经验的求职者，对于经验较少、甚至没有社会实践经验的毕业生来说，不一定适用，此种类型的最大优势就是重点突出，目标明确。

（二）简历制作的基本内容

一份完整的简历，主要包括以下内容：个人基本信息、求职目标、教育背景、所受奖励、校园及课外活动、兼职工作经验、培训、实习及专业认证、兴趣特长等。

1. 个人基本信息

个人基本信息包括姓名、性别、年龄、学历、民族、籍贯、政治面貌、婚姻状况、健康情况、联系电话、电子邮箱、联系地址等。

2. 求职目标

在开头比较明显的地方写出求职目标，可以让筛选简历的人第一眼就明确你的目标岗位。求职意向要描述清晰，如果你知道工作岗位的具体名称，可以直接表达出来，如会计、销售专员、经理助理等；如果不清楚具体岗位名称，可以用从事的领域代替，例如营销、平面设计。但无论哪种情形，都要尽量具体，不要用"万能式"的描述，更不要将许多跨度较大、没有关联的岗位罗列在一起。

3. 教育背景

对于应届毕业生来说，由于缺乏工作经验，学历、成绩、奖励等内容可做详细描述。介绍教育背景的目的是展示自己的专业特长，因此要将专业名称、主修课程描述清楚，如果辅修课程与应聘岗位密切相关，也可以适当提及。学历一般只需要写较高的几项即可,先列出最高学历,然后再回溯。内容主要包括自己所学专业及特长、专业课程、培训情况、获奖情况等。对于奖学金及其相关荣誉称号,要写清时间和奖项,如果是优等生,可以适当表达,但不要太过炫耀。在校期间发表或出版的著作、论文、研究成果等一定要清晰记录,其他有证明的培训考试也可以适当加入。

4. 实践经历

实践经历部分也是用人单位关注的核心,这部分可以分三个方向来写:学校内的实践、实习单位的实践以及专业课程设计。学校内的实践经历主要包括在校内的学生会、各种社团、班级等的任职情况,主要的学生工作职责和成绩;对于实习单位,要交代清楚实习单位名称、实习周期、主要工作内容;课程设计主要是专业知识的综合运用,如果你的设计、研究与企业或岗位有一定关系,就要把这部分经历写清楚,包括设计内容、特点、项目等级等。对于实践经历,要列举最主要、最有说服力的,陈述事实、辅以论据,不要言过其实。

5. 专长及其他

如果有其他与所求职位相关的经历和专长,可以在简历中简明提及这段经历,但内容不宜过长。其他专长背景与职业目标的契合度越高,就越应该重视,着重强调关键技能和成就,不要罗列所有,湮没重点。专长要能真正反映个人发展潜力和能力的才行,如果精通程度一般,且与目标职位关系不大,可以不写。在此可以这样问问自己,这条信息加入以后,能否为自己增加面试的机会,如果答案是肯定的,那就包含进去;如果是否定的,就忽略它。而且对于自己的特长,最好有相关证书能佐证,这样更具说服力。

6. 照片

简历上附上照片,主要是为了获取良好的第一印象,更好地展现自己的风采,但不宜与真人反差太大。如果使用与真人相差太大的艺术照,很容易在面试时给面试官造成较强的心理落差,从而影响面试结果。因此,建议选择拍摄较好的一寸免冠照即可。尽量不使用艺术照,不仅失真,还会看上去不太正规,也不要用"大头贴",这样只会显得你很幼稚,而不是有特点。如果认为自己的形象不能为自己加分,那么除非用人单位特别要求,否则可以不在简历上附照片。

【范例】

简历模板一(供应届毕业生参考)

个人简历

个人概况:

求职意向:_____

姓名:_____　　　性别:_____

出生年月:_____年_____月　健康状况:_____

毕业院校:_____　专业:_____

电子邮件:_____　联系电话:_____

通信地址:_____　邮编:_____

教育背景:

____年~____年_____大学_____专业(请依个人情况酌情增减)

主修课程:

_____(注:如需要详细成绩单,请联系我)

论文情况:

_____(注:请注明是否已发表)

英语水平:

*基本技能:听、说、读、写能力

*标准测试:国家四、六级;TOEFL;GRE……

计算机水平:

编程、操作应用系统、网络、数据库……(请依个人情况酌情增减)

获奖情况:

_____、_____、_____(请依个人情况酌情增减)

实践与实习:

_____年_____月~_____年_____月_____公司_____工作

_____年_____月~_____年_____月_____公司_____工作(请依个人情况酌情增减)

工作经历:

_____年_____月~_____年_____月_____公司_____工作(请依个人情况酌情增减)

个性特点:

_____(请描述出自己的个性、工作态度、自我评价等)

另:

(如果你还有什么要写上去的,请填写在这里!)

*附言:(请写出你的希望或总结简历的一句精炼的话!)

例如:相信您的信任与我的实力将为我们带来共同的成功! 或:希望我能为贵公司贡献自己的力量!

简历模板二

基本情况				
姓名		身高		个人照片
出生年月		所在地		
生源地		电话		

综合信息(经历、证书、技能)				
毕业院校		专业		
英语		计算机		

求职意向

工作实习经历	
单位	
职能	
工作说明	

自我评价:

应聘职位:

对应聘职位的认识:

自己适合这个职位的原因:

(三)简历制作原则

1. 实事求是,注重诚信

制作简历是项很烦琐的工作,它需要你把以往的工作、学习、生活经历加以整理,然后把自己最精彩、最符合招聘岗位需求的那些历程完美展现出来。在制作之前,有一点需要着重强调,这就是简历的制作要本着实事求是,注重诚信的原则。不要为了追求个人形象的完美而随意"注水",端正态度是必要的前提。

如今,许多应聘者都十分看重个人简历的制作,这是一个好现象,但有些人为了提高自己的身价或吸引招聘者的眼球,会自觉或不自觉地在简历上添枝加叶,甚至无中生有,使求职材料大大"注水"。通过捏造事实、夸大其词来吹嘘自己才华出众,经验丰富。例如,西安某大学毕业生陈某把自己打印好的几篇文章与某些报纸的刊头粘在一起复印,就这样炮制了自己发表过数十篇文章的成绩。他害怕被人察觉,专门找一些外省市的小报刊,以为这样用人单位就不会深究。南京某大学毕业的小张深知用人单位十分重视应聘者的实践经验,尽管自己只有做销售的经历,但他把工作经验描绘得十分丰富,说自己做过营销、搞过调查、还当过部门经理。这种作假是不讲诚信的表现,一旦被用人单位发现,即使你真的很优秀,用人单位也不会考虑。例如,成都某书城曾打算招一名打字员,在100多份简历中,有一位汉字输入速度每分钟120字的某高校应届毕业生黄某引起了用人方的注意。当安排面试时,黄某手上贴满了胶布,现场测试结果是黄某每分钟打60字,黄某称自己昨天打球时不小心伤到了手。人事负责人表示,实际上书城的内定条件只要求每分钟60字即可。黄某有没有受伤,大家心知肚明,虽然以他的速度符合书城标准,但是这样一个不诚实的人用人单位是不会考虑的。

当今竞争日益激烈,求职者想包装自己的心态也可以理解,但简历写得再好,如果实际能力不具备,在各项考核中就会露馅,即使运气好通过了考核,谎言总会有被揭穿的时候,一旦现出原形,一样也会因能力匮乏而遭到淘汰。

2. 扬长避短,强调优势

制作简历时要懂得针对岗位特性,扬长避短,突出自己的优势,利用优势为自己赢得面试机会。应聘者在了解自己的经验背景和兴趣的同时,对所应聘的单位及其岗位职责的相关信息仔细阅读和了解也是非常重要的。很多人在择业方面目标含糊,对所应聘单位及其职位并不十分了解,也不知道是否适合自己,就盲目去尝试。在简历的制作上也没有个性和针对性,只要是好的都写上,这样的简历很难让用人单位看到你的优势所在。

简历的重点是让自己的亮点与应聘岗位匹配,所以简历一定要突出你的能力、成就以及过去经验,不能仅有漂亮的外表而无实质性的内容。简历内容要仔细分析你的能力并阐明你能够胜任这份工作。简历是展示自己特点获得面试机会的重要工具,因此在阐述技巧、能力、经验时要尽可能的准确,不夸大也不误导,确信你所写的与你的实际能力及工作水平相同。

对于缺少工作经验的大学毕业生而言,可以从以下两个方面扬长避短。第一,强调教育背景。如果没有参加过社会实践活动,也不要弄虚作假,可以强调自己的教育背景,包括学过的课程,以及所参加的一切与目标职位相关的活动。还可以强调自身的适应性、可塑性来弥补自己的经验不足,相关技术能力方面的特长也可以同样为你加分。第二,强调社会活动经验。对于参加过实习、兼职、社会活动的毕业生来说,可以多介绍自己的实践经验、技能、成果,可以真诚地讲述自己的收获和心得体会。并且可以强调一切可以称之为经历的事情,来围绕岗位职责充分说明自己的契合性。

3. 简洁精练,一目了然

简历没有完全固定的格式,但应便于阅读,有吸引力,在制作简历的过程中要考虑这份简历要重点突出的内容是什么,能否让看简历的人把你的简历与别人的简历有所区分。突出个性、与众不同,是许多大学生在制作求职简历时所追求的,但这要把握尺度,不要弄巧成拙。

一份简历的版面设计是十分重要的,这是给筛选人的"第一印象"。简历的版面设计要遵循板块清晰、脉络分明、重点突出、清新美观的原则。可以在总体设计策划的思路下,运用多样统一、对称与平衡等形式美学原理,对内容和设计元素进行整理加工,寻找最为适合的呈现方式。要尽力做到结构安排要合理、内容精确,段落不要过长,字体大小适中,排版疏密得当。注意版面要根据专业和岗位特点设计,有的可以类似公函的风格,有的可以是个性特色简历,但都要充分体现出求职者的基本素养。

篇幅不宜过长,控制在一至两页,内容尽量简单明了,言简意赅。有些应聘者的简历写成了小说或个人自传,洋洋洒洒近万字,加上各种证书复印件,厚厚一大本。从自己出生写到现在,让人看起来颇为费力,找不出重点,诗情画意和表示态度的词用了很多,而事实和数字却很少。这样的简历用人单位是不会耐心去翻看的,相反还会给人哗众取宠的感觉。而有些应聘人的简历又写得过于简短,只有几句话,甚至没有把最基本的个人信息写完整,而各种证书、学位、证件的复印件倒是"喧宾夺主"地附在后面一大堆。对于每天看上几十份甚至上百份的人事主管来说,在对待简历上不得不"以貌取人",先搜索他们最需要的信息,同时看简历写得如何,是不是能让人一目了然,然后再对应征者的背景与招聘岗位的匹配度进行初步判断。

通常对于应届毕业生的简历,企业所关注的内容主要是以下几项:如毕业学校和专业、奖学金和学习成果、外语及计算机能力、相关社会实践,尤其是个人的有效联系方式,一定要放在醒目的位置。有的学生将联系方式夹杂在行文当中,或是当作页眉页脚进行处理,很有可能由于用人单位不能迅速查找到你的联系方式而错失一次机会。总的来说,要使简历从整体上简洁、大方,并且内容清晰,重点一目了然。

(四)简历投递

毕业生有时候会麻木地投递简历,但凡参加招聘会就抱着厚厚一摞简历,四处散发,抱着"不管成不成,无论什么岗位,先试试再说"的心理。但投递简历也有方式方法,盲目投递等于在做"无用功"。

1. 胡乱投简历的表现

大学生要目标明确,判断准确,不要盲目投递简历。首先,有些同学本身求职目标不明确,投递简历时凡是与个人专业、兴趣沾边的职位都想碰碰运气,但求职不是靠碰运气就能行的,首要的就是要有明确的目标方向,而这种漫无目的型的投递收效甚微。其次,有些同学是出于对知名企业的盲目崇拜而随意投递简历,不管自己的专业、能力是否与岗位要求匹配,就乱投一气,其实像一些知名的跨国企业,能够被录用的都是万里挑一的优秀人才,这样不顾自身条件的投递根本就是徒劳。

2. 招聘会上投递简历

参加招聘会最大的优势就是在通过展板的职位说明了解单位和岗位信息的基础上,可以与招聘人员进行面对面的交流和沟通。不过缺点也很明显,除了面向高校毕业生的专场招聘会,其余大多面向有经验的人士。即使在专场招聘会中想要从众多岗位中选择合适自己的,也不是一件易事。所以在招聘会上投递简历时,首先要仔细阅读岗位说明,然后根据自己的理解,争取与现场招聘人员积极沟通,如果岗位要求与自身能力匹配,且符合自己的目标方向,这样可以投递简历,并将投递的单位名称、岗位及相关信息进行记录。如果该单位明确表示不考虑应届生,那就不要浪费自己的简历和时间了。

3. 网上投递简历

网络的普及使求职变得更加方便、快捷,投递简历可以通过电子邮件传送给用人单位。但每天都会有成千上万的求职者同样向用人单位发出求职申请,如何提高简历的命中率呢? 这里有几个需要注意的问题。

首先,对于同一家用人单位,最好只投递一个岗位,不要为了增加单位对你的印象,而胡乱投递,这样只会让对方感觉你自己的职业方向并不清晰,所以也不要随意运用招聘网站的代投功能。其次,建议要用自己的专用邮箱发一封主题鲜明的邮件,题目中要有姓名、应聘岗位等基本信息,但一定要简洁明了。简历和求职信是否以附件的格式发送,可以依照用人单位的要求,格式建议用 Word 文档,pdf 格式的文件通常会比较大,而且打开时容易出错。如果采用邮箱附件发送,邮件正文可以写明自己申请的岗位和自己的优势,注意礼貌用语,或是直接将求职信写在邮件正文中。最后,发送邮件时不要偷懒,不要进行群发,要一对一地进行投递,这样可以表示你的诚意以及对用人单位的尊重。

二、求职信

求职信简单而言就是一种附带个人介绍的信件,通过对自身能力的表述,引起对方的重视和兴趣。通常来讲,求职信的内容应当简明扼要、条理清晰,篇幅最好不超过一页。一份好的求职信能体现求职者清晰的思路和良好的表达能力,换言之,它体现了你的沟通能力和性格特征。

(一)基本内容和结构

求职信是简历的开场白,它的功能是引起简历筛选人的兴趣,为了使用人单位了解你申请的是哪个职位,并对你能有更多的印象,建议大家发简历的时候同时发送一封求职信,这一点往往是被求职者忽略的。虽然求职信没有完全固定的格式,但按照书信的行文方式,还是有一些必要的结构。

1. 标题

标题要醒目、简洁,通常写在正文正中上方,可直接写“求职信”或“自荐信”。

2. 称呼

在求职信的开头要注意收信人的称呼,对不同的用人单位要注意用不同的称呼。例如,可以通用“尊敬的××先生/××女士/××经理”等,然后在称呼后面加一个冒号,这虽然是一个细节,但不要忽略。如果在投递求职信之前已经明确对方的接收人是谁,就可以明确写到“尊敬的李先生/尊敬的王女士”等。事实上,每个人事主管都喜欢看到自己的名字出现在求职信的开头,这样可以使他们在心理上感觉你是为了这个职位专门写了这样一封求职信,起码在诚意上你已经比那些统一称呼的求职者略胜一筹。

3. 开头

在开头部分可以说明求职信息的来源和应聘的工作岗位,例如“您好! 我从我校的就业指导网上看到了贵公司的招聘信息,对市场助理一职十分感兴趣,拟应聘此职位”。切忌在开头啰唆、模糊,离题万里,让对方感到莫名其妙或是产生反感情绪。

4. 主体

这是求职信的中心部分,可以先讲自己求职的理由、目标,说明你的意愿,理由要合乎情理,目标明确。然后可以简明扼要地介绍自己,重点是介绍自己与应聘岗位相关的学历水平、经历、成绩等,让用人单位从一开始就对你产生兴趣。同时也可以表达自己对用人单位的认识,例如对企业文化或价值观的认同,这会引起用人单位的好感,但最多只能用一两句话,点到即可。最后还可以通过之前的实践工作体现自己的潜力,体现自身的发展培养空间。

5. 结尾

求职信的结尾通常是进一步强调求职的意愿,表达求职的诚心,力求获得一次面试的机会。同时也要用简短的语言表示对用人单位的谢意或祝愿,例如"静候您的回信""在此致以最诚挚的祝愿"等。

6. 落款

最后在落款时,不要忘记按照书信格式,写上"此致""敬礼",并署上自己的名字和日期。

(二)写求职信的误区

求职信是求职者向用人单位介绍自己、表达自己就业愿望的一种专用文书,大多数用人单位都要求求职者先寄送求职材料以便了解求职者的基本情况,在此基础上确定面试人选。因此,求职信写得好与坏将直接关系到求职者能否进入下一轮的角逐。但是许多求职者由于过于重视求职信的写作,而陷入误区,这些误区主要表现在以下几个方面:

第一,面面俱到、篇幅太长。不少求职者认为要让用人单位充分了解自己,就必须在求职信中全方位地介绍自己。殊不知这样做恰恰会让无关紧要的信息湮没了自己的闪光点,所以求职信应短小精练。

第二,辞藻华丽、抒情过多。如果一位求职者在求职信中这样写道:"我希望这样的人生,它在经历了无数场风雨后成为一道最壮丽的彩虹⋯⋯请用您的目光告诉我海的方向⋯⋯我渴望成为你们中的一员,我渴望奉献我所拥有的一切,请用真诚的心灵拥抱我最热烈的胸怀⋯⋯"这些文字确实很美,但如果在求职信中出现,非但打动不了用人单位的领导,反而会给人一种哗众取宠、幼稚无知的感觉。所以,写求职信时不要过多地运用形容词,尽量使用简洁、平实的词汇,不要为了显示自己的写作水平而随意地抒发情感。

第三,行业不熟、职业不明。求职者在求职信中可以尽可能地表明自己对所求行业或岗位的熟悉程度,这样可以使用人单位感受到你对期望所从事的工作有一定的业务基础,或者起码可以显示出你关注该岗位。但有时候求职者明明对该行业不了解,却装出一副内行的样子班门弄斧,其结果必定适得其反。并且在求职信中要明确自己的目标岗位,使用人单位有针对性地进行考核和安排。有的求职者因担心有些岗位竞争激烈,不愿错过机会,在求职信中写下"愿意在贵单位任何职能部门工作"之类的话,这种表达其实恰恰表明了你对任何职位都不合适。

第四,过分自信、自视过高。自信是优点,但过于自信就是自负了。有的求职者根据自己在学校时的良好表现,或是某些活动中的成绩就断言自己一定能胜任某某工作,甚至大言不惭地说"我相信我一定会比前任做得更出色,聘用我不会让您失望……"这种过分的自信导致了逻辑上的推理错误,学习成绩优异、参加校园活动丰富,也不一定就能完全胜任目前的工作。或者由于自己一贯的良好表现而产生莫名的优越感,并自以为匠心独运地将求职信的题目改成"千里马的自白"或"通缉伯乐"等,这样未免自视过高。而且有时候由于求职人的过分自信,求职信中经常会使用"我认为""我看"等,或直接说"为什么不能给我一个面试的机会"?这种表达方式都可能会让人事主管感觉你不成熟、自大,不能客观对自己做出评估。美国科学作家霍森就曾在《科技写作入门》中提出,写信的时候,要考虑到读信的人的感受,考虑他们的需要、特点以及方便,采用"对方姿态"的写作方式,也就是说信中的"你"要比"我"更重要。

【案例思考】

写信时的"对方姿态"

假如你在人才市场上谋职,一家公司看中了你,公司人事部给你定一个面试的时间,不巧的是这一天你要参加毕业考试,不能如期赴约,你可能这样给公司人事部写了一封信。

人事部经理:

你好!

由于学校毕业考试的安排突然变动,我可能无法按期到公司面试,我感到十分失望。我对贵公司非常向往,一直期待能到公司与你面谈。虽然再安排一次见面我觉得不方便,但仍希望能再给我一次面试的机会。何时能重新安排请告知。

通读这封信,会感觉到这封信的行文完全从"我"出发,而不是从"你"出发。写信人只考虑他自己,很明显他想有面试的机会,人事部收到此信会给他安排再次会面的机会吗?收信人会高兴吗?如果我们站在对方的角度,把上面的信改写成下面这样:

尊敬的人事部经理:

您好!(这里改用"您")

由于学校毕业考试的安排突然变动,我可能无法于5月16日赴约。因为数学考试恰好在我们要会面的那天。(这里提到具体考什么科目,有时细节比较具有说服力,更易获得理解)部长先生,我希望这个变化不会给您带来过多的不便,请您接受我的歉意。(具体的细节会让别人相信你,有礼貌的道歉会得到谅解)您能重新安排一下面试时间吗?(这里用一个疑问句,把安排时间的主动权和方便让给对方,表示对别人的尊重和为别人着想)毕业考试周在 5 月 17 日结束,请您选择 5 月 17 日以后的任何一天,只要您觉得方便即可。

在修改过的信里,考虑到了对方的情绪,也考虑到了给对方带来方便。这样做就较容易使收信人重新定一个会面时间。世事洞明皆学问,人情练达即文章。逐渐学会用"对方姿态"写信和写其他文章是让应用文达到写作目的的一个技巧。

(三)求职信的写作要求

1. 有针对性

撰写求职信的目的是要推销自己,引起用人单位的注意,争取面试机会。所以对待不同的单位和岗位,你的求职信要量体裁衣。写求职信最忌"通用型",这类信虽然可以大量复制,到处投递,省时省力,但给招聘单位的印象是"对我们不重视""没有诚意""目标不明显",这样就很难达到应聘的目的。并且如果求职信都出自一个模板,都是来自某些大学的某一专业,都有优秀的成绩,都有广泛的兴趣,甚至有些还有许多技能证书和一些工作实践。如果求职材料千篇一律,你如何能在成千上万的求职者中脱颖而出呢? 所以要想写出让招聘者满意的求职信,就必须首先了解用人单位以及所要应聘岗位的情况,以便根据应聘工作的性质、需要和特点,有针对性地介绍自己的能力和特长。

2. 突出重点

要直奔主题,不要太啰唆。求职信要突出招聘者感兴趣和有助于你获得面试机会的内容,对刚出校门的学生来说,对自己的专业和学习成绩简单介绍一下即可,说多了反倒无益。同时要突出你的能力和工作经验,凡是从事过的与所申请工作有关的活动,都可看作是工作经验。在撰写时要突出自己的能力和特长,但一定要真实、具体,不要夸大其词,语句要明确,不用模糊笼统的词汇,不要写没有论据的空话。

3. 篇幅适度

篇幅适度很重要,通常不要超过一页。有关实验研究表明,求职信不宜过长,洋洋洒洒几十页,招聘者看起来太累,会产生厌烦情绪,或者干脆不会去看。如果什么都写,就等于什么都没写。当然,也不能写得太短,这样既交代不清相关内容,又显得没有诚意。所以在内容设计、行文措辞上都要进行思考,语气要自然、自信,语言简洁,不用晦涩难懂的专业词语。

4. 注意细节

写好以后,通读几遍,不能有错别字,哪怕是一个标点符号也不能有误,语句通顺,格式准确,同时排版美观、整洁。如果自己在书写方面有一定优势,可以不选择打印,而采用手写的形式,能让人感到赏心悦目,同时也显示了自己的特长,但字体一定力求庄重得体,不要龙飞凤舞。但目前采用网络投递的方式比较普遍,因此准备电子版的求职信是必要的。

三、求职辅助材料

在求职的前期准备过程中,除了需要精心准备求职信与简历外,还有一些辅助材料也需要注意。

其中,成绩单是学生四年大学生活中学习成绩的记录,也是学生业务水平和智力能力的量化表现,对于成绩较好的同学,这是一个具有帮助意义的材料,可以为自己加分,而对于成绩稍差的同学,则有可能是一种不利因素,但是这个因素并不是决定性的,只能作为参考。因为有经验的用人单位和人事部门领导往往会更注重伴随成绩表体现出来的其他方面的能力。所以成绩不太好的同学大可不必为成绩表发愁,可以着重体现自己其他方面的优势,从综合素质中寻求闪光点,以争取面试机会。

除成绩单以外,有关的证书、成果、文章等也是需要准备的材料,可以做成复印件附在简历后面,以备用人单位进一步了解。例如外语及计算机等级考试证书、各类奖学金证书、三好学生、优秀学生干部、优秀团员、优秀党员、优秀毕业生等证书,社会实践、演讲比赛、征文比赛、文艺演出、社团活动等荣誉证书,正式出版或发表过的科研论文、文学作品、美术设计等资料,其他业余爱好,如乐器等级考试、书法比赛、体育比赛等证书。这些材料可以集中反映一个人在某一方面或某几方面的能力和水平,认真搜集、整理、编排上述材料的复印件是制作求职材料不可缺少的环节。证书较多的同学要有选择性地编排,突出重点,较少的同学要尽量收集完整,对于没有的同学来说,就要在求职信和个人简历部分下功夫了,力求使自己的求职材料简洁明了、重点突出,尽最大限度地展现一个完整的求职者形象。但这些材料不用随每份简历都附上,可以等到用人单位有要求或是面试时带上,以便用人单位参考。

总之,求职材料的制作并没有固定的模式,希望大家在制作求职材料的时候,一定要先做一番精心的策划和构思,要本着尊重对方、彰显优势、展示才华、实现自我的积极心态制作求职材料。

【思考练习】

1. 大学生在求职过程中容易出现哪些心理问题？如何调试？

2. 请搜集一个目标岗位，收集和处理相关的信息，并根据这个岗位为自己撰写一份求职简历和求职信。

3. 下面是一封求职信，请根据求职信写作的要求，指出信中不恰当的地方，并改正。

领导好：

通过翻阅周四×××报，获悉贵公司招聘人才。本人曾担任新生活产品公司销售部高级职员很久了，自信有充分工作经验，可担任贵公司所招聘的职务。

本人自 2001 年开始，一直担任售货业务以及函件的撰写工作。在工作期间，除正式业务范围外，与各地区客户颇有来往，并利用公余时间，学会了很多有关商业问题的处理。

在新生活公司任职前，我曾在某会计公司担任过秘书工作。在任职期间，学会很多有关会计名词及会计作业程序。

本人现年 29 岁，未婚，2001 年毕业于西华师院，我希望有机会充分利用自己工作能力，从事更大范围工作之需要，这是我急于离开现职的主要原因。本人现任职的公司老板的人品我不太赞同，因此，我只能另谋他职。

如果方便的话，我愿亲赴贵公司办公室晋见阁下，以便详细说明。

第八章

笔试与面试指导

【学习目标】

准备好求职材料后,求职者即进入正式的求职阶段,这一阶段中的笔试和面试环节对求职是否成功有着直接的影响。通过本章的学习,了解笔试和面试的基本知识及技巧,进而从求职过程中胜出。

笔试并不是每家公司的招聘流程中都会涉及的环节。原因在于:一方面,大多数笔试作为简历筛选之后的第一轮,参加的人数比较多,成本比较高;另一方面,就一些对于专业的技术性要求不高的职位来说,对于应聘者的写作能力和分析问题的能力的考察也可以通过其他的途径来实现。比如,有的公司的申请表上有很多主观性的问题,这实际上就是在考察我们分析问题和解决问题的能力,同时也考察了表达能力。

和面试相比,笔试是一种相对初级的甄选方式。有的公司将笔试作为面试之前的第一轮甄选,主要目的是为了选出那些符合公司的企业文化,具有公司所希望的思维方式和个性特征的人。还有的公司则将笔试作为面试的一种辅助手段,侧重于考察那些在面试中考察不出来的素质,如书面表达能力等。

对我们来说,从小学到初中,从初中到高中,从高中到大学,期间所经历的考试无数,对考试还是很有经验的,但是招聘的笔试我们还是要格外小心。在笔试过程中一不小心,我们就可能被人家鄙视了。

第一节　笔试的内容与方法

笔试是用人单位对应聘人员的一种考核办法,其目的是用书面形式对应聘者掌握的基础知识、专业知识、文化素养、心理素质以及文字能力等方面进行综合考察。主要适用于应试人数较多、需要考核的知识面较广或需要重点考核文字能力的情况。在求职中,用人单位设置笔试过程是具有一定作用的,笔试不仅是用人单位对求职者的专业知识及文字表达能力的综合检验,并且笔试结果是根据一定标准答案评定出来的,有利于克服主考官根据个人喜好感情用事来评定分数的缺陷,因此笔试试卷也是决定求职者去留的最科学的依据之一。对于大学生而言,书面考试并不陌生,但应注意求职过程中的笔试与专业课程考试的不同。

一、笔试类型

笔试的主要内容通常是基础知识和专业技能,其次是同专业知识有关或同招聘单位有关的某些知识和技能,常见的笔试考试可分为专业及技能考试、智力测试及心理测试。

(一)专业及技能考试

专业考试主要是按专业类别进行的着重考察职业活动所必需的专业知识的检测。例如文史类的学生,如果毕业以后从事行政管理、文秘方面的工作,那文字能力至关重要。有的毕业生可能在学习期间已经在报纸、杂志、期刊上发表过文章,这样的经历可以提高他们在求职过程中的竞争力。但对于大多数学生来说,没有这方面的材料供用人单位参考,因此用人单位会针对岗位需求进行笔试,以检测其阅读、分析、写作等方面的能力。而理工科的学生在求职时也时常会遇到专业技能测试,例如应聘某些计算机编程岗位,用人单位不仅要参考求职者的学历背景及计算机等级证书等情况,还会实地设置考题进行测验。另外,英语考试也是目前最常见的一种笔试项目,由于随着经济市场的国际化,英语水平能力已经越来越被用人单位重视,但这类考试除非是专业翻译岗位,通常测试都旨在检验英语的一般应用能力,题目不会过难。而专业笔试主要可以考察毕业生的基础知识是否扎实、文字表达能力水平等,针对不同岗位,专业知识的测试各不相同,且针对性较强。

(二)智力测试

智力测试主要常见于一些著名跨国企业,他们对毕业生所学的专业一般没有特别的要求,但对毕业生的整体素质水平要求较高。在他们看来,专业能力可以通过公司培训获得,并且进入公司以后的学习将与岗位设置的关联性更为紧密。因此毕业生有没有专业训练背景并不是很重要,但毕业生是否具有不断接受新知识的能力是至关重要的,也就是说,这些单位更看重个体的可塑性及培养空间。智力测试并不神秘,以图形题、数字题、文字题三类为主,旨在检查求职者的分析观察能力、逻辑推理能力、综合归纳能力等,例如一组有四种图形,让应试者发现其中规律,或是给出一组数字,进行一些基础运算等。这类题目如果有充分时间仔细思考,不会太难,但用人单位通常要求应聘者在极短的时间内完成一整套题目,因此对于没有经过这方面训练的求职者来说,还是有一定难度的。

(三)心理测试

心理测试主要是采用事先编制好的标准化量表或问卷对应聘者进行测试,根据完成的数量和质量来判定其心理水平或个性差异,除了通用型的心理测试外,一些特殊的用人单位常常以此来测试求职者的态度、兴趣、动机、智力、个性等心理因素,从而确定求职者是否符合岗位需求,是否适合在本单位发展。

二、考前准备

良好的求职考试成绩来自于平时努力的学习和积累,在大学期间要努力学习,要将所学的专业知识及基础知识弄懂弄会,牢牢掌握,这样在被测试时才能得心应手,不至于临时抱佛脚。

(一)知识技能储备

对于用人单位的笔试也要像对待专业科目考试一样,针对自己的目标方向进行准备。首先要充分了解一些常见的笔试类型,接下来就是有针对性地进行笔试准备。由于笔试本身就是用人单位对应聘者的一种能力测试,淘汰率极高,因此想要通过短期内的突击提高笔试应试能力的想法是不切实际的。无论是专业知识领域的了解和掌握,还是逻辑思维能力、分析能力、表达能力以及英文水平,这些知识技能都需要经过长期的积累和训练,不是一朝一夕就可以突击实现的。

1. 英语考试

在笔试阶段,英语考试主要会涉及阅读和写作两个部分,所以在平时要通过持续的英语阅读来培养语感。由于大部分的笔试英语和商业英语在表达习惯和表达技巧方面具有一定的相似性,内容方面也多有相同之处,因此,通过阅读一定量的纯正商业英语可以迅速培养自己的语感。并且,笔试的英文阅读和平时看的英文小说不同,不是看过就算完了,重点是要对文章内容进行理解和分析。而平时阅读的英文材料是不会在后面加上几道分析题的,所以在平时阅读材料时,要养成边读边思考的习惯,读完一段或是一个短篇之后,回想一下大致内容和相关细节,论点、论据是什么,阅读时自己的主要障碍和困难是什么,如果每次阅读时都能做到边读边思考边总结的话,那么经过一段时间的积累,英语阅读能力会大有提升。

而对于写作部分,要在通过大量阅读培养语感的基础上,勤动笔、勤练习,这不是光靠看就能解决的问题。大量的阅读可以为你提供许多有用的表达方式和行文思路,而通过自己的模拟练习,可以将自己通过阅读习得的知识内化。阅读和写作本身在语言学习上就是两个相辅相成的过程,大量的阅读可以指导写作,而写作的练习也同样可以进一步提高你的阅读能力。此外,经过基础积累阶段以后,可以根据自己的职业目标,收集一些知名企业或目标企业历年的笔试考题以及网站上的一些模拟训练,适当进行一些有针对性的练习。

2. 技术能力考试

对于技术类的笔试,首先应聘者要在确定大致求职方向以后,结合具体职位的要求查看相关资料,为了督促自己的学习,可以结合社会上的一些考试进行同时复习,这样既掌握了知识,同时还能获得相关能力或资格证书,在应聘时为自己增加筹码,可谓一举两得。对技术类的笔试内容,要做到心中有数,把握重点。每个专业学科都有自己的核心课程,平时要注重基础知识技能的掌握,对于最主要、最根源、最前沿的内容要重点学习。例如参加通信类的考试可能就会考到"信道利用、编码、跨区、切换"之类的,对于人力资源的考试可能会考到"模块、福利、招聘"之类的,对于编程岗位可能会考到"数据结构、C++运算"等内容。所以对于专业岗位的考试,要将最基本的内容掌握。试想如果一个求职者连自己的专业知识都一知半解,哪一家用人单位肯聘用这样的人呢?

3. 综合能力考试

除了英语考试和专业技术能力测验外,目前用人单位比较常见的考试还有综合能力的检验。一般而言,对于像数理分析、逻辑推理、语言表达方面的考察,准备的途径并不十分多,有针对性地准备效果也不见得很好,因为各个用人单位的试题各不相同,这类考试旨在检测求职者的综合素质水平。但通常来看,大部分应聘者在这一部分的表现都不会太差,因为无论什么专业背景的学生,经过大学四年的系统学习,综合素质水平都会有一定程度的提高,并且每个专业都需要学生具备一定的分析能力、逻辑思维能力和语言表达能力,只不过侧重点不一样而已,所以这就要求大学生在日常的学习生活中要有意识地去锻炼和拓展自己这方面的能力。

有的题目只考察应聘者的知识面以及对时事社会的关注程度,不要求应聘者有多深刻的理解。例如强生(中国)的主要业务是医药和医疗器械,在他们的笔试题目中曾经出现了关于载人航天飞船和十七大的相关内容,但是只要略微有些了解即可作答,我们相信,作为一名大学生,对于一些基本常识和热点时事都是有所了解的,不会一无所知。而再深一个层次的题目,就要考察应聘者的理解和运用层面了,这就要求你不仅要知道,还要有自己的看法,特别是在写作论述题中,很容易将题目与时事联系,这都体现了对于时事内容的把握与分析写作能力的双重考察。对于这样的试题,了解你所要去讨论的话题是你成功写好文章的前提和阐述观点的基础。所以遇到这样的笔试题,平时的积累就显得尤为重要。所以,大学生在学好专业知识的同时,也要注重提升自己的综合素质能力,例如养成每天关注时事新闻的习惯,对社会现实问题勤于思考,坚持阅读、写作,锻炼自己的理解能力和表达能力,等等。所谓积少成多,正是这些平时一点一滴的积累会给你带来许多意想不到的收获。

(二)应试准备

在求职应聘阶段,复习要有针对性,锁定目标单位以后,就要针对各个用人单位分别准备复习,快速将自己的知识储备进行整理,结合岗位需求进行归纳。一旦获得了用人单位的笔试资格,可以再突击一下重点内容,争取在笔试时完全展现自己的知识技能。

三、技巧及注意事项

虽然不同的单位针对不同的岗位有不同的考试,但在参加用人单位的笔试时,有以下几点值得求职者注意:

(一)增强信心

信心是成就一切事情的重要保证,笔试怯场,大多是由于信心不足造成的。求职者要在考前冷静地对自己进行客观评估,回顾自己平时的努力过程,以增强信心。并且求职面试具有"双向选择"的特性,应聘者也不要有太大的心理压力,毕竟随着就业市场的不断发展,就业机会越来越多,应聘求职并不是一锤子买卖,求职者力求保持平和心态,正常发挥自己应有的水平即可。

(二)做好准备

熟记应聘笔试技巧三要点:

1. 复习知识

对大学专业知识进行必要复习是笔试准备的重要方式。一般说来笔试都有大体的范围,可围绕这个范围翻阅一些有关图书资料,复习巩固所学过的课程内容,温故知新,做到心中有底。

2. 增强信心

笔试怯场,大多是缺乏信心所致。要客观冷静地对自己进行正确评估,克服自卑心理,增强信心。临考前,一要适当减轻思想负担,二要保证充足的睡眠,三要适当参加一些文体活动,从而使高度紧张的大脑得到放松休息,以充沛的精神去参加考试。

3. 临场准备

提前熟悉考场环境,有利于消除应试时的紧张心理。还应仔细看看考场注意事项,尽量按要求做好。除携带必备的证件外,一些考试必备的文具(钢笔、橡皮等)也要准备齐全。

（三）答题技巧

1. 拿到试卷后不急于做题，先大致浏览一遍，对作答顺序和重点有大概的把握。

2. 做题可以本着先易后难、先简后繁的顺序，这样不会因为难题而浪费太多时间。

3. 对于论述题，要注意条理性，分层分段。有些求职者在笔试时遇到论述题，喜欢一段到底，这样会增加考官阅卷难度，并且不易看出你答题的思路，并极有可能会漏看掉一些精彩的部分，所以遇到较大的综合题或论述题，则应先列出提纲，再逐条论述。在答完试卷后，要进行一次全面复查，特别注意不要漏题，跑题，要纠正错别字、语法不通，词不达意等错误，一定得注重逻辑性。

4. 对于自己熟知的专业知识，要精准作答，体现出自己的专业性，而且认真的作答态度、细致的作答风格有时也会为你赢得考官的青睐。

5. 对于部分题目，可以按照要求适当联系实际，尽量让考官发现你具有实际经验。因为任何一家以营利为目的的企业都愿意挑选比较有实际经验的人，而不是对社会一无所知、只会纸上谈兵的人。

6. 笔试的卷面要尽量做到整洁、干净。落笔之前要思考好，涂改得越少越好，字迹尽量工整、清晰，不要过于潦草使考官难以分辨。过于凌乱的卷面，不仅难以给考官留下良好的第一印象，同时还会使阅卷人感觉你的思路不清，毫无条理。如果应聘者能在笔试中写出一手漂亮的好字，首先就可以使阅卷官眼前一亮。

下面介绍几种选择题答题技巧：

1. 排除法

如果考生细心的话，便能够发现排除法似乎适合于每一种题型。在这里，行政职业能力测验的各类选择题也不例外。在考生解答客观题时，排除法便是最有效的解题方法之一，并且它也最适合于单项选择题。在这部分题中，考生根据自己平时所掌握的知识，便会轻易地将最不适合题意的选项排除掉。甚至有些题可以直接将其他三项排除掉，选出正确答案。其实部分题考生即使不能直接通过排除得出答案，也可以减小试题的难度，从而提高答题的正确率。

2. 去同存异法

应试者在阅读完试题内容和所有选择项后，根据题意确定一个选择项为参照项，该选择项同其他选择项存在着比较明显的特征差异。然后将其他选择项与之进行对比，把内容或特征大致相同的项目去掉，而保留差别较大的选择项。再将剩余的选项进行比较，最后确定一个符合题意的正确答案。

3. 印象认定法

印象认定法是指根据印象的深刻程度来选择答案。应试者在读完一道试题的题干和各项选择项后,各选择项对于考生大脑的刺激强度是不同的。有的较强,有的较弱,那些似曾熟悉的内容必然会在头脑中最先形成正确选项的印象,因此,据此做出的判断的命中率还是比较高的。

4. 比较法

此方法应用范围较广。在解答单项选择题时,应试者可以将各选择项同题意要求进行纵向比较,根据各自同题意要求差异的大小来确定最符合题意要求的答案。在解答多项选择题时,就要求考生将选项同题意要求做纵向比较,再将前一过程中保留下来的选项进行横向对比,最后确定符合要求的正确答案。一般经过这两次的对比之后,漏选或误选的可能性就比较小。

5. 猜测法

这种方法一般情况下是不可取的,因为它靠的是运气,正确率相当小。这种方法只有当考生运用其他方法均不能找到试题的正确答案时才可使用。猜测法,其最大的优点是可以避免考生在这种试题上过分深究,陷于其中而不能自拔,从而影响考生的注意力和考试情绪。这种方法虽然是靠运气,有时也有一定的命中率。

6. 大胆放弃法

目前在各种笔试过程中,对考生答题速度的考察也尤为重要,但是对于大部分考生来说,过难的题目反倒会影响答题速度,所以,对有一些过难的题目应该选择放弃,跳过去做相对简单的题目,等答题结束之后,如果还有时间,再去考虑这些较难的题目。这样的选择会使自己的答题速度有一定的提高,对笔试的分数也有一定的帮助。

当考生不能按照常规的方法正确解答题目时,使用以上六种万能解题技巧可以避免考生在一道题目上花费过多的时间,影响其他题目的解答。当然,何种解题技巧适用于哪种题目,则需要考生灵活地处理。

【案例思考】

我的诺基亚笔试经历

一大早起床就开始祈祷,不要考技术,什么数理逻辑、英语测试也就行了。拿到卷子一看,立马晕厥。电路、自控、机械、结构表、英文翻译……这还不算什么,最后一页才奇怪:

(1)请书写无机和有机化学方程式各一个

(2)牛顿三大定律,热力学三大定律

(3)语文题:请默写唐诗一首(静夜思除外),或宋词一首。也可写五个有典故的成语。

专家点评:

很多人认为大公司考试不会考技术只会考非技术类笔试,这是误解。技术笔试肯定要考技术的,只不过每个公司的考察方式不一样,有的公司是非技术类笔试和技术类笔试分两次考,而有的公司则是非技术类笔试和技术类笔试是两张卷子且一次考完,有的公司则是非技术类笔试和技术类笔试的题安排在一张卷子中考。

从该考生见到的笔试题目来看,公司的校园招聘还是主要考察应届生的专业课的掌握水平的,所以不要被外界的"公司招聘要几年工作经验的,赶紧来我的培训班学项目开发吧!"类似的言论所迷惑,一定要把专业课学好,大四一开始就要把大学的专业课全部过一遍,这样在校园招聘时会起到很重要的作用。

"最后一页才奇怪",这没有什么奇怪的,大公司招聘的时候都是希望招到综合素质比较强的人。如果理工科大学生连几个简单的化学方程式都写不出来,连牛顿三大定律、热力学三大定律都忘了,足以反映你学东西就是为了应付考试,考完了就扔到脑后了;"默写唐诗一首",上了二十多年学了,不会连一首唐诗都不记得吧? 这是最起码的人文素养。所以建议大学期间一定要博览群书,特别是理工科的学生更应该多去图书馆看看人文类的书籍。

【写在后面的话】

笔试并不是所有招聘的必经环节,但却是一些大公司和一些制度较为完善的公司招聘的必经环节。笔试的形式现在也各种各样,常见的集中笔试,网上考试也是笔试的一种,甚至有些公司在大型招聘会现场也会给你一些笔试题让你在嘈杂的环境中作答,来测试你是否能在外界影响较大的环境中还能保持良好的思维。

不管采取哪种笔试形式,面试者必须有充分的准备和良好的心态才可以从容应对,充分的准备是笔试成功的保证。

第二节　面试的模式与技巧

面试是一种经过组织者精心设计,在特定场景下,以考官对考生的面对面交谈与观察为主要手段,由表及里测评考生的知识、能力、经验等有关素质的一种考试活动。面试是公司挑选职工的一种重要方法。面试给公司和应招者提供了进行双向交流的机会,能使公司和应招者之间相互了解,从而双方都可更准确做出聘用与否、受聘与否的决定。

面试对于大多数求职者来说是一道必经的程序,它也是求职成功与否的关键步骤。面试与笔试相比,具有更大的灵活性和综合性,它不仅能考核一个人的职业水平,而且可以面对面来观察应聘者的综合能力。对于大学生而言,由于初入社会,对一切都很陌生,很多时候会显得无所适从。但是,同学们只要事先进行充分准备,详细了解面试的过程和内容,掌握面试的基本技巧,从容应对,就能获取成功。

一、内容及模式

面试可以说是用人单位经过精心设计,在特殊场景下以面对面的交谈和观察为主要手段,由表及里测试应聘者相关素质的一种方式。

(一)面试测试内容

1. 专业知识

作为对笔试专业知识考核的补充,通过面对面的交流,实地了解应聘者掌握的专业知识的广度和深度,判断其专业知识水平是否符合岗位的需求和标准。

2. 经验能力

一般面试官会根据应聘者的简历做相关提问,进一步了解应聘者的有关背景和以往的工作经历,求证其是否具备相关能力。

3. 表达能力

面试主要通过交流的形式,这样可以考察应聘者是否可以将自己的思想、观点、建议等流畅地表达出来,重点考察应聘者表达的逻辑性和准确性。

4. 综合应变能力

面试中,应聘者能否对面试官提出的问题充分理解、抓住重点,并分析透彻、条理清晰,回答是否迅速,对突发问题是否能反应敏捷、恰当回答,对于意外事件是否能妥当处理,等等。而且通过不同的面试形式,面试官往往还可以看出应聘者在人际交往、团队合作等方面的能力。

5. 工作态度及求职动机

通过了解应聘者以往的学习、工作历程以及一些情景问题,来了解应聘者的工作态度、情绪稳定性和进取心。遇到批评和压力或与个人利益有冲突的时候,是否能理智对待或是克服容忍,是否具有耐心和韧劲,以及在工作中的追求是什么,为什么选择本单位,对于优秀的人才,面试官会判断本单位可以提供的岗位和条件是否符合应聘者的工作要求和期望。

6. 仪表

面试官在面试过程中,通常还会注意观察应聘者的仪表,即外貌、气质、衣着、言谈举止、精神状态等,所以应聘者也不要忽略这些细节。

(二)面试模式

从参与面试的人数上来看,面试通常可以分为个人面试和集体面试;从面试的内容形式上来看,面试又可以分为模式化面试、情景面试、压力面试和综合面试、电话面试。

1. 个人面试

个人面试也称单独面试,是指面试官与应聘者单独面谈,也是面试中最常见的一种形式,其目的在于考察求职者在特殊环境中的表现,考核其知识水平、业务能力与综合素质,从而获得有关求职者的一手资料。单独面试通常又分为两种情况,一种是只有一名面试官负责整个面试的过程,这种情况大多见于规模较小的单位或是录用较低职位的人员时采用;另一种是由多位面试官参加整个面试过程,但每次均只与一位面试者交流。个人面试的优点是能够为双方提供一个面对面交流的机会,加深双方的了解。无论处在哪个应聘环节中的个人面试,面试官所要谋求的都是尽可能地挖掘应聘者的真实内涵,所以应聘者要牢记自己的目的是要让对方接纳自己,这是回答问题的出发点。

2. 集体面试

与个人面试不同,集体面试是指很多求职者在一起进行的面试。就用人单位而言,这种模式可以在专业、能力、经验各方面对求职者进行比较,并具有较大选择余地。在集体面试中,主要考察应聘者的人际沟通能力、观察能力、环境控制能力、组织领导能力等,通过交流还可以看出一个人的学识、见地、风度和教养。由于有其他应聘者在场,考核形式较个人面试更加丰富,通过面试者之间的互动,面试官观察到的细节也更多。在集体面试中,应聘者入场时要争取给面试官留下一个好印象,注意相关礼仪,可以向面试官微笑致意,同时也要向其他应聘者问好。面对面试官时要保持冷静,从容作答,如果遇到与他人讨论的情况,要尊重他人意见,但在评论他人观点时不要随意附和,要适度表达自己的看法。

3. 模式化面试

这里说的模式化面试,即常规面试,以面试官和应聘者之间的问答为主。面试官根据事先准备好的问题逐一发问,形式较为单一。这种模式下,面试官通常处于积极主动的位置,应聘者一般是被动应答的姿态。面试官会在问答中获得有关应聘者的真实资料,同时观察其仪表、谈吐、情绪反应等,并最后对应聘者的综合素质做出评价。

4. 情景面试

情景面试是目前各单位面试形式的发展趋势,与一般的模式化面试不同,在情景面试中,突破了以往一问一答的模式,而是引入无领导小组讨论、公文处理、角色扮演、即兴演讲、案例分析等情景模拟的方法来选拔人才。在这种面试模式下,面试的具体方式灵活多样,面试的模拟性、逼真性较强,应试者的综合素质能力能得到更为充分的发挥和展现,面试官通常作为观察者会对应聘者做出更为全面、准确的评价。

5. 压力面试

压力面试比较特殊,通常会针对特定岗位设置。由一位或几位面试官有意识地对应聘者施加压力,针对某一问题或某一时间连环发问,不仅详细而且追根问底,直至应聘者无法回答,此种模式重在考察应聘者在特殊压力下的反应、思维敏捷程度和应变能力。有时候面试官甚至会有意刺激或是激怒面试者,或是说一些蛮横无理的观点,通过应聘者的回应来考察其是否有主见、立场,是否坚定。在应对这种面试时,切勿因一时冲动而表现出不满、怀疑和愤怒,要保持冷静,体现出自身的理智、容忍和大度,条理分明地与面试官进行交流。

6. 综合面试

综合面试相较其他面试模式,考察的内容更为丰富,通常面试官会以不同形式来考察应聘者多方面的才能。如用英语直接与应聘者交流,考察其英语沟通能力,或当场让应聘者写一段文字来考察其写作能力,或现场利用计算机完成某项要求,等等,总之,面试官会根据岗位需求来考察应聘者各方面的素质能力是否符合用人单位的标准。

7. 电话面试

电话面试是一种通过手机、固话等通信工具对面试者进行考核和筛选的面试渠道。采用的是不亲身接触、仅通过言语传递信息来了解面试者的身份、简历、应聘职位和应聘能力的方式。

二、面试前准备

所谓"机会只留给有准备的人",应对面试,大学生又该做好哪些准备呢?

（一）知己知彼

首先要在面试前充分了解用人单位的情况,做任何事都应该有的放矢,否则难以达到预期目的。面试开场白我们需要从侧面对计划去应聘的单位做一些必要的了解。比如:这家单位的规模、效益、薪资水平以及为员工培训和发展所提供的空间等。这些信息一般都能从用人单位人力资源的招聘启事和它的宣传材料中得到答案。接下来,我们还需要分析一下用人单位人力资源的一些基本要求。

其实,用人单位人力资源最关心的无非是这么几个最基本的问题:

一是你能否满足用人单位人力资源对所需人才专业水平的要求?这一点也是我们根据自身情况,看自己是否适合这家单位的重要标准。因为无论什么样的毕业生都不可能适合所有用人单位的人力资源,所以,毕业生应该事先确定自己的择业范围,使自己的专业或特长能与之相适应。这样才能在和用人单位人力资源的接触中,做到扬长避短。

清楚雇主的需要,表现出自己对公司的价值,展现你适应环境的能力。要让人产生好感,富于热情。人们都喜欢聘请容易相处且为公司自豪的人。要正规稳重,也要表现你的精力和兴趣。要确保你有适当的技能,知道你的优势。你怎么用自己的学历、经验、受过的培训和别人比较。怎么去谈一些你做过的比较出色的事情,也是你找工作的关键。

二是你是否有为用人单位人力资源持续创造效益的能力和热情?这是用人单位人力资源非常关注的问题。他们不愿意看到单位辛辛苦苦选进的人才,工作不了多长时间就把主要精力放到诸如跳槽、歇产假等别的方面去。部分用人单位人力资源不愿招聘女生也常常是因为有这方面的顾虑。对此,毕业生只要有针对性地向用人单位人力资源展现自己的奉献精神和工作才能,打消用人单位人力资源的顾虑,也还是可以顺利通过的。

展示你勤奋工作追求团体目标的能力,大多数主考人都希望找一位有创造力、性格良好,能够融入到团体之中的人。你必须要通过强调自己给对方带来的好处来说服对方你两者皆优。将你所有的优势推销出去,营销自己十分重要,包括你的技术资格、一般能力和性格优点。雇主只在乎两点:你的资历凭证、你的个人性格。你能在以往业绩的基础上工作并适应公司文化吗?谈一下你性格中的积极方面并结合例子告诉对方你在具体工作中会怎么做。

另外,招聘人员的心理喜好也是决定是否录用应聘者的一个重要因素。一般用人单位人力资源不愿意接受或回答诸如:参加工作时的薪资水平、住房福利等问题。而且这类问题也常常没有太多的实际意义,因为即使用人单位人力资源为把你招聘进来而给出一个美丽的许诺,那也难免是一座海市蜃楼。更何况,通过其他渠道得到的这类信息往往更客观,不必因为这样的问题,把和用人单位人力资源的第一次亲密接触搞得太尴尬。

对用人单位人力资源有了基本的了解和分析之后,我们在和用人单位人力资源的接触中就更容易取得主动了。通常情况下,用人单位人力资源会给毕业生一个机会,让毕业生把自己最关心的问题或最希望对用人单位人力资源说的话提出来。这时,毕业生千万不要以为在这里提出的要求就一定能得到圆满的解决。因为用人单位人力资源设计这个环节的真正目的是:一是为了了解毕业生对自身和企业发展的理解,二是想通过有意制造的一些棘手问题,来考察求职者的应变能力。

在面试的过程中,应试者往往是被动的,难以正确而全面地把握面试者要提出的问题。如果只是把精力集中在猜测面试者要问的问题上,那就容易出现言不对路的情况,为了防止这种情况发生,就要对用人单位的有关情况加深了解,而这些情况包括单位性质、业务范围、企业文化等。对用人单位有了一个较为具体的了解后,应试者就能做到心中有数,对于面试官提出的一些意外问题,也不会难以应对。

其次如果条件允许,可以事先熟悉面试现场。尤其是对于一个初次参加面试的大学生来说,心中本来就很紧张,如果面试的前一天去一趟面试地点,熟悉一下乘车路线,并掌握好路途所需的时间,那就会减少由于迟到或提前太早到达而造成的慌乱。如果能对用人单位的现场提前做一次比较详细的考察,就不会在第二天面试时由于对一切感到陌生而惴惴不安。

同时,还有一点很重要,就是要再一次全面总结自己。

面试,一方面要看应聘者对用人单位的了解、认识和估价,另一方面也要看应聘者自身的条件是否适合用人单位的要求。所以,是否能把应聘者自身的条件充分表达好、展示好,这对应聘者是否能够在面试时取得成功至关重要。有的应聘者自身条件很优秀,但性格比较内敛,又不善于表达,可能会因为不能在面试环节中充分展示自己的优势而错失良机。所以在参加面试之前,应聘者要再次认真梳理自己的情况,注意如何采用有效的方法达到良好表达和展示自己的效果。并且在表达和展示自己的时候要分清主次,而不是夸夸其谈,以免引起面试者的反感。

另外注意:尽量讲述你曾做过的某个成功的个案,以此来表现你的卓越才能。因为个案的说服力是最强的,但这要很有技巧地引导主考官认真地听你讲完才能发挥其最大的作用。如何才能做到这一点呢?

1. 在保持真实性的前提下,事先要尽量将该个案编得有故事性、情节性。

2. 在讲述前应先引起对方对你要讲的个案产生浓厚的兴趣。例如,可能对此个案做一个简要的介绍,或者对它的曲折性、困难性、传奇性做一个概括,使对方自动问你这个个案的详细经过是怎么样的,然后你就可以说这样可能要花你多些时间,这时对方在好奇心的驱动下,就顾不得那么多了,会叫你尽快讲出来。

3. 在讲述时注意保持与对方目光适当的接触。这样一方面可表示对对方的重视,是一种礼貌;另一方面则能起察言观色,时刻注重对方的反应的作用。

4. 一旦对方表现出有些不耐烦的情绪，你可以在适当的时候运用一些技巧使对方再次提起兴趣。比如在讲到一个广告个案在实施的过程时，你可以叹一口气，略作停顿，吊一吊对方的胃口。等对方问你为什么叹气时，你才继续讲那时遇到了很大的因难，但你还是想出了一个绝妙的办法将它解决了。

总之，为使对方能听完你的故事，应尽量运用技巧，这样才能取得预期的效果。时间不允许，要提纲挈领地讲，避免反感。讲述一个成功的个案并让对方认认真真地听完比任何的说服方式都有效。

（二）保持良好心态

面试前要保持良好的心态。心态对于备战来说太重要了，这关系到自己是否能正常发挥出应有的水平。紧张的心态会抑制思维的活跃性，而放松平静的心态会稳定思绪，从而发挥出本来就想到的内容，甚至还会激发创造性，使自己的思维更加灵敏。特别是对于初试者来说，由于对面试环节缺乏经验，心中没底，尤其要注意保持放松的心态。并且在面试过程中，也要尽量使自己处于平静，不要顾虑太多，不要总想着面试结果，但保持平静并不等于被动拘谨，应聘者要学会充分展示自己，尤其是对于应届毕业生来说，保持一定程度的自信很重要，既不要因学校里的良好表现而过于自信，也不要因为自己没有工作经验而过于自卑，保持平常心态，将自己的优势充分展现出来，你就已经完成了面试的任务。

而如何保持面试前的心态平和呢？首先要有充足的睡眠，以保持自己面试当天能有一个旺盛的精神状态；其次要把需要准备的东西提前准备好，例如对可能出现的问题的预测、回答问题的策略等。此外相关物品、证书、资料也要提前装好，不要等到第二天再临时准备，会给自己造成紧张感。

（三）熟悉面试中的问题

准备面试中可能提出的问题，是应聘者在面试前需要做准备的。虽然针对不同的单位、不同的岗位，面试官会有不同的问题，但对于一些常见的通用型问题，应聘者还是要做个准备。例如，自我介绍、自己的职业规划、自己的优势劣势、求职动机、特长爱好、自己曾经犯过的错误、最难忘的经历等等。

而且对于应聘者来说，尽管在面试中经常处于被动，但是如果完全地被动面试，那就会影响面试效果，所以，一些必要的主动提问还是需要准备的。提出问题的目的不是对面试单位表示不满或疑惑，而是表明对面试单位的关心和思考，从而表示出一个应聘者的责任心和慎重态度，这容易使面试官对你产生好感。应聘者在面试适时提出的问题可以主要包括这样几个方面：诸如公司的文化背景、将来的就职与培训计划、何种人在公司干得好、对表现忠诚和能力强的雇员提供的高级培训计划等。应试者提出的问题必须有所思考，而不是只为了提问题而提问题。而且提问要适度,有的面试者为了显示自己对公司的关注和重视,准备了许许多多的问题,但面试官的时间是有限的,不会给你过多的机会,而且这种方式的提问往往会适得其反。

(四)仪表端庄

注意面试时的着装仪表很重要。一个人的装束反映出一个人的审美观,也反映着你的职业态度。当然,并不是说你穿着得体,打扮合适就一定能够通过面试,但是有一点是肯定的,如果你穿着很不合适的话,就一定没有进一步面试的机会。那么,什么才算得上合适的仪容穿着呢? 这一般要和你所应聘的公司相契合。比如咨询公司和投行的各类职位、市场与销售职位,需要穿西服正装,以体现职业性;而 IT 技术类公司应聘技术研发职位,着装可以略微随意些。

总体来说,良好的审美包括两个方面:从着装上讲,穿着要得体,颜色一般应选黑色、灰色和深蓝色,因为这些颜色给人以朴实、真诚、容易接近的感觉,面试时尽量不选红色、黄色,原因是颜色太鲜艳,容易令人感觉轻浮;从气质表现来看,一个落落大方、稳重而谦虚的人,会令人产生好感。

1. 男士着装注意事项

(1)西装

男生应该选择裁剪良好、款式经典的西服套装,切忌前卫的设计。颜色以黑色、灰色、深蓝为宜,并且最好是纯色的,不要有大格子、大条纹之类的图案,这些款式可能在宴会上比较出彩,但不适用于面试。

建议平时就准备好一至两套得体的西装,不要到面试前才去匆匆购买,那样不容易选购到合身的衣服。但对于初入职场的大学生,不必穿太高档的品牌服装,并且七八成新的服装最自然稳妥,尤其在档次上应符合学生身份,不要盲目攀比。如果用人单位看到求职者的衣着太过讲究,一身高档名牌,与学生身份不符,恐怕会对求职者的第一印象大打折扣的。

如果穿的是三颗钮扣的西装,可只系第一颗,或系上面两颗,就是不能单独系最下的一颗,而将上面的扣子敞开;穿双排扣西装时所有的扣子都要扣上,特别是领口的扣子。西装买来时一般口袋都是缝上的,可以不必打开,即使真的打开了,也不要装东西,因为那样会使西装看起来不挺括,容易走形。长裤熨烫笔挺为好,长度以直立状态下裤脚遮盖住鞋跟的四分之三为宜。

(2)衬衫

要选用面料挺、好一点的衬衫。白色的长袖衬衫是上选。别的颜色的衬衫当然也可以,但是不如白色正式,并且要注意和西装的颜色搭配是否合适。而蓝色衬衫是 IT 行业男士的普遍选择,能体现出沉稳的气质。

注意衬衫领口、皮带扣和裤子前开口外侧应该在一条线上。衬衫应该是硬领的,领子要干净、挺括,短袖衬衫和圆领衫在正式场合不太适宜。

平时也应该注意选购一些较合身的衬衫,面试前应熨平整,不能给人皱皱巴巴的感觉。衣领、袖口都洗毛的旧衬衫或还从没有下过水的新衬衫都不合适,前者太拮据,后者显得太过刻意修饰。穿着时衬衫下摆一定要放入裤腰内,这样显得比较正式。

(3)领带

男生参加面试一定要在衬衣外打领带,这样会倍加风采。领带以真丝质地为好,必须干净、平整、挺括,上面不能有污渍。领带图案宜选用保守一些的,传统的条纹、几何图案和螺旋花纹都很不错。还要注意和西装、衬衫颜色的协调性。平时应准备好与西服颜色相衬的领带,在配色方面,以和谐为美,不要追求标新立异,以免弄巧成拙。领结要打得坚实、端正,不要松松散散并尽量别上相称的领带夹。

(4)鞋袜

在面试前把鞋子擦干净,确信鞋子是完好的。光亮的鞋子能够表现出你专业的做事风格以及良好的职业素养。皮鞋以黑色为宜,因为黑色鞋子好配服装。不要以为越贵越好,而要以舒适大方为选购准则。皮鞋也尽量不要选给人攻击性感觉的尖头款式,在面试时,方头系带的皮鞋是最佳选择。皮带和皮鞋应是同一质地的,如果不是,就要在颜色上统一。

袜子是很容易被忽视的一个环节,很多求职者往往有特别准备的西装和鞋子,却在袜子上功亏一篑,与整体不和谐。可以在面试前的晚上,把细心挑选好的新袜子放在桌上,一定要注意颜色的选择。一般来说,白袜子黑鞋子的搭配是很不专业的,要加以避免。通常深色西装一定要搭配同色系的袜子,如果没有配上,必须是深灰色、蓝色、黑色等,最好和鞋的颜色一致,这样在任何场合都不失礼。此外,袜子也不宜过短,以免坐下来的时候,把小腿露出来。

(5)仪容整洁

保持仪容整洁,男性可以用点清洁类的化妆品,给人干净、阳光的感觉即可。如果要使用香水,一定格外谨慎,避免使用浓烈或者味道怪异的香水,淡淡的清香容易让别人产生愉快的感觉。

注意头发修整,不要蓬松散乱,如果稍嫌过长,应修剪一下。最好在几天前去理发,尽量避免在面试前一天理发,以免看上去不够自然。发型不仅要与脸形配合,还要与年龄、体形、个性、衣着、职业要求相配合,这样才能体现出整体美感。男性求职时忌颜色夸张怪异的染发、长发和光头。如果你不是去面试广告设计、艺术工作等强调创造性的岗位的话,长发不是一个好的选择。注意仔细地打理发型,并且不要忘记刮胡子,保持面容整洁。

(6)其他物品

男生最好少带饰品,越简单越好,不要佩戴项链、手链、耳环、鼻环、手镯等,手表可以接受,但要佩戴成人款式。文件包是兼具实用性和装饰性的物品,但不要太旧、太破或有油垢,新旧程度最好等于或新于西装,而装的东西也不要太多,给人以鼓鼓囊囊的感觉。而对于那种夹在腋下的男士手包在面试时不要使用,因为它看起来更适合私企老板,而不是普通职员。

戴眼镜的同学要注意镜框的配戴最好能使人感觉稳重、协调,眼镜的上镜框高度以眉头和眼睛之间的二分之一为合适,外边框以跟脸最宽处平行为宜。不戴眼镜的朋友,切不可戴墨镜进入面试单位,这样会画蛇添足,令人反感。

【小故事】

男士穿西装九忌

一忌西裤短,标准长度以裤管盖住皮鞋为宜;

二忌衬衫领子大,领脖间存在空隙;

三忌衬衫放在西裤外,看着邋遢;

四忌领带颜色刺目,图案太耀眼;

五忌领带长短不适宜;

六忌衬衫扣不扣全就佩戴领带;

七忌西服上衣袖子过长,标准为比衬衫袖短1厘米;

八忌西服上衣口袋、裤袋内装满东西;

九忌鞋袜与鞋和衣服不搭配。

2. 女士着装注意事项

(1)职业套装

对于女生来说,不一定像男生那样必须西服革履,可以适当宽松一些,但针对某些岗位,选择一套修身的职业套装也是上选。选择套装的时候也要注意颜色,黑色、深蓝、灰色等稳重的颜色是比较理想的选择。款式不要太过新颖,宜保守传统。如果买的是西装式套裙,就一定要注意裙子的长度,不要在膝盖以上,裙子太短是不专业的表现,会使面试官对你的印象大打折扣。但年轻女性也不宜选择过长的裙子,以到膝盖为宜,避免显得老气横秋。如果上衣是 V 领的,也要注意开口不能太低,并且可以通过丝巾或者内衬上衣来搭配。

（2）衬衣

在挑选衬衣的时候，无论是颜色还是款式也以保守为宜。不要挑选那些透明材质的上衣，也不要蕾丝花边、荷叶边或者雪纺薄纱，有一些丝带装饰，这些都会使你的着装看起来过于随意。总体上要保持简洁，在衬衣里面可以再穿一件小背心，以防走光。

（3）鞋子和丝袜

确保鞋子的款式专业，不花哨、相对保守，颜色与套装相配。虽然"露趾鞋"目前很流行，也一直是时尚圈争议的焦点，很多人认为露趾鞋已可登大雅之堂，国外女星甚至还可穿去赴宴，不过在此还是建议避免选购这种款式的鞋子去参加面试，因为你不知在面试场合上，会不会遇上思想传统的面试官。所以一双职业中跟或高跟鞋是最佳选择。丝袜的颜色也最好是传统常见的，比如肉色、深灰色等，而且要保证套装和鞋子的和谐搭配。

（4）包

选用的包应该是和整个穿着相配的，不要太大，中等或小型尺寸即可。如果可能的话，最好是皮制的。虽然我们不建议学生一身名牌，但是拿一个比较有品质的提包还是允许的，但切记品牌的 Logo 不要太显眼，并且整体设计不要太前卫。

（5）头发

发型在整个仪容中是十分重要的组成部分。保证头发干净清洁，仔细梳理。如果是长发，就把它盘起来，或者做成其他看起来专业舒服的发型。虽然垂散下来可以显得清纯美丽，但不要让自己看起来好像刚刚起床或者刚从派对回来一样，要注意塑造职业形象。

（6）淡妆

女生去面试前，应该稍稍化一下妆，这既是对面试官的尊重，也会使自己看起来很精神。对于平时不化妆的同学，要尽早学习。但此时不宜化浓妆，要选择自然清淡的颜色，稍做修饰即可，注意保持整个妆容的干净，不要掉妆。

（7）配饰

可以选择尽可能简单的饰品。面试属于正式场合，不应戴手链；一只手只戴一个戒指，且不要戴形状奇特的戒指，不然不方便握手，也不易给面试官留下好的印象；也不要戴很大很长的耳环，或戴太多的耳环，简洁的耳钉就可以带来不凡的效果。手腕上可以佩戴一只手表，但要避免卡通款或时尚款，选择大方稳重的成人款式即可。

【小故事】

女生如果穿了长筒丝袜,在面试出发之前可以在手提包里多准备一双,以防腿上的袜子勾破了,或者其他意外情况,因为穿一双抽丝的丝袜会比不穿丝袜更失礼。在面试的前一天洗个澡,保持身体和头发的干净清洁,没有异味。面试之前不要饮酒,那会影响你的眼神、肤色和精神状态。修剪一下指甲,不要太长,保持干净,女生不要用颜色夸张的指甲油,如果一定要涂,无色透明的即可。

三、面试技巧

面试主要以谈话和观察为主要手段,因此谈话是面试过程中非常重要的一个环节。并且面试还是一个双向沟通的过程,不仅面试官可以通过观察和谈话来评估应聘者,应聘者也可以通过面试官的行为来判断其价值标准、态度偏好、对自己的满意度等,从而调节自己在面试中的行为表现。因此,针对面试的特点,应聘者需要掌握一些技巧。

(一)表达技巧

在面试过程中,要积极主动交谈并传递给面试官需要的信息,展示出你的才能。说话的时候要注意正视对方,看对方是否听懂了你的话、是否对你的话题感兴趣等。要注意咬字准确、语言简洁,语调要自然亲切,音量适中,语速可以根据内容的重要性调节,但总体来说,适当放缓的节奏比急迫的机关枪式的节奏更容易使人接受。

在内容上要有所侧重,记住一条宗旨,用人单位是要选好职员,而一个好职员不只是为薪水工作的人,还要严于律己、目标明确,认真负责。语言要含蓄、机智,说话时除了表达清楚以外,适当的时候可以穿插一些幽默的语言,以使谈话的气氛更加轻松愉快。尤其是当遇到难以回答的问题的时候,机智幽默的语言会显示出自己的智慧和应变能力,有助于给面试官留下好印象。

在回答问题时,要条理清楚、有理有据,抓紧时间充分表达核心意思,不要长篇大论使听者不得要领。阐述事实时要讲明原委,避免抽象。在群体面试中如果同一个问题需要每个应聘者都作答时,要积极思考,发言时要有个人见解和特色,以引起面试官的注意和兴趣。并且在回答时要本着"知之为知之,不知为不知"的态度,切记不要不懂装懂,牵强附会。遇到自己不懂的地方,可以坦率承认自己的不足之处,既不要默不作声,也不要信口开河。

(二)倾听技巧

在面试中,倾听也是一种技巧。良好的表达方式是沟通的重要因素,而认真倾听却是沟通的基础。在面试中,面试官的每一句话都非常重要,应聘者要集中精神努力去听，记住其中的重点内容，并了解面试官的希望所在。

当面试官讲话时，应聘者要直接注视他，使他感知到你对他所讲的内容的重视，用你的眼神告诉他，"我在专心听您讲话"。倾听时最好的姿态是在椅子上坐直，稍微向讲话人那边倾身，但身体不要僵硬，也不要像在家里看电视时那样随便。要摆脱一些干扰，保持专注，不要随意摆弄你的眼镜、手边的笔或是其他任何与倾听无关的东西，更不要挠头或揉眼，这样会显示出你的慌乱或疑惑。

一个好的倾听者通常会做到以下几点：例如用目光注视说话人，保持微笑、适当点头；准确了解说话人所说的主要内容；如果有不懂之处，会适当提问确认；不是从头至尾呆板地听，会适当做出一些配合反应，如会意的微笑、点头、提出一些将对方所讲的内容引向更深入层次的问题，等等；即使自己有不同观点，也会等到说话人讲完再提出，不会随意打断或打岔，并且不会感情用事地去争辩什么，只是单纯发表自己的观点而已。

（三）礼仪技巧

首先，是要遵守时间。参加面试时千万不要迟到，最好提前 5 至 10 分钟到场，以表示求职者的诚意，给对方信任感，这样也利于应聘者在面试前有时间调整自己的心态，做一些简单的仪表准备，以免由于太过仓促而忽略一些细节。

其次，要注意礼貌。无论是与前台人员自报家门，还是与引导人员沟通，以及见到面试官时，整个过程中礼貌都是十分重要的。面对关门的情况，要先敲门得到允许再进入，开关门时动作要轻，尽量从容自然、举止得体，不要显得小心翼翼。在面试官没有请你坐下时，不要急于落座，落座后要记得说"谢谢"。入座后要保持良好的体态，不要左顾右盼，或是表现出一些不礼貌的举止。

最后，是微笑注视。微笑是一朵开在脸上的鲜花，会使人感觉愉快，缩短人与人之间的心理距离，为沟通与交往创造和谐的氛围。微笑不仅是一种礼仪，更是一种良好的心态。在面试过程中，始终保持真诚的微笑，但注视对方的时间不宜过长，目光要自然、柔和、亲切，不要心不在焉，也不要死死盯住对方的眼睛，这都是不礼貌的表现。

四、常见问题及应答

在面试过程中，面试官通常会向应聘者频频发问，而应聘者的回答将成为面试官考虑是否接受该人员的重要依据。因此对于应聘者而言，了解一些通用问题及作答技巧是必要的，下面就对面试中常见的一些典型问题进行整理和分析。

（一）为什么想进本公司

这通常是面试官最先问到的问题。此时面试官就开始评断录用与否了，建议大家先判断自己去应征的工作性质，是专业能力导向还是需要沟通能力。其实现在市场多以服务为方向,口才被视为基本能力之一,所以在此时就要好好表现自己的口才,而口才较差者就务必要表现出自己的专业能力和诚意,弥补口才不足。回答这个问题时,一定要积极正面,如想要使自己能有更好的发展空间,希望能在相关领域中有所发展,希望能在公司多多学习,等等。此时可以考虑稍稍赞美一下面试公司,但切记一定要诚恳,不然可能会画蛇添足,得不偿失。由于之前没有工作经验,所以建议你可以坦承地说出自己的动机,不过用语还是要思考一下。

(二)喜欢这份工作的哪一点

每个人的价值观不同,自然评断的标准也会不同,但是,在回答这个问题时可不能太直接就把自己心里的话说出来,尤其是薪资方面的问题。不过一些无伤大雅的回答是不错的考虑,如交通方便、工作性质及内容颇能符合自己的兴趣等都是不错的答案。如果这时自己能仔细思考出这份工作的与众不同之处,相信在面试上会大大加分。

(三)自己的优缺点为何

有许多面试官都喜欢问这个问题,目的在于检视人才是否适当,求职者的诚恳度方面。在这之前应该好好分析自己,将自己的优点与缺点列张单子,在其中挑选亦是缺点亦是优点的部分。在回答问题时,以优点作为主要诉求,强调可以为公司带来利益的优点,如积极、肯学习是最普遍的回答,而缺点部分则建议选择一些无伤大雅的小缺点,或是上述那些模棱两可的优缺点作为回答,这样才不会使面试官太过针对缺点做发挥,造成面试上的困难。

(四)对公司的了解有多少

将你之前所吸收的信息发挥出来,至少也要知道公司的产品是哪些,提供哪些服务等情况。不然面试官一问当场傻在那儿就尴尬了,所以一定要在面试前做好充分的准备。

(五)对工作的期望与目标何在

这是面试者用来评断求职者是否对自己有一定程度的期望,对这份工作是否了解的问题。对于工作有确实学习目标的人通常学习较快,对于新工作自然较容易进入状况。这时建议你,最好针对工作的性质找出一个答案,如业务员的工作可以这样回答:"我的目标是能成为一个超级业务员,将公司的产品广泛地推销出去,达到最好的业绩成效;为了达到这个目标,我一定会努力学习,而我相信以我认真负责的态度,一定可以达到这个目标。"其他类的工作也可以比照,只要在目标方面稍微修改一下就可以了。

(六)选择这份工作的原因

这是面试官用来测试应聘者对工作理解度的问题,借以了解求职者是基于对工作的憧憬还是确实有兴趣来应征这份工作。此时之前所强调的事先研究工作又再度派上用场,建议你的回答应以个人的兴趣配合工作内容特质,表现出高度的诚意,这样才可以为自己迈向成功之路打下基础。

(七)为什么我们要在众多的面试者中选择你

1. 范例:根据我对贵公司的了解,以及我在这份工作上所累积的专业知识及经验,相信我正是贵公司所找寻的合适人选。而我的工作态度比较积极,在以前的实习中,可以和主管、同事都能合作愉快。

2. 重点:别过度吹嘘自己的能力或信口开河,例如一定会为该公司带来多少钱的业务等,这样很容易给人一种爱说大话、不切实际的感觉。尤其是初出茅庐的应届生,这样夸下海口会给人不切实际、过于虚浮的印象。

(八)如何安排自己的时间,会不会排斥加班

1. 范例:基本上,如果上班工作有效率,工作量合理的话,应该不太需要加班。可是我也知道有时候很难避免加班,加上现在工作都采用责任制,所以工作需要加班我就加班。

2. 重点:实际上好多用人单位问这个问题,并不证明一定要加班,只是想测试你是否愿意为单位奉献。虽然不会有人心甘情愿地加班,但依旧要表现出高配合度的诚意。

(九)谈谈你过去实习中的经验,最令你受挫折的事情和成功的事情

1. 提问意图:借此了解你对挫折的容忍度及调解方式。

2. 范例:我曾经在实习单位和我的同事们接触过一个客户,原本就有耳闻他们以挑剔出名,所以事前的准备工作我们整个团队做得十分充分,也投入了相当多的时间与精力。最后客户虽然并没有照单全收,但是接受的程度已经出乎我们意料之外。原以为从此可以合作愉快,却得知客户最后因为预算关系选择了另一家代理商,之前的努力因而付诸流水。尽管如此,我还是从这次的经验中学到了很多书本以外的内容,如对该行业的了解以及团队合作的重要性。

3. 重点:举一个你最有把握的例子,把来龙去脉说清楚,而不要说了很多却没有重点。切忌夸大其词,尤其在阐述自己成功的时候,不要把别人的功劳说成自己的。对于初入社会的新人来说,经验老道的面试官很容易辨别你所说内容的真实度,所以如果说谎,很容易给面试官带来不诚实的印象,这样的话是绝对无缘成功的。

五、对面试者工作态度和生活背景的一些问题

(一)"谈谈你的家庭情况"

思路:对于了解应聘者的性格、观念、心态等有一定的作用,这是招聘单位问

该问题的主要原因。

1. 简单地罗列家庭人口;

2. 强调温馨和睦的家庭氛围;

3. 强调父母对自己教育的重视;

4. 强调各位家庭成员的良好状况;

5. 强调家庭成员对自己工作的支持;

6. 强调自己对家庭的责任感。

(二)"你有什么业余爱好?"

思路:业余爱好能在一定程度上反映应聘者的性格、观念、心态,这是招聘单位问该问题的主要原因。

1. 最好不要说自己没有业余爱好;

2. 不要说自己有那些庸俗的、令人感觉不好的爱好;

3. 最好不要说自己仅限于读书、听音乐、上网,否则可能令面试官怀疑应聘者性格孤僻;

4. 最好能有一些户外的业余爱好来"点缀"你的形象。

(三)"你最崇拜谁?"

思路:最崇拜的人能在一定程度上反映应聘者的性格、观念、心态,这是面试官问该问题的主要原因。

1. 不宜说自己谁都不崇拜;

2. 不宜说崇拜自己;

3. 不宜说崇拜一个虚幻的,或是不知名的人;

4. 不宜说崇拜一个明显具有负面形象的人;

5. 所崇拜的人最好与自己所应聘的工作能"搭"上关系;

6. 最好说出自己所崇拜的人的哪些品质、思想感染着、鼓舞着自己。

(四)"你的座右铭是什么?"

思路:座右铭能在一定程度上反映应聘者的性格、观念、心态,这是面试官问这个问题的主要原因。

1. 不宜说那些易引起不好联想的座右铭;

2. 不宜说那些太抽象的座右铭;

3. 不宜说太长的座右铭;

4. 座右铭最好能反映出自己某种优秀品质;

5. 参考答案:"只为成功找方法,不为失败找借口"。

六、注意事项

（一）慎谈薪资

关于薪资问题，在面试过程中要谨慎对待。有些应聘者认为如果主动问，会被用人单位看成是斤斤计较，只关注薪资待遇，可能会遭到用人单位的反感甚至淘汰；如果不问清楚，又担心用人单位给出的薪酬水平与自己的期望值差距比较大，或是比同行业水平低，又会心有不甘。似乎谈不谈薪酬问题，如何谈薪酬问题，使许多应聘者处于一个两难境地。其实问题的关键不在于该不该问薪资，薪资是肯定要问的，这是不容置疑的，但关键在于你如何问这个问题，如何把握提问时机等。

首先在面试之前，要分析市场供求状况，在明确自身素质能力及了解企业特点之后，明晰行业的薪资水平，通过各种因素为自己合理确定期望值，找到一个可接受范围；其次，明确薪资的结构内容，了解所谓"底薪"与"全薪"的区别，比如说，有的单位虽然月薪不高，但一年会固定发 15 个月的薪水，或者年终会视业绩发放红利、股票等；最后，就是要结合行业情况突出自己的优势，努力推销自己，因为薪资谈判时的关键问题就是要向用人单位证明你的能力应该得到你所说的报酬。

而在面试谈判中，通常应聘者不要先开口提薪资，也不要轻易把你对薪资的要求讲出来。因为在尚未摸清用人单位薪酬范围的情况下就贸然推销自己，风险很大。而且也不要一开始就报出自己的底价，这会使面试在进入深入阶段以后没有回旋余地。而何时才是讨论薪资的最佳时机呢？通常要等到面试官已经确定你是与众不同的人选，自己也确定自己适合这家单位及这个岗位并且面试已经进入到了决定性环节，这时候适时亮出自己的合理报价才是比较恰当的。

而在薪资谈判的过程中也需要注意：如果你对薪酬的要求太低，那显然会贬低自己的能力；如果你对薪酬的要求太高，会显得你分量过重，公司受用不起，或是面试官觉得你初出茅庐，不了解行情。一些雇主通常都事先对招聘岗位定下开支预算，因而他们第一次提出的价钱往往是他们所能给予的合理价位。他们问你只不过想证实一下这笔钱是否足以引起你对该工作的兴趣。

（二）做好面试后续工作

很多应聘者认为参加完面试就算结束了，等着用人单位通知结果即可。其实这里还有一些细节需要注意。为了加深面试官对你的印象或是增加求职成功的可能，可以在面试之后两天左右写一封感谢信。感谢信要简短，在信中可以进一步表达自己对得到这份工作的愿望。但是，通常十个求职者中九个都不会写感谢信，如果没有忽略这一环节，则会显得格外突出。

关于面试结果的查询,不要操之过急。一般来说,如果面试两周后或者按面试官许诺的时间内你还没有收到对方明确的答复,就应该写封邮件或是打个电话询问。而通常如果你没有被用人单位选用,他们都会准备好一套婉拒的话语,这时候大家一定要明确用人单位的意思,不要死缠烂打使人反感。

面试之后,无论成功与否,都要及时总结经验,许多大学生都是经历过很多次面试后才找到满意的工作的。每一次面试的过程都可以说是一次成长的过程,无论怎样,都应该及时总结回顾一下自己的面试过程,为下一次面试做好准备,这样的反省和自察有助于你在下一次面试中表现得更为出色。例如,你可以尽量把自己参加面试的所有细节都记录下来,自己哪些方面表现得不错,哪些方面还有欠缺,面试官都提了什么问题,自己是否还有更合适的回答,其他应聘者身上有什么值得自己学习借鉴的地方,等等。

(三)面试败招

1. 不善于打破沉默

面试开始时,很多应试者都不善于"破冰",而是被动等待面试官控制场面。面试中,应试者又出于种种顾虑,不愿主动说话,结果使面试出现冷场。即便能勉强打破沉默,语音语调也极其生硬,使面试气氛尴尬。实际上,无论是在面试前还是面试中,面试者主动致意与交谈都会给面试官留下热情和善于与人相处的良好印象。

2. 随意与面试官"套近乎"

具备一定专业素养的面试官是忌讳与应聘者拉关系、套近乎的,例如与面试官来自同一个城市、毕业于同一所大学,或是急于说出与该用人单位的某些领导认识等,因为面试中双方关系过于随便或过于紧张都会影响面试官的评判。过分"套近乎"亦会在客观上妨碍应聘者在短时间内做好专业经验与技能的陈述。聪明的应试者可以举一至两件有根有据的事情来赞扬招聘单位,从而表现出自己对这家公司的兴趣。

3. 说话洋洋洒洒,抽象而不具体

当应聘者大谈个人成就、特长、技能时,聪明的面试官一旦反问:"能举一两个例子吗?"应试者如果无言以对,或是言不对题,会使面试官怀疑你之前的话。所谓事实胜于雄辩,在面试中应聘者要想使其所谓的沟通能力、解决问题能力、团队合作能力等取信于人,唯有以事实说话。

4. 不善于提问

通常在面试接近尾声的时候,面试官会问应聘者有没有什么问题,此时应聘者的目标是双赢,即能提出一个既让面试官对你有好感,同时面试官也很愿意回答的问题。而有些人在不该提问时提问，如面试中打断面试官谈话而提问，也有些人面试前对提问没有足够准备，轮到有提问机会时不知说什么好。而事实上，一个好的提问，胜过简历中的无数笔墨，会让面试官对你刮目相看。例如"我已经大致懂得这个岗位的具体职责，但您能再告诉我一些其他的具体要求吗""您认为作为新员工最容易碰到的问题和挫折是什么"，或是"公司对员工的长期培训计划一般都有哪些内容呢"，等等。

5. 假扮完美

有时候面试官会问到应聘者性格上有什么弱点，是否受过挫折，自己认为自己有什么不足之类的问题。而有的应聘者会毫不犹豫地回答："没有。"其实这种回答常常是对自己的不负责任。所谓金无足赤、人无完人，没有人没有弱点，没有人没有受过挫折。而只有充分认识到自己的弱点，正确认识自己所受的挫折的人，才能造就真正成熟的人格。所以草率地回答，过分地掩饰，只会让面试官觉得你还不成熟以及不真诚。

6. 被面试官"请君入瓮"

有时候面试官会考核应聘者的商业判断能力、商业道德素养或是为人处事的原则。例如：面试官在介绍公司诚实守信的企业文化之后可能索性什么也不再介绍，会直接提问："如果您作为财务经理，我要求您一年之内逃税 1000 万元，那您会怎么达到这个要求呢？"如果应聘者当场抓耳挠腮地思考逃税计谋，或文思泉涌侃侃而谈如何实现，立即列举出一大堆方案，那你就上了他们的圈套。实际上，在几乎所有的国际化大企业中，遵纪守法是员工行为的最基本要求。

【写在后面的话】

不管采用哪种面试模式，都是对面试者综合素质的测试，多方面考察面试者能否胜任所需岗位，而良好的心态和较佳的形象气质是加分点。生活中的细节也是招聘单位考察的重点，需要生活中多去积累。

面试人员一般都会就拿着的个人简历去有目的提问，这就需要你的个人简历不能作假或者夸大太多，有些招聘企业为了留住人才会着重优先招聘单位附近面试者，需要同学们有重点地投递简历。

不管什么面试都没有什么绝对的经验，有时候取决于面试官的性格，他喜欢内向性格的面试者，而你表现得过于抢眼，可能就不会被录取。这就需要面试者在平时的生活中多注意观察，丰富的察言观色经验是出奇制胜的法宝。

【课后练习】

1. 自己搜集自己感兴趣的知名企业笔试题，并尝试作答。

2. 组织周围同学进行一场模拟面试。

第九章

就业流程与权益保护

【学习目标】

　　熟悉就业过程中大学生享有的权利与义务;掌握就业协议的基本内容,包括其作用、签订的原则、程序、注意事项及违约的后果;明晰毕业及报到时需要办理的各项手续及办理程序和办法。明晰签订劳动合同对维护劳动者权益的重要意义以及签订的注意事项,学会预防签订劳动合同时可能存在的陷阱,维护自己的合法权益。

第一节　大学生就业程序

　　每个大学生在毕业的时候都会有很多手续要办,难免会觉得有些烦琐。但是,这些手续都与自己以后的工作和生活息息相关,因此,每个毕业生都要认真对待。

一、离校前的一般手续

毕业生离校前,一般来说,共有六项必须要办理的手续。

(一)缴清学费欠款

毕业生离校前的第一件事就是要缴清学费。如离校前未与校方结清学费欠款,将无法领到报到证或是学位证书,有的学生档案甚至会因此被记下不诚信记录。

(二)签订助学贷款还款协议

在校期间申请了助学贷款的毕业生,离校前还需到校内大学生资助中心与贷款银行签署毕业还款协议、制订还款计划。据有关银行工作人员介绍,高校毕业生还款、追款工作均由专人负责,对于恶意逃避还款的个人,不仅将面临法院追缴,其个人违约信息还将被载入全国征信系统,影响其生活的各个方面。

（三）归还图书资料

毕业前一定要记得到校图书馆还清所借图书资料。此外，由于拖还图书产生的罚款也要缴清。

（四）学生证注销

一般是以班为单位统一注销，由班长负责。有的学校是把学生证回收，有的学校是在学生证上盖上"毕业留念"的字样。学生证注销后，毕业生还能享受最后一次从学校到家的火车票优惠，由学院统一发放优惠凭证。

（五）校园卡注销

离校之前毕业生还需要注销校园卡。具体每个学校的要求不一样，一般按学校通知按时办理即可。

（六）退还宿舍钥匙

退还宿舍钥匙。一般来说，每个同学离校时将钥匙交给宿舍管理人员即可。

二、报到证

每年毕业的时候都有相当一部分同学对报到证的价值和作用不清楚。那究竟什么是报到证，它有什么作用？这是每一个毕业生都需要清楚的。

（一）什么是报到证

"报到证"也称"派遣证"，全称是"普通高等院校毕业生就业报到证"，是毕业生参加工作的重要凭证。报到证由教育部印制，省级高校毕业生就业主管部门签发，只有国家统招毕业生才具有领取该证的资格。

报到证分为上下两联。毕业生持上联到单位报到，下联存放在个人档案中。毕业生在规定时间内，持"报到证"办理工作报到、个人户口迁移、人事部门转接档案等手续。报到证一定要妥善保管。

（二）报到证的作用

报到证主要有以下作用：

1. 报到证是毕业生到接收单位报到的凭证，毕业生就业后的工龄由报到之日开始计算。

2. 报到证可以证明持证的毕业生是纳入国家统一招生计划的学生，而区别于成教、自考等其他类别的毕业生。

3. 接收单位需凭报到证，才能为毕业生办理接收手续、人事档案及户口迁移等手续。

4. 对于考取公务员（与参照公务员的企事业单位）的毕业生，报到证是其在工作单位转正和干部身份的证明。"报到证"自派遣之日起生效，有效期一般为60天。

（三）报到证的重要性

没有报到证，毕业生无法落户。

没有报到证，人事局、人才市场不能接收毕业生的档案，其今后档案不得在人才市场流动。

没有报到证，国家企事业单位都无法将其作为正式员工聘用，转正定级、职称评定等都将受到一定限制，"干部"身份无法认定，特别提醒毕业生一定要认真对待派遣事宜。

值得注意的是，对毕业生而言，报到证为一人一份，无论什么原因，凡报到证上有自行涂改痕迹或撕毁的，均一律视为作废，遗失报到证的毕业生可按要求持相关证明文件，到省级高校毕业生就业指导服务中心高校窗口重新申请领取。

（四）干部身份

1. 什么是干部身份？

干部身份是原来计划经济体制下的人事管理制度，沿用至今。比如报考公务员，国有企业、事业单位的招聘、录取，如果没有干部身份就会有一系列的麻烦，甚至可能无法到该单位工作。还有一些职称的认定、评定，工龄的审核等也和干部身份有关。在中国社会体系中，公民分为三种身份：农民、工人、干部。大学生属于国家培养的专业人才，属于国家干部身份。

干部身份如何取得？需要单位签订三方协议，需要领取报到证。报到证就是大学生干部身份的证明，假如有一天你提干了，这个就是可以被提干的证明，因为你是干部身份。

2. 职称评定

大学生持报到证到单位上岗后，按国家规定，必须要经过一年的见习期。见习期满后，本人必须要签"毕业生见习期考核鉴定表"，这是转正的鉴定表，从此就拿正常工资了。见习期需要在同一单位完成，也就是三方协议书、报到证以及转正证明表，这三个上面要盖同一单位的章，否则视为无效。

紧接着要填写"国家统一分配大中专院校毕业生专业技术职务任职资格认定表"，也就是初级职称评定表。在我国，无论各行各业都会有职称评定，具体可评定的职称可以到人事部网站上查询，职称最好和自己学的专业有联系，否则到中高级评定时比较难。而什么人能评定职称呢？回答是有干部身份的人。

3. 转正定级

毕业的时候，"报到证"是干部身份的载体，报到证和档案转到合适的接收单位（包括有人事接收能力的单位或单位合作的人才服务中心）满一年后，办理转正定级手续，以后干部身份的转移就等同于人事关系的转移，干部身份的载体就是人事关系。凭该单位开出的人事关系转移介绍信才能转到下个单位。

比如签约外企的同学，其都有对应的人才服务机构。在和外企签订《毕业生就业协议书》后，拿到报到证，把报到证和档案交至企业对应的人才服务机构，就完成了人事关系的建立和转移。

值得注意的是，某些单位出于规避人力成本的考虑，不直接接受人事、劳动关系，而是通过人才派遣、租赁的办法。需要与人才服务机构签订合同，但该机构须有办理这一合同的资质。如果工作单位不接受人事关系，也可以自己找有资质（教育部当年政策规定）的人才服务机构管理你的人事档案关系，防止自身受到不必要的损失。

对于第二年打算继续考研的同学，通常鼓励大家先工作，这样可以把干部身份保留下来，因为按正常的程序第二年7月就完成了转正、初级职称评定。研究生9月入学时，干部身份已经保留，3年研究生毕业后工作，没有见习期。如果进国企或事业单位，那么研究生这3年也是算工龄的。

三、户口、档案以及党组织关系

（一）户口迁移证

1. 什么是户口迁移证

户口迁移证是公民的户口所在地变动时，由原户口所在地迁往新落户地址的凭证。由户口迁出地的公安机关（高校所在地公安派出所）开具。持证人到达迁入地后，须在有效期内将户口迁移证交给户口登记机关申报入户。户口迁移证是公民在户口迁移过程中的重要凭证，因此公民在户口迁出后要妥善保管好户口迁移证，不得遗失、涂改以及转借，若因不慎将户口迁移证遗失，应立即报告迁出户口登记机关。

2. 办理程序

户口迁移的工作，学校一般会安排以班级为单位统一进行。入校时户口未迁入学校的同学不需要办理，其他每位同学需要明确自己的户口去向，是去工作单位，还是去外校读研，还是迁回原籍，还是迁往人才交流中心，并将具体地址报告给学校户籍科。

需要办理户口迁移的同学离校前一定要拿到户口迁移证。

3. 户口的作用

户口是中国大陆特有的一种户籍制度，如果在中国香港，户口一般指的是银行账户。我国国政府依靠户口来统计人口方面的数据，中国人口信息网上面那两个人口时钟就是根据户口统计出来的。所以说在我国，户口就是一个人最本质的证明。没有户口，就是"黑户"，将面临着种种麻烦，比如没法办理身份证，没办法登记结婚,没办法领取社会补助,没办法读书上学,甚至面临着"偷渡"的嫌疑。其实"黑户"很常见,如果毕业以后"三不管",户籍档案关系"任逍遥",等到用的时候就会发现,自己竟然莫名其妙变成了"黑户",又得重新办理,费钱又费时间,麻烦至极。所以关注自己的户口是非常有必要的。在中国,尤其是农村生源的学生,上学可以说是走出农村的一条捷径。一般考上大学,就兴冲冲地回家领取户口迁移证,从家里的户口簿里拿走了自己的户口页,等到开学报到的时候将这些材料全部上交,就暂时性地成为了学校所在城市的一员(当然也有部分同学没有迁户口)。但学校的集体户口只是临时性的,所以在毕业的时候要把户口从学校迁出去。

(二)档案

1. 什么是档案

毕业生在校期间的档案叫"学籍档案",是只有全国高考、研究生考试统招生才具有的文字档案,它记录了毕业生在校学习成绩、家庭状况、在校期间表现和奖惩情况等。学籍档案一般包括大学新生入学登记表、毕业生登记表、体检表、大学成绩单、党团组织材料、学士学位证明表、奖惩情况、报到证下联。根据学校及个人情况不同,还可能有表现考核、军训考核、毕业论文成绩、实习材料等等。

2. 毕业生档案去向

(1)保送研究生的同学:档案留校即可。

(2)考上外校读研的同学:档案寄往外校,请在《毕业去向信息表》中留下学校详细地址。

(3)已落实就业单位且单位同意接收本人档案的同学:档案寄往单位,请在《毕业去向信息表》中留下单位详细地址。所需材料为协议书或合同。

(4)已落实就业单位且就业单位不具备接收档案资格的:

①将档案托管在某地方人才交流中心,请在《毕业去向信息表》中留下该人才交流中心地址,而非公司地址。所需材料为人才中心发来的调档函或在三方协议上保管档案单位处盖章确认。

②无意长期在此单位工作,还会再报考公务员或入伍或出国的同学,办理择业代理。所需材料为确认书、费用、实习合同。

(5)未落实就业单位的同学:

将档案托管在某地方人才交流中心,请在《毕业去向信息表》中留下该人才交流中心地址,而非公司地址。所需材料为人才中心发来的调档函。若无具体去向,统一发回生源省大学生就业服务中心。

档案寄发后,一般在当地两周内、外地两个月内可到目的地。毕业生一定要及时到有人事权的上级主管部门(如教育局、人才交流中心等)查询档案是否到达。如无到达记录,请尽快与母校联系,索取自己的档案专递"机要号",然后到当地机要局或院校所在地机要局查询,机要局受理一年内的专递查询。

3. 档案的注意事项

(1)毕业后档案性质发生转换

学生毕业后,校方在其学籍档案中放入该毕业生的报到证,然后再由学校将档案转交毕业生就业单位的人事部门或委托的人才交流机构;这时其"学籍档案"就自动转换为"人事档案"。

(2)档案放在母校没意义

值得一提的是,按国家相关政策,毕业生毕业后暂时找不到就业单位的,其档案可免费由学校保存两年,因此一些不了解情况的毕业生便误以为学校可以永久免费保存自己的档案,就无须另到人才交流机构托管了。

其实,学校保存的只是毕业生的"学籍档案",而真正在社会上发挥作用的却是"人事档案",如转正定级、职称评定等相关事宜都是在"学籍档案"转换成"人事档案"后才能进行。将档案丢在学校免费"存放",对个人的工作和生活起不到任何作用。

(3)生活中其实处处需档案

对毕业生而言,"人事档案"的作用可小看不得。企事业单位招聘员工,国家公务员的选拔等都要审查档案以作参考。办理社会保险、职称评定、婚姻登记、出具各种相关证明等也都需要人事档案。档案的缺失,会给日后的学习和生活造成不必要的苦恼和麻烦。

(三)党组织关系

1. 什么是党组织关系转接

中共党员因调动工作、参军、学习、外出务工经商和其他原因离开原所在地或单位外出时间在六个月以上,且地点比较固定的,经党组织同意,应按规定转移党员正式组织关系(即开写党员组织关系介绍信)。

2. 转接步骤

(1)党员经所在党支部同意,由党支部开出从支部到上一级党委(党工委)的组织关系介绍信。

(2)党员持支部开出的介绍信到上一级党委(党工委),党委(党工委)核实后,根据支部开出的介绍信,分三种不同情况开出相应的介绍信:①如果党员转往该党委(党工委)下属的其他支部,则开出从党委(党工委)到转入支部的介绍信;②如果党员转往市内其他党委(党工委),则开出从所在党委(党工委)到转入党委(党工委)的介绍信,党员持介绍信到转入党委(党工委)办理;③如果党员转往市外有关单位,则开出从党委(党工委)到市委组织部的介绍信。

(3)党员持党委(党工委)开出的组织关系介绍信到市委组织部。市委组织部经核实后,根据党委(党工委)开出的介绍信情况,开出从市委组织部到市外相应有转接权限党委组织部门的介绍信;

(4)党员持市委组织开出的组织关系介绍信到市外相应有转接权限的党委组织部门,该组织部门开出从组织部门到转入党委(党工委)的组织关系介绍信;

(5)党员持市外有转接权限党委组织部门介绍信到转入党委(党工委),该党委(党工委)根据介绍信情况,开出从党委(党工委)到转入支部的介绍信;

(6)党员持转入党委(党工委)开出的介绍到转入支部报到。

四、人事代理

毕业生人事档案代理是指国家本着充分尊重毕业生自主择业的原则,高效、公正、负责地为各类高校毕业生解决在社会主义市场经济条件下所遇到的人事档案管理方面的有关事宜。它是一种新型的人事档案管理方式,它的实行对深化我国人事制度改革,实现人才社会化管理和服务具有重要意义。

(一)人事代理的功能

1. 保护人才的合法权益

我国正处于经济体制改革的转型时期,经济发展迅速,人才在不同体制单位中频繁流动。而在不同的体制单位中,其人事劳动政策却有着显著的区别,人事代理业务对人才流动中心个人的档案保存、工龄的连续计算、社会保险的接续、职称问题都能起到很好的衔接功能,使个人在流动后的合法权益得到有效的保护,实现了单位人向社会人的转化。

2. 企业与政府的衔接桥梁

人事代理业务是政府劳动人事管理职能的延伸,一方面可将政府在劳动人事管理上的政策和规定向企业传达和解释,让企业更快捷地了解政府劳动人事政策;另一方面企业在人事管理中需要面对人事、劳动、公安、教育等多个政府部门,而人事代理业务可以集中企业的各种需求,通过各个处理平台和专门的渠道为企业对口办理各项业务,让企业享受一站式服务。

3. 帮助企业从烦琐的事务中解脱出来

人事代理业务实现了企业人力资源管理中事务的社会化,是市场经济条件下新型劳动分工的一种体现。企业把档案、社保、职称、办理招用工手续、人才引进等具体事务外包给人事代理的专业机构代理,从具体烦琐的人事管理事务中解脱出来,全身心投入到企业经营和发展战略规划中去,同时减少了人事机构设置和人员成本,使企业整合利用外部最优秀的专业化资源来降低成本、提高效率、增强核心竞争力和对环境的应变能力。

4. 提升员工的满意度和忠诚度

企业实行人事代理,员工可以充分地享受到社会保障、人事管理方面的政策。同时,人事代理机构可以为员工迅速办理各项与其息息相关的福利及劳动人事事务,个人的后顾之忧能够得到解决,员工能和睦相处、专注工作,对企业的满意度和忠诚度就会不断地得到提升,有助于企业塑造良好的企业文化。

(二)人事代理的内容

根据目前的人事代理政策,毕业生办理人事代理可以解决以下几个方面的问题:

1. 本人档案的保管、转移;户籍关系的挂靠;党、团组织关系的挂靠、接转;

2. 代办养老保险、医疗保险和社会保险项目;

3. 见习期满后的转正、定级、专业技术职务资格评审;

4. 出具因公、因私出国、出境等政审证明材料;

5. 代理期间工龄连续计算,负责档案工资的核定调整;

6. 为毕业生办理改签手续;

7. 对毕业时未找到就业单位的毕业生,人才服务中心可以为其办理求职登记并提供就业岗位;

8. 办理人事代理后,不论流动到何单位,其工龄、身份、职称、社会保险、档案等方面,都由人才交流服务机构提供配套服务。

(三)人事代理的程序

根据毕业生的不同情况,毕业生人事代理手续办理程序也有所不同,具体程序分别是:

1. 择业期内已联系到接收单位的毕业生

凭接收单位签章的就业协议书到省、市人才中心,由人才中心审核后签署人事代理意见;毕业生将就业协议书送交所在学校,由学校统一到有关部门办理就业报到证、户口迁移证,并将毕业生档案转交人才中心;毕业生持就业报到证、户口迁移证、身份证等到接收单位办理户口迁入手续,接收单位无集体户口的,可直接落入人才中心集体户口。

2. 择业期内已就业,按要求到省、市人才中心实行人事代理的毕业生和由省外院校到本省二次择业的毕业生

持就业报到证(改签的还须提供原接收单位或省辖市人事部门同意改签的证明)到省、市人才中心,由省、市人才中心出具接收函;凭省、市人才中心的接收函

和原就业报到证直接到省毕业生就业办办理改签手续,并凭新的就业报到证将毕业生档案转交省、市人才中心;持新的就业报到证、户口迁移证、身份证等材料到省、市人才中心报到,签订人事档案管理合同,户口迁入省、市人才中心集体户口。

(四)人事代理的注意事项

1. 不是任何一个职业介绍机构都能够从事人事代理事务,只有政府人事部门批准的人才交流服务中心才能从事人事代理事务。所以,在选择人事代理机构时一定要看该机构是否具备人事代理资格。

2. 是否需要人事代理还要看用人单位是不是人事代理单位,需不需要人事代理。

3. 根据就业的方式和途径,应按照人才交流服务中心的要求办理有关手续。

4. 在与人才交流服务中心签订代理协议后,要严格按照协议条款执行,同时要用好代理政策,保证自己的合法权益。

5. 主动并及时与人才交流服务中心沟通信息,保证信息畅通。

第二节　大学生就业的权利与义务

当前,毕业生社会经验不足,法律知识缺乏,供需关系失衡等因素让毕业生在择业就业和劳动关系建立时完全处于弱势地位。在这一节中,将主要介绍大学毕业生在择业就业过程中依法享有的权利与义务,帮助毕业生正确认识自己的合法权利。

一、大学生在就业过程中享有的权利

(一)获取信息服务与接受就业指导权

所谓获取信息服务与接受就业指导权是指学生有权从学校、社会获得公开、及时、全面的就业信息服务,学校、社会应成立专门机构,安排专门人员对毕业生进行就业指导。《就业促进法》第三十五条规定:县级以上人民政府建立健全公共就业服务体系,设立公共就业服务机构,为劳动者免费提供法定的公共就业服务:就业政策法规咨询、职业供求信息、市场工资指导价位信息和职业培训信息发布;职业指导和职业介绍;对就业困难人员实施就业援助;办理就业登记、失业登记等事务;其他公共就业服务。公共就业服务机构应当不断提高服务的质量和效率,不得从事经营性活动,公共就业服务经费纳入同级财政预算。《就业促进法》还对政府举办经营性的职业中介机构、招聘会等行为做出了禁令,规定政府在提供就业指导与就业信息服务方面的责任。《就业促进法》等法律法规还规定了社会力量提供就业服务、指导的途径和鼓励措施。此外,近年来各高校都着力加强了对毕业生的就业指导,开设了大学生就业信息专门网站,短信信息服务平台,建立健全毕业生供需信息网络,广泛征集毕业生需求信息,不断提高就业服务工作专业化、信息化水平。另外,各高校还有计划地聘请校外大学生就业辅导专家来对毕业生进行有针对性的辅导,努力提高毕业生的就业技巧。

(二)自荐权和被推荐权

所谓被推荐权就是毕业生有要求学校在就业工作中如实、公正、择优、分型向用人单位推荐自己的权利。毕业生享有被推荐权包含这样几方面内容:第一,如实推荐。即高校在对毕业生进行推荐时,应实事求是,根据毕业生本人的实际情况向用人单位进行介绍、推荐,不能故意贬低或随意捧高对毕业生在校表现的评价。第二,公正推荐。学校对毕业生进行推荐应做到公平、公正,应给每一位毕业生以就业推荐的机会,不能厚此薄彼。公正推荐是学校的基本责任,也是毕业生享有的最基本的权益。第三,择优推荐。学校根据毕业生的在校表现,在公正、公开的基础上,还应择优秀学生推荐,以及根据学生个人优点推荐。

(三)公平自由择业权

所谓公平择业权就是公民在择业过程中不得因其民族、种族、性别、政见、信仰、身体原因、社会出身不同等原因而受到歧视,或被排斥适用公平均等机会,或被取消、损害就业与职业机会,或违反待遇平等原则给予区别对待的权利。其主要针对用人单位对毕业生的就业歧视而提出来的。近年来,本科、外地、女生,被一些大学生们戏称为最不好找工作的"类型",此外,身高歧视、性别歧视、容貌歧视、生源地歧视、对乙肝病毒携带者的歧视以及对学生毕业学校的歧视等,不胜枚举。《中华人民共和国劳动法》(以下简称《劳动法》)颁布,其中第三条将"劳动者享有平等就业和选择职业的权利"规定为劳动者的劳动权利之一。

自由择业权是指毕业生有权按照自己的意愿选择职业,包括自由选择是否从事职业劳动,从事何种职业劳动,何时从事职业劳动,在哪一类或哪一个用人单位从事职业劳动等权利。劳动者的自由择业权否定了行政安置和强制劳动,充分体现了毕业生可以自由处分自己的劳动权。毕业生自由选择工作岗位,成为人才市场的主体,通过与企业的双向选择实现就业,自由独立地享有支配自身劳动力的权利,根据自身素质、意愿和市场价格信号,选择用人单位。用人单位招聘毕业生时通过扣押毕业证、学位证或身份证等手段侵害学生的自由择业权,不仅违反了《中华人民共和国居民身份证条例》的有关规定,而且违反了《劳动法》,对于非法限制劳动者人身自由情节严重的,甚至还违反《刑法》并构成犯罪。此外,用人单位也不能用高额的违约金来剥夺劳动者自由择业权,《劳动合同法》规定,除了以下两种情形外,用人单位不得与劳动者约定由劳动者承担违约金:1. 用人单位为劳动者提供专项培训费用,对其进行转业技术培训的,应当按照约定向用人单位支付违约金;2. 用人单位与劳动者可以在劳动合同中约定保守用人单位的商业秘密和与知识产权相关的保密事项。

(四)择业知情权

所谓择业知情权是指被征集信息的劳动者对所征集的个人信息以及根据这些信息所加工的产品,及其征集信息者的信息享有了解真实情况的权利。毕业生在应聘过程中,用人单位作为主动征集信息主体和处于劳动关系中的强势一方,与劳动者之间存在事实上的信息不对称问题,许多用人单位利用这种信息不对称在规定劳动者工作内容、工作条件、职业危害、安全生产状况、劳动报酬等方面取得实质性优势。为保护劳动者知情权的需要,《中华人民共和国劳动合同法》第八条规定:用人单位招用劳动者时,应当如实告知劳动者工作内容、工作条件、职业危害、安全生产状况、劳动报酬,以及劳动者要求了解的其他情况。

(五)过渡期保障权

所谓过渡期保障权是指毕业生在到用人单位工作前后的实习期、试用期、见习期所应当具有的保障个人安全与和谐发展的权利。部分用人单位对毕业生在到用人单位工作前后的过渡期保障权约定比较笼统,定义比较含糊,甚至有的还故意模糊实习期、试用期、见习期的概念。所谓实习期是指在校学生通过参加实际工作,提高其自身素质的过程或时间。所谓试用期是指用人单位和劳动者为相互了解、选择而约定的不超过 6 个月的考察期。所谓见习期是指全日制普通高校毕业生到用人单位工作后,实行的一年期见习制度,见习期满后就需由上级人事主管部门为毕业生办理转正、工资及职称评定手续。而一些用人单位在实习期任意削减学生权益,或是见习期内设定超过半年的试用期,或随意延长毕业生试用期,或随意取消毕业生试用期,或同一单位在不同岗位之间轮换时重复设定试用期,利用毕业生在这些职业过渡期的弱势地位,侵犯他们的权利。《劳动合同法》第二十条限定了试用期工资的最低水平:"劳动者在试用期的工资不得低于本单位相同岗位最低档工资或者劳动合同约定工资的百分之八十,并不得低于用人单位所在地的最低工资标准。"

(六)违约及求偿权

违约及求偿权是指毕业生、用人单位、学校在签订三方协议后,如用人单位无故要求解约,毕业生有权依照《普通高等学校毕业生就业工作暂行规定》要求对方严格履行就业协议。否则用人单位应对毕业生承担违约责任,支付违约金,毕业生有权要求用人单位进行赔偿或补偿。

二、大学生在就业过程中应履行的义务

（一）毕业生有服从国家需要,遵守国家就业政策以及学校据此制定的具体规定的义务

毕业生"自主择业"并不是完全的"自由择业",是在国家就业方针政策指导下的自主就业,毕业生有服从国家需要的义务。招生并轨后,大学生实行缴费上学、自主择业,但是毕业生所缴纳的学费只是国家培养学生所需费用的一部分,大部分费用仍由国家承担。另一方面,作为一名国家公民有为国家和社会服务的义务,所以毕业生有义务服从国家需要、为国家的建设做出应有的贡献。

（二）毕业生有向用人单位如实介绍个人基本情况的义务

毕业生在自荐或求职过程中,应该实事求是,按照诚实守信的原则,如实向用人单位介绍自己的情况。这包括政治思想品质、学习成绩、健康状况、能力特长、在校表现等,保证毕业生就业推荐表、协议书和个人简历等有关材料内容真实。

（三）严格按照就业协议及其他合法约定履行相应义务

就业协议对用人单位和毕业生均有约束力,毕业生与用人单位签订就业协议后,必须在规定的时间内,到签约单位报到工作,严格按照协议约定履行义务,不得无故擅自变更或自行解除。

（四）承担自身违约而带来的相应责任

（五）依法应履行的其他义务

第三节　就业协议书

就业协议书是《全国普通高等学校毕业生就业协议书》的简称,又叫"三方协议",它是明确毕业生、用人单位和学校在毕业生就业工作中权利和义务的书面表现形式。《高校毕业生就业协议书》一般由国家教育部或各省、市、自治区就业主管部门统一制表。作为学校列入派遣计划依据的《全国普通高等院校毕业生就业协议书》,由学校发给,毕业生签字,用人单位盖章,毕业生本人保存一份作为办理报到、接转行政和户口关系的依据。协议在毕业生到单位报到且用人单位正式接收后自行终止。

一、就业协议书的相关内容

（一）什么是就业协议书

按《普通高等学校毕业生就业工作暂行规定》和教育部的有关规定,为维护毕

业生就业工作的严肃性、公正性和公平性,就业协议书明确规定了毕业生、用人单位和培养院校三方在毕业生就业工作中的权利和义务。凡被用人单位正式录用的毕业生均需要签订就业协议书。凭就业协议书办理全国普通高等学校本专科毕业生就业报到证(简称报到证)。协议在毕业生到单位报到、用人单位正式接收后自行终止。现行的就业协议书是由教育部高校学生司统一制表、省毕业生就业主管部门统一印制。一式四份,由学校统一发放,人手一份,按编号发放使用。

毕业生与用人单位通过双向选择签订毕业生就业协议。就业协议要明确劳资双方的责任、义务与权利,任何一方不得擅自解除或违约,违约方须承担违约责任。

(二)就业协议书的主要内容

1. 要填写的内容

就业协议书一般包括这样一些要填写的内容:

(1)毕业生的姓名、性别、年龄、民族、政治面貌、健康状况、身高、体重、专业、学制、学历、家庭住址、应聘意见等。

(2)用人单位名称、单位隶属、联系人、联系电话、邮政编码、通信地址、所有制性质、单位性质、档案转移详细地址、用人单位意见、用人单位上级主管部门意见等。

(3)学校毕业生就业主管部门意见、学校联系人、联系电话、邮政编码、学校通信地址。

2. 协议的内容

(1)毕业生应按国家法规就业,向用人单位如实介绍自己的情况,了解用人单位的使用意图,表明自己的就业意见,在规定的时间内到用人单位报到,若遇到特殊情况不能按时报到,需征得用人单位同意。

(2)用人单位要如实介绍本单位的情况,明确对毕业生的要求及使用意图,做好各项接收工作。

(3)学校要如实向用人单位介绍毕业生的情况,做好推荐工作。用人单位同意录用后,经学校审核列入建议就业计划,报主管部门批准,学校负责办理派遣手续。

(4)各方应严格履行协议,任何一方若违反协议,应承担违约责任。

(5)其他补充协议。

(三)就业协议书的填写事项

1. 毕业生就业协议书一式四份,是碳复写格式,要妥善保管,避免被硬物刮蹭,不要在第一页上乱写。

2. 毕业生要签订就业协议的单位必须是具有接收应届毕业生能力的单位,即能够解决毕业生户口、档案问题的单位。若用人单位不能解决户口,其户口档案回生源地,按灵活就业办理就业手续。对于北京、上海、广州等户口未迁到学校的毕业生,需要单位解决档案问题。

3. 就业协议书与推荐表一起使用(除研究生委培、定向、本科生保研、出国外),由各校统一下发给每一名准备就业的毕业生,每人一份,不得转借、复制,严禁重复签约。

4. 毕业生本人填写部分:请毕业生按本人真实情况填写。

5. 用人单位情况及意见:所有项目由用人单位填写,不能为空。其中:档案转寄地址和户口迁移地址等栏目非常重要,要求用人单位认真填写。学校将根据此填写内容出具报到证、户口迁移证、专递档案。

6. 备注部分:学校不参与就业协议书"备注"内容。具体内容是毕业生与用人单位达成的意见。一般包括如下内容:签约年限、工作地点、落户地点、违约条款等。有三点值得注意:一是注明的内容应是双方事先约定好的,如果事先没有约定好可能会影响协议的达成;二是有些内容是属于劳动合同来约定的,许多用人单位对此有统一的规定,可能无法满足个人的特殊要求;三是如果用人单位和个人已经有了另外较为详细的两方协议约定,也不必在三方《就业协议书》上重复注明。有些用人单位还有可能对某些条款(如薪金等)提出保密而要求不在三方《就业协议书》上注明。

7. 三方协议中的单位名称:请毕业生一定要认真填写,毕业时发放的报到证以就业协议书中填写的单位名称进行派遣。到学校向教委上报就业方案时,如三方协议未能按时返回学校的,以学生在就业信息网上填报的单位名称为派遣依据。

(四)就业协议书的管理及审核

1. 就业协议书的管理

(1)在择业过程中,毕业生与用人单位达成需求意向后,均须签订由学校统一发放的就业协议书。

(2)就业协议书是办理就业报到证的依据,任何单位和个人不得复印、复制就业协议书。

(3)就业协议书不得挪用和转借,一经发现,所发放的就业协议书作废,并追究当事人责任。

(4)就业协议书因污损或损坏不能正常使用时,毕业生可向所在院(系)提出申请并由学生工作负责人签署意见后,凭原就业协议书和申请到学校就业主管部门更换新的就业协议书。

(5)考取研究生的毕业生,如未签订就业协议,毕业生离校时必须将就业协议书一式四份交回就业主管部门。如已签订就业协议,办理相关手续时须向学校就业主管部门递交用人单位的退函及就业协议书。

(6)毕业生和用人单位在就业协议书上签署意见并加盖公章后,应及时将就业协议书上交学校就业指导服务部门。若因私自滞留就业协议书引发用人单位和毕业生之间纠纷的,由当事人承担相应责任。

2. 就业协议书的审核

学校持已签订的就业协议书到省就业主管部门办理全国普通高等学校本专科毕业生就业报到证时须对其进行审核,审核不合格即无法办理就业手续。毕业生应认真了解有关要求,主要包括:

(1)毕业生回生源地自主择业,可不签订就业协议书,经申请后直接办理。

(2)到省辖市市管或区管单位就业的,需经省辖市毕业生就业主管部门(非师范类专业的经市人事局,师范类专业的经市教育局)盖章同意;到县或县以下单位就业的,只需经县毕业生就业主管部门的盖章同意。

(3)到省直、中央驻省单位的,须经主管部门盖章同意。其中进省直事业单位的须携带省人事部门核发的年度机关事业单位进人审核卡;中央驻省单位主管部门系指在省的主管部门;在省工商局注册的无主管企业接收毕业生,须经省毕业生就业办审核备案,或到人事部门人才交流中心实行人事代理。

(4)在省外落实就业单位的,按有关省、市、县(区)毕业生就业主管部门的规定办理。原则上到省外各省区或部属单位就业的,经省毕业生就业主管部门盖章同意;到市以下单位就业的,经市毕业生就业主管部门盖章同意;到直辖市单位就业的,须经直辖市就业主管部门同意。

(5)到在京中央单位的,须经人力资源与社会保障部同意。

【小贴示】

隐瞒已与用人单位签约的事实,又以协议书遗失为由申领新协议书,一律按违约处理,并将处理结果通报用人单位。使用他人就业协议书签约的、伪造就业协议书的、私制公章的毕业生,学校将做严肃处理,触犯法律的,依法追究法律责任。学校就业指导中心视情节轻重,报市大中专就业指导中心批准,不再负责其就业,该生户口、档案转至家庭所在地,按社会待业人员处理。

二、就业协议书的作用

(一)就业协议书是毕业生就业和用人单位接收毕业生的重要依据

在毕业生就业制度中,为了合理配置劳动力资源,充分发挥人才的作用,国家赋予毕业生自主选择工作的权利,同时为了调动用人单位的积极性,国家把自主录用人才的权利赋予用人单位。同样具有自主权利的双方,在国家就业政策的指导下,通过双向选择,达成一致意见,并以书面的形式确定下来,这就是签订就业协议书。其目的是为了保护毕业生和用人单位各自的权益,同时,它也成为毕业生就业和用人单位录用毕业生的重要依据。

(二)就业协议书是学校实施毕业生就业管理、编制就业方案的重要依据

国家为宏观控制毕业生流向,保障急需人才的补充,就要使就业有一定的计划性。因此,学校要以就业协议书为依据编制毕业生就业的建议性方案,报上级毕业生就业主管部门审批。同时,学校为了加强对毕业生就业工作的管理,维护毕业生和用人单位的合法权益,保持与用人单位的合作关系,维护高校自身的信誉,要参与就业协议的签订并监督执行。

(三)就业协议书是进行毕业生派遣的根据

国家颁布的《普通高等学校毕业生就业工作暂行规定》明确规定了地方主管毕业生调配部门和高等学校依据三方就业协议书,按照国家下达的就业计划,向毕业生核发报到证,进行派遣。派遣毕业生统一使用《全国普通高等学校本专科毕业生就业报到证》。就业协议书是进行毕业生派遣的依据,学校根据政府审核批准的就业计划,发给毕业生就业报到证,毕业生持报到证在规定的时间内到指定单位报到,并办理户籍关系的迁移。

(四)就业协议书是进行劳动统计的重要依据

就业协议书能够准确反映用人单位的劳动需求,反映劳动力市场对毕业生的需求状况。学校每年依据就业协议书来编制就业计划,落实当年的就业率指标,给国家提供相关就业数据。同时还可以通过对就业信息进行统计、分析和对比,及时调整专业学科设置,促进教学改革,使其更好地适应劳动力市场需求。

(五)就业协议书可维护和保护各自的权利和利益

办理就业协议书有利于明确用人单位和毕业生各自的权利和义务,保护各自的权利,维护各自的利益。

三、就业协议书的签订

(一)就业协议书的订立原则

1. 签订就业协议的当事人必须具备合法的主体资格

对毕业生而言,就是必须要取得毕业资格,如果学生在派遣时未取得毕业资格,用人单位可以不予接收而无须承担法律责任。对用人单位而言,用人单位必须具有从事各项经营或管理活动的能力,单位应有录用毕业生计划和录用自主权,否则毕业生可解除协议而无须承担违约责任。

对高校而言,高校根据用人单位的要求如实介绍毕业生的在校表现,也应如实将所掌握的用人单位的信息发布给毕业生。高校是毕业生就业协议的一个重要组成部分。

2. 平等协商原则

就业协议的三方在签订就业协议时的法律地位是平等的,一方不得将自己的意志强加给另一方。学校也不得采用行政手段要求毕业生到指定单位就业(不包括有特殊情况的毕业生),用人单位亦不应在签订就业协议时要求毕业生交纳过高数额的风险金、保证金。三方当事人的权利义务应是一致的。除协议书规定内容外,三方如有其他约定事项可在协议书"备注"内容中加以补充确定。

(二)签订就业协议的程序

1. 毕业生和用人单位达成协议并在就业协议书上签名、盖章;

2. 用人单位上级主管部门或委托存档单位在就业协议书上批准盖章;

3. 毕业生将本人就业信息录入就业系统,录入内容应与协议书上内容一致;

4. 毕业生将签订好的就业协议交学院(系)初审;

5. 毕业生将签订好的就业协议书送就业服务中心终审盖章,并办理派遣手续;

6. 就业协议由学校、院系、用人单位及毕业生本人各执一份。

(三)无效协议

无效协议是指欠缺就业协议的有效要件或违反就业协议订立的原则从而不发生法律效力的协议,无效协议自订立之日起无效。

1. 就业协议未经学校同意视为无效。如有的协议经学校审查认为对毕业生显失公平,或违反公平竞争、公平录用的原则,学校可不予认可。

2. 采取欺骗等违法手段签订的就业协议无效。如用人单位未如实介绍本单位情况,根本无录用计划而与毕业生签订就业协议。无效协议产生的法律责任应由责任方承担。

(四)签订协议的注意事项

为了保护毕业生在就业过程中的权益,以及避免不必要的纠纷,毕业生在签订就业协议时要注意以下事项。

1. 全面了解用人单位,审查其主体资格

近几年,随着高校扩招,毕业生在就业市场上常常供大于求,他们求职心切,只听信用人单位单方面的许诺,不进行较为全面的考察,就立即签约。这样一旦真正发现用人单位的许诺和自己的预期相差太远,便后悔莫及,甚至可能违约,与此同时还要承担违约责任,给自己带来不必要的麻烦,也影响学校的声誉。因此,毕业生签订就业协议时必须对用人单位进行较为全面的考察，特别要审查用人单位是否具备合法的主体资格。一般而言，用人单位，不管是机关、事业单位还是企业（不包括私营企业），必须要有进人的权利。如果其本身不具备进人的权利，则必须经其具有进人权利的上级主管部门批准同意。

2. 认真审查协议书和补充协议的内容

协议书的内容是整个协议书的关键部分，毕业生一定要认真审查。首先，要审查协议内容是否合法，是否符合国家相关法律和政策；其次，要审查和仔细推敲双方权利和义务是否合理，由于现在使用的协议书内容简单，毕业生可以和用人单位协商，就原协议书中未能体现的具体权利和义务用补充协议的形式表达出来。

必须指出，补充协议书和主协议书具有同等法律效力。如果遇到单位在《协议书》或者补充协议中只规定毕业生定期服务的义务和违反约定时的赔偿，而不提单位提供的工资标准、工作岗位和工作条件等在《劳动合同》中必备的约束用人单位的条款，如此用人单位的用意就非常明显，此时毕业生就需要进一步谨慎考虑。

3. 利用好就业协议备注栏

备注栏通常是记录毕业生和用人单位双方达成的其他补充意见。在当前就业协议与劳动合同双轨并存的现状下，应充分发挥就业协议中"备注"栏的作用，或在签订就业协议的同时签订书面补充协议。现在毕业生与用人单位通常会就协议解除达成某些意向，如体检不合格、无法解决落户问题、考取研究生等，协议自动解除，那么应将该内容记载于就业协议备注栏中，这样，待约定的情况发生时，双方都无须承担违反就业协议的责任。若无约定事项，在填写就业协议时，应在备注栏中说明"以下空白"或"无"。

4. 协议的形式合法

在法律意义上，书面文本效力大于口头承诺，但凡双方协商一致的内容都应当形成书面材料，并且要表述清楚、明确，不要有歧义。毕业生和用人单位对协议各项条款经协商一致，签约时要注意完整地履行手续。

第一，毕业生要签名并写清签字时间；第二，用人单位及其上级主管部门必须加盖单位公章并注明时间，不能用个人签字代替单位公章；第三，毕业生和用人单位签字后需将协议书交给学校就业主管部门履行相关手续；第四，用人单位和毕业生各保留一份协议，并将第三份交学校保管。

5. 注意与劳动合同的衔接

由于毕业生就业协议签订在先，为避免在日后订立劳动合同时产生纠纷，应尽可能将劳动合同的主要内容如有关服务期、试用期、基本收入、福利、违约金等体现在就业协议的约定条款中,并明确表示在今后订立劳动合同时应予以确认。否则,若对工作内容、劳动报酬、福利待遇、试用期限、服务期限等劳动合同中的主要条款事先无约定,或只听用人单位口头承诺,当与用人单位发生纠纷时,空口无凭,无据可查,对维护毕业生的合法权益极为不利。当毕业生到用人单位报到后,一定要尽快与单位签订劳动合同,将协议中约定的相关报酬、合同期限、福利待遇等写入正式的劳动合同中,以保障自身的合法权益。

6. 违约责任须明确

违约责任是指协议当事人因过错而不履行或不完全履行协议规定的义务应承担的法律责任,它是保证协议履行的有效手段。鉴于实践中毕业生及用人单位违约率有所增加的状况,协议书中违约责任条款就显得更为重要。因此,在协议内容中,应详细表述当事人双方的违约情形及违约后应负的责任,同时还应写明当事人违约后通过何种方式、途径来承担责任。这样,才能更有利于当事人双方履行协议,也有利于以后违约纠纷的解决。

四、协议的解除

(一)什么是协议的解除

为了维护就业协议书的严肃性和学校的声誉,毕业生与用人单位签订了《就业协议书》后,毕业生和用人单位都应认真履行协议。倘若毕业生因特殊原因要求违约,应承担违约责任。已签订《就业协议书》的毕业生,如要违约,需办理解约手续。

(二)协议解除的步骤

1. 到原签协议书的单位办理书面同意的解约函(盖单位公章);

2. 向就业中心提出书面申请(阐明解约理由),并附上单位及上级人事主管部门审核同意的解约函,交就业办;

3. 就业办根据有关规定审批换发新的《就业协议书》。

(三)单方解除和三方解除

就业协议的解除分为单方解除和三方解除。

单方解除,包括单方擅自解除和单方依法或依协议解除。单方擅自解除协议,属违约行为,解约方应对另两方承担违约责任。单方依法或依协议解除,是指一方解除就业协议有法律上的或协议上的依据,如学生未取得毕业资格,用人单位有权单方解除就业协议,毕业生录用之后,可解除就业协议,或依协议规定,毕业生未通过用人单位所在地组织的公务员考试,用人单位有权解除协议,此类单方解除,解除方无须对另两方承担法律责任。

三方解除是指毕业生、用人单位、学校三方经协商一致，消灭原订立的协议，使协议不发生法律效力。此类解除因是三方当事人真实意思表示一致的体现，三方均不承担法律责任，三方解除应在就业计划上报主管部门之前进行，如就业派遣计划下达后解除三方，还须经主管部门批准办理调整改派。

（四）违约和改派

在学校上报就业方案之前毕业生与用人单位解除协议的是违约。申请违约的毕业生要分别向就业指导中心和用人单位提出申请，用人单位同意并出具解除协议的解约函后，毕业生持解约函在学校规定的时间内登记备案，再办理相关手续。

在学校上报就业方案后毕业生提出解除协议的，属于改派。申请改派的毕业生要在学校的规定时间内将改派材料交到就业指导中心，填写改派申请表，然后学校向教委申报审批。

"改派"是指在一年内改变工作单位、重新办理派遣的简称。对原工作单位不满意或被用人单位辞退改变工作单位需要重新派遣的才需要办理改派。但一般不要轻易因个人原因频繁办理改派。省教育厅规定，原则上一年内只允许改派一次。一年以后，改变工作单位的就是办理调动而非改派。

改派的程序

1. 毕业生向原分配单位提出改派申请，讲明改派原因；

2. 原单位同意改派后，出具将毕业生退回学校或同意将毕业生改派到其他单位工作的公函；

3. 带上原报到证与新单位签订的就业协议书到学校招生就业处就业科办理改派手续；

4. 由学校上报省毕业生就业工作主管部门审批，省毕业就业工作主管部门如能批准，更改报到证手续；如果省主管部门不批准，毕业生仍应到原派遣单位报到。

（五）违约的后果

就业协议书一经毕业生、用人单位、学校签署即具有法律效力，任何一方不得擅自解除，否则违约方应向权利受损方支付协议条款所规定的违约金，从实际情况来看，就业违约多为毕业生违约。违约除本人应支付违约金外，往往还会造成其他不良的后果，表现在：

1. 就用人单位而言，用人单位往往为录用一名毕业生做了大量的工作，有的甚至对毕业生将要从事的具体工作也有所安排。同时毕业生就业工作时间相对比较集中，一旦毕业生因某种原因违约，势必使用人单位的录用工作付之东流，用人单位若另起炉灶,选择其他毕业生,在时间上也不允许,从而给用人单位工作造成被动。

2. 就学校而言,用人单位往往将毕业生违约行为认为是学校的行为,从而影响学校和用人单位的长期合作关系。用人单位由于毕业生存在违约现象,而对学校的推荐工作表示怀疑。从历年情况来看,一旦毕业生违约,该用人单位在几年之内不愿到学校来挑选毕业生。面对激烈的就业竞争,用人单位需求就是毕业生择业成功的前提,如此下去,必定影响今后学校的毕业生就业工作。同时影响学校就业计划方案的制定和上报,并影响学校的正常派遣工作。

3. 就其他毕业生而言,用人单位到校挑选毕业生,一旦与某毕业生签订就业协议,就不可能再录用其他毕业生。若日后该毕业生违约,有些当初希望到该用人单位工作的其他毕业生由于录用时间等原因,也无法补缺,造成就业信息的浪费,影响其他毕业生就业。因此,毕业生在就业过程中应慎重选择,认真履约。

第四节　劳动合同

劳动合同是毕业生到用人单位报到后签订的,是劳动者与用人单位之间确立劳动关系、明确双方权利和义务的协议。了解劳动合同的基本内容,签订原则以及注意事项有利于维护自己的合法权益,避免不必要的损失。

一、劳动合同的基本内容

根据《劳动合同法》的规定,劳动合同的内容可以分为两个部分:必备条款和普通条款。必备条款也叫作法定条款,就是在劳动合同中必须具备的内容,不可缺少;法定条款又分为一般法定条款和特殊法定条款。

(一)一般法定条款

一般法定条款包含七个方面的内容:

1. 劳动合同的期限。就是合同开始的时间和结束的时间。如2009年3月20日被录用开始工作,工作时间为10个月,那么合同的期限一般规定为:本劳动合同从2009年3月20日生效,到2010年1月20日结束。

2. 工作内容。这条规定就业者在该单位做什么工作,如在装修公司当木工,那么合同中应该注明工作的内容是"木工",具体承担木制家具制作、装修工作的一些木工活儿等。

3. 劳动保护和劳动条件。如建筑工人应该发放安全帽,高空作业有哪些保护措施等。

4. 劳动报酬。就是工资给多少，怎么算，什么时候发工资等。

5. 劳动纪律。如上班时间不得私自外出，如何请假等。

6. 劳动合同终止的条件。如合同到期终止，或者就业单位出现破产停业等情况终止合同，或者就业者出现特殊情况要求终止合同等，以及终止合同是双方应该承担的责任。

7. 违反劳动合同的责任。这一条规定了签约双方的任何一方违反了合同中的规定，应该如何处理等。

（二）特殊法定条款

由于某些劳动合同的特殊性，法律要求某一种或某几种劳动合同必须具备特殊法定条款。例如，中外合资经营企业和私营企业的劳动合同中应该包括工时和休假的条款。如果因为用人单位的原因签订了不完整的劳动合同，之后对就业者的权益造成了侵害，用人单位应当承担法律责任。

（三）补充条款

也叫作商定条款，可有可无，是双方当事人在签订合同时互相商量定下的条款。补充条款是法律赋予双方当事人的自由权利，但是，补充条款的约定不能与国家的法律法规相抵触，不能危害国家、其他组织或个人的权益。

二、签订劳动合同的基本原则

劳动合同是劳动者与用人单位确立劳动关系、明确双方权利和义务的协议。建立劳动关系应当订立劳动合同。《劳动合同法》规定，签订劳动合同要遵循平等、自愿、协商一致的原则，不得违反法律和行政法规的规定。劳动合同依法订立即具有法律效力，当事人必须履行劳动合同规定的义务。

（一）平等原则

平等原则是指订立劳动合同的双方当事人法律地位平等。因此，毕业生应该依据《劳动合同法》的规定，理直气壮地要求与用人单位签订劳动合同。在合同上签字前要仔细阅读合同条款，对内容含混的条款要坚持改写清楚，对不合法的内容要据理力争，以维护自己的合法权益。

（二）自愿原则

自愿原则是指劳动者要完全出于自己的意愿签订劳动合同，用人单位不能强迫或欺骗劳动者签订劳动合同。

（三）协商一致原则

协商一致原则是指劳动合同的各项条款是经过平等协商取得一致的意见。

（四）合法原则

合法原则是指签订劳动合同的双方不得违反法律和行政法规的规定,也就是说,订立合同的主体和内容必须合法。

三、签订劳动合同的重要作用

劳动合同是劳动者与用人单位确立劳动关系、明确双方权利和义务的协议,是劳动者与用人单位依据《劳动合同法》建立劳动关系的书面法律凭证。劳动合同也是稳定劳动关系、用人单位强化劳动管理、劳动者保障自身权益、双方处理争议的重要依据。

《劳动合同法》规定,建立劳动关系都要签订劳动合同。签订劳动合同主要有以下三个方面的重要作用:

(一)签订劳动合同可以强化用人单位和劳动者双方的守法意识

以劳动合同的形式明确劳动者和用人单位双方的权利和义务,双方之间就有了一个具有法律约束力的协议。在劳动过程中,用人单位依据劳动合同管理职工、行使权利和履行义务;劳动者也依据劳动合同保护自身的权益,履行相应的义务。

(二)签订劳动合同可以有效地维护用人单位与劳动者双方的合法权益

劳动合同都要规定一定的期限,在合同期内,用人单位和劳动者都不能随意解除劳动合同。合同期满后,用人单位和劳动者可以就是否续签合同等重新进行协商,这就维护了用人单位用人和劳动者求职的灵活性。

(三)签订劳动合同有利于及时处理劳动争议,维护劳动者的合法权益

如果没有劳动合同,劳动者可能会在工资收入、工作时间长短、工作条件等方面与用人单位发生争议时,由于没有有效证据而遭受损失。

四、签订劳动合同的注意事项

(一)签订劳动合同前应熟悉相关法律

劳动合同是用来约束劳动者和用人单位行为以及处理纠纷的重要法律依据。劳动合同的每个环节,都需要劳动者有一定的法律常识,所以劳动者在签订劳动合同之前最好先了解一下都有哪些法律可以保护劳动者的合法权益。我国有关保护劳动者合法权益的法律法规很多,其中以《中华人民共和国劳动法》及教育部《关于贯彻执行〈中华人民共和国劳动法〉若干问题的意见》的规定最为全面,是规定劳动关系的主要法律。此外,有关劳动合同的法规主要有劳动部《关于实行劳动合同制度若干问题的通知》《违反和解除劳动合同的经济补偿办法》《违反〈劳动法〉有关劳动合同规定的赔偿办法》等。

(二)合同形式、内容要合法

一份具有法律效力的劳动合同,首先签订合同的程序应符合法律规定,并且

应当用书面的形式予以确认，合同至少一式两份，双方各执一份，劳动者应妥善保管自己的劳动合同。在劳动合同的内容上，劳动者一定要先确定自己签订的劳动合同是否具备产生法律效力的条件，包括：用人单位应是依法成立的劳动组织，能够依法支付工资、缴纳社会保险及提供劳动保护条件，并能承担相应的民事责任等。

（三）警惕合同陷阱

部分用人单位为了实现自己的利益最大化，千方百计在劳动合同中设立各种陷阱，侵害劳动者的合法权益。主要包括：在合同中设立押金条款；不与劳动者协商；在合同中规定逃避责任的条款，对于劳动者工作中的伤亡不负责任；准备了至少两份合同，一份是假合同，内容按照有关部门的要求签订，以对外应付有关部门的检查，但真正执行的是另一份合同，等等。

五、其他

（一）无固定期限劳动合同不是"铁饭碗"

《劳动合同法》提出了"无固定期限劳动合同"，改变了以往一些单位一年一签的惯例。劳动者在该用人单位连续工作满 10 年的；连续订立二次固定期限劳动合同，续订劳动合同的；以及用人单位自用工起满 1 年不与劳动者订立书面劳动合同的，除劳动者本人不愿意之外，都应当订立无固定期限劳动合同。但是需要说明的是，无固定期限劳动合同并非"铁饭碗"，也并不是每个人都适合长期合同，应届生应该根据自己的实际情况来考虑签约期限。

（二）违约金以及经济赔偿金

《劳动合同法》实施后，并非毕业生违背了用人单位的意愿就要交"违约金"或者"经济赔偿金"。

《劳动合同法》规定只有两类劳动者可以在劳动合同中约定违约金：一类是用人单位提供专项培训费用；另一类是对负有保守商业秘密和知识产权义务的高级管理人员、高级技术人员和其他负有保密义务的人员，如劳动者违反竞业限制的约定，应当按照约定支付违约金。

经济赔偿金主要是企业给劳动者的赔偿。《劳动合同法》规定如果用人单位随意解除合同或者合同到期终止时用人单位不再续订的（包括用人单位降低劳动合同约定条件造成劳动者不再续订）都要向劳动者支付相应经济赔偿金。

（三）试用有时限有工资

虽然在试用期难免如履薄冰，毕业生也要保护好自己的权益。劳动合同法规定，用人单位不得在试用期内随意辞退劳动者。"劳动合同期限 3 个月以上不满 1 年的，试用期不得超过 1 个月；劳动合同期限 1 年以上不满 3 年的，试用期不得超过2个月;3年以上固定期限和无固定期限的劳动合同,试用期不得超过6个月。同一用人单位与同一劳动者只能约定一次试用期。"

劳动合同法规定"试用期的工资不得低于本单位相同岗位最低档工资或者劳动合同约定工资的百分之八十,并不得低于用人单位所在地的最低工资标准"。

【思考练习】

1. 大学生有哪些就业权利和义务? 在就业时,大学生该如何在保障就业权益的同时履行就业义务?

2. 毕业和报到时都需要办理哪些手续? 注意事项有哪些?

3. 就业协议书的作用主要有哪些? 就业协议签订的步骤是什么? 签订就业协议之前,大学生应该考虑哪些问题?

4. 签订劳动合同的注意事项主要有哪些?

第五节　防止传销陷阱

一、传销的定义

传销是指组织者或者经营者发展人员,通过对被发展人员以其直接或者间接发展的人员数量或者销售业绩为依据计算给付报酬,或者要求被发展人员以交纳一定费用为条件取得加入资格等方式获取非法利益、扰乱经济秩序、影响社会稳定的行为。

二、法律法规

传销是国家明令禁止的违法行为。传销作为一种营销方式,20世纪90年代初传入我国大陆。由于传销本身具有组织上的封闭性、交易上的隐蔽性和传销人员的分散性等特点,加之我国正处于社会主义市场经济的初级阶段,市场发育程度低,相关法律法规不够完善,管理手段相对滞后,消费者自我保护意识不强,一些不法组织和个人利用传销宣扬邪教、组织帮会、散布迷信;利用传销吸收党政机关工作人员、现役军人、在校学生等参与经营;利用传销从事诈骗活动、推销假冒伪劣商品、偷逃税收、走私贩私、牟取暴利。传销活动严重干扰了正常的经济秩序,严重损害了人民群众的利益,影响我国的社会稳定。为此,1998年4月,国务院发出了《关于禁止传销经营活动的通知》,明确指出传销活动不符合我国现阶段国情,已造成严重危害,对传销活动必须予以坚决禁止。全国公安机关坚持对传销违法犯罪活动"零容忍"态度,继续以重点案件、重点领域、重点地区为抓手,紧盯传销犯罪新手法、新动向、新趋势，持续不断对传销违法犯罪活动开展严厉打击。2005年8月，国务院颁布了《禁止传销条例》，并于同年11月1日起施行。条例的颁布实施，进一步加大了对传销活动的打击力度。

不得将房子租给传销人员：从法律条文上讲，2005年11月施行的《禁止传销条例》第26条规定，为传销行为提供经营场所、培训场所、货源、保管、仓储等条件的，由工商行政管理部门责令停止违法行为，没收违法所得，处5万至50万元的罚款。有些房东也许一开始并不知道租客是传销者，但缺失监管，客观上对传销是一种助长行为。不管是故意还是过失，从立法精神上说，都需要承担相应责任，只不过根据具体情节处罚力度会有所不同。如果房主对处罚结果有异议，可通过行政复议等程序来申诉。

2009年2月28日，为了更有效地打击传销违法犯罪活动，十一届全国人大常委会第七次会议表决通过的刑法修正案（七）增设了"组织领导传销罪"，在刑法第二百二十四条后增加一条，作为第二百二十四条之一："组织、领导以推销商品、提供服务等经营活动为名，要求参加者以缴纳费用或者购买商品、服务等方式获得加入资格"。

影响社会稳定在司法实践中，对这类案件主要是根据实施传销行为的不同情况，分别按照非法经营罪、诈骗罪、集资诈骗等犯罪追究刑事责任，并没做出专门的规定。

组织、领导传销罪：以"拉人头"、收取"入门费"等方式组织传销的违法犯罪活动时有发生，严重扰乱社会秩序，影响社会稳定。国务院法制办、公安部、国家工商总局等部门提出，为更有利于打击组织传销的犯罪，应当在刑法中对组织、领导实施传销行为的犯罪作出专门规定。

2017年8月，教育部、公安部等四部门印发通知，要求严厉打击、依法取缔传销组织，通知强调，对打着"创业、就业"的幌子，以"招聘""介绍工作"为名，诱骗求职人员参加的各类传销组织，坚决铲除。

三、传销的现状、当前传销活动有哪些新的形式和特点？

1. 传销与互联网结合更加紧密。一些传销组织租用境外服务器建立互联网站，利用网络作为运作平台发展人员，通过网上银行电子支付，使其传销活动从人员招募、介绍加入、产品销售、酬金发放等各个环节实现了网络化，使其违法活动成本更低、发展更快、传播地域更广。

2. 组织更加严密，层级分工更加明确，呈现出专业化、高智化特点。一些多年从事传销的骨干分子，虽屡遭打击，仍不思悔改，带领"下线"队伍，整体"挂靠"到新的公司，继续从事传销活动。同时，还出现了高学历人员专门从事传销软件设计,为传销组织提供网络技术支持和服务的现象。

3. 违法手段更加隐蔽。传销组织往往打着"直销""连锁经营"等幌子从事非法活动。有的传销活动场所与财务、核心资料数据管理场所分离,遇到紧急情况,可以立即通知关闭服务器,毁灭证据;有的设立两套财务账,开设多个个人账户,用于收取传销经营款、支付会员奖金和隐匿违法资金,规避执法机关检查。一些传销组织还不断修改计酬制度,通过降低入门费用、发放高额奖金(有的奖金发放比例为经营额的70%)、缩短会员奖金结算时间(每周结算改为每日结算)等手段,增强诱惑力和欺骗性,刺激传销网络迅速扩大。

4. 传销案件涉案地域更广、人员更多,动辄涉及多个省市,数千甚至上万人员,案值几千万元至十几亿元。山东省查获的"天狮美丽佳人""蝶贝蕾"两起传销案涉及全国21个省、涉案金额23亿元。

5. 传销组织对抗执法的手段不断翻新,暴力抗法时有发生。有的传销组织对新加入人员上的第一课就是如何应对工商、公安机关的检查。

四、当前传销组织惯用的欺骗手段有哪些?

1. 为诱骗群众上当受骗,传销组织往往利用人们急于发财致富的心理,许诺高额回报,引诱参加者交纳一定费用或购买产品,以此作为加入该组织的条件。

2. 传销组织打着"加盟连锁""网络销售""电子商务""特许经营"等旗号。有的还宣称自己是国家引进的最先进的营销模式、已经过某某部门认可、公司领导人获得国家颁发的荣誉称号、公司是国家有关部门授予的"直销实验基地"等,千方百计诱骗他人交钱加入。

3. 传销组织把目标瞄准身边的亲朋好友,并根据诱骗对象的情况,以介绍工作、做生意、旅游、朋友会面等为名,把亲戚、朋友、同学、同乡、同事、战友骗到外地,并限制其人身自由(包括"帮助保管身份证""陪同"外出打电话等软限制),通过利诱、威逼、暴力等手段胁迫其从事传销活动。

4. 传销组织采取开会、培训、上课等方式,强行对新加入者进行上课、"洗脑",灌输与社会主义社会法律和道德相悖的思想理念。不少人被"洗脑"后,深陷其中,不能自拔。由此从受骗者变成骗人者,把同乡、亲戚、朋友、同学,甚至家人也骗入传销组织,形成"滚雪球"式的恶性循环。

5. 有的传销组织打着已经注销的企业如"武汉新田",或并不存在的企业如"深圳文斌"等旗号将一些人员骗往异地从事传销诈骗活动。

五、学生如何预防传销陷阱?

1. 了解传销结构及危害性

非法传销以发展推销人员入会为主要目的,通过入会人员的入会费用牟取利益。非法传销没有固定的店铺,通过一个个所谓成功的案例来吸引人员参与,这种模式实际上是一个"金字塔"的构建模型,处于金字塔底部的人员在供养处于金字塔顶端的人员。但是,这个传销金字塔非常不稳定,塔中任何一个环节出现问题,都会导致金字塔倒塌。非法传销不过是个"聚众融资"游戏,高额的入门费加上无法在市场中流通的低质高价产品,这些非法传销公司组织者的收益主要来自参加者缴纳的入门费或认购商品等方式变相缴纳的费用,因为产品不流通,组织者多半利用后参加者所缴付的部分费用支付先参加者的报酬维持运作,通过大学生急于在社会锻炼、渴望成功的心理,诱导欺骗大学生参加。

2. 认清传销形式,坚决拒绝诱惑

非法传销最常用的手法就是与直销混为一谈。其实,直销与传销有本质的区别。只要符合以下三种情况,那就是传销:

(1)加入组织须交纳入会费(或购买产品)。是否需要认购商品或交纳费用取得加入资格或发展他人加入的资格,牟取非法利益。

(2)介绍其他人进来就有业绩奖金。是否需要发展他人成为自己的下线,并对发展的人员以其直接或间接滚动发展的人员数量为依据给付报酬,牟取非法利益。

(3)介绍的人越多级别越高,收入越多,还有分红等等。是否以直接或间接发展人员的销售业绩为依据计算报酬,牟取非法利益。

非法传销利用大学生缺乏社会经验、急功近利的弱点,美化创业的乐趣,多以成功学为诱饵,以帮助大学生增强自信心、提升适应社会能力为手段,将大学生引入歧途。

3. 掌握非法传销的规律,避免陷入陷阱

目前,非法传销正向中小城市发展,并把招聘大学生作为一个重要的内容,所以,大学生要认清非法传销的本质。对主动联络大学生的招聘信息,同学们更要谨慎行事,不可轻易相信任何来路不明的招聘信息,也不要轻易将个人信息随便告知他人。

4. 谨慎应聘,仔细辨别

大学生在应聘前要了解招聘单位的概况,更要掌握招聘单位的用人目的。这就需要同学们仔细辨别,询问招聘单位的产品、生产,甚至可以问一两个专业的问题来考察对方。针对大学生的非法传销组织,常利用大学生掌握先进技术快、接受新鲜事物能力强的特点,通过网络对大学生进行欺骗。对待这种网络招聘形式,大学生更要明辨是非,在不确定的情况下不要去招聘单位面试。

非法传销有"经济邪教"之称,其威力可见一斑。广大学生要树立正确的成才观念和择业观念,不要落入非法传销的陷阱。

专题三

03

职场论剑：关注职业发展

第十章

大学生职场适应

【学习目标】

通过本章的学习，掌握角色转换的内涵、大学生从"学生"到"职场人"的角色转换中面临的主要问题、产生这些问题的原因以及成功实现角色转换的策略。知晓主要的职场规则和一些职场做人艺术，从而为自身走上职场，实现角色转换奠定心理、知识和技能基础。

第一节 初涉职场角色转换

当毕业生怀着憧憬和忐忑心情跨入职场时，扑面而来的纷繁社会也许会让他们措手不及。从"学生族"到"职场人"，面对这样的角色转换，每个人多少都会产生一些不适。学校与职场，是青年社会化过程中的两个重要阶段，彼此相连而又迥异。就彼此相连而言，在正常的社会环境条件下，学校可以说是青年人开始职场生涯的学习准备阶段，而职场则是青年人基本完成社会规定的学业后的必然归宿，两者之间一般不应有断裂。就彼此迥异而言，在学校与在职场，青年人所充当的社会角色是截然不同的：在学校是学生角色，以接受教育、储备知识、培养能力为中心任务，同时，因为以学习为主，经济上主要依靠家庭的供给和一定的社会资助，因而表现出相当的依赖性；而在职场则是职业角色，尽管具体的职业千差万别，但却有一个共性即以工作为重。青年人凭借自身的知识和能力得到职位，开展工作，承担责任，为社会创造价值和财富，也为自身获得赖以生存和发展的报酬，换言之，获得经济上的独立。正由于学校与职场是青年社会化过程中两个彼此相连而又迥异的阶段，因而如何从学生的角色顺利地转换成为工作者的角色，成了当代部分青年人一个难以逾越的障碍。①

一、大学生角色转换与职场适应概述

（一）大学生角色转换

社会角色的转换问题是每个社会个体在从自然人经受社会教化和个体内化而成长为社会人的过程中必然要碰到的问题，而从学生角色到职业角色的转换，在人的一生中显得尤为重要，因为这是青年一代正常社会化的最后阶段，青年人从此取得社会成员资格，从一个"社会学习者"成长为一个独立自主的"社会参与者"，因而有心理学家称之为"第二次心理断乳期"，或是人的"第二次诞生"。这个时期的社会角色的转换问题解决得成功与否，将会深刻影响青年人未来的人生道路，乃至对青年人的家庭以及整个社会能否健康和谐地发展产生深刻的影响。②

1. 角色与角色转换的内涵

所谓"角色"，是指一个人的社会身份和所处的社会地位，以及遵循对应该身份和地位的行为模式和规范。在社会生活中，每个人都履行着不同的社会义务，遵循着不同的社会规范，从而扮演着不同的社会角色。对社会角色认识得越清晰、越全面，越能顺利地实现角色的转换，越符合社会的期望。角色认识过程既是认识自己、认识他人、认识社会的过程，也是通过自己所担任的角色，让他人和社会了解自己的过程。

社会是人的社会，人是社会的人。社会生活中的任何人都在不同的时期扮演着不同的社会角色，都会经历角色转换阶段。社会学认为，角色转换是人们伴随着身份角色和社会位置的变化而发生的思想观念和行为模式的转换，对大学毕业生来说，角色转换就是从大学生的身份和社会位置转为社会公民（职业者）的身份和社会位置时所发生的思想观念和行为模式的转换。

2. 角色转换的阶段

任何角色的扮演都是一个过程，都要经过角色期待、角色领悟、角色实践三个阶段，而角色转换同样要经过这三个阶段。角色期待也叫角色期望，它是指社会对某一角色的期望和要求；角色领悟是角色扮演者对其角色规范和角色要求的认识的理解；角色实践也叫角色行为，它是角色扮演者的实际活动和行为，是角色领

---

① 孙丹薇. 从学校到职场的彷徨——关于"啃老族"现象的透视与反思[J]. 山东省团校学报,2009(5):20-23.

② 孙丹薇. 从学校到职场的彷徨——关于"啃老族"现象的透视与反思[J]. 山东省团校学报,2009(5):20-23.

悟的发展。如果说角色期待是一种社会意识,是一种外在的力量,那么角色领悟则是一种个人意识,是角色的内在力量,而角色实践则是由个人意识转变成个人的社会行为过程。因此,人们在实现其社会角色和角色转换时,不仅要受制于外在力量——角色期待,更重要的是取决于内在力量——角色领悟,只有将其内化转变成个人意识,并以此来指导自己的角色实践行为,才能实现较好的期待效果。

大学毕业生就业后的社会角色转换不是瞬间发生和完成的,而是要有一个过程。当角色扮演的三个阶段发生偏差时,就会发生角色不适的问题,使得这一过程迟迟得不到实现,发生角色紧张和角色冲突,严重的甚至发生角色崩溃。应届大学毕业生刚刚告别校园踏上社会,无论是在心理上,还是行为上,还需要相当长的时间才能完成从学生到社会人的角色转换,工作中无论在业务能力还是为人处世方面都缺乏必要的经验,有待在磨炼中逐渐成熟。①

(二)职场适应

1. 职场适应性的内涵②

从现实看,人与职业的匹配是相互的。职业的适应性应该从人与职业两方面看,对于个人而言,它特指人的个性特征对其所从事的职业的适应程度。对于职业活动而言,通常指某一类型的职业活动特点与人的个性特征有机统一的程度。

一个人对职业的适应程度如何,主要取决于其自身的基本素质,人在适应职业的过程中,居主导地位并发挥主要作用,而职业对人的要求则是以其不断变化的工种、岗位、技能等来要求人与之相适应,实际上,每个人与所从事的职业之间既有相适应的一面,又有不适应的一面,二者之间的适应是一个渐进的过程,只能在不断磨合的过程中达到和谐与统一。同时,人的个性特征与其职业活动之间又是相互作用相互联系的,若是不能发挥主观能动性,再好的职业也无法适应。所以,个体在工作实践中不断培养和加强与职业要求相适应的个性特征、个人素养,这对职场新人来说显得尤为重要。在适应的过程中,也是个人不断完善自我的过程,这一过程也遵循了"否定之否定"规律,如图10-1所示:

---

① 刘苹. 大学毕业生实现角色转换的有效方法[J]. 当代经济,2006(7):27-28.
② 王慧丽. 中国职场从"差序格局"到"团体格局"的转变——以临汾市80后职场适应为例[D]. 中国优秀硕士学位论文数据库,2010(5).

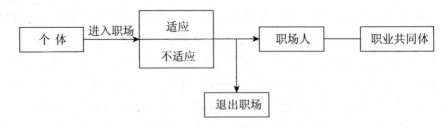

图 10 -1　个体职场适应示意图

2. 社会适应理论

社会适应包括两个方面:第一是指个体为适应社会环境而改变自己的行为习惯或态度的过程;第二是指个人与社会环境关系的一种状态。对于个体来说,他能直接支配、控制的只是自己的行为。虽然对于改变环境来说,个体的力量是微乎其微的,但是个体联合的力量却是不可估量的。

每个人的一生都是一个动态平衡的过程。适应从字面理解来看,主要是个体与外部环境的相互作用,相互影响。从生物学的含义来看,主要是选择、繁衍和优胜劣汰三层意思。而在社会学中,适应强调的是个体与环境的双向互动,主要是个体心理的满足与愉悦,这样我们才可能达到人与环境的和谐共处与双赢。因此,大学生在适应职场时,不但要改变自身的态度和认知,提升自身的技能,而且还要了解职场环境的特点和规则。

二、由"学生"到"职场人"的角色转换策略

大学生在角色转换过程中有些不适应是自然的,应对这一点有充分的认识,加强角色转换意识,积极缩短适应期,而不应因此而造成职业心理障碍,失去信心。学生角色向职业角色转换的实现虽然表现上只是名词的不同,近在咫尺,但却是一个艰苦的过程,需要坚持不懈的努力。

(一)大学毕业生对社会角色的认知是实现角色转换的前提

大学生在角色转换时,应对自己投入的角色有比较清晰的认识,使之具有合理的地位,这样有助于走上岗位时克服可能产生的情绪波动和心理障碍,从而很好地掌握自己。客观、公正地认识自己,认清自己的优势和不足,全面正确地了解自己,是自我角色认识的关键。在自我角色认识过程中,既要充分看到自己的特长和优势,也不要忽视和回避自己的缺点和不足,要保持自我肯定与自我否定的有机统一和平衡,只有正确地认识自己,才能更好地发展自己。如果自我肯定强于自我否定,就可能妄自尊大,盛气凌人,一旦工作中出现问题,就会找出种种理由为自己开脱,很少从自身找原因。如果自我否定强于自我肯定,就可能妄自菲薄,自卑低沉,一旦工作中出现问题,就会哀声叹气,自我责备。也有人为了掩饰自己的缺点,甚至把自己伪装起来,不懂装懂,这种做法是很不可取的。大学毕业生只有正确认识自己,才能把握自己,才能找准发挥自己才能的最佳位置。

(二)做好角色定位,增强独立意识

大学生走向工作岗位以后,要迅速地完成角色的转变,认定自己在工作环境中的位置和所承担的工作角色及该角色的性质、职责范围和自己所承担的义务,这是顺利度过适应期的重要一步。社会与学校相比,生活环境、工作条件都有着很大的变化,难免使那些心存幻想,踌躇满志的毕业生产生心理反差和强烈的冲突。要认识到,新入职的大学生无论原来的学习多么优秀,来到企业就是一名普通的员工,而且还是一名缺乏技术技能和管理经验的新手、新兵,需要学习的地方很多,很多事情都需要仰仗企业和职工的热情关心与帮助。一定要正确客观地认识自己,要放下架子,找准定位,甘当学徒,从头做起,主动向有经验的师傅学习技术,主动学习企业职工开拓创新、团结互助、遵章守纪、敬业奉献的职业道德,始终向优秀员工看齐,尽快缩短与其他员工的差距。在抛弃自大心理的同时,也要克服自卑心理,不要因为一时的不适应或者一事的不如意就妄自菲薄,感到自己一无是处,要在看到自己不足的同时,坚定自己能够适应企业发展需要的信心和决心,不断培养自己自信、自立、自强和自律的心理品格。

同时,在职场适应的过程中要着重锻炼自己的心理承受能力、独立生活能力以及应对挫折的能力,如果毕业生到新单位后还如同在学校一样意识不到新角色与学生有什么不同,迟迟进入不了角色,依然故我,我行我素,就会加大与新的社会角色的心理距离,造成对新环境与工作的严重不适应。

(三)增强人际交往能力,加强协作意识

走上工作岗位后,人际交往能力的发挥是适应环境的关键。作为个体的人必须从事社会活动和社会交往,并依存于一定的社会组织之中,任何一个游离于组织之外的个体总会缺乏归属感和安全感。人际关系是工作中人与人之间必然发生的联系或关系。人际关系对于工作至关重要。好的人际关系可以帮助你在事业上取得成功,更好地实现自己的人生价值。不好的人际关系则会使你萎靡不振,工作消极。

没有企业集体这个组织作依托,新入职的大学生既失去了品格塑造和能力培养的土壤,也失去了发挥聪明才智的舞台。大学生一定要把自己当成企业职工队伍的一分子,主动和大家交往,主动参加企业组织的会议、学习和各项文体活动,同时还要发挥自己有文化、思想新、精力充沛的优势,主动承担一些集体活动的组织工作,在组织活动、参与活动的过程中,自觉融入集体。在参与集体活动的过程中,不仅要注重身体的参与,更要注重心理的参与,要多与干部职工进行交流,对那些有困难的职工要伸出热情帮助之手,以自己的努力营造相互信任、相互理解、相互支持的人际氛围。做到善待自己,善待他人,与广大干部职工一道为建设团结和谐的企业组织贡献智慧和力量。

(四)培养坚强意志,勇挑重担,乐于奉献

勇挑重担,乐于奉献,是完成角色转换的重要体现。大学毕业生奔赴工作岗位后,应当从一开始就严格要求自己,树立高度的主人翁意识和积极的奉献精神。不计个人得失,努力承担岗位责任,主动适应工作环境。许多毕业生满怀理想、一腔热血,准备到社会上大展宏图。但一接触实际,尤其是接触到社会的一些消极面,如复杂的人际关系、独断的领导、陈旧的设备、落后的管理方式等,往往就会从理想的峰巅一下子跌入谷底,内心产生严重的矛盾冲突。在矛盾和困惑面前,往往一蹶不振、消极退缩。因此,角色转换的过程是一个艰苦的过程,一个充满曲折的过程,在这个过程中,每一个人都会遇到困难和挫折,大学生只有具备了坚强的意志,才能不断地克服在角色转换过程中遇到的种种困难,才能做到永不放弃。这就要求大学生具备坚强的意志品质,增强社会责任感,工作中要任劳任怨,勇于吃苦,不计个人得失,只有这样,才能得到人们的认可,社会的承认,从而实现社会角色的顺利转换。

(五)合理流动,促进角色转换

在当前改革开放的社会主义市场经济体制的新形势下,社会分配角色逐渐减少,职业流动越来越频繁,职业流动是指劳动者在不同职业之间的变动,也是角色转换的过程。当一个人不适于在原岗位上发展时,也可以另辟蹊径,转换职业,寻求新的目标和新的成才道路,去创造出新的业绩。人,正是在对环境的积极适应、主动寻求和进行力所能及的改变过程中,才使自己强大有为的。合理的职业角色转换不仅能满足社会的需要,也符合个人追求成就的愿望。

需要指出的是,并不是所有的职业流动都是合理的。合理的职业流动能够促进角色转换,反之将使角色转换发生障碍。合理的职业流动是指由于个人的能力不能发挥或确实不适合某一职业而流动。但是有的流动却是受社会环境的其他因素的影响,如从众心理,这山望着那山高,这样的流动仍然不能解决角色的适应问题。因此,选择要慎之又慎,盲目的非科学的强迫性转换,会对社会造成一定的损失,对个人的角色适应也是不利的。

总之,大学毕业生走向新的工作岗位,进入新的角色,应该树立奋斗目标,确立努力的方向。在行动中要乐于奉献,善于学习钻研,勇于进取,主动适应环境。以自己的实际行动获取同事的信赖、领导的赞誉、社会的认可,顺利地完成从学生到工作者的角色转换。

第二节 职场生存之道

要在职场中游刃有余，职场新人除了要掌握完成本职工作的基本技能外，还需要在心理上有一定的职场适应能力。要对所在单位的文化以及职场规则有一个宏观的把控，在认识职场的基础上，成功完成从"学生"到"职业人"的角色转换，领悟职场做人艺术，进而真正融入职场。

一、奠定职场适应的心理基础

人生在世，最重要的有两件事：一是学做人，二是学做事。比学做事更难的是学做人。职场新人要想尽快适应职场，除了学习储备胜任工作所必需的知识和技能之外，还要奠定良好稳定的心理素质基础。

（一）树立职业道德意识和岗位意识

道德是做人的根本。职业道德是指人们在职业活动中应当遵循的特定职业规范和行为准则，即正确处理职业内部、职业之间、职业与社会之间、人与人之间、人与工具之间的关系所应当遵循的思想和行为的规范。它反映社会对某一职业活动的道德要求，是社会道德在职业活动中的延伸和具体化。社会的正常运转必须借助于各种职业活动的进行，社会道德对社会生活的影响和规范也必须依靠职业道德功效来发挥。因此，职业道德在社会生活中具有极其重要的不可替代的作用。

职业道德之于做人的意义在于：职业道德是个人和组织事业成功的重要条件；职业道德的提高有利于人的思想道德素质的全面发展；提高职业道德水平是人格升华最重要的途径。

树立岗位意识、安心本职工作，是大学生走向工作岗位后实现角色转换的基础。社会生活中的任何个体，只有经过对复杂的社会环境、社会文化和社会规范的观察、认知、模仿、认同、内化等一系列的学习和实践过程，才能达到对社会能动地适应。因此，适应社会的过程，是一个循序渐进、呈螺旋式上升的过程，需要不断地学习，不断地实践。刚步入工作岗位的大学生，应尽快从大学生活的沉湎中解脱出来，尽快全身心投入到新的工作中。许多大学生工作几个月还静不下心来，三心二意，不安心本职工作，这对角色转换的实现是十分不利的。

（二）注意提升自己的做人层次

要怎样做人，做怎样的人，与人生理想、处世态度、价值观、良知和人的修养、知识结构、生活经历等密切相关。上述与做人相关的因素是存在差异的,所以做人的目标和方法也有差异,这就使做人有了不同的层次。遗传、教育、社会实践、大众传媒等会从不同方面对做人的层次产生不同程度的影响,因此做人的层次是可以改变的。

提升做人层次,有三条基本途径:内省、学习和实践。

1. 内省是提升做人层次的主要途径

所谓内省,是指主体自我反思、自我检查、自我批评、自我修正的精神修炼过程。我国古代学者曾子说过:"吾日三省吾身。"就是指每天要反省自己的言行,看看是否符合自己的人生目标。内省当然也需要社会的教育和他人的批评帮助,但更重要的是自己自觉地进行内心净化。一个人只有经常通过积极自觉的自我认识、自我剖析、自我批评、自我改造,不断提高自己的道德水平及在道德规范下的言行选择能力,不断清除自己身上的不良言行,不断抵制社会上的不良影响,才能做一个高层次的人。

2. 学习是提升做人层次的有效方法和途径

要提升做人的层次,就要自觉地、主动地、有意识地学习。学习的方式有三种:一是向别人学习;二是向书本学习;三是向实践学习。

"三人行,必有我师焉;择其善者而从之,其不善者而改之。"向他人学习,首先要向自己周围的人学习。要虚心,要把任何人的做人长处都当成自己的楷模,不管他们的身份地位比自己高还是低,也不管他们的总体状况比自己好还是差。另外,还要向那些得到较高社会历史评价、有突出成就的人学习。

向书本学习,虽不如向实际人物学习那么形象,但书本中的知识都是经过理论概括、提炼升华了的,更具科学性和规律性,如果学习得法,往往效率更高。读书靠悟,不但要充分理解,更要思考消化,形成更深层的认识。

3. 提升做人层次的关键在于实践

做人的实践,就是把内省和学习所获得的内心体验、知识和方法等运用于工作、生活以及与他人的交际之中。实践是努力做人的目的和归宿,也是检验做人效果的客观标准。只有通过实践活动,把自己的做人与自己的工作、生活联系起来,才能深刻认识做人的重要意义,才能更自觉地在实践中锻炼自己、陶冶自己、提升自己。

当然,提升做人层次比提高做事能力难得多,需要靠"慎独"的精神和顽强的毅力,坚持不懈地努力才能实现。

(三)学会包容

无论从事何种工作,步入职场以后我们都常处在广泛的人群关系中,要与形形色色的人发生各种各样的联系,这些人的行为方式、待人态度等都会有不同的特点,不一定都与我们自己的意愿相吻合,有的是自己所喜欢并乐于接受的,有的则甚至会是自己厌恶并难于接受的。而自己接受与否,会直接影响与对方的关系。与各种类型的人和谐融洽相处,是职场做人的理想状态。为了达到这种状态,必须有海纳百川的包容心量。

包容反映做人的度量,体现人格的伟大。"君子忍人所不能忍,容人所不能容,处人所不能处。""世界上最宽阔的是海洋,比海洋更宽阔的是天空,比天空更宽阔的是人的胸怀""将军额上能跑马,宰相肚里能撑船"……古今中外,包容一直都被人们所称道。

包容除了能够展示人的涵养与气量,树立完美的人格形象,更能够建立平和舒畅的环境,营造良好温馨的气氛。这样就能把一切可以团结的人团结起来,把一切可以利用的力量调动起来,发挥一切积极因素,最大限度地减少摩擦与障碍,化解矛盾冲突,甚至能够把不利因素转化为有利因素,从而推进个人和组织事业成功。

(四)学会谦让

"谦"就是不自满自大,表现在态度上就是待人和蔼而有礼貌。谦虚这种美德是一层保护色,它可以使人赢得众人的爱戴,是人生最大的智慧。事实证明,越是在某个领域有巨大成就的人往往越谦虚,我们也可以说,谦虚向上的人常能赢得物质和精神的双丰收,更容易成功。

"让"有两层意思:一是把方便或好处给别人;二是忍让,能够容忍别人的言行。"忍一时风平浪静,退一步海阔天空。"没有解不开的疙瘩,也没有化解不了的矛盾。只要不是原则问题,大可不必太过认真。小不忍则乱大谋,一时的冲动往往会导致日后无尽的悔恨,实在得不偿失。

"谦让"源于包容,有了包容的心理,才能有谦让的态度,只有谦让才能体现包容。就职场生存之道来讲,包容的心理固然是第一位的,但谦让的态度更易于被别人所感知,因而也就更为重要一些。

二、熟悉企业文化

很多刚刚步入职场的"菜鸟",会经常觉得自己与公司的制度、工作流程、做事风格格格不入,有时甚至会使自己产生尴尬,影响正常工作。之所以会产生这种状况,是与新员工缺乏对公司文化的了解分不开的。要尽快适应新的工作环境,新员工应该主动去了解和适应企业的文化,包括企业的发展史、经营理念、决策机制和人际关系等等。我国学者魏杰在《企业文化塑造:企业生命常青藤》中这样总结企业文化的定义:"所谓企业文化就是企业信奉并付诸实践的价值理念,也就是说,企业信奉和倡导并在实践中真正实行的价值理念。"

构成企业文化的要素主要有五项:(1)企业环境:对企业文化的形成和发展具有关键影响的因素;(2)价值观:组织的基本思想和理念;(3)英雄人物:把价值观人格化且本身为职工们提供了楷模;(4)礼节和仪式:公司中日常生活中的惯例和常规,向职工们表明他们期望的行为模式;(5)文化网络:组织内部的联系方式,是企业价值观和英雄人物传奇的"运载"。①

三、遵守职场规则

游戏有规则,运动有规则,同样,职场也有自己的规则。几乎每个企业都有员工手册、管理制度这些条条框框,它们都是企业规则的一部分。但在这些书面或口头的企业规则之下,更重要的是那些潜规则和亚文化。规则没有绝对的对错,它代表了企业内部的一种利益关系的平衡。遵守规则才不会被罚出界。一个成熟的职场人士,要善于学会识别和适应各种不同的企业文化和企业规则。

(一)规则一:做有责任的职场人,不要损害公司利益

在职场中,非常重要的一点就是责任感。在工作中,每个员工都会被要求完成一定的任务,在完成任务的过程中会有一定的权限,当然也要承担一定的责任。作为员工,这是展示自己实力的最好机会。在现代的中国,一个人的人品仍然是一个企业或组织用人的重要标准。一个人如果想做出一番事业,想在职场真正有所作为,不但要在本单位内树立良好的人品形象,而且也要逐步在行业内、在业界树立良好的人品形象。现在流行一句话:做人要厚道。说的也是这个道理。喜欢耍小聪明、爱占便宜的人,结果往往把自己的空间搞得越来越狭小,为了眼前的蝇头小利丢失了长远的利益。

(二)规则二:耐心执着地做好本职工作

"不想当将军的士兵不是好士兵。"这是个浮躁的社会,人人都想走捷径,于是很多人忘记了"慢就是快"的道理。殊不知,做好本职工作永远是一个职场人最重要的事情。重庆千叶眼镜公司总经理陈群就曾说:"其实,我没有多少成功的诀窍,就是把一件件当下的事情做好。哪怕我是一个前台导购,我都应该把正在做的事情做到极致。这是我的做事标准。当你每一件事情都做到了别人认为比较好的一个程度,这种信任在一天天积累的时候,你就能一步步获得更高的位置、更好的成绩。"人的提升,在于能够适应更高的要求、担当更大的责任,然后才能获得更大的权力、更多的报酬。耐心执着地做正确的事,才能得到最大回报。

---

① 江彬,周艺红. 什么是企业文化[J]. 产权导刊,2010(11):25-27.

（三）规则三:只有你去适应企业,不能要求企业来适应你

世上没有完美公司,也没有完美工作。重要的是,你得有自己的目标。如果这个游戏里有你想要的东西,那么游戏开始就不能停止,而且得投入地玩下去,时间能让你得到你想要得到的东西。有些人习惯于不满意就跳槽,并不是说跳槽不对,但这个槽得跳得有价值,要知道自己为什么要跳。如果不分专业、行业地盲目跳槽,则是对人生的浪费。

（四）规则四:尊敬和服从上级

之所以会有上下级,是为了保证一个团队或组织工作正常开展。上级考虑问题时更多地是从一个团队或组织的整体角度出发,很难兼顾到每一个人。上级要开展工作,必须要掌握一定的资源和权力。对于下级来讲,如何在资源允许的情况下,配合上级共同完成团队或组织及自己的工作是首先要考虑的。在一个团队或组织中,下级尊敬和服从上级是确保一个团队或组织能够完成目标的重要条件。如果员工不是站在团队或组织的高度来思考问题,而是站在自己的角度,处处找上级的麻烦,甚至恃才傲物,不服从管理,那么这样的员工很难在一个团队或组织里立足,更不要谈发展。

（五）规则五:适时表达自己的意见和建议

一个团队或组织为了正常开展工作,会依照一定的程序做出一些决定。当然这些决定可能是对的,也可能暂时不太合理或不完善。那么员工该如何正确对待这些决定呢?

员工必须明白一点,那就是既然团队或组织已做出决定,就具备了一定的权威性和强制力,这也是保障一个团队或组织正常运转的必要条件,做出的这些决定是从团队或组织的大局和整体的角度出发的。员工接到决定后,首先要学会换位思考,要从团队或组织的角度考虑为什么要出台这样的决定。如果这些决定是站在大局和整体高度做出的,而且对团队或组织的利益是有益的,那么就要服从。如果这些决定有不合理或不完善的地方,就要依照正常的程序和方式提出自己的合理化建议,等待回复。在决定修改之前,只要这些决定未触犯法规,员工就必须无条件服从。员工如果一开始就采取各种方式直接对团队或组织的决定进行对抗,结果受伤的就只会是自己。

（六）规则六:不要苛求百分百的公平

一味追求公平往往不会有好结果,"追求真理"的正义使者也容易讨人嫌。常常我们所知道的只是冰山一角,那下面巨大的部分才是冰山的真面目。对此你不必忿忿不平,等你深入了解公司的文化,慢慢熟悉老板的行事风格,也就见惯不怪了。

（七）规则七：不要瞧不起"能力平庸"的同事

其实稍动脑筋就会明白：老板不是傻瓜，绝不会平白无故地让人白领工资，那些看似游手好闲的平庸同事，说不定担当着救火队员的光荣任务，关键时刻，老板还需要他们往前冲呢。所以，千万别和他们过不去，他们的贡献不一定比你少，只是方式不同而已。要尊重每一位同事。

四、领悟职场做人艺术

对于做人而言，其艺术性主要表现为方圆相济。"方"是人格的体现，如果做人无方，就等于舍弃了做人的标准。要有定向、有定力，坚持既定的原则和标准，不随意改变或放弃，做人正直，讲究原则。但做人也要讲究"圆"，因为人不是机械的，而是有血、有肉、有感情、有灵性的，如果做人无圆，就失去了做人的色彩。在不触及原则的基础上，要善于变通、适应，具体问题具体分析，依据特定对象适时、适度进行调整，不能僵化。

在职场中，圆满的做人艺术可以使人际关系更加和谐、融洽，从而有利于自身的发展进步，下面列举几条职场做人艺术箴言。

（一）适度沉默

现实生活中，在对事物进行判断时，即使十有九真，也未必被视为才智卓越而被推崇，而十之一错，便可能受到攻击。我们常说"祸从口出""言多语失""说者无心，听者有意。""沉默是金。"因此，不急于发表意见或保持沉默往往是明智之举。许多场合争抢发言，会被认为性情急躁，即便有高深言论，也会大打折扣；而与长贤交流过于缄默，又未免有失礼数。

适时发表中肯之言，不仅能获得他人信赖和尊重，还能为阐发周全赢得时间。

（二）能屈能伸

韩信受胯下之辱，日后做成将军；越王勾践为重振国业，二十年卧薪尝胆，都说明了只有能屈能伸才能成就大事业。忍人之所不能忍，方能为人之所不能为。从力学的角度上讲，屈是蓄能的过程，伸是释能的状态，无屈无伸则无蓄无释，成功之人应在屈伸之间保持必要的张力。

（三）适可而止

适可而止是美妙的人生哲学，哲学中"度"的原理是它的理论基础。"度"是事物存在的质与量的限度。当其限度的存在还有利于事物的存在和发展时，破坏其限度，无视其规定性，就会适得其反。所以，事不能做绝，话不能说尽，凡事都要留有余地。特别是在权衡进退得失的时候，要注意适可而止，把握好分寸，才能避免走向极端。职场竞争中，尤其要谨记过犹不及。

（四）难得糊涂

"难得糊涂"是郑板桥先生的至理名言。做人过于精明，无非是占点小便宜；遇事装糊涂，只不过吃点小亏。但"吃亏是福"，做人与其聪明狡诈，倒不如糊涂敦厚。人贵在能集智愚于一身，需聪明时便聪明，该糊涂处且糊涂。

（五）慷慨赞美

寻找别人的缺陷，指责别人，远不如发现自己的不足，警戒自己，更不如发现别人的优点，赞美别人。因为，人人都渴望得到赞美，那是一种被肯定的快慰。睁大眼睛去发现赞美的契机，客观、善意、诚挚、慷慨的赞美，可以获得别人的信任。在人人都爱听好话的天性中，如果你能用赞美去获取更多的人际资源，那么你在职场生存的激烈竞争中一定会轻松、愉快地取得进展。赞美别人吧，从现在开始！

【案例思考】

1. 走一步路是不需要勇气的

曾经有一位63岁的老人要从纽约市徒步旅行到佛罗里达州的迈阿密市。经过长途跋涉，克服了重重困难，她到达了迈阿密市。

在那儿，有位记者采访了她。记者想知道，这路途中的艰难是否曾经吓倒过她？她是如何鼓起勇气徒步旅行的？

这位老人答道："走一步路是不需要勇气的，我所做的就是这样。我先走了一步，接着再走一步，然后再一步，就这样我就到了这里。"

案评：如果你清楚地知道自己的"目的地"，并且向它迈出了第一步，你便走上了成功之路！为了要达成"大目标"，不妨先设定"小目标"，这样会比较容易达到目的。生活中有许多人因为目标过于远大，或理想太过崇高而没能坚持下来，最终选择了放弃，这是很可惜的。若设定了"小目标"，便可较快获得令人满意的成绩。你在逐步完成"小目标"时，心理上的压力也会随之减小，"大目标"总有一天也能完成。

2. 两匹马不同的命运

两匹马各拉一辆大车。前面的一匹走得很好，而后面的一匹常常停下来。于是主人把后面那辆车上的货物挪到前面那辆车上去。等到后面那辆车上的东西都搬完了，后面那匹马便轻松地前进，并且对前面那匹马说："你辛苦吧，流汗吧，你越是努力干，人家越是要折磨你。"

来到车马店的时候，主人说："既然只用一匹马拉车，我养两匹马干吗？不如好好地喂一匹，把另一匹宰掉，总还能拿到一张皮吧。"于是，他便将后面那匹马送到了屠宰场。

案评：自动自发地积极做事、努力工作，并且勇于为自己的所作所为承担责任,那么你终究会得到回报,获得最后的成功。

3. 跳槽

有一天,A 对 B 说:"我要离开这个公司,我恨这个公司,对我太不公平。"

B 建议说:"我同意你的这个决定,举双手赞成,你应该给这个破公司点"颜色"看看。但是你现在离开还不是时候,不是最佳时机。"

A 问:"为什么?"

B 告诉他:"如果你现在离开,公司的损失并不大呀。你应该趁在公司的机会,拼命地为自己多拉一些客户,成为公司某一方面的人物,然后你带着你的这些客户突然地离开公司,打它个措手不及,这样公司将会受到重大损失,非常的被动。"

A 觉得 B 讲的有一定道理,接下来的时间里他努力地工作,事遂所愿,通过他半年的努力工作,他有了很多自己的忠实客户。

再见面时 B 问 A:"现在是你离开的最佳时候,你要抓住机会,赶快行动。"

A 淡然笑道:"我暂时没有离开的打算,领导跟我谈了,由于我的工作出色,公司准备提我做副经理。谢谢你对我的关心。"然后,他很轻松愉快地离开了。

其实,这也正是 B 的初衷。一个人的工作,只要你真正地努力,有一定的真本领,让领导看到你的能力大于你的位置,才会给你更多的机会,替公司创造更多的利润。

案评:当我们遇到暂时的挫折时,不要一味地抱怨环境给我们带来了诸多的不便,抱怨领导对你如何不公平,其实环境本身是客观存在的,机会是自己创造出来的,聪明的人会努力去改变一切,绝不只是抱怨一切。

【思考练习】

1. 职场新人在角色转换中一般会遇到哪些问题,产生这些问题的原因是什么,个人该如何克服这些问题,实现成功的角色转换?

2. 搜集一个自己感兴趣的企业的相关信息,了解该企业的主要文化是什么?思考在这种文化氛围下,一个职场新人如何快速融入新环境。

第十一章

锻造职业素养

【学习目标】

了解职业素养的基本内涵,明晰职业道德、职业意识和职业心态的内容及提升途径。根据自身实际及职业目标,学会有针对性地提升自身的职业素养。

第一节　提升职业道德

职业素养是人类在社会活动中需要遵守的行为规范。个体行为的总和构成了自身的职业素养,职业素养是内涵,个体行为是外在表象。"职业信念"是职业素养的核心。良好的职业素养包含了:良好的职业道德、正面积极的职业心态和正确的职业价值观意识,它是一个成功职业人必须具备的核心素养。良好的职业信念应该是由爱岗、敬业、忠诚、奉献、正面、乐观、用心、开放、合作及始终如一等这些关键词组成。

著名哲学家康德说:"世界上唯有两样东西能让我们的内心受到深深的震撼,一是我们头顶上灿烂的星空,一是我们内心崇高的道德法则。"

所谓职业道德,指从事一定职业的人们在其履行职业职责的过程中应遵循的特定的职业思想、行为准则和规范,是与之相适应的道德观念、道德意识、道德活动的总和,是一般社会道德在特定的职业活动中的体现,是人们在从事本职业的过程中形成的一种内在的、非强制性的约束机制。职业道德直接影响到行业风气的好坏与社会和谐的稳定。

一、职业道德的特点

职业道德是社会道德体系的重要组成部分,又是具有相对独立性的特殊领域。它不同于社会公德和家庭道德,是对正在从事某种职业的人的特殊要求。职业道德具有自身的一些基本特点：

（一）职业性特点

职业是人们由于社会分工而长期从事的具有专门业务和特定职责的活动，是个人所从事的作为主要生活来源的工作。职业道德随着职业的产生而产生，又随着职业的发展而发展。它的职业性表现在以下方面：

1. 在道德内容方面，职业道德反映本职业特殊的利益和要求，体现本职业特有的道德认识、道德情感、道德意志和道德行为习惯，表达本职业特定的职业理想、职业职责和职业纪律。

2. 在调节范围方面，职业道德是基于一定职业的特殊需要以及与社会联系的特定方式所产生的对本职业的道德要求。每种职业都有各自的具体规定，即各自的职业规范，甚至各个工种、岗位的职业规范都不一样。所以，不同职业的职业道德的具体内容是不同的，职业道德具有很强的专业性。所有从业人员都要严格按照各自职业的规范去调适自己的行为。

3. 在道德功效方面，职业道德是社会道德体系的重要组成部分，它一方面具有社会道德的一般作用；另一方面它又具有自身的特殊作用。

（二）主体性特点

职业道德是整个社会的主要内容。职业道德一方面涉及每个从业者如何对待职业，如何对待工作，同时也是一个从业人员的生活态度、价值观念的表现，是一个人的道德意识、道德行为发展的成熟阶段，具有较强的稳定性和连续性。另一方面，职业道德也是一个职业集体，甚至一个行业全体人员的行为表现，如果每个行业，每个职业集体都具备优良的道德，对整个社会道德水平的提高能发挥重要作用。

（三）公共性和示范性特点

职业道德虽然都是针对职业特点建立的，各有侧重，但它们所依据的却是国家与社会公认的、共同的道德理念和理想。职业道德的共同原则和基本精神具有社会普遍性，并且由于职业行为都是直接或间接面向公众的，因而职业道德具有公共示范性。

一种可以面对公众的道德行为，本身就会有"当前社会认可的道德"的示范意义。如果说社会公德是指存在于社会群体中间的道德，是生活于社会中的人们为了我们群体的利益而约定俗成的我们应该做什么和不应该做什么的行为规范，那么职业道德实质上就是一种社会公德，只不过它通过定向化、专业化而变得更加具体，更加深化，成为了更高层次的、具有示范性的社会公德样式。因此，职业道德的加强和改善将对改进整个社会道德，特别是社会公德面貌起到关键性的带头作用。

（四）实践性特点

职业道德为道德的理论和实践、理想与现实相结合提供了一种有效的具体形式。由于职业的特点，职业道德的范围比较确定，制定和执行规则的标准具体而充实，效果也易于检验。因此，从职业道德入手加强道德建设，对于全社会来说不仅是重要的和紧迫的，也是可行性最高、最有潜力的。

二、职业道德的内容

职业道德是从业者应当遵守的具有职业特征的道德要求和行为准备。虽然各行各业有自己的独特属性和行业要求，但职业道德渗透到职业活动的方方面面，是各行业对社会承担的道德责任和义务，是行业、企业成功的保证。我国大力提倡文明礼貌、爱岗敬业、诚实守信、办事公道、遵纪守法、团结互助、开拓创新为主要内容的职业道德。

（一）文明礼貌

文明礼貌是人们在社会公共生活的重要道德规范，是人与人在社会交往中必须遵守的言行准则。主要表现在仪表端正挺拔、待人谦恭和气，举止端庄大方，谈吐文明有礼等方面。

职场中倡导文明礼貌，是对职业人从业素质的基本要求，也是塑造企业形象的需要。

（二）爱岗敬业

任何职业或工作岗位，都是人们赖以生存和发展的基础保障，同时也是人类社会存在和发展的需要。因此爱岗敬业不仅是个人生存发展的需要，也是社会存在发展的需要。爱岗敬业是一种普遍的奉献精神。爱岗就是热爱自己的工作岗位，热爱本职工作；敬业就是用一种恭敬严肃的态度对待自己的工作。爱岗和敬业，互为前提，"爱岗"是"敬业"的基石，"敬业"是"爱岗"的升华，两者相互支持，相辅相成。

（三）诚实守信

诚实守信是为人之本，从业之要。成为守信人，首先要能够正确看待利益问题；其次要努力开阔自己的胸襟，培养高尚的人格；最后也要树立进取精神，言行一致，身体力行。在职场中，做到诚实守信从以下方面努力：诚实劳动，提高产品质量；遵守合同契约，保护企业秘密；维护企业信誉，树立产品质量意识，增强服务意识，重视服务质量。

（四）办事公道

办事公道要以公正、真理、正直为中心思想办事。对当事双方公平合理、不偏不倚,不论对谁都是按照一个标准办事。在职场中,办事公道既是职业人应该具备的品质,还是企业正常运行的基本保证,有利于帮企业赢得市场;更重要的是能够抵制企业不正之风,为企业营造良好的品牌形象。

(五)遵纪守法

遵纪守法指的是每个从业人员都要遵守纪律和法律,尤其要遵守职业纪律和与职业活动相关的法律法规。俗语"善恶终有报"。在职场中,大学生首先要学法、知法,增强自身法律法制意识;其次要遵纪守法,做个文明公民和守法职业人。如果在职业活动中遇到不公平、不合理的事情,要会用法护法,维护自身和企业的正当权益。

(六)团结互助

团结互助指在人与人之间的关系中,为了实现共同的利益和目标,互相帮助,互相支持,团结协作,共同发展。团结互助的基本要求包括平等尊重、顾全大局、互相学习、加强协作。在职业活动中,职业人彼此之间互相帮助、互相支持、密切配合,正确看待合作与竞争,搞好协作,协调不同工序之间、工种之间、岗位之间、部门之间的关系,完美地完成职业工作任务。

(七)开拓创新

创新是指人们为了发展的需要,运用已知的信息,不断突破常规,发展或产生某种新颖、独特的有社会价值或个人价值的新事物、新思想的活动。"世界上唯一不变的就是变化。"职业人要乐于拥抱变化,砥砺前行。

【职场小分享】

如何开拓创新?

"要么向左走,要么向右走,从不一条路走到底!"

三、职业道德方面存在的问题

当前大学生在职业道德方面存在的问题,主要表现在以下几方面:

1. 没有明确的职业理想:大学生经历高考进入大学后,相当一部分学生由于压力骤减,没有及时找到新的奋斗目标,在大学四年中缺乏强劲的学习动力,不求上进,不思进取,只求"不挂科",甚至有同学觉得大学里"不挂科不圆满"。毕业后,容易将把这种"得过且过"的状态带入职场中,极大地影响个人职业发展前景。

2. 忽视规章制度:部分学生进入职场,仍然保留"学生气",习惯以自我为中心,注重自由、随意,忽视职场规章制度,纪律观念淡薄。

3. 职业不稳定度较高:据调查,近6成以上的大学生对于职场中的工作强度、压力缺乏思想准备,对绩效薪资缺乏正确理解,导致换岗、跳槽等现象频发,缺乏职业稳定性。

4. 忽略职业道德的展现:职场新人过于看重知识技能,忽视职业道德在职场中的重要作用,在影响个人职业生涯的同时,危害企业形象,甚至破坏某种职业、或者某个行业多少代人辛苦建立的品牌形象。

四、提升职业道德修养的途径

职业人需要在职业活动中进行自我教育、自我锻炼、自我改造和自我完善,使自己形成良好的职业道德品质,达到一定的职业道德境界。可从以下几个方面入手,提升自己的职业道德修养。

(一)树立正确的世界观、人生观和价值观

世界观、人生观和价值观是指导个人行为的最根本准则,确立正确的世界观、人生观和价值观是提升职业道德修养的前提。世界观是一个人对整个世界的根本看法,建立在个人对自然、人生、社会和精神的科学、系统、丰富的认识基础上,它包括自然观、社会观、人生观、价值观、历史观。人生观是人们对人生问题的根本看法,具体包括公私观、义利观、苦乐观、荣辱观、幸福观和生死观等。人生观是人们在人生实践和生活环境中逐步形成的,由于个体的社会实践、生活境遇、文化素养和所受教育的不同,形成的人生观也不同。价值观是人们对价值问题的根本看法,包括对价值的实质、构成、标准的认识。个体在自身价值观的引导下,形成不同的价值取向,追求着自以为最有价值的东西,或金钱,或权利,或自由,等等。

大学生在进入职场前,要树立正确的世界观、人生观和价值观,不要"唯金钱论"或过于追求权力和自由。一旦把这些看作价值的尺度,就会在职场中,不自觉地将技术、知识和人格像商品一样进行交换,追逐物质利益,最终丧失自我,误入歧途。

(二)学习职业道德规范,掌握职业道德知识

明晰职业道德规范,掌握职业道德知识,是遵守职业道德、提升职业素养的基础。

首先,要了解职业道德的基本理论。在人类伦理学发展的历史中,只有马克思主义伦理学深刻地揭示了职业道德产生的基础和发生变化的规律,阐明了职业道德的社会作用和价值,特别是科学地论述了社会主义职业道德的本质和特征,确立了它在社会主义精神文明建设中的重要地位。了解这些理论,有利于建立社会主义职业道德体系,有助于培养良好的职业道德修养。

其次,要清楚并掌握本行业的职业道德。各行各业有其独特的业务和技术要求,服务的对象、方式和手段等也各不相同。因此,职业人除了掌握共同的职业道

德要求外,还要明确掌握本专业的职业道德要求。要有针对性地、紧密联系本行业的实际,结合自身具体工作内容,在工作中学习、掌握和践行职业道德,提高自觉性,保证职业活动的顺利进行。

(三)联系实际,积极参加实践活动

参加职业活动实践,在实践中进行自我教育、自我改造,是提升职业道德修养的基本方法。应在工作实践中体验、锻炼和提高,并逐步形成自己与岗位职业道德规范要求相一致的职业道德品质和行为习惯。如果不把职业道德品质的培养渗透到平时的实践活动中去,或者不注重在职业活动中提高自己的职业道德素质,那么职业道德修养实际上就是一句空话。正是在实践活动中,才能认识到哪些行为是道德的,哪些行为是不道德的,哪些行为习惯符合职业道德规范的要求,哪些行为习惯违反了职业道德规范。

优良的职业道德品质是经过日积月累的实践逐步培养起来的,是一个"积小善为大善"的过程。因此,首先要多参加职业活动实践,在实践中进行自我教育、自我改造。在工作实践中体验、锻炼和提高,逐步形成自己与岗位职业道德规范要求相一致的品质和行为习惯。其次,培养职业道德要从具体事情做起,在细微处下功夫。优良的职业道德,是从无数件具体的小事逐渐形成的,而不良的职业道德品质也是由小事积累而成的。因此,职业人应该从我做起,从小做起,从现在做起。对每件小事都要严格要求,从一件件具体平凡的小事上加强职业道德修养,同时也得注意防微杜渐,随时克服和纠正自己不道德的思想和行为。

(四)努力做到慎独

职业素养的突出特点是依靠主观自觉性,正如"莫见乎隐,莫显乎微,故君子慎其独也",职业道德修养也同样注重"慎独"。从社会发展来说,各行业分工越来越细,专业化要求也越来越高,不同部门职业内容相对的独立性就越大,相当一部分的职业任务需要个人独立操作完成。

在职场中,能不能做到"慎独",是每一位职业人需要面对的一个考验。"铁人"王进喜生前曾提出"四个一样"的慎独标准,即"黑夜和白天干工作一个样,坏天气和好天气干工作一个样,领导在场和不在场干工作一个样,没有人检查和有人检查干工作一个样"。对于职场新人培养职业道德修养而言,"四个一样"具有非常重大的意义。要实现"慎独",必须熟知职业道德的原则和规范,并转化为自己的内心信念,用信念去引导自己的思想和言行。

【职场小分享】

"最美公交车司机"

2015 年 5 月 18 日,北京 941 快车在行驶至靛厂锦园路段时,司机杨勇突发心脏病,但临昏迷前,他仍将公交车安全地停在路口后晕倒,身体倾斜到左侧窗户边上,脚仍踩在刹车上,保证了 20 多位乘客的安全。最后杨师傅经抢救无效后死亡。他在生命的最后阶段,仍然紧踩刹车,表明在他心里,时刻要求自己做到为乘客的安全负责。杨师傅仅管只作为一名普普通通的公交车司机,但具备高尚的职业道德和人格。

第二节 树立职业意识

一、职业意识的概念

职业意识作为职业人所具有的意识,是人们关于职业的观念形态。包括对职业和从事的工作的看法、理解、评价、满意感和愿望等。职业意识既影响个人的就业和择业方向,又影响整个社会的就业状况。

职业意识是一种自主意识,是每个人明确认识到自己的职业角色,认识到自己的职业价值,认识到自己与职业匹配,认识到自己的职业发展必须由自己负责。职业意识是从业人员的根本素质,是一个社会职业者必备的条件。

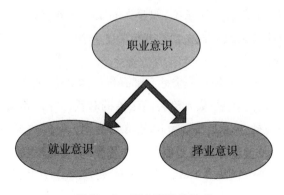

图 11 -1 职业意识的构成

二、职业意识的基本内容

（一）责任意识

责任意识是公民对自己角色职责的自我意识及自觉程度，它包括两方面的内容：一方面，人们的行为必须对他人和社会负责；另一方面，人们对自己的行为必须承担相应的责任。责任意识是一个民族、一个国家、一个社会发展的动力，同时也是建立一切优秀品质、培养一切美好行为的首要因素。

责任是一种精神力量，良好的责任心是每个人必须具备的品质。没有坚定的责任心，人们就会在逆境中跌倒，在各种各样的引诱前不能自持。责任感不是与生俱来的，它需要个人的忠诚与热爱，更需要个人自觉地习惯去维护。在责任感的驱使下，履行赋予自身的责任，才能形成真正的责任行为。

（二）目标意识

良好职业意识的塑造首先要求职业人员塑造自己职业人生的目标，围绕目标去努力实施。目标的选择正确与否，直接关系到人生事业的成功与失败。据统计，在选错职业目标的人当中，超过80％的人在事业上是失败者。

（三）角色意识

现代分工使得每个人都是处在具体工作岗位上的人，每一个岗位都有具备自身特点的职责权限和工作内容，做岗位要求的事，并把事情做到岗位要求的程度，是角色意识的根本体现。

（四）团队意识

现代组织绩效的取得，不是靠单个人、单个岗位，而是靠各岗位的有效集成，在各个岗位都良好地完成岗位职责的情况下实现各岗位的有效对接。大学生的学习任务是个体化的，而进入职场中，职业人的工作任务都是以团队协作为主要运行方式的，所以团队意识是职业意识中的核心。

（五）规则意识

没有规矩，不成方圆。任何一个社会都有自己的规范，对于中国社会来讲，21世纪是一个从无序走向有序、从人治转向法治的时代。守规则，将成为社会的主流，所有人都应该在社会这个大舞台上，遵守各项规范。学生要遵守学校一切规章制度，员工要遵守公司的一系列规定。大学生现在就养成规范意识，将直接催生职业生涯发展的种子。要懂得自己的个人前途与企业的前途息息相关，个人利益源于企业的发展。

（六）敬业意识

敬业就是把自己所从事的职业加以研究，有恒心，不怕苦，不虎头蛇尾，不见异思迁。爱岗敬业要求人们热爱自己的本职工作，用一种恭敬严肃的态度对待自己的工作，努力而勤奋。勤奋是成功的催化剂，无论做任何事情都要有付出后才能有回报，所以一定要勤奋。一旦养成不畏劳苦、勇于拼搏、锲而不舍、坚持到底的勤奋精神，则无论做什么事，都能在竞争中立于不败之地。

敬业意识属于基本的企业文化，是企业在经营活动中形成的经营理念、经营目的、经营方针、价值观念、经营行为、社会责任、经营形象等的总和，是企业生存、竞争、发展的灵魂。因此，大学生在校期间除了密切关注专业动向外，要注意培养敬业意识。首先要到公司、到企业、到社会中去经受实践的锻炼，去体验、去感悟企业文化；其次在企业文化的熏陶下，强化专业技术的训练，做到学以致用，增强自身综合素质，为今后职业发展奠定良好的基础。

（七）效率意识

时间就是金钱，效率就是生命。提高工作效率要不断改进工作方法，使完成同一件工作的时间尽量缩短。在同样的时间内争取最大的收获。善于立体操作，也就是说在做一项工作的同时可以交叉或并行其他的工作。

（八）自信意识

相信自己，相信你的能力。自信是一种正确、积极的自我理念和自我评价，是一个人对自己的积极感受。美国大思想家爱默生也说过："自信是成功的第一秘决。"

（九）主动意识

能主动工作，你就是工作的主人，否则你就是工作的奴隶。真正的主动工作意识就是贯彻到底、解决问题。工作就是主动、行动与热情。正像海尔总裁张瑞敏所言，把每一件简单的事做好就是不简单，把每一件平凡的事做好就是不平凡。

（十）学习意识

21世纪的企业需要成为学习型企业。那么个人最重要的能力是什么？同样也是学习能力。如何增加自己的知识？在企业中增加知识的方法，有一个最重要的观念——不会就要问。不耻下问，自古就是我们的美德，不要担心职位在你之下的员工会讥笑你。要有活到老，学到老的意识，定期对自己"清零"，始终保持学习的热情。

【职场小分享】

"职业人"的一天

早晨"我"必须按时起床，因为需要赶公交或地铁去上班。如果迟到。"我"不仅耽误自己的工作，影响奖金收入，还会影响到他人和整个单位的工作，给别人留下不好的印象，影响晋升。

上班前，"我"需要整理仪容，检查衣服、妆容是否得体。这项工作在很大程度上影响同事甚至领导对"我"的看法。

上班后,需要和同事一起工作。不同同事的年龄、性格、特长各不相同,如果"我"能和同事相处融洽,工作起来配合默契,那么整个工作过程也会相对愉快和轻松。

一天的工作,中午会有短暂的休息时间,但是也仅是"短暂",必须很快回到工作岗位,因为很多工作是有时效性的,必须按时完成。

每天工作结束后,"我"会觉得有些疲惫,但是更多的是有一种充实和满足感,以及对于明天工作的规划。

每天都要工作,周末或者节假日难得有时间与家人、朋友联络感情,安排自己的"生活"。

三、大学生职业意识的培养

大学生的职业意识影响着现在的职业准备、未来的职业选择和职业发展。社会的进步带给职业意识以时代的特点,丰富职业意识的内容,是大学生自身素质提升的需要。职业又是实现人生价值的舞台,所以,培养个人职业意识对自己的人生有着至关重要的作用。那么到底应该如何培养自己的职业意识呢? 大学生可以从以下几个方面进行努力。

(一)加强奉献意识的培养

职业意识是作为职业人所具有的意识,即主人翁精神。具体表现为:工作积极认真,有责任感,具有基本的职业道德。要真正领悟职业这一真谛,必须增强其无尊卑、贵在奉献的意识。我们要进一步激发自己的爱岗敬业精神,全面提高无私奉献意识。

(二)加强素质意识的培养

素质之于人,犹如水面上的冰山之于整座冰山,原来真正浮于水面的庞然大物只不过是它的小小的角尖而已。决定人成功的不仅仅是技能知识,更重要的是价值观、素质等潜伏在水下的部分。企业全体员工素质意识的总和构成企业文化,而企业文化是指导企业生产和经营活动的基本哲理和观念,是企业的共同思想、作风、价值观念和行为准则,是企业成败的关键。因此企业对自己员工的素质要求远远要比对员工的技能和专业知识的要求高且严格重要得多。品质的成熟铸就事业的成功,任何一个伟大的成功者首先都是一个伟大的"人",要成功,首先就要学会做人,要不断地修炼自己。这就启示我们不仅要提高自己的技能知识,更要培养自己的综合素质。

(三)加强团队意识的培养

对于任何一个人来说,无论你从事什么样的职业,处于什么样的岗位,都离不开与诸方面的团结和协作。团结协作是人的天性,也是人的一种生存方式。真正的团结协作需要每个人都具有团队精神。团队精神是团队成员为了团队利益和目标而相互协作、尽心尽力的意愿和作风,是将个人利益与整体利益相统一从而实现组织高效率运作的动力,是高绩效团队的灵魂,是成功团队最重要的特质。团队精神需要团队的凝聚力、合作意识和高昂的士气,也就是团队成员之间不仅要有强烈的归属感和一体性,而且要相互帮助、相互关怀、团结互助、同舟共济,保证团队的生机和活力。

(四)加强竞争意识的培养

竞争意识是个人或团体间力求压倒或胜过对方的一种心理状态。它能使人精神振奋,努力进取,还能促进事业的发展,也是现代社会中个人、团体乃至国家发展过程中不可缺少的心态。在社会竞争激烈的今天,谋求一份好的职业必须要有竞争的意识,同时,要有过硬的商业头脑,或把某个人作为自己的竞争对手。

在树立竞争意识的时候要防止不择手段而产生的消极因素。要用集体主义、社会主义思想做指导,克服竞争中的消极面。

(五)加强自律意识的培养

"自律"是指在社会和集体生活中对法律法规和制度的自我服从。这种服从源自于内心。是一种自愿的、自发的,甚至是自然的,不需要外在监督就能实现的行为。这是人格、人品及自身形象的真实反应,同时也是对他人、对社会、对公益的一种尊重。我们应该增强自律意识,自觉地以社会主义核心价值观的要求作为行为准则,做到自律。

(六)加强创新意识的培养

创新意识是指人们根据社会和个体生活发展的需要,引起创造前所未有的事物或观念的动机,并在创造活动中表现出的意向、愿望和设想。它是人类意识活动中的一种积极的、富有成果性的表现形式,是人们进行创造活动的出发点和内在动力,是创造性思维和创造力的前提。创新意识是一个民族进步的灵魂,也是国家兴旺发达的不竭动力。创新能力其实是一种综合能力,它要求具有强烈的创造欲、敏锐的观察力、准确的记忆力和良好的思维能力。要从传统的中庸观念中解脱出来,对新思想持开放态度,积极思考未经检验的假设。创新意识的培养需要深厚的知识积淀,需要用科学的方法进行思考,更需要锲而不舍的毅力。在校期间,应特别注意科学思维的训练,主要是发散性思维方法,即从不同角度、用不同的方法解决同一问题,研究新情况,揭示新规律,创立新思想。培养善于运用逆向思维和侧向思维等方法思考问题。

（七）加强学习意识的培养

以我们这种年龄，智力已趋于成熟。十多年的学习，我们早已形成了自己的一套学习方法，无论这种方法的差异如何，至少我们再也不能等着老师来手把手地教。好多东西我们应该自主学习。只有具备学会学习的能力，才能不断进行技术的创新，适应时代的要求。学习包括更新自己原有的专业知识，掌握新技能，结合各门学科知识来发展和完善自我；不但要"学会"，而且要"会学"，掌握正确的学习方法，把有用的知识转化为自身素质的提高，真正成为时代所需要的高素质人才。实践证明，职业教育培养必须贯穿于整个高等教育，与专业教育紧密地结合，相互促进。没有正确的职业意识，就不可能有牢固的专业思想，职业意识的培养是前提。思想是行动的先导。

"今天学习不努力，明天努力找工作"，这句话正好可帮助我们找到进行职业培养教育的最佳突破口。未雨绸缪是一个很好的习惯，在学校期间，我们必须下意识培养自己的职业意识，这样等我们真正进入用人单位的时候才能体现出训练有素的一面，为自己的职业生涯赢得一席之地。多了解一下自己专业所对应的各类职业的要求和特点，以便能寻找到自己喜欢的职业，有明确的人生目标，从而为自己热爱的职业勤奋学习，早做准备，成就职业理想。

【职场小分享】

最好的工作

在职业生涯早期，锻炼最大的工作就是最好的工作；

在职业生涯中期，收入最多的工作就是最好的工作；

在职业生涯后期，人生价值最大的工作就是最好的工作。

努力喜欢自己正在做的工作！当你还没有能力做好一项工作时，你就没有资格说不喜欢。

第十二章

练就职业技能

【学习目标】

职业能力的高低直接影响到个人的职业生涯发展。通过本章的学习，了解自我管理能力、团队合作能力、人际沟通能力、解决问题能力等几项职业核心能力的基本内涵，并初步掌握提升这几项能力的方法和途径。

第一节 自我管理能力

"现代戏剧之父"易卜生曾告诫后人：你的最大责任就是把你这块材料铸造成器。而我们只有学会了自我管理，才有可能使自己不断走向成功。

所谓自我管理，就是指个体对自我本身，对自己的目标、理想、心理和行为等进行的管理，自己把自己组织起来，自己管理自己，自己约束自己，自己激励自己，最终实现自我奋斗目标的一个过程。

自我管理能力，是指受教育者依靠主观能动性，按照社会目标，有意识、有目的地对自己的思想、行为进行转化和控制的能力。

一、自我管理能力的内容

自我管理能力主要包括以下几方面内容：

（一）自我心态管理能力

在我们不断塑造自我的过程中，影响最大的莫过于是选择积极的态度还是消极的态度。自我心态管理是个人为达到人生目标而进行心态调整，以最大化实现自我优化目的的一种行为。成功人士善于进行自我心态管理，随时调整自我心态，持续地保持积极的心态。

（二）自我心智管理能力

主观偏见是禁锢心灵的罪魁祸首。心智模式是人们在成长的过程中受环境、

261

教育、经历的影响,而逐渐形成的一套思维、行为模式。每个人都有自己的心智模式,而且每个心智模式都会存在一定的障碍。我们要善于突破自我,善于审视自我心智,善于塑造开放而正确的心智模式。

(三)自我形象管理能力

作为要持续成功的人,你身上必然会吸引许多人的目光。所以,你的外在社会形象很重要。我们要懂得如何更加得体地着装,如何适应社会对商务礼仪的要求,如何让自己的言谈举止和形象气质更有魅力,如何以优美的品行让别人更信任自己。成功人士必然是更有魅力的人,而这种魅力正来自于自我的形象管理。

(四)自我激励能力

在我们每个人的生命里,都潜藏着一种神秘而有趣的力量,那就是自我激励。人的一切行为都是受到激励而产生的,善于自我激励的员工,通过不断地自我激励使自己永远具有前进的动力。可以说,自我激励是一个人事业成功的推动力,其实质是一个人把握自己命运的能力。我们要拥有健康的心理,善于运用多种方法实现自我激励。

(五)自我角色认知能力

我们在人生里要扮演各种社会性的角色。在工作中,我们往来于公司、上级、同级及部属、客户之间。我们在角色定位上若没有较强的角色认知能力,往往会落到"上下难做人、里外不是人"的尴尬境地。因而,如何正确认知自己的角色是走向成功的重要环节。

(六)自我时间管理能力

每个人都同样地享有每年 365 天、每天 24 小时。可是,为什么有人能够在有限的时间里既完成了辉煌事业又能充分享受到亲情和友情,还能使自己的业余生活多姿多彩呢? 他们有三头六臂吗? 他们会分身术吗? 时间老人过多地偏爱他们吗? 不,关键的秘诀就在于成功人士善于进行自我时间管理。

(七)人际管理能力

有人说"成功 = 30% 知识 + 70% 人脉";更有人说"人际关系与人力技能才是真正的第一生产力"。因为人的生命永远不孤立,我们和所有的东西都会发生关系,而生命中最主要的就是这种人际关系。因此,要想成功,就应该加强自我人际管理能力。

(八)自我目标管理能力

生命的悲剧不在于目标没有达成,而在于没有目标。目标有多远,我们就能走多远。目标是指引我们工作的总方向。我们每天的生活与工作,其实都可以理解为一个不断地提出目标,不断追求目标并实现目标的过程。

（九）自我情绪管理能力

成功人士善于管理自我情绪。情绪能改变人的生活，有助于改善人际关系和说服他人。情商高的人可以控制、化解不良情绪。在通往成功的路上，最大的敌人其实并不是缺少机会或是资历浅薄，而是缺乏对自己情绪的控制。

（十）自我行为管理能力

根据社会伦理和组织所要求的行为规范，每个人的行为都可以分为正确的行为和错误的行为。我们要坚守正确的行事规范，不断将自我行为进行管理以达到职业化行为规范的要求。能够对自己进行职业行为管理，坚守职业操守，是具有优良职业素质的成熟表现。

（十一）学习与成长的能力

学习是人类生存与发展的推动力。人不是生而知之，而是学而知之。知识和能力不是天上掉下来的，而是从学习和实践中来的。学习能力是优秀竞争力的表现，也是人类灵性的表现。

（十二）自我反省管理能力

失败不是成功之母，只有善于不断从失败中反省，才是成功之母。因此，也可以这样说："反省是成功的加速器。"经常反省自己，可以去除心中的杂念，可以理性地认识自己并对事物有清晰的判断，也可以提醒自己改正过失。我们只有全面地反省，才能真正认识自己，而只有真正认识了自己并付出了相应的行动，才能不断完善自己。因此，每日反省自己是不可或缺的，"反省自己"应该成为我们工作的一个重要组成部分。只有不断地检查自己行为中的不足，及时地反思自己失误之原因，这样才能够不断地完善自我。

二、自我管理的特性①

（一）目的性

自我管理的目的是要实现个人的全面发展和人生的意义和价值。善于自我管理的人所做的每一件事都是完成特定目的的一个环节。例如，个人的自我完善可成为自我管理的一个目的，同时自我完善又是一个过程，而认清自己又是实现自我完善的重要前提。

（二）主体性

从管理的主体看，自己是自我认识的主体，是自己的管理者，是开发自我宝藏的"厂长和经理"，你想成为工程师和企业家吗？你想成为教授和科学家吗？那么你就是这些"产品"开发、生产和销售的老板。

---

① 于志英．浅论当代大学生沟通能力的培养[J]．新西部，2010（22）：158，180．

(三)客体性

从管理的客体或对象看,自我管理以自己为认识和管理的对象,即以自己所拥有的内在资源,如思想观念(价值观、道德观、人生观和动机等)、时间、情绪、行为、身体、信息等为管理对象。这是集中体现自我管理本质的最基本特征。

(四)技能性

它主要涉及自我管理的技术与能力的培养。自我管理以自身素质,尤其是以自我认知(意识、想象、思维和创造力等)、自我情绪和情感控制、自我调适和自我激励等学识和心理品质去管理自我;同时,在自我管理的过程中运用 SWOT 分析(又称态势分析法)、目标管理和反馈分析等技术与方法使自我在各方面得到能力的提升。

(五)主动责任性

又称自觉能动性。人类个体的自我管理是个体自主地、独立地、自觉地从事和管理自己的实践行为与活动,而不是在外界各种压力和要求下被动地从事实践活动或需要外界来管理自己的实践活动。当然,人的这种自觉能动性也需要有一些外部因素来起促进作用。

(六)自我反馈和调节性

在自我管理过程中,个体不断地去获取有关自身实践活动及各项自我管理要素变化情况的有关信息,审视和检查自身实践和管理活动的过程与效果。个体对自身实践活动的监控和反馈结果及所得到的信息会直接影响到下一步实践活动及行为的调节。所以,自我管理的自我调节性使个体根据反馈的信息和预期目的,对自身下一步的实践活动采取修正、变革、调整等措施的控制。调节性是个体自我管理水平高低的重要指标。

(七)迁移性

迁移性是指从某一个领域中获得的知识和技能有可能适用于另一个领域的知识与技能。由于个体对不同实践活动所进行自我监控和调节的实质是相同的,因此在任何一种实践活动中的自我监控都具有广泛迁移的潜在可能性,既可应用于不同的实践情境中,也可应用在多种多样的实践活动上。由于自我管理具有循环反馈性,它随时可以根据实践性质的变化进行相应调整以适应不同的实践情境,从而表现出广泛的迁移性。

三、提升自我管理能力的途径

很多成功人士都有一个共同的体会:要想有所作为,就必须重视提升自我管理能力。纵观古今中外,凡大成者,绝不仅仅是在被别人管理或管理别人中获得成功的,无不是通过严格的自我管理才获得大成和圆满的。大学生在校期间应按照企业员工的标准要求自己，明晰并锻炼自我管理能力，这对自身的成长及适应社会是至关重要的。

（一）自我目标管理

人生没有目标，就像箭矢没有靶垛。虽然随着时间和境遇的变化，你可能对它做一些调整，但是绝不能没有。目标既不能遥不可及，也不能唾手可得。古训说："欲得其中，必求其上；欲得其上，必求上上"，就是告诉我们必须适当调高奋斗目标，形象地说，就是要"跳起来摘桃子"。职工在服从企业大目标的前提下，也应有自我发展目标。认清所处的环境，在找到自己长处的同时找出自己的短处，明确目标，然后制定相应的计划。

（二）自我角色认知管理

人的发展离不开具体环境的条件和约束，离开了具体环境而谈人的发展是不现实的，因此，我们需要正确认识个人成长与企业成长的统一性问题。员工的价值与满足企业发展需要的属性是密切相关的，要摆正自己在企业中的位置，善于把自己的知识特长与企业的具体情况结合起来，处理好个人专业与企业需要的关系，努力把自己的兴趣特长融入企业的现实任务之中，将个人发展与企业发展割裂开来不会有什么成就。过度地抱怨环境，只会埋没自己的才干。不同的企业中，知识型员工的工作性质有所区别，有的是纯专业性的，如大企业的研发职位；有的专业性不那么强，如市场营销职位。但不管什么企业什么职位，只有全身心地投入到工作中，与周围同事打成一片，才可能成为企业的有用之才，体现自身的价值。同样，企业发展了，做大做强了，个人才有更大的舞台。

（三）自我学习管理

在当今职场上，企业与员工双向选择，一个人一辈子在一个企业打工非常罕见。在激烈甚至残酷的职场竞争中，不进则退、新人取代旧人是一条不变的规则。对于知识型员工来说，知识是最重要的资本，位置和收入只是知识的副产品。职场中自我学途径主要有：阅读专业书籍、行业内主流的报纸杂志、进行经验分享、加入行业组织。在知识快速更新的时代，只埋头工作或满足于现状是没有发展的，唯有不断学习不断积累，守住自己的看家本领，才能立于不败之地。

（四）自我人际关系管理

拥有良好的人际关系在中国的人文环境中有重要的现实意义。常常有这样一种人：专业水平很高，但由于人际关系没处理好，缺少领导的支持和同事的配合，在工作中就发挥不出其应有的专业水平。由此看来，知识型员工要想成功，就应该加强自我人际关系管理的能力。职场中营造和谐人际关系建议做到以下几点：公私分明，不要把坏情绪带到工作上；换位思考，"己所不欲，勿施于人"；善用赞扬和批评,释放正能量,以真心真意增进友谊;主动帮助别人,拉近彼此心理距离,使良好的人际关系迅速建立起来。

（五）自我激励管理

自我激励是一个人事业成功的推动力,古人说:"天行健,君子以自强不息",自我激励是建立在对自己的认识、评价、判断的基础上的。在每个人的生命里,潜藏着一种神秘而有趣的力量,那就是自我激励。人的一切行为都是受到激励而产生的,善于自我激励的人会通过不断的自我激励使自己永远具有前进的动力。自我激励,对组织而言,是管理的最高境界;对知识型员工来讲,是个人从消极被动的执行者转换为积极主动的进取者,是个人成长与发展的最佳状态。

（六）自我反省管理

反省是成功的加速器。经常反省自己,可以驱除心中的杂念,理性认识自己,对事物有清晰的判断,可以提醒自己改正过失,不致迷失方向。只有全面的反省,才能真正认识自己,只有真正认识了自己并付出了相应的行动,才能不断完善自己,因此,反省是不可或缺的。"反省自己"应该成为知识型员工工作的一个重要组成部分。不断地检查自己心中的不足,及时地反思自己失误之原因,就一定能够不断地完善自我。

（七）自我习惯管理

美国著名哲学家威廉·詹姆斯有句名言:种下思想,收获行动;种下行动,收获习惯;种下习惯,收获品格;种下品格,收获命运。好的工作习惯对于一个人的职业发展至关重要,它存在于细节之中,但却能决定一个人的职业命运。作为一名职业人,良好的工作习惯包括要有计划性、具备时间观念、保持积极的心态、勇于担当等。同时,要努力改掉自身的坏习惯,例如拖沓、个人主义等。

第二节　团队合作能力

合作是一个永恒的主题。从刚刚懂事起,我们就已经作为社会人在与人相处,与人合作。最初,和我们相处的是我们的父母;之后,有学校的老师和同学;等到我们走上社会,踏入职场,我们的交际范围进一步扩大,各式各样的人物会走进我们的生活,进入了我们的合作范围。无论是家人、同学、朋友、还是同事,都是我们的合作对象。可以说,人的一生是合作的一生。

一、团队合作的含义

1994 年,斯蒂芬·罗宾斯首次提出了"团队"的概念:为了实现某一目标而由相互协作的个体所组成的正式群体。在随后的十年里,关于"团队合作"的理念风靡全球。

团队合作指的是一群有能力、有信念的人在特定的团队中,为了一个共同的目标相互支持、合作奋斗的过程。它可以调动团队成员的所有资源和才智,并且会自动地驱除所有不和谐和不公正现象,同时会给予那些诚心、大公无私的奉献者适当的回报。如果团队合作是出于自觉自愿时,它必将会产生一股强大而且持久的力量。

所谓团队合作能力,是指建立在团队的基础之上,发挥团队精神、互补互助以达到团队最大工作效率的能力。对于团队的成员来说,不仅要有个人能力,更需要有在不同的位置上各尽所能、与其他成员协调合作的能力。

二、团队合作的意义

有句古话叫"三个臭皮匠,赛过诸葛亮"。然而,三个臭皮匠到底凭什么能够取胜足智多谋的诸葛亮? 难道仅仅是由于臭皮匠的人数多吗? 其实,只要我们认真地去探究其原因,就会明白三个臭皮匠能胜过诸葛亮,主要是因为他们的相互协作和共同努力。

(一)现代社会需要具有良好团队合作精神的人才

现代社会需要的各类人才,不但要具备较高的专业知识和技能,同时还要求必须具备良好的沟通协调能力、良好的团队合作精神。社会分工的细化,带来的不是隔离,而是合作。分工越细,越需要合作。现代大型企业的运作大多是以完成项目为日常工作和考核指标,一个企业通常运行着一个或多个项目,但是由于现代商业应用的复杂性和时间紧迫性,几乎没有一个项目是单人能够完成的。完成这些项目少则需要三五人,多则上百人。没有良好的团队合作,项目几乎无法进行。不仅在一个企业或组织的内部如此,全球范围内的分工也依靠遍布全球的千丝万缕的合作关系来联系与运营,这种关系的建立,仰赖的正是人脉与相互协作。因此,培养在校大学生的团队合作精神,是让大学生迅速适应社会工作的必要手段之一。

(二)团队是企业生存的根基

释迦牟尼曾问弟子一个问题:"怎样才能使一滴水不干涸?"众弟子面面相觑,不知道怎么回答。释迦牟尼说:"把它放入大海里吧!"其实每个人在团队里都是一滴水,只有深深地融入其中,都冲着一个目标发挥大家的力量,才可以借助大海的力量去创造奇迹,和大海一起掀起滔天巨浪,无所不能。

同样,成功的企业也不是单独一个人创造的,因为个人的力量毕竟是有限的,创造出的成功可能是短暂的,只有团队的力量才是无穷尽的,才可能形成一股强劲的力量,才能具有无限的活力。任何公司的发展和壮大,都依赖员工的有效合作。当个人利益与团队利益发生冲突时,应以大局为重,而不是以自我为中心。在这个竞争的时代,集体主义比个人主义更有效,公司的成功依赖更多的是团队的力量。尽管每个人所处的岗位不同,性格也各不相同,但有一点是共同的,那就是为实现公司的整体目标而团结一致,共同奋斗。

可以说,团队是企业生存和发展的根基。如果企业员工不能形成团队,就会像一盘散沙,就不会有统一的一致的行动,更不会有战斗力和竞争力。

(三)团队合作精神的培养对大学生人格完善起着积极作用①

充分理解团队合作精神的人,具有理解、辨别和感受不同情境的能力,他们在生活中更能理解他人,尊重他人。处理问题时更善于与人沟通,更能充分考虑各方情况,提出更好的解决方案。行动中也更乐于帮助别人,遇到困难时更善于寻求别人的帮助,同时也更容易得到别人的帮助。他们更懂得社会和时代需要什么,自己缺少什么,进而激发社会责任感和成才欲,摆正个人与国家、个人与集体、个人与社会、个人与群众的关系,从而把自己的命运同祖国的富强、民族的兴旺、社会的稳定、人民的富裕紧密联系起来,不断修改、补充、深化自己的认识,不断提升自己的能力,在社会和时代的总要求下塑造自己,使主观努力符合客观实际,个人发展适应于社会和时代的需求,在实现社会理想的同时实现人生的自我价值。培养这种人格健全的、高素质的人才是我国高等教育的根本目的。

【案例思考】

美国德州一汽公司因为推行自我管理型团队而获得国家质量奖。美国最大的金融和保险机构路得教友互助会,因为推行自我管理团队在4年内减员15%,而业务量增加了50%,员工满意度也有了一定的提高。

麦当劳成立了一个能源管理小组,成员来自于各连锁店的不同部门,他们对怎样降低能源问题提供自己鉴定的方案,解决这一环节对企业的成本控制非常有帮助。能源管理小组把所有的电源开关用红、蓝、黄等不同颜色标出,红色是开店的时候开,关店的时候关;蓝色是开店的时候开直到最后完全打烊后关掉。通过这种色点系统他们就可以确定,什么时候开关最节约能源,同时又能满足顾客的需要。这种能源小队其实也是一个自我管理型团队,能够真正起到降低运营成本

---

① 刘念,李茵莱. 论大学生团队合作精神的培养[J]. 新南民族大学学报(人文社科版),2007(4):224-227

的作用。

麦当劳还有一个危机管理队伍，责任就是应对重大的危机，由来自于麦当劳营运部、训练部、采购部、政府关系部等部门的一些资深人员组成。他们平时在共同接受关于危机管理的训练，甚至模拟当危机到来时怎样快速应对，比如广告牌被风吹倒，砸伤了行人，这时该怎么处理？一些人员考虑是否把被砸伤的人送到医院，如何回答新闻媒体的采访，当家属询问或提出质疑时如何对待？另外一些人要考虑的是如何对这个受伤者负责，保险谁来出，怎样确定保险？所有这些都要求团队成员能够在复杂问题面前做出快速行动，并且进行一些专业化的处理。

虽然这种危机管理的团队究竟在一年当中有多少时候能用得上还是个问题，但对于跨国公司来说是养兵千日，用兵一时，因为一旦问题发生就不是一个小问题。在面临危机的时候，如果做出快速而且专业的反应，危机会变成生机，问题会得到解决，而且还会给顾客及周围的人留下很专业的印象。

三、提高团队合作能力的途径

海纳百川而不嫌弃细流，才能惊涛拍岸，卷起千层浪，形成波涛汹涌的壮观气势。个人与团体的关系就如小溪与大海的关系，只有把无数个人的力量凝聚在一起时，才能确立海一样的目标，敞开海一样的胸怀，迸发出海一样的力量。因此，个人的发展离不开团队的发展，个人的追求只有与团队的追求紧密结合起来，并树立与团队风雨同舟的信念，才能和团队一起得到真正的发展。那么，该如何加强与他人的合作，提高团队合作能力呢？

（一）尊重，团队合作的良好开端

尊重没有高低之分、地位之差和资历之别，尊重只是团队成员在交往时的一种平等的态度。平等待人，有礼有节，既尊重他人，又尽量保持自我个性，这是团队合作能力之一——尊重的最高境界。团队是由不同的人组成的，每一个团队成员首先是一个追求自我发展和实现的个体人，其次才是一个从事工作、有着职业分工的职业人。虽然团队中的每一个人都有着在一定的生长环境、教育环境、工作环境中逐渐形成的与他人不同的自身价值观，但他们每一个人也同样都有渴望被尊重的需要，而不论其资历深浅、能力强弱。

尊重，意味着尊重他人的个性和人格，尊重他人的兴趣和爱好，尊重他人的感觉和需求，尊重他人的态度和意见，尊重他人的权利和义务，尊重他人的成就和发展。尊重，还意味着不要求别人做你自己不愿意做或没有做到过的事情。只有团队中的每一个成员都尊重彼此的意见和观点，尊重彼此的技术和能力，尊重彼此对团队的全部贡献，这个团队才会得到最大的发展，而这个团队中的成员也才会赢得最大的成功。尊重能为一个团队营造出和谐融洽的气氛,使团队资源形成最大程度的共享。

(二)学会欣赏、懂得欣赏

欣赏就是主动去寻找团队成员的积极品质,尤其是你的"敌人",然后向他学习这些品质,并努力克服和改正自身的缺点和消极品质。这是培养团队合作能力的关键一步。三人行,必有我师。每一个人的身上都会有闪光点,都值得我们去挖掘并学习。成功地融入团队之中,善于发现每个工作伙伴的优点,是走近他们身边、走进他们之中的第一步。适度的谦虚并不会让你失去自信,只会让你正视自己的短处,看到他人的长处,从而赢得众人的喜爱。每个人都可能会觉得自己在某个方面比其他人强,但你更应该将自己的注意力放在他人的强项上。因为团队中的任何一位成员,都可能是某个领域的专家。因此,你必须保持足够的谦虚,这种压力会促使你在团队中不断进步,并真正看清自己的肤浅、缺憾和无知。

总之,团队的效率在于每个成员配合的默契,而这种默契来自于团队成员的互相欣赏和熟悉——欣赏长处、熟悉短处,最主要的是扬长避短。

(三)宽容,让心胸更宽广

美国人崇尚团队精神,而宽容正是他们最为推崇的一种合作基础,因为他们清楚这是一种真正的以退为进的团队策略。雨果曾经说过,"世界上最宽阔的是海洋,比海洋更宽阔的是天空,而比天空更宽阔的则是人的心灵"。这句话无论何时何地都是适用的,即使是在角逐竞技的职场,宽容仍是能让你尽快融入团队之中的捷径。宽容是团队合作中最好的润滑剂,它能消除分歧和战争,使团队成员能够互敬互重、彼此包容、和谐相处,从而安心工作,体会到合作的快乐。

宽容,并不代表软弱,在团队合作中它体现出的是一种坚强的精神,它是一种以退为进的团队战术,为的是整个团队的大发展,以及为个人奠定有利的提升基础。首先,团队成员要有较强的相容度,即要求其能够宽厚容忍、心胸宽广、忍耐力强。其次,要注意将心比心,即应尽量站在别人的立场上,衡量别人的意见、建议和感受,反思自己的态度和方法。

(四)信任,成功协作的基石

团队是一个相互协作的群体,它需要团队成员之间建立相互信任的关系。信任是合作的基石,没有信任,就没有合作。信任是一种激励,信任更是一种力量。团队成员在承受压力和困惑时,要相互信赖,就像荡离了秋千的空中飞人一样,他必须知道在绳的另一端有人在抓着他;团队成员在面临危机与挑战时,也要相互信任，就像合作猎捕猛兽的猎人一样，必须不存私心，共同行动。否则，这个团队以及这个团队的成员到最后只会一事无成、毫无建树。

高效团队的一个重要特征就是团队成员之间相互信任。也就是说，团队成员彼此相信各自的品格、个性、特点和工作能力。这种信任可以在团队内部创造高度互信的互动能量，这种信任将使团队成员乐于付出，相信团队的目标并为之付出自己的责任与激情。

（五）沟通，团队成功的桥梁

一个人身在团队之中，良好的沟通是一种必备的能力。作为团队，成员间的沟通能力是保持团队有效沟通和旺盛生命力的必要条件；作为个体，要想在团队中获得成功，沟通是最基本的要求。沟通是团队成员获得职位、有效管理、工作成功、事业有成的必备技能之一。

持续的沟通，是使团队成员能够更好地发扬团队精神的最重要的能力。团队成员唯有从自身做起，秉持对话精神，有方法、层次地发表意见并探讨问题，汇集经验和知识，才能凝聚团队共识，激发自身和团队的力量。

（六）负责，自信地面对一切

负责即敢于担当，对自己负责，更意味着对团队负责、对团队成员负责，并将这种负责精神落实到每一个工作的细节之中。团队在运作过程中，难免出现失误，若是每次出现错误都互相推卸责任，那么这个团队就没有存在的价值。并且一个对团队工作不负责任的人，往往是一个缺乏自信的人，也是一个无法体会快乐真谛的人。要知道，当你将责任推给他人时，实际上也是将自己的快乐和信心转移给了他人。任何有利于团队荣誉和利益的事情，与每一个团队成员都是息息相关的，所有的人都拥有不可推卸的责任。

（七）诚信，不容置疑的品质

古人说：人无信则不立。说的是为人处世若不诚实，不讲信用，就不能在社会上立足和建功立业。一个个体，如果不讲诚信，那么他在团队之中也将无法立足，最终会被淘汰出局。诚信，是做人的基本准则，也是作为一名团队成员所应具备的基本价值理念——它是高于一切的。没有合格的诚信精神，就不可能塑造出一个良好的个人形象，也就无法得到上司和团队伙伴的信赖，也就失去了与人竞争的资本。唯有诚信，才是让你在竞争中得到多助之地的重要条件。团队精神应该建立在团队成员之间相互信任的基础上。而只有当你做到了"言必信，行必果"时，你才能真正赢得同事的广泛信赖，同时也为自己事业的兴盛发达注入了活力。

（八）热心，帮助身边每一块"短木板"

职场之内，人们一致认定的竞争法则是：强者有强者的游戏规则，弱者有弱者的生存法则。作为一个团队成员必须记住，只有一个完全发挥作用的团队，才是一个最具竞争力的团队；而只有身处一个最具竞争力的团队之中，个体的价值才能得到最大程度的体现。当你是团队中的那块"短木板"时，应该虚心接受"长木板"的帮助，尽一切努力提高自己的能力，不要让自己拖整个团队的后腿；当你是团队中的那块"长木板"时，你不能只顾自己前进的脚步，而忽略了"短木板"的存在，那么，你收获的终将是与"短木板"一样的成就。当我们身处于一个团队中时，只有想方设法让短木板达到长木板的高度，或者让所有的板子维持"足够高"的相等高度，才能完全发挥团队作用。

（九）个性，坚持自己的特质

团队精神不是集体主义，不是泯灭个性、扼杀独立思考。一个好的团队，应该鼓励和正确引导员工个人能力的最大发挥。团队成员个人能力的最大发挥，其实是个人英雄主义的最好体现。个人英雄主义在工作中往往表现为个性的彰显，更包含有创造性的工作，以及勇于面对压力和敢于承担责任的勇气。团队不仅仅是人的集合，更是能量的结合与爆发。作为团队成员，不要因为身处团队之中就抹杀了自己的个性特质。团队制度的建立是为了更好地发挥成员的才能，只要你不逾矩，那你就完全可以随心所欲，"八仙过海，各显神通"地开展你的工作。

（十）团队利益，至高无上

皮之不存，毛将焉附。个人的聪明才智只有与团队的共同目标一致时，其价值才能得到最大化的体现。团队精神不反对个性张扬，但个性必须与团队的行动一致，要有整体意识、全局观念，要考虑到整个团队的需要，并不遗余力地为整个团队的目标而共同努力。只有当团队成员自觉思考到团队的整体利益时，他才会在遇到让人不知所措的难题时，以团队利益达到最大化为根本，义无反顾地去做，自然不会因为工作中跟相关部门的摩擦而耿耿于怀，也不会为同事之间意见的分歧而斤斤计较，更不会因为公司对自己的一时错待而怨恨于心。对上司和公司的决定需要保持高度的认同感，这也是全局意识的一种体现。因为上司或公司高层正是一支团队的指挥中枢，每位下属或员工都必须听命于他们，与他们精诚合作，这个团队才能保持旺盛而持久的战斗力，企业才能发展壮大。在团队之中，一个人与整个团队相比，是渺小的，太过计较个人得失的人，永远不会真正融入到团队之中。而拥有极强全局意识的人，最终会是一个最大的受益者。

成功的团队提供给我们的是尝试积极开展合作的机会，而我们所要做的是，在其中寻找到我们生活中真正重要的东西——乐趣，工作的乐趣，合作的乐趣。团队成员只有对团队拥有强烈的归属感，强烈地感觉到自己是团队中的一员，才会真正快乐地投身于团队的工作之中，体会到工作对于人生价值的重要性。

第三节 人际沟通能力

沟通能力是现代人的基本素质和综合能力之一。① 随着经济全球化和改革开放的进一步推进,沟通成为时代的主题,沟通能力已成为新世纪人才竞争的重要指标之一。沟通涉及到现代社会政治、经济和文化等各方面。沟通能力在市场营销、商贸谈判、人力资源管理、公共关系及生产管理等各种活动中更是尤为重要。每个人从出生就会与周围环境进行沟通,但沟通能力的强弱直接影响着沟通的效果,影响着人的身心健康。沟通渗透在大学生学习与生活的各个方面,对学习效果的好坏、人际关系的协调、人格的健全及心理健康都起着至关重要的作用。

一、什么是沟通

所谓沟通,就是人们在社会生活中,为了一个预计或已设定的目标/方向,借助共同的符号系统如语言、文字、图像、记号及手势等,把信息、思想、意见、感情、愿望、观点和兴趣等,在个人或群体间进行传递,加强信息交换、拓展思路,从而达成一个共同协议的双向互动过程。

一个完整的沟通过程包括发送者将信息进行编码,通过一定的渠道传递给接受者,接受者在接收到信息后,对信息进行解码,最后反馈给发送者,这就完成了一个完整的沟通过程。(如图12-1所示)在信息传递的过程中,由于传递渠道、方式以及各种沟通障碍的影响,信息在传递的过程中会出现丢失的现象。而一个成功的沟通过程,要达到的就是控制信息传递过程中的障碍,从而使信息传递量达到最大化。

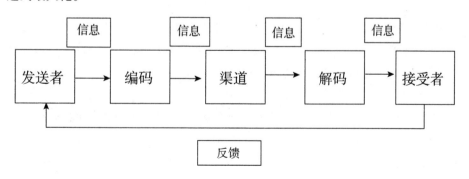

图12-1 沟通过程图

---

① 于志英. 浅论当代大学生沟通能力的培养[J]. 新西部,2010(22):158,180.

由于沟通主体的性格、态度、行为模式等方面的差异,每个人的沟通类型也不尽相同,大体可分为情绪型、思考型、指导型和支持型四类如表 12 - 1 所示。清楚与不同性格的人交往中的游戏规则,可以对症下药,防止在沟通中犯不必要的错误。

表 12 - 1　各沟通类型的优缺点

	情绪型	思考型	指导型	支持型
优点	热情活泼,积极参与	冷静理性,观察力强	思考周密,有判断力	自然随和,响应他人
缺点	过于兴奋,不够严肃	谨慎刻板,过于敏感	咄咄逼人,太爱干预	过于迎合,缺感染力

二、沟通的意义

【案例思考】

小明第二天就要参加小学毕业典礼了,为了把这一美好时光留在记忆之中,他高高兴兴上街买了条裤子,可惜裤子长了两寸。吃晚饭的时候,趁奶奶、妈妈和嫂子都在场,小明把新买的裤子长两寸的问题说了一下,饭桌上大家都没有反应。饭后大家都去忙自己的事情,这件事情就没有再被提起。妈妈睡得比较晚,临睡前想起儿子明天要穿的裤子还长两寸,于是就悄悄地一个人把裤子剪好叠好放回原处。半夜里,狂风大作,窗户"咣"的一声把嫂子惊醒。嫂子醒来后,突然想到小叔子新买的裤子长两寸。自己辈分最小,不能让老人费心,怎么也该自己来做,于是起床将裤子处理好后才安然入睡。老奶奶睡觉轻,每天早起给小孙子做早饭,也想到孙子的裤子长两寸,于是趁水未开的时候也对小明的裤子做了处理。结果,第二天早晨,小明只好穿着短四寸的裤子去参加毕业典礼了。小明新买的裤子本来长了两寸,为什么第二天却变成了短了四寸呢?如果他的奶奶、妈妈和嫂子就裤子的修剪进行了及时的沟通,会出现这种情况吗?

英国文豪萧伯纳说过:"假如你有一个苹果,我也有一个苹果,而我们彼此交换这些苹果,那么,你我仍然是各有一个苹果;如果你有一种思想,我也有一种思想,而我们彼此交换这些思想,那么,我们每个人将各有两种思想。"这段话生动说明了沟通的意义。

人际沟通具有心理、社会和决策等功能,和我们的生活息息相关。其功能如下:

（一）心理功能

1. 为了满足社会需求和他人沟通

心理学中认为人是一种社会的动物,人与他人相处就像需要食物、水、住所等同样重要。如果人与其他人失去了相处的机会,身体就会出现一些症状,如产生幻觉、丧失运动机能、心理失调等等。我们日常与人的沟通,即使是一些不重要的话,但却能满足我们互动的需求,身心也会感到愉快与舒适。

2. 为了加强自我肯定和他人沟通

通过沟通,我们能探索自我以及肯定自我。要如何了解自己有什么专长与特质,有时要通过沟通从别人口中得知。与他人沟通后得到的结果,往往成为自我肯定的源泉,人们渴望被肯定,被重视,那么,通过沟通才能找寻到相关答案。

（二）社会功能

人际关系提供了社会功能。借着社会功能,我们可以发展和维持与他人之间的关系。我们必须通过和他人的沟通来了解他人。借助沟通这个过程,人与人之间的关系得以发展、改变或者维系。

（三）决策功能

人类除了是一种社会动物之外,也是一种决策者。我们每时每刻都在做决策,不论是接下来是否要看电视,还是明天要穿什么衣服,事情看似很小,其实都是在做决策。但是,有些决策是自己就能做出的,有些决策却需要和别人沟通后一起做出。

在决策过程中,沟通体现出两个功能:

一是促进了资讯交换。正确的资讯有助于做出有效的决策。资讯的获得有时需要自己观察,比如看书、看电视,但有时通过与他人沟通能获得更多有效、有针对性的资讯。

二是影响他人的决策。如果朋友外出购物,他询问你意见,此时,你传达的内容很可能会影响了他的决策。

三、有效沟通的原则与技巧

有效的人际沟通可以实现信息的准确传递,达到与他人建立良好的人际关系、借助外界的力量和信息解决问题的目的。但是由于沟通主客体和外部环境等因素,沟通过程中往往会出现各种各样的沟通障碍。为了达到沟通的目的,我们必须采取适当的措施以避免障碍,从而实现成功的沟通。大量的理论和实践研究表明,有效沟通必须遵守一些沟通的原则并掌握一些沟通的技能。

（一）有效沟通的原则①

1. 正确定位原则。沟通包括一些定位，我们应该正确地将沟通定位，以便使自己的信息准确传递。

2. 信息组织原则。所谓信息组织原则就是沟通双方在沟通之前应该尽可能地掌握相关的信息，在向对方传递这些信息时应尽可能简明、清晰、具体。

3. 尊重他人原则。重视他人的人格和价值，承认他人在人际交往中的平等地位。

4. 换位思考原则。所谓"换位思考"，是指在沟通过程中主客体双方在发生矛盾时，能站在对方的立场上思考问题。

（二）沟通中的技巧

1. 善于倾听

听，是沟通的前提。倾听，貌似简单，其实不易。"听"的繁体字为"聽"，它由"耳""王""十""目""一"和"心"六个字组成，代表着"听"首先是用耳朵接受他人的声音，但仅此却远远不够，还需"十目一心"地仔细观察对方说话的神态、用心揣摩对方话中之话。只有这样，才能真正感受到对方所要传递的信息。倾听是一种本能，也是一门技术，更是一门艺术，它源自本能，修自后天。学会倾听，要掌握以下几个原则：

（1）以关心的态度倾听

通过非语言行为，如眼睛接触、某个放松的姿势、某种友好的脸部表情和适宜的语调，你将营造一种积极的交流氛围。如果你表现出留意、专心和放松，对方会感到被重视和更安全，从而有勇气试探你的意见和情感，同时觉得你是以一种非裁决的、非评判的姿态出现的。可以恰当地提出问题或插话，表明你对对方所谈内容的关心、理解、重视和支持，但不要打断对方的谈话，同时还要表现得像一面镜子：反馈你认为对方当时正在考虑的内容，总结说话者的内容以确认你完全理解了他所说的话。

（2）避免先入为主

当有人向你倾诉的时候，调整好你的心态很重要。如果以个人态度考虑一个问题时往往会使你过早地下结论，显得武断。所以，在倾听时最好持第三者的立场，以理智和接纳的心态帮对方分析和解决问题。

（3）对对方的需要表示出兴趣

带着理解和相互尊重的心态进行倾听，把自己的知觉、情感、态度全部调动起

---

① 谢丹影. 浅谈职场沟通能力的培养[J]. 中国高新技术企业,2009(1):156-157.

来,投入地听,用心去体验对方谈话所涉及的情景,才能表现出对对方的需要感兴趣。

（4）学会倾听逆耳之言

人无完人,金无足赤,每个人都存在着缺点,每个人的工作方法与思路也绝不是完美的,这就需要他人来指正。而作为倾听者要以虚心的态度来接受。发自内心的逆耳之言是一种关心,更是一种爱护和帮助。

（5）创造良好的倾听环境

即使倾听者掌握了以上原则,要是缺乏一个良好的倾听环境来做保障,还是无法达到倾听效果的。良好的倾听环境包括场所、时间、距离等因素。要选择安静、舒适的场所和恰当的时间,同时说话者与倾听者之间要保持合适的距离,尤其是在正式场合,无论亲疏,都应保持一定的距离。

2. 沟通中的肯定与回馈

如果说话者一个人在那里唱独角戏,他一定会觉得特别无聊,所以应该给予一定的反馈,反馈的方式包括语言与非语言。通过语言符号,倾听者可以阐述自己的观点,同时也可以通过适时适度的提问来获得更多的信息,倾听中的提问要做到:数量要少而精,太多的问题会打断说话者的思路和情绪,恰当的提问往往有助于双方的交流,要紧紧围绕谈话内容,不应漫无边际地提一些随意而不相关的话题,浪费彼此的时间。可以通过重复对方沟通中的关键词,甚至能把对方的关键词语经过自己语言的修饰后,回馈给对方。这会让对方觉得他的沟通得到你的认可与肯定。同时可以使用简单的语句,如"呃""哦""我明白""是的""或者""有意思"等,来认同对方的陈述。通过用"说来听听""我们讨论讨论""我想听听你的想法"或者"我对你说的很感兴趣"等,鼓励说话者谈论更多内容。另外,可以使用一些非语言符号达到回馈的目的。例如可以通过一些动作、姿势、表情等让说话者感受到你的心情,最基本的就是目光注视,让他感觉到你正在专注地倾听,当你觉得对方说得很精彩时可以鼓掌;当你觉得对方说得很有趣时,可以微笑甚至大笑;当你觉得疑惑时,可以皱皱眉,让人觉得若有所思;等等。

3. 关注对方的反应

配合对方的关注点并及时调整表达的方式和内容,应避免灌输式和自我陶醉式的表达方式。表达时用词要准确,并尽量使用中性词语,消除对方可能抱有的防卫、警惕甚至敌对情绪,从而对你所表达的意愿产生共识。

【小资料】

常见的反应姿态与含义

任何一种肢体动作都是一种信息的传递。有时,我们无声的肢体动作比有声的文字语言更容易吸引对方的注意力。以下是常见的几种反应姿态及其代表的含义,掌握了这些,可以在沟通中帮助自己尽快理解对方的态度,做出及时准确的回应。

含义	姿态
开放/真诚	摊开双手,更靠近,打开大衣纽扣,把衣服放在椅子边上
评价	抬着头,手碰到脸颊,身体前倾,手托下巴
冷淡	无精打采,很少的眼睛接触,嘴唇松弛,视而不见,眼神不集中
拒绝	两臂两腿交叉,身体后缩,环顾左右,触摸式揉鼻子
挫折	紧握双手,揉颈背,在空中挥拳
紧张	眯着眼睛,嘴唇蠕动,嘴巴微张,来回走动,抖动手指或摆弄东西
防御	身体僵硬,双臂双腿紧紧交叉,很少或没有眼神接触,拳头紧握,嘴唇缩拢
自信	自豪、挺直的身姿,持续眼神接触,手伸直,下巴抬起,含蓄的微笑

4. 沟通中的"先跟后带"

"先跟后带"是指,即使你的观点和对方的观点是相对的,在沟通中也应该先让对方感觉到你是认可的、理解的,然后再通过语言和内容的诱导抛出你的观点。职场新人要充分意识到自己是团队中的后来者,也是资历最浅的新手。在这种情况下,新人在表达自己的想法时,应该尽量采用低调、迂回的方式,特别是当你的观点与其他同事有冲突时,要充分考虑到对方的权威性。

第四节　解决问题能力

一、问题与解决问题能力

所谓问题是指实际情况与现有标准或期望之间的差距。问题是科学研究的出发点,是开启任何一门科学的钥匙。没有问题就不会有分析问题和解决问题的思想、方法和认识。从一定意义上说,问题是思想方法、知识积累与发展、发明与创新的逻辑起点和推动力量,是产生新思想、新方法、新知识的种子,没有"问题"也就没有创新。从本质上说,创新教育是以培养学生问题意识为起点的"问题教育"。培养学生问题能力的过程,就是使学生的问题意识从无到有、从隐到显、从弱到强的过程。

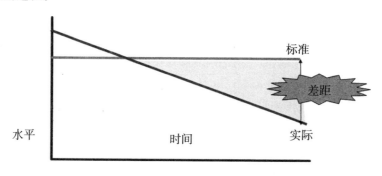

图 12 - 2 问题图示

解决问题能力,又叫问题解决能力,是指个体能够准确地把握事物发生问题的关键,利用有效资源,提出解决问题的意见或方案,付诸实施后进行相应调整和改进,最终使问题得到解决的能力。解决问题能力的水平与人的知识经验和各种心理过程有密切联系,包括发现问题的能力、对问题的分析能力、提出假设进行推理的能力以及验证结论的能力等。

问题解决能力是从许许多多职业活动与职业实践中抽象出来,同时又适用于各种职业活动与职业实践,是具有普遍适应性和可迁移性的能力。解决问题能力是任何职业活动都必备的、涵盖在所有的职业活动之中的一种极其重要的职业核心能力。它包括以下三个方面的内容:(1)正确提出解决问题的意见或方案;(2)有效实施解决问题的方案;(3)科学调整或改进解决问题的方案。根据中国就业培训技术指导中心研究设计的"国家职业核心能力培训测评模块",解决问题能力涉及 13 个能力点,其中提出正确解决问题的意见或方案涉及 4 个能力点,它们分别是:准确定义问题,明确解决目标,形成比较思路,选择最佳方案;有效实施解决问题的方案涉及 5 个能力点,它们分别是:获取上级支持,设计实施方案,寻求利用支持,有效利用资源,及时调整方案;科学调整或改进解决问题的方案涉及 4 个能力点,它们分别是:掌握检查方法,实施有效检查,准确做出结论,反馈评估提高。

调查显示,具有较高解决问题能力的毕业生最受用人单位青睐。解决问题能力是高校毕业生顺利就业必备的技能。具备了解决问题的能力,学生就能得心应手地处理工作和生活中所碰到的各种难题,实现顺利就业,找到理想的工作;解决问题能力还可以帮助学生在不断变化的环境中获得新的职业技能和知识,适应更高层次职业和岗位的要求,更好地发展自己。

二、培养解决问题能力的必要性

解决问题能力既是指具体专业技能和专业知识之内必备的能力,又是指具体专业技能和专业知识以外的一种能力。此处所指的解决问题能力主要指的是后一种能力。因为它强调当职业发生变化或当劳动组织出现变更时,劳动者具有的这一能力依然有效。由于这一能力已经成为劳动者的基本素质,劳动者拥有这种能力就能从容面对市场或职业的挑战,能够在快速变化的环境或职场中游刃有余地解决各种新出现的矛盾和问题。这是劳动者从事任何一种职业都必须具备的能力之一,因此又被列入跨职业能力的范畴。从以上对解决问题能力的内涵分析可以看出,这一能力与具体的专业技能相比确实具有明显的不同,它具有可迁移性,就像人们所说的,是一种"可携带的能力",它对劳动者未来的发展具有关键性的作用。

(一)解决问题能力的强弱决定了绩效的高低

员工解决问题的能力,就是结合企业的愿景、战略和岗位职能,运用观念、规则、工作程序方法等对客观问题进行分析并提出解决方案的能力。员工解决问题的能力决定了其工作绩效的高低。那些有很强的解决问题能力的人往往能够创造卓越的业绩,而那些欠缺这一能力的人则刚好相反。IBM 的一位高级经理就表示,绩效的获得来自于解决问题的能力。日常工作的种类繁多,在有限的时间内完成多大的工作量完全取决于其解决问题的能力。

很多员工认为,解决问题是高层领导的事,自己只要做好执行工作就行了。事实上,即使最基层的员工也不得不解决日常营运中的各种问题。比如,文件的处理、电话的接听、人员的接待、各种方案和书面材料的编写、事务的报告和传达、外围的调查、事件的调查与核实等等。良好的解决问题的能力是当问题接踵而来而且复杂度不断升高时,能够系统地找出问题的成因,对症下药,以最有效率的方式解决问题。

(二)解决问题能力的高低决定了个人的优秀程度

在工作中,谁都难免会遇到这样那样的困难和问题。面对难题,优秀的人往往会积极地寻找解决问题的办法,而平庸的人则总会寻找借口,逃避责任。最优秀的人,往往是最能解决问题的人,他们的成功之道,归根结底就是他们最善于寻找办法解决一个又一个的难题。

华人首富李嘉诚就是一个通过寻找办法解决问题的高手。当年他给别人打工,先是在茶楼里当跑堂伙计,后来应聘到一家企业当推销员。有一次,他到一家写字楼去推销一种塑料洒水器,一连走了几家都无人问津。整个上午过去了,还没有一点成绩。尽管推销颇为艰难,但他还是不停地给自己打气,精神抖擞地走进了另一栋办公楼。这时,他看到楼道上的灰尘很多,便灵机一动,并没有直接去推销产品,而是去洗手间,往洒水器里装了一些水,将水洒在楼道里。令人感到神奇的是,经他这样一洒,原来脏兮兮的楼道干净了很多。他的此举很快引起了主管办公楼的有关人员的兴趣,就这样,这个下午他卖出了十多台洒水器。

在这次推销中,李嘉诚为什么能获得成功呢?原来,他把握住了这样一个非常有效的推销方法——要让客户动心,就必须掌握他们如何才能受到影响的规律:"听别人说好,不如自己看到的好;看到的好,不如使用起来好。"总讲自己的产品好,哪能比得上亲自示范、让大家看到使用后的效果呢?

当你拥有了解决问题的能力,你就拥有了竞争力。要解决问题,就必须找到办法。办法何来?处处留心皆方法。在竞争激烈的职场中,脱颖而出者总是那些能够解决问题的人;遇到问题和困难就找借口逃脱的,注定是失败的人。

(三)解决问题能力决定个人职业发展的质量

在每个人的职业生涯中,都会遇到一些艰巨的、高难度的工作,而你用什么样的态度去对待,就将会有什么样的收获。假如在高难度的工作面前,你毫不犹豫地说"交给我吧",并想尽一切办法去完成时,企业领导一定会对你刮目相看;如果你总是不敢接受高难度的工作,你就会平庸一辈子。一有困难就退缩,一遇阻力就放弃的人,永远也不会得到老板的青睐。虽然他们的抱怨和担心都是客观存在的事实,但身为员工,为公司排忧解难,主动承担艰巨的任务,并想尽一切办法去完成,是每个员工应该做到的。当公司给你一项艰巨的任务时,你应秉持的唯一态度就是乐意接受并克服一切障碍,保质保量地完成。

三、问题解决的一般过程

一般来说,解决问题主要包括以下几个过程:

(一)发现问题

问题解决是从发现问题开始的。问题只有在被发现的时候,才能引起人们解决问题的思维活动。问题本身是客观存在的,有的问题较为明显,容易被发现;有的问题则比较隐蔽,不易被人发现。有人善于提出问题,有人则对问题熟视无睹。能否发现问题,取决于三个因素:一是问题解决者活动的积极性。问题解决者活动的积极性越高,接触面越广,就越能发现常人所发现不了的问题;二是问题解决者的求知欲望。有强烈求知欲望的人,不满足于对事物的一般了解,喜欢刨根问底,常能在别人习以为常的现象中发现问题;三是问题解决者的知识经验。知识经验愈丰富,视野就愈开阔,就愈容易发现问题。

（二）明确问题

明确问题就是认清问题的关键。只有认清问题的关键,思维活动才会有明确的目标,才能有条不紊地围绕问题的核心展开。要明确问题,就必须分析问题。任何问题都包括要求和条件两个方面,这是问题构成的最普遍的形式。要求是指问题解决要达到的目标,条件是指问题解决过程中所能利用的因素和必须接受的限制。分析问题就是要分析问题的要求和条件,找出它们之间的内在关系,把握问题的实质,确定解决问题的方向。

在问题分析方面,还需要注意几点:一是确定问题的影响范围和程度;二是要确定问题发生的频次,如果是产品质量问题,则是要确定发生率;三是要确定问题的主体,即发生的主体是什么,是一个零件呢,还是一批材料,或者是某个人,要记录这些主体的详细信息。

（三）查找问题根源,验证根因

在查找问题根源方面,大多优秀公司常用的手法为鱼骨图和 5 – Why①(5 个为什么)等基本解决工具。例如,某知名食品企业产品质量问题根源查找时,就会使用鱼骨图(如图 12 – 3)。当然不是每个问题都需要按照这些方法来,每个公司可以有自己的一些惯用方法,但在寻找问题根本原因方面,都必须进行多次的原因剥皮,这样才能找到真正的根源,否则只能找到问题的浅层次原因。从某种严格意义来讲,很多公司解决问题时找到的并不是原因,而仅仅是个现象。

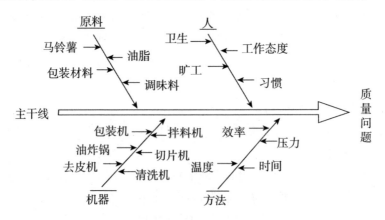

图 12 –3　某食品企业产品质量问题根源鱼骨图

---

①　又称为"五个为何""五问"或"五问法",是一种提出问题的方法,用于探究造成特定问题的因果关系。五问法最终旨在确定特定缺陷或问题的根本原因。在日常生活当中,常常会听到有人提出类似于"碰到问题,多问几个为什么"的善意忠告,而五问法之中的道理就与此忠告非常类似,强调的是人们在面对问题时要有"打破沙锅问到底"的精神。

运用5个为什么式的询问方式，是寻找根本原因的一个很好工具，在询问为什么的时候，我们要注意的是了解问题发生的详细过程，了解现场、现物、现实。在对问题发生的"三现"做了详细了解后，才能不至于问讯一些粗犷的"为什么"了，否则询问的"为什么"就不会有很好的针对性和引导性。

当挖掘出问题的根本原因后，要针对不同的原因做出验证计划。由于我们采用的是头脑风暴式的问题分析过程，对分析后的结论，也就是我们找到的根本原因，还需要进一步的验证，即确定其准确性和不良泄露点，只有找到并确认不良泄露点后，我们才能做出有效的改善措施。

（四）提出假设，制定问题的解决对策

一旦我们确定了问题的根本原因和问题泄露点，我们就可以制定出相应的恒久对策，而这时的对策也才有治本的作用。假设就是提出解决问题的可能途径、方法和策略。学生提出的解题设想，教师制定的教学计划，在正式实施之前都具有假设的性质。提出假设是具有创造性的阶段，也是解决问题的关键步骤。一般而言，对同一个问题，问题解决者往往会提出多种假设，这就需要进行选择，以确定最佳方案。最佳方案的产生不在于假设的数量，而在于假设的合理性即假设的质量。提出假设的数量和质量取决于两个条件：一是问题解决者思维的灵活性。思维越灵活，越能多角度地分析问题，就越能提出众多的合理性假设；二是问题解决者已有的知识经验。与问题解决相关的知识经验越丰富，就越有利于扩大假设的数量并提高其质量。

在制定恒久对策方面，有几个要点要特别注意，那就是对策必须有担当者、对策制定完成期限（如果暂时无法做出，也需要有个阶段性期限）、对策实施开始日、对策效果确认措施，以保证对策的有效实施。

（五）检验假设对策效果

当对策制定出来后，我们除了实施外，还要监控实施过程，查看是否有一些我们不期望的偏差，采取及时的纠正措施。检验假设就是通过一定的方法来确定假设是否合乎实际、是否符合科学原理。检验假设的方法有两种：一是直接检验，即通过实践来检验；二是间接检验，即通过推论来检验。通过推论，淘汰错误的假设，保留合理的假设，选择最佳的假设，这是人们在解决问题过程中最常用的检验方法。当然，间接检验的结果是否正确，最终还是要由直接检验的结果来证明的。问题解决的上述阶段，在解决简单问题的时候可能并不明显，往往在发现问题的同时就明确了问题，在提出假设的时候就进行了推论性检验。但是，在解决比较复杂的问题，特别是解决创造性问题时，它们是明显存在的。

（六）水平展开，注重预防

当改善对策实施效果确认满意后，接下来要考虑确定的是在系统和流程中，我们做出什么样的改善，可以彻底防止类似的情况再次在其他地方发生。首先列举出与这次问题发生相关的产品或服务类似的制造流程和系统，然后将该次改善对策同样运用到这些流程系统中去。水平展开作为改善中的一个环节，有着非常重要的作用，因为它防止了将来类似问题的发生，使一类问题在一个地方得到解决后，确保在别的环节也不再发生。

当然，在解决具体问题时，根据问题的不同特点，并不一定非要按照以上几个步骤按部就班进行解决。但应树立问题解决意识，养成解决问题的科学思路，却可以使个人在面对问题时保持清醒的头脑，无往而不利。

第十三章

实现职业发展

【学习目标】

把握端正的职业心态,明晰职业能力的内容及提升途径。根据自身实际及职业目标,把握良好职业心态,学会不断提升自身的职业能力。

每个人都要经历自己的职业生涯,而且职业生涯发展是一个由多阶段组成的过程。因此,大学生要实现自身的职业生涯顺利发展,少走弯路,不浪费时间,把握好职业生涯的每个阶段。科学的系统的职业发展与规划,端正的职业心态和不断提升的职业能力是重中之重。此外,大学生从学校毕业进入社会就要面临着学生角色向职业角色的转变。所以新进入职业生涯,实现对工作的适应,建立并保持个人与环境的和谐互动也是非常重要的。大学生需要实现职业适应,经过自我调节所形成的身心素质、职业能力、职业关系等达到与职业劳动及其环境之间的协调状态,它是实现自我职业生涯顺利发展的起点。加强学习、加强职业变动管理、加强人际关系建设,提高自己的沟通能力、团队协作能力,才能更好地实现职业成长。

第一节　保持端正的职业心态

心态就是个体的认知倾向,它与外界互相作用,有着密切的联系。图 13 - 1中四个箭头分别表示行为、个性、习惯和反应,它们是你向外围世界输出的东西,这些都受个体内在心态的影响;同时,外界的评价、刺激、变化和反馈又会影响个人的心态。

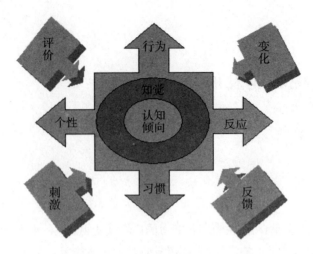

图13-1　心态与外界的相互作用

职业心态直接决定职业人的工作业绩。好的职业心态是营养品,会滋养我们的人生。如何调整好职业心态,更好地胜任工作,对初入职场的大学生尤为重要。职业心态是指职业活动中人才对自己的职业以及职业能否成功的一种心理反应。职业心态有别于个人心态,个人心态允许根据自身情感变化随时表露,是在私人空间当中表露出来的一种心态。而职业心态是在职场中面对职业要求表露出来的心理活动。人们在工作当中应恪守职业道德,根据职业岗位的最高要求去约束自己的情绪。因为职场新人往往分不清个人心态和职业心态,个人情绪影响工作效率,容易导致工作失误。

一、职业心态的内容及塑造

(一)积极的心态

我们的日常生活中,尤其是职场生活中,并不全是成功、甜蜜、美好,会遇到各式各样的困难、失败、痛苦。如果我们心态消极,在面对任务和目标时就会不自主地考虑到诸多困难,导致自我退缩;如果我们心态积极,就会自我要求不轻言放弃,不怨天尤人,在遇到困难时积极应对。

1. 学会欣赏自己

做任何事情之前,如果我们能肯定自己,基本上就成功了一半。当我们面对一个挑战时,自我肯定会在内心种下期望的种子。在努力的过程中,我们很明确地知道自己想要实现某个目标时,我们会发现思想在此时显示出巨大的能量,我们期望什么结果,这颗种子就会开出什么样的花,结什么样的果。目标越具体,我们越会聚焦自己想要得到的东西。因此当我们面对挑战时,不妨暗示自己"我就是最优秀的"。

【职场小分享】

最优秀的产品就是你自己！

积累小自信，成就大雄心；积累小成绩，成就大事业。

2. 塑造积极心态的方法主要有

①树立正确的价值观体系：个体的是非观、价值观念决定了其能否塑造积极的心态。

②增强抗挫折意识和能力：初入职场，一定要做好抗挫折的准备，具备抗挫折意识，增强抗挫折的能力，这样才能在面对困难、危机时淡然处之。

③学会享受过程：很多事情不见得都能够成功，但是要学会从过程中体会快乐，享受过程。

④树立正面的思维方法。学会用不同的角度看问题，"横看成岭侧成峰，远近高低各不同"。

⑤学会感恩：拥有感恩之心，相信你所经历的都是最好的安排。

⑥学会压力管理：当压力太大的时候，要学会弯曲，学会释放。适度的弯曲是为了下一步站得更直。

⑦培养乐观的生活态度：平淡乐观地看待生活中的得失，"祸兮福之所倚，福兮祸之所伏"。

⑧培养坚定的信念。人生总是充满苦与乐的，虽然我们会经历无数的风雨，但要坚信风雨过后总会出现彩虹。

【职场小分享】

打好人生牌

人生的意义不在于拿一手好牌，而在于打好一手坏牌。

把心态调整得积极、阳光、平和、平衡一些！

没有调整不好的心态，只有不愿意调整的人！

没有调整不好的心态，只有想不到的办法！

人生就像一张单程票，没有彩排，每一场都是现场直播。最好的珍惜是把握好每次演出！

与其蹉跎等待退休，不如以良好的心态认真走好每一步。

（二）主动的心态

所谓主动，就是在别人没有告诉你，而你正在做恰当事情的时候。拥有主动精神的人，能够更好地胜任自己的工作，拥有更广阔的发展空间。绝大多数听人吩咐才知道该做事情的人，哪怕事情做得再好，也只会在基层，不可能取得太大的成功。

①自己的本职工作主动做且要做好。因为这是你的分内之事，无需他人吩咐，按时或超前地把它完成好。在做好本职工作的前提下，主动做其他事情，避免本末倒置。

②他人的事情主动帮忙。当别人需要帮助的时候，自己力所能及地主动贡献自己的力量。"赠人玫瑰，手有余香"，当自己遇到困难的时候，别人也会伸出援助之手。更重要的是，有利于团队建设，发挥团队互补互助精神，达到最大的工作效率。

③对公司、团队有利的事情，无需领导分配，应主动去做。

④对有利于提升自身能力和素质的事情，主动去争取，有助于扩大知识面，开拓视野，为自身未来职业发展提供更多的可能。

（三）空杯的心态

所谓空杯的心态，是把自己想象成"一个空着的杯子"，而不是骄傲自满。实质是要求我们每个人都要有谦虚的心态。"空杯心态"并不是一味地否定过去，而是要怀着放空过去的一种心态，去融入新的工作环境，接手新的工作，接受新的事物。职场新人更要保持谦逊态度，充分认识自己的不足，不自满、不盲目乐观，但也不自卑，时刻保持一个空杯的心态，时刻准备接受外来的"养料"，才有改进的空间。

（四）双赢的心态

作为职场人，必须清楚自己和企业是荣辱共存的。企业做得好，员工就能够受益；员工成功了，企业就能够更上一层楼。因此，职业人要把企业的事情当成自己的事情，将企业的荣辱看作自己的荣辱，力争在工作中充满动力，取得"双赢"的效果。

（五）包容的心态

与人相处，没有技巧，只有胸怀。在职场中，不同的职业人个性、爱好、优势和做事风格等都千差万别、各有千秋。因此互相都需要怀着包容的心态，严于律己、宽以待人，用宽容之心去尊重他人、接纳差异，有利于为自己、也为他人、更为企业构建和谐的工作氛围。

（六）感恩的心态

感恩是一种心态，更是一种态度。感恩的人，会足够尊重他人，同时反过来也能赢得他人的欣赏与尊重。凡事感恩,遇到困难时,我们总能看到好的一面,一定会豁然开朗,更快乐地参与工作,享受工作,经营生活,享受生活。感恩父母对我们生命的赐予和无私付出;感恩学校无私传授我们知识与技能;感恩工作给予我们工作平台,提供薪资福利,助力我们实现自我价值。用感恩的心态去工作,在和谐中享受快乐!

(七)奉献的心态

奉献不仅是一种道德要求,更是一种精神境界。要索取,首先要给予、付出。没有付出,没有给予,不可能也没有理由去索取。在职场中往往那种斤斤计较的人得不到长远的发展。毕业生进入职场,必须做好牺牲的准备,当个人利益和公司利益甚至团队利益发生冲突的时候,要愿意放弃或者舍弃个人利益。从长远看,坚持集体利益是对个人利益的最大保护。

【职场小测验】

"巡视员"来了

每班的同学组成 5 个团队,每个团队选出一位同学负责计时。在规定的时间内,团队成员针对某一位同学进行"优缺点轰炸"。针对每一组员,完成以下四个部分:

己说己长:被"轰炸"成员先说自己的优点,限时 1min;

听说己长:"轰炸"成员依次标明被"轰炸"成员的优点,每人限时 2min;

听说己短:"轰炸"成员依次标明被"轰炸"成员的缺点,每人限时 2min;

己说己思:阐述自己在接受优缺点"轰炸"时的感受。如何发扬优点、改进缺点? 轰炸别人时是何感受?

要求:"轰炸"的内容必须具体,且在"轰炸"的"正在进行时"中,双方眼神交流,不能逃避,被"轰炸"者无需也不可感谢或辩驳。

思考:这项活动,对你有帮助吗?

二、避免消极心态

【职场小故事】

撞钟小和尚

一个小和尚在寺庙里担任撞钟的工作,时间一长,他觉得无聊之极。工作半年后,老住持宣布对他的工作内容进行调整,调职到寺庙后院负责劈柴挑水工作。

小和尚很不服气,找到住持申诉:我撞钟出现错误了吗? 不准时? 不响亮?

为什么把我调职？

老住持耐心地开导他：你撞的钟虽然很准时，很响亮，但钟声空泛，缺乏感召力！寺庙敲钟的目的是唤醒沉迷的众生，敲钟不能只是洪亮、有力，而且要浑厚、深沉、圆润、悠远。

小和尚犯了一个众多职场新人都会犯的职场错误——"做一天和尚，撞一天钟"。对于小和尚个人来说，他在工作中一直没弄明白撞钟的标准和重要性，放任自己游离在团队之外，在思想上、心理上、战略上都与团队格格不入，自身的工作成效、努力方向与团队整体规划方向出现偏差，导致工作懈怠最终被调离岗位。对于寺庙，也就是公司来说，这种消极心态导致公司在人力、时间、资源上的浪费，影响公司的整体效益。因此，从"学校人"转变为"职场人"，以及后续工作中务必注意避免这种"撞钟心态"。

第二节　提升职业能力

作为学生或者职场新人，专业技能即其在工作岗位的专业胜任力，能帮助其在工作上得心应手。但是到职业生涯后期，需要在没有相关关系的职业之间转换时，专业技能受到一定的局限。因为其是不可迁移的。"可迁移"是指可从某一工作带到另一工作中，并在很多工作中应用的通用能力。因此，面对日益变化的职场，仅拥有专业技能是不足以成功的，还必须拥有除专业技能之外的核心能力。所谓"核心能力"，即为人们在工作、生活中取得成功除专业技能之外所必需的、可迁移的能力，包括沟通能力、团队合作能力、时间管理能力、抗压能力、职场礼仪等等。

大学生在工作岗位上实习3个月左右，其沟通能力、协作能力、信息整合能力、创新能力等职业核心能力都会大幅度提升，心智也会更为成熟、稳重。为人处世的软实力也是非常重要的，而这个软实力也是职业核心能力的一部分。就当前社会发展以及中国人本身的处世方式来看，自身硬实力达标，会为自己未来职业发展提供较为优秀的机会与平台。而软实力，如人格魅力、人际关系等将使自己的职业生涯走得更为平稳和快捷。兼具两者的大学生，则具备更高的核心竞争力，既能帮助其得到更高层次、更优秀的机会，也能在激烈的就业竞争下脱颖而出。

大学生毕业后，面对激烈的社会竞争，必须跟上时代步伐，不断充实和发展自己,使自己立于不败之地。但是不少毕业生往往由于自信心不足,或者缺乏自我发展的主动性和积极性,极大地影响自我职业发展。

提升职业能力可以从以下几方面进行：

1. 正确认识现实。正确认识自己,要求客观准确地评价自己的知识和技能,发掘自身兴趣、性格等等。正确评估客观条件,要求准确评估自己所处的主客观条件,认清社会现状,了解社会发展趋势。从客观实际出发,实事求是确定自己未来发展方向,避免轻浮虚无,脚踏实地做好自己。

2. 制定清晰、科学的发展目标。清晰科学的发展目标,有利于个人的职业规划,更能提高大学生自我发展的效率。

3. 养成良好的学习和工作态度。培养积极、进取、乐观的学习、工作态度,既能够积极发挥人的主观能动性,帮助战胜艰难险阻,也有助于把个人利益和社会利益结合起来,以高度社会责任感参与社会生活。

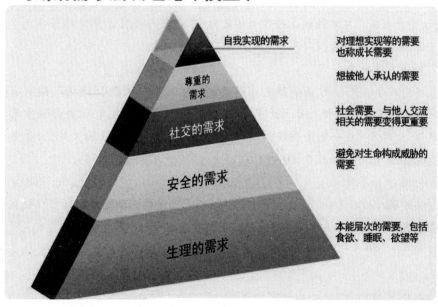

图 13-2 马斯洛需求层次理论

4. 实现自我。根据马斯洛的"需求层次理论",大学生刚入职场,绝大多数只能满足其中第一层次的"生理需求"。现今的社会发展基本上满足了人们的这一需求,如果部分同学还在这一阶段拼命挣扎,则是个人因素占首要地位,表明个人努力程度不够。大多数群体的第二层次需求"安全需求"也已满足,毕竟"中国被评为世界上最安全的国家"。所以我们的关注点应该放在社会需求、尊重需求和自我实现需求上,至于如何满足,则因人而异。认真学习、努力工作,在不同的阶段设立不同的目标并集中精力向前进发,争取做一个在生活上、职场上都有影响的人,努力做到自我实现。

【职场小分享】

递(接)名片的礼仪

名片已成为人们社交活动的重要工具。因此,名片的递送、接受、存放也要讲究社交礼仪。

1. 名片的递送

在社交场合,名片是自我介绍的简便工具。交换名片的顺序一般是先客后主,先低后高。当与多人交换名片时,应依照职位高低的顺序,或是由近及远依次进行,切勿跳跃式地进行,以免对方误认为有厚此薄彼之感。递送时应将名片正面面向对方,双手奉上。眼睛应注视对方,面带微笑,并大方地说:"这是我的名片,请多多关照。"名片的递送应在介绍之后,在尚未弄清对方身份时不应急于递送名片,更不要把名片视同传单随便散发。

2. 名片的接受

接受名片时应起身,面带微笑注视对方。接过名片时应说"谢谢",随后有一个微笑阅读名片的过程。阅读时可将对方的姓名、职衔念出声来,并抬头看看对方的脸,使对方产生一种受重视的满足感。然后回敬一张本人的名片,如身上未带名片,应向对方表示歉意。

3. 名片的存放

接过别人的名片切不可随意摆弄或扔在桌子上,也不要随便地塞在口袋里或丢在包里。应放在西服左胸的内衣袋或名片夹里,以示尊重。

接打电话的礼仪

1. 打电话

在现代社会里,电话已成为必不可少的通信工具。掌握使用电话的技巧,讲究必要的礼仪,会使对方感受到你的亲切、热情、礼貌,从而对你的组织和个人产生好感。

向外打电话时,应事先理清思路,把握要点,以保证通话时条理清晰、重点突出,做到不遗漏、不重复。

电话接通后,应先进行自我介绍。若与对方熟识,则简单介绍即可;初次通话或互相不熟悉，介绍可以详尽一些，以使对方对自己有所了解。不做自我介绍，直截了当地发问"喂，你是谁"是很不礼貌的。

如果需要让对方转接或传呼某人时，应"请"字当头，注意措辞，并适时道谢。对方帮忙去找人时，听筒一般不应离开耳边，更不应与别人高声谈笑，以防受话人前来应答时却不知晓。若拨错了电话号码，也应客气地致歉，绝不可一挂了之。

与人通话时，应口齿清楚，注意停顿。重要的地方或难以理解的词语要放慢速度，适当强调或重复，直至对方明白为止。通话结束时，应道声"再见"，然后轻轻放下话筒。

通话长度以短为佳，宁短勿长。发话人应当自觉地将每次通话的长度控制在三分钟之内。

2. 接电话

听到电话铃声后，应尽快接听，以免让对方等候时间过长。一般拿起听筒后，应先说一句问候语，然后自报家门或自我介绍，如"您好，这里是××公司"或"您好，我是×××"。也可直接说"您好，请说"。如果对方询问姓名，应礼貌告知。

在倾听对方讲话时，不要随意打断。通话中碰到有的情况需要查询作答时，要告诉对方，并请他等待片刻。如果需要时间较长，则可问明对方电话号码，请他挂断，待自己查明后再答复对方；对方愿意等待，也应不时告知对方还在查找，并表示抱歉，如"请您再稍等片刻"，切忌让对方在久等中产生被遗忘的感觉。

如果对方要找的是他人，受话人可以说一声"请稍等"，并尽快帮忙传呼。如果对方要找的人不在，应礼貌地告诉对方，并可适当询问："请问您有什么事要转告吗？"如果对方要求传话，则应记下对方的姓名、电话号码、事情和接话时间，记下的留言应尽可能重复一遍，并尽快交给当事人。

代接电话不要向发话人过分详细地询问其背景，以免别人为难、不悦。如发话人要求转达某事给某人，切勿随意扩散，辜负别人的信任。

接到打错了的电话，态度要友好，应礼貌地告诉对方，这里不是他要找的单位和号码，请他重拨；不应不加解释地将电话挂断。通话完毕后，应道声"再见"。不可在对方话音未落时就挂断电话。与尊长者通电话，应待对方挂机后再挂。

【写在后面的话】

现在处于"中国制造2025"和供给侧结构性改革的关键时期，加强对大学生的职业素养培养，使其具备严谨专注的职业态度和敬业爱岗的道德情操，强化大学生的责任意识、敬畏意识及敬业精神，切实将应用型人才培养成现代工匠。同时推动实际工作理论、技术与社会思潮密切结合，实现自身知识水平与技术技能持续更新,更好地与国家战略需求接轨,和国际前沿接轨,也是助力"两个一百年"的中华民族伟大复兴之梦的现实指向。

职业素养与职业行为相互融合、相互转化,遵循"知识—德性—德行"的实现路径。即先将职业素养内化为自身德性,然后将自身德性外化为职业行为,实现职业素养规范向职业素养行为的转变。可以看出,在大学生职业素养培养过程中,规范与准则是前提,德性内化为载体,行为符合职业素养规范是目标。因此,大学生在培养和践行职业素养的过程中,会逐步加深对职业素养的认知,并根据不同工作岗位、具体的工作要求,形成隐性的职业素养,提升自身职业行为的合理性和高效性。

知行合一是培养职业素养的必要方式,其强调认识论和实践论相结合,职业道德认知和职业道德实践相统一,督促"知"与"行"相互融合、相互促进、相互转化。掌握一定的职业素养规范只能作为培养职业素养的中介,必须将其转化为自身德性,内化于心,才能促进大学生自觉履行职业道德。大学生只有通过"致知于行",才能发挥职业素养的功能,进而更好地服务社会。

同时还需拓展职业素养内涵,当前社会快速发展和深刻变革时期,不同职业、不同工作岗位的内容均发生了巨大变化,这对人们的能力水平和职业素养提出了新要求。大学生作为支撑社会发展的核心力量,应及时将创新和应变纳入职业素养范畴,主动吸收新知识,学习新技能,内化新精神,不断提高综合素质,成为现代工匠。

专题四

职业梦圆：开启创业之路

学习目标:1. 把握创新创业内涵,提升创新创业能力。

2. 培养创业意识,掌握创业知识,认识创业优势。

3. 掌握创业计划书的制订方法与意义。

第十四章

大学生创新创业导论

【学习目标】

通过本章的学习,掌握创新创业的基本内涵,了解创业活动的一般性质,识别创业过程中的机会,掌握创业计划的要素,并了解创业需要的资源和组织管理技能,以及组织内创业的性质与运作方式,对就业与创业的总体状况和发展进行判断,以培养学生较强的创业能力,解决创业中遇到的实际问题,以适应国家和社会对创新创业人才的要求。

案例导读:

法国人贝利利用自己独特的想法改变了旧报纸的命运。在贝利看来,每个人对自己的生日都很敏感,希望收到特别的礼物。而鲜花、蛋糕等传统的礼物,由于短暂性和普遍性,无法很好地体现生日的特殊性。于是,他创立了一家"历史报纸档案公司",把旧报纸当成礼品,出售给生日日期相同者。从表面上看,贝利卖的只是一个"日子",但却抓住了人们追求个性化的心理,同时也抓住了独特的商机。如今,贝利每年可卖出 25 万份旧报纸。

点评:异想天开中蕴藏着许多的成功机会,飞机的发明源于福特兄弟"人类也能像鸟一样飞翔"的想法,大卫·H. 克罗克的离奇想法则造就了"会飞的邮件"——电子邮件。创意有时候也能成为一种创业资本,有着剑走偏锋的神奇作用。当然,与众不同的创意,在创业初始会受到怀疑甚至嘲弄,经不起考验者就会如昙花一现,而坚持下来并积极把想法转化为实际者,往往有着抢占先机的优势。

第一节　创新创业的基本内涵

两千多年前,老子就在《道德经》中提出"天下万物生于有,有生于无"的创造思想;孔子提出"因材施教""不愤不启,不悱不发""举一隅不以三隅反,则不复也"的思想。1919年,我国著名教育家陶行知先生第一次把"创造"引入教育领域。他在《第一流教育家》一文中提出要培养具有"创造精神"和"开辟精神"的人才,培养学生的创造能力对国家富强和民族兴亡有重要的意义。"创新是一个民族进步的灵魂,是一个国家兴旺发达的不竭动力。创新的关键在人才,人才成长靠教育。"我国将大学生创新能力的培养作为教育改革的重要目标,顺应"大众创业、万众创新"的发展潮流。

现在国家鼓励大学生创业,其目的是拓展大学生就业渠道,填补市场已有却还未被实现的空白,使现有的市场更加完善,人们的需求得到更大满足;同时培养科学人才,从宏观上带动经济再上一个台阶。如此循序渐进,就业问题、发展问题都能得以解决。

一、创新的内涵与本质

从社会学角度看,创新指人们为了发展的需要,运用已知的信息,不断突破常规,发现或产生某种新颖、独特的有社会价值或个人价值的新事物、新思想的活动。创新的本质是突破,即突破旧的思维定式、旧的常规戒律。创新活动的核心是"新",它或者是产品的结构、性能和外部特征的改革,或者是造型设计、内容的表现形式和手段的创造,或者是内容的丰富和完善。

从经济学角度讲,创新的概念源于美籍经济学家熊彼特在1912年出版的《经济发展概论》。熊彼特在其著作中提出,创新是指把一种新的生产要素和生产条件的"新结合"引入生产体系。它包括引入一种新的产品,引入一种新的生产方法,开辟一个新的市场,获得原材料或半成品的一种新的供应来源等。熊彼特的创新概念包含的范围很广,如涉及技术性变化的创新及非技术性变化的组织创新。

创新可分为广义和狭义两个层次,狭义的创新是一个从新思想的产生到产品的设计、试制、生产、销售和市场化的一系列活动;广义的创新表现为不同的参与者和机构之间(包括企业、政府、大学、科研机构等)交互作用的网络。在网络中,任何一个节点都有可能成为创新行为实现的特定空间。创新行为可以表现在技术、制度或管理等不同的侧面。

创新活动具有以下基本特征:

①创新是人类特有的活动。创新是在意识支配下进行的创造性活动,在人类社会之外,其他动植物只是进化、演化,而不是创新。

②创新是有规律的实践活动。它是以扎实的专业知识为基础,以艰苦卓绝的精神劳动为途径,以敏锐的观察力、丰富的想象力、深刻的洞察力为导向,反映事物发展的基本规律,是一种有规律的实践活动。

③创新是突破性的实践活动。它不是一般的重复劳动，更不是对原有内容的简单修补，而必须是突破性发展、根本性变革、综合性创造。

④创新是继承中的升华，继承是创新的必要准备。创新的本质是开拓进取，不做简单复制者。

二、创新的特征

创新具有以下几个方面的特征：

①目的性。任何创新活动都有一定的目的，这个特性贯彻于创新活动的始终。

②变革性。创新是对已有事物的改革和革新，是一种深刻的变革。

③新颖性。创新是对现有的不合理事物的扬弃，革除过时的内容，确立新事物。

④超前性。创新以求新为灵魂，具有超前性。这种超前是从实际出发、实事求是的超前。

⑤价值性。创新有明显、具体的价值，对经济社会具有一定的效益。

三、创新的能力

创新能力是民族进步的灵魂、经济竞争的核心。当今社会的竞争，与其说是人才的竞争，不如说是人的创造力的竞争。创新能力是运用知识和理论，在科学、艺术、技术和各种实践活动领域中不断提供具有经济价值、社会价值、生态价值的新思想、新方法和新发明的能力。

近十多年来，虽然国内学者对创新能力的理解各不相同，但它们对创新能力内涵的阐述基本上可以划分为三种观点。第一种观点认为创新能力是运用一切已知信息，包括已有的知识和经验等，产生某种独特、新颖、有社会或个人价值的产品的能力。它包括创新意识、创新思维和创新技能三部分，核心是创新思维。第二种观点认为创新能力表现为两个相关联的部分，一部分是对已有知识的获取、改组和运用；另一部分是对新思想、新技术、新产品的研究与发明。第三种观点从创新能力应具备的知识结构着手，认为创新能力应具备的知识结构包括基础知识、专业知识、工具性知识或方法论知识以及综合性知识四类。上述三种观点，尽管表述方法有所不同，但基本上能将创新能力的内涵解释清楚。

四、创新的要素

适时施教的创新是一种综合素质，是一种积极开拓的状态，是潜在能力的迸发。就学生而言创新是学生自由、全面发展的结果，主要由三个要素组成。

(一)创新人格

创新人格属于动力系统，包括强烈的动机、不懈的追求、自主性、主动性、好奇性、挑战性、求知欲、坚韧性等。创新人格是学生创新活动成功的关键,集中体现为强烈的创新动机、顽强的创新意志和健康的创新情感。它反映出学生这一创新主体良好的思想面貌和精神状态。

1. 强烈的创新动机

它是激发和维持学生的活动,并使活动朝向一定目标的内部心理倾向或内部动力。

2. 顽强的创新意志

它是学生自觉地确立目的,根据目的来支配、调节自己的行动,从而实现目的的心理过程。这是学生特有的心理现象,是学生改造世界能动性的创新表现。

3. 健康的创新情感

它是由一定事物引起的主观体验的心理过程,一般表现为喜、怒、哀、乐、爱、憎、欲等,这些情感在创新活动中起着很重要的作用。

(二)创新思维

创新思维有广义和狭义之分。广义的创新思维,是指在创新发明过程中发挥作用的一切形式的思维活动,其中既包括提出新设想或新的解决办法的形式,也包括并非直接与创新有关的思维形式。狭义的创新思维,是专指创新发明过程中提出的创新思想的思维活动形式。创新思维属于智能系统,是学生创造性地解决问题与发明创新过程中的特有的思维活动,是一切有崭新内容的思维形式的总和。一般认为创新思维的基本品质有敏捷性、流畅性、变通性、多路性、独创性等。

(三)创新技能

创新技能属于工作系统,是反映学生创新行为的动作能力,包括具备作为创造基础的基本知识、技能,具有获取和利用新知识信息的能力、操作应用能力和一般创造技法等,是学生在创新智能的控制和约束下形成的。

1. 具备扎实的基础知识和技能

使学生具备扎实的知识基础、合理的能力结构、灵活的思维方式,这些既是素质教育的重要内容,也是创新技能形成中不可缺少的因素。扎实的知识是创新技能形成的基石,创新技能绝不是凭空产生的,不能忽视科学知识的学习。

2. 具有获取新知识信息的能力

这是学生创新必不可少的条件,学习能力、信息接受与处理能力在学生能力结构中占有重要的位置。当前,随着世界媒介传播技术的发展,学生获得信息并不困难,但能否分辨信息的价值并有效地使用信息,就有赖于个人处理信息的能力了。媒介教育不仅是教会学生阅读,教会他们使用电视、计算机和互联网络等媒介,更重要的是让他们具有获取新知识信息的能力而成为媒介的主人,成为信息的利用者,成为知识的拥有者,而不被信息、知识所淹没。

3. 掌握创新技法

学生创新除了要具备坚实的知识基础和创新思维能力外,还要掌握创新技法。

五、创新与创业的关系

全球经济一体化进程的加快及知识经济时代的到来,使得创新和创业成为当今时代的主旋律,成为实现一个国家经济发展的重要途径,并日益得到全世界的关注。

虽然创业与创新是两个不同的概念,但两个范畴之间却存在着本质上的契合,内涵上相互包容,实践过程中互动发展。创新是生产要素和生产条件的一种从未有过的新组合,这种新组合能够使原来的成本曲线不断更新,由此会产生超额利润或潜在的超额利润。创新活动的这些本质内涵,体现着它与创业活动性质上的一致性和关联性。

(一)创新是创业的基础,创业推动着创新

从总体上说,科学技术、思想观念的创新促进了人们物质生产和生活方式的变革,引发新的生产、生活方式,进而给整个社会不断地提供新的消费需求,这是创业活动之所以源源不断的根本动力。另一方面,创业在本质上是人们的一种创新性实践活动。无论是何种性质、类型的创业活动,它们都有一个共同的特征,那就是创业是主体的一种能动的、开创性的实践活动,是一种高度的自主行为。在创业实践活动中,主体的主观能动性将会得到充分的发挥和发扬,正是这种主体能动性充分体现了创业的创新性特征。

(二)创新是创业的本质源泉

经济学家熊彼特曾提出,创业包括创新和未曾尝试过的技术。创业者只有在创业的过程中具有持续不断的创新思维和创新意识,才可能产生新的富有创意的想法和方案,才可能不断寻求新的模式、新的思路,最终获得创业成功。

(三)创新的价值在于创业

从一定程度上讲,创新的价值就在于将潜在的知识、技术和市场机会转变为现实生产力,实现社会财富的增长,造福于人类社会。而实现这种转化的根本途径就是创业。创业者可能不是创新者和发明家,但必须具有能发现潜在商机和敢于冒险的精神;创新者也不一定就是创业者或企业家,但创新的成果则是经由创业者推向市场,使潜在的价值市场化,从而转化为现实生产力。这也从侧面体现了创业与创新的相互关系。

创业推动并深化创新。创业者可以推动新发明、新产品或新服务的不断涌现,创造出新的市场需求,从而进一步推动和深化各方面的创新。因而也就提高了企业或是整个国家的创新能力,推动了经济的增长。

【重点关注】

党的十九大报告提出,加快建设创新型国家。创新是引领发展的第一动力,是建设现代化经济体系的战略支撑。报告中 10 余次提到科技、50 余次强调创新。到 2035 年,我国跻身创新型国家前列的目标将激励全社会积极实施创新驱动发展战略,擦亮中国创造、中国智造的闪亮名片。

第二节　大学生创新创业能力培养

一、大学生创新创业能力的内涵

(一)大学生创新能力的含义

创新能力是个人运用知识和理论完成创新过程,产生创新成果的综合能力。创新能力的表现形式就是发明和发现,是人类创造性的外化。创新能力包含着创造性思维能力和创造性实践能力,主要包括四个方面的内容:创新意识、创新思维、创新技能、创新人格。

(二)大学生创业能力的含义

创业能力是指神智正常的人在各种创新活动中,凭借个性品质的支持,利用已有的知识和经验,新颖独特地解决问题,产生出有价值的新设想、新方法、新方案和新成果的本领。联合国教科文组织于 1989 年在曼谷召开的会议上正式提出创业素质的人才应具有的能力:创造力和创造精神、学习能力、敏锐的洞察力、团队合作精神、解决问题能力、信息收集能力、研究和完成项目的能力、环境适应能力、献身精神等。

(三)大学生创新创业个性品质

1. 创新个性品质

个性,或称为个性特质,是指一个人在一定的社会条件和教育影响下形成的比较固定的特性。一个具有创新品质的人才有可能去进行一系列创新活动。一个人的创新品质包括强烈的好奇心、广泛而浓厚的学习兴趣、积极主动学习的学习习惯、敢于质疑的学习精神等。

(1)好奇心

好奇心是人们发现和认知世界的驱动力。耶鲁大学心理学家斯坦伯格发现,个性中的兴趣和动机是促使人们从事创造性活动的驱动力。而兴趣源于对事物的好奇心，是个体从事创造思维的内驱力。兴趣和动机可以使个体集中注意于所从事的创造性活动。

（2）主动学习

传统的教育以机械、模仿、循规蹈矩的学习方法为主，养成了学生被动接受的学习习惯，缺乏灵活多变和主动的学习训练。知识经济时代瞬息万变，产品更新换代很快，只有培养学生积极主动的学习习惯，形成探究式学习机制，才可能创新，才能跟上时代的步伐。

（3）质疑

教师权威、书本权威的观念深入人心，学生不敢质疑老师，更不敢质疑课本成为很普遍的现象。没有怀疑，哪来创新？只有善于发现问题，才会有创新的可能性。质疑精神促使人们发现问题，而创新精神则促使人们进一步解决问题。

2. 创业个性品质

除个性品质外，创业品质还有着更加丰富的内涵，它包括敢于竞争的精神、勤奋求实的务实态度、锲而不舍的顽强意志、艰苦创业的心理准备等多方面的品质。

（1）敢于竞争

商品经济社会充满各种商机，也充满各种竞争和压力。在这种环境下要想创业，除了要有一定的经济眼光，还必须有过人的胆识与勇气。在做好充分的市场调研后，是否敢于将自己的计划付诸行动，是决定一个人创业能否顺利开始的第一步。创业需要的是敢于竞争与冒险的精神。

（2）勤奋求实

创业仅仅有胆略和勇气是远远不够的，在此基础上，必须要有勤奋求实的态度，一步一个脚印。只有具备了这种态度，才能将创业想法落到实处。

（3）锲而不舍

创业的道路不可能是一帆风顺的，碰到挫折或失败时，是从头再来还是选择放弃？大学生们如果没有坚强的意志、顽强的毅力，是不可能在创业的道路上继续走下去的，半途而废的创业显然是不能算作成功的。

二、大学生创新创业能力培育的必要性

（一）培育大学生创新创业能力是建设创新型国家的需要

创新是一个民族进步的灵魂，是一个国家兴旺发达的不竭动力。十七大报告提出："提高自主创新能力，建设创新型国家。这是国家发展战略的核心，是提高综合国力的关键。"21 世纪的竞争是经济和综合国力的竞争，归根到底是科技和人才的竞争。胡锦涛在全国科技大会上也强调了"科技创新，关键在人才"，创新型国家的建设需要具有创新创业素质的人才。创新创业教育是一种兼顾创业教育和创新教育且以创业教育为重点,注重培养学生的创新意识、创新思维、创新能力,为创业打下良好基础的新型教育模式。大力培育大学生创新创业能力是高校的首要任务和关键环节,能够有效地推动创新型国家的建设。

(二)培育大学生创新创业能力是缓解就业压力的需要

随着高等教育大众化进程的加速,我国高校招生总体规模一直在不断扩大,与此同时,大学毕业人数也在逐年增加。

虽然毕业生数量增幅不断加大,但社会提供的就业岗位并没有明显递增的趋势。在毕业生数量逐年大幅度增长的同时,离校毕业生待业的状况开始出现,并且数量逐年上升。据教育部有关统计显示,2001～2007年全国高校毕业生平均就业率只有70%左右,2008－2009年由于金融危机的影响,我国大学毕业生的就业形势更为严峻。虽然近几年来金融危机的影响已经减小,但毕业生待业状况依然十分严峻。

大学生创新创业教育主要是通过采取各种方式,积极引导和鼓励学生参与创新创业实践,从而培养学生的创新意识和创业能力。高校全面开展切实有效的创新创业教育,引导和帮助更多的大学生加入创新创业队伍中来,不仅能有效缓解不断扩大的就业压力,还能为社会创造更多的就业机会和就业岗位。

(三)培养大学生创新创业能力是适应社会主义市场经济发展的需要

由于我国市场经济发展起步时间较晚,我国企业管理者的整体素质相比发达国家还有很大差距。当前我国正处在由工业经济向知识经济转变的时期,知识经济对企业的管理者有着更高的要求。我国企业要在激烈的国际竞争中立于不败之地,亟待提高企业管理者的整体素质,造就一批高水平的企业家队伍。同时随着我国市场经济的发展,城乡产业结构随着市场的不断变化进行相应调整,从而带来劳动力的转移和工作岗位的转换。这就要求未来的劳动者不仅要具备从业能力,还必须具备创新创业能力。因此,不断加强大学生创新创业能力的培养,正是适应了社会主义市场经济对人才培养方面的诸多要求,同时也能促进高等教育自身的改革与发展。

(四)培育大学生创新创业能力是大学生自身发展的需要

知识经济时代的大学生有着明显的时代特征,他们追求个性发展,有着强烈的自我意识,追求自我价值的实现,对创新、创造的要求也越来越强烈。在就业岗位的选择上,他们有自己的职业目标和追求,希望在就业岗位上能充分展现自己的才华,体现自己的人生价值。大学生创新创业教育不同于单纯的知识教育和技能教育,它更加注重对大学生综合素质和能力的提升,尤其是对具有创造性的意识观念的培养。因此，培育大学生创新创业能力，为他们实现自身的发展提供了条件。在创业活动中，他们通过选择适合自己发展的领域，以自己独特的思想和优势去突破和创新，最终实现自己的人生价值。

三、大学生创新创业能力培育的途径

（一）转变观念，培养创新创业意识

创业意识是创业教育中的重要构成因素。所谓创业意识，是指创业活动中对人起动力作用的个性倾向，具体包括创业需要、创业动机、创业兴趣、创业理想、创业信心和创业世界观六个要素。当前，我国大学生的创新创业意识普遍不高，多数大学生对自己的创新创业能力持不确定的评价，其主要原因是大学生普遍缺乏对创新创业的正确认识。

首先，在创业的过程中，要有一定的风险意识，那种思想保守、畏难退缩的人是创不出事业的。所以，大学生要加强进取精神的培养。其次，大学生要有意识地进行创业心理的教育，培养坚强的自信心、积极的做事态度、百折不挠的勇气、坚韧不拔的意志和强烈的社会责任感。最后，大学生要加强创新教育。创新不仅指新的发明、新的技术和方法，还包括新的思想和理念。这就要求大学生积极主动地参加各项创业培训和锻炼，加强培养自身的创新意识、创新思维、创新能力和敢为人先的个性。

（二）创新创业知识结构的构建

创业知识是创业能力发挥的工具，在创业活动中起着经常性、关键性的作用。创业知识主要包括三方面的内容：一是专业、职业知识，这是从事某一项专业或职业所必须具备的知识；二是经营管理知识，如企业战略管理、人力资源管理、生产管理、市场营销、财务管理等方面的知识；三是综合性知识，一般包括政策法规、公共关系、工商税务、金融保险等。创业知识是创业意识和创业品质的基础，丰富大学生的创业知识是创业教育的主体。每位学生都有自身独特的知识背景、个性特征、智力方式和动机类型等，所以大学生可以采取灵活多样的形式，进行创业知识的学习。

（三）创新创业能力的培养

创业能力是在创业实践活动中自我生存、自我发展的能力。创业能力主要体现在以下四个方面：一是创新能力，即应对市场和社会需求"无中生有"、推陈出新的本领；二是策划能力，即根据外部创业环境的变化，确定并适时调整企业发展战略和发展路径的本领；三是组织协调能力，即把创业活动中的各个要素、各个环节科学高效地整合起来的能力；四是领导能力，即在创业活动中运用组织和权力，按照企业发展的目标，通过引导教育员工统筹工作的本领。通过创业教育，大学生

要掌握创业的基本技能,具备职业技术和经营管理能力,了解与创业有关的国家政策法规,同时具有一定的社会实践能力,尤其是市场调查和预测市场走向的能力。

(四)强化创业实践,提升创业能力

创业教育是实践性很强的教育活动,创业实践活动是创业教育的特定课程模式,也是培养大学生创业意识、创业能力的具体途径。

大学生要主动参加校内外各种专业的创新创业竞赛活动。如"挑战杯"中国大学生课外科技作品竞赛、ERP 企业创业大赛等。另外,各高校还会根据自己的实际情况,定期举办一些大学生职业生涯规划大赛、创业计划大赛、科技创作和发明活动等。参与这些活动,可以激发大学生的创新创业意识,锻炼和提高他们的实际操作能力,对于增强大学生的创新意识,锻炼和提高其观察力、思维力、想象力和动手操作能力都是十分有益的。

同时,大学生还要积极参加以校内外创新创业基地为载体组织的创新创业实践活动,包括专业实习以及各种形式的科技实践。实践最能锻炼和培养一个人的才能,只有在实践中多看、多思、多问、多记,反复检验、反复调查、不断总结、吸取教训,才能从实践中得到真知。

【知识拓展】

创业知识、创业技能、创业意识与创业精神

创业知识指创业所需要掌握的综合知识,如国家相关政策、法律法规、人文知识等。

创业技能指所创业领域需要的专业技能,如管理方法、文字应用、语言表达、信息技术、专业技术等。

创业意识指创业者的创业动机,以及把握机遇的主动性和创造条件的创新力。

创业精神作为创业者的个性和品格,是创业者应具备的重要素质。它蕴含于创业者的行为中,影响创业能力的形成,但无法以能力要素为表象。

第十五章

创业知识基础

第一节　创业概述

我们现在通常将创业表述为"自己当老板""自己给自己打工"。追根溯源，"创业"一词最早出现在《孟子·梁惠王下》:"君子创业垂统，为可继也。""创业垂统"就是创建功业，传给子孙，也作"倡业垂统""创制垂基"。创业最初的含义是与封建帝王统治紧密相连的，"创"就是创建，"业"就是帝王基业，"创业"就是创造世代相传的帝王基业。这与我们现代对创业的理解已经大相径庭，但是创业最初的含义里包含了一个很重要的特点，那就是创业的可继承性。不管是封建时代的帝王基业还是现在的企业实业，如果今天创立明天垮台，那就不能算是成功的创业;只有具有一定的存续时间的创业，才能算是真正的创业。

创业的含义随着时代的发展变化而不断变化和发展。现今，我们对创业的定义为:某一个人或一个团队，不局限于外界现有的资源，运用个人或团队的力量开创性地去寻求机遇，创立企业和实业并谋求发展的过程，并通过这个过程来满足其精神和物质的需求及愿望。创业是一个发现和捕捉机会，并由此创造出新颖的产品、服务或实现其潜在价值的过程，而创业者则是追求这些机会的人。大学生创业即大学生自谋职业，依靠所学知识、所拥有的知识产权、所具备的能力，将知识产品、服务产品推向市场，以智力换资本，开办企业、开创事业的活动。

一、创业的基本要素

创业是创业者通过发现和识别商业机会，成立活动组织，利用各种资源，提供产品和服务，以创造价值的过程。创业不是简单的"做自己的老板"，而是一项系统工程，需要考虑到人、财、物、进、销、存、竞争、市场细分、定位、管理体系、团队、财务、退出机制等一系列的事情。因此，创业的要素包括创业者、商业机会、技术、资金、人力资本、组织、产品服务七个方面。

（一）创业者

创业者是创业过程中处于核心地位的个人或团队，是创业的主体。创业者在创业过程中起着关键的推动和领导作用，包括识别商业机会、创建企业组织、融资、开发新产品、获取和有效配置资源、开拓新市场等。因而，创业者的素质和能力是创业成功的第一要素。

（二）商业机会

商业机会是创业过程中的核心，创业从发现和识别商业机会开始。商业机会指没有被满足的市场需求，它是市场中现有企业留下的市场空缺。商业机会就是创业机会，它意味着顾客需要得到比当前更好的产品和服务。

（三）技术

技术是一定产品或服务的重要基础产品与服务当中的技术含量，是企业满足社会和市场需求的支持保障，是企业的核心竞争力。一般而言，在创业初期，创业技术是最关键的资源，创业技术是决定创业产品的市场竞争力和获利能力的根本因素。美国的微软公司和苹果公司，最初创业资本都不过几千美元，创业人员也只有几人，它们之所以走向成功，就是因为它们拥有独特的创业技术。

（四）资金

无论处于哪个发展阶段，资金对于企业来说都是非常重要的。在企业快速发展时期，资金的缺口将直接限制企业的发展壮大。在创业之初，主要是靠自筹资金，而符合一定条件的创业者则有可能获得一定的政府扶持资金。

（五）人力资本

人力资本是创业的重要资源投入，成功的关键在于创业者的识人、留人、用人。形成创业的核心团队，制订有力的规章制度，创建有效的组织结构，建立良好的企业文化是积累人力资本的核心。

（六）组织

组织是协调创业活动的系统，是创业的载体，是资源整合的平台。创业型组织的显著特征是创业者强有力的领导和非正式的结构和制度。从广义来说，创业型组织是以创业者为核心形成的关系网络，不仅包括新设组织内的人，还包括这个组织之外的人或组织，如顾客、供应商和投资人。

（七）产品服务

产品服务是创业者为社会创造的价值，它既是创业者成功的必要条件，也是创业者对社会的贡献。正是通过为社会提供更多更好的产品和服务，人类社会的财富才能日益增多，人们的生活才会变得丰富多彩。

二、创业的一般过程

创业的一般过程可以划分为把握创业商机、明确创业目标、分析创业环境、组建创业团队、筹措创业资金、登记注册用户。

(一)把握创业商机

1. 关注环境变化

变化就是机会,环境的变化会给各行各业带来良机,人们透过这些变化会发现新的前景。例如,以人口因素变化为例,可以创造以下一些商品或服务的销售机会:为中老年群体提供的医疗健康、智慧养老服务产品;为婴幼儿童提供的教育产品服务的业务项目;为年轻女性和上班女性提供的健身产品、日常用品;为家庭提供的文化娱乐用品等。

2. 把握底层机会

随着科技的发展,开发高科技是时下的热门课题。博士生、硕士生可以去高科技领域"掘金",本、专科生则可充分发挥逆向思维,在运输、金融、保健、饮食、流通等这些所谓的"低科技领域"大显身手。

3. 盯住目标群体

机会不能从全部顾客身上去找,因为共同需要容易识别,基本上已很难再找到突破口。实际上每个人的需求都是有差异的,如果时常关注某些人的日常生活和工作,就会从中发现某些机会。因此,在寻找机会时,应把顾客分类,如政府职员、教师、杂志编辑、小学生、单身女性、退休职工等,认真研究各类人员甚至细分的需求特点。

(二)明确创业目标

1. 需要明确的问题

不要有了灵感的触动,就急匆匆地去做,应该先耐心地花费一点时间将想做的事情考虑清楚,这就是明确创业目标。确立创业目标时,需要先弄清楚以下几个问题。

①你将经营什么? 这不是容易回答的问题。回答该问题的方法多种多样:产品定义——列出你提供的产品或服务;技术定义——强调你的技术能力;市场定义——按你当前和潜在的顾客限定你的经营范围;概念性定义——使人们能判断你的全部经营是什么。

②你的经营理念是什么? 这是你生产、经营的基本哲理和观念。

③你的产品和服务是什么? 你的经营基于你卖什么。

④你的顾客是谁? 你当前的顾客基础和你选择要服务的目标市场能进一步帮助你找准经营定义。

⑤顾客为什么买我们的产品？每一种经营都有充分多的竞争者,而且你的顾客和潜在顾客对产品和服务有广泛的选择余地。

⑥是什么使我们的企业同我们的竞争对手区别开来？什么是你的不寻常特色？按照你的市场眼光,如果你能把自己与竞争对手区分开来,你就抓住了强大的优势。

2. 创业轮廓图的运用

下面的创业轮廓图将帮助你明确自己的创业目标。

①企业名称及建立的日期:

②企业形式为:□个体□有限责任公司□股份有限公司

③我的顾客主要是:□个人□团体□公共机关□其他(简述)

④目前的产品和服务包括:

⑤我的五个最主要的竞争对手是:

⑥可能的竞争来自:□其他公司□技术□行业人员

⑦我的竞争地位:□弱□较弱□平均水平□较强□强

⑧对我的产品或服务的需求在递增/递减:

⑨我可能引进的产品或服务是:

⑩我可能进入的市场是:

⑪本企业与众不同的是:

⑫当前企业最大的营销障碍是:

⑬我最大的营销机会是:

⑭我的总体经营目标和增长计划是:

3. 写出任务陈述书

例如,为本地小企业老板提供税务与管理咨询服务,帮助他们成长,为我们的雇员提供有益的工作环境。以下因素可供参考:

①顾客:小企业老板;

②产品或服务:税务与管理咨询;

③市场:本地(半径3千米内);

④经济目标:利润、稳定的收入基础;

⑤信念、价值和理想:独立,关心团体,创造好生活;

⑥特殊能力:帮助小企业老板降低成本、增加收入;

⑦对雇员的关心:提供合理的报酬与福利,使他们工作中有自由,尽量减少监督。

(三)分析创业环境

分析创业环境的一种有效方式是进行SWOT分析,即企业的优势(Strengths)、劣势(Weaknesses)、机会(Opportunities)、威胁(Threats)分析。

1. 内部分析:优势和劣势

SWOT从观察内部的优势与劣势开始。优势是指你的企业的长处,如你的产品比竞争对手的产品好,你的商店位置非常有利,你的员工技术水平很高,等等;劣势是指你的企业的劣势所在,如你的产品比竞争对手的产品贵,你没有足够的资金按自己的愿望做广告,你无法像竞争对手那样提供综合性的系列服务,等等。

进行创业决策前,你可以填写如表15-1所示的表格,客观地掌握自身状况。

表15-1 内部分析:优势与劣势

因素	优势	劣势
获利能力		
销售与市场营销		
质量		
顾客服务		
生产力		
财力		
财务管理		
运行		
生产与分配		
员工的发展		
其他		

2. 外部分析:机会和威胁

外部分析即考察企业运行所处的外部环境。机会是指周边地区存在的对企业有利的事情,如你想制作的产品会越来越流行,希望附近没有类似的商店,潜在顾客的数量将上升,附近有正在新建的住宅小区,等等。威胁是指周边地区存在的对你的企业不利的事情,如在该地区有生产同样产品的其他企业,原材料上涨导致成本上升,你不知道你的产品还能流行多久,等等。

这些因素是你不可控制的,但如果知道它们将怎样产生影响,你可以预先采取防备行动。可以填写如表15-2所示的分析表格,以分析外部机会与威胁因素。

表 15 - 2 外部分析:机会与威胁

因素	机会	威胁
当前顾客		
潜在顾客		
竞争		
技术		
政治气候		
政府及其管理机关		
法律		
经济环境		
其他		

（四）组建创业团队

企业的创办者不是万事皆通的全才,他可能是某种技术方面的天才,但对管理、财务和销售可能是外行;他也可能是管理方面的专家,但对技术却一窍不通。因此,要想把好的创意转变成现实的创业行动,转变成现实的产品或服务,就必须组建一个具备管理、技术、营销等方面知识经验人员的创业团队。一般而言,风险投资人很看重创业计划中是否有优秀的创业团队。为了建立一个能够精诚合作、具有奉献精神的创业团队,创业者必须使其他人相信与自己一起工作是有前途的。

（五）筹措创业资金

大多数创业者没有足够的资本来创办一个新企业,他们必须寻求外部的资本支持。除了个人资金,家庭和朋友的资金也是最常用的资金来源。对于创业者来说,正确衡量家庭和朋友提供资金的利弊得失至关重要,最好能够从一些志同道合的朋友处获得一定的资金,大家合伙投资、共同创业。

金融机构也是创业者获得资金的重要渠道。创业者可以抵押家庭的动产和不动产,或者由亲属等提供担保获得贷款。

风险投资是创业者创办企业,特别是高新技术企业获得资金支持的最为重要的渠道。此外,创业者还可以通过诸如信托投资、众筹等方式获得创业所需要的资金。一些科技含量高、市场前景广阔的大学生创业项目受到了风险投资的青睐。近年来国家和各级地方政府以及相关金融机构相继出台了一些有针对性的大学生创业资金扶持政策,如创业扶植资金。

（六）登记注册开户

创业成立公司，无论是个人独资企业还是合伙企业，都必须进行工商登记、开立银行账户、办理税务登记。如从事特殊行业，还必须事先取得相关主管部门的批准文件。只有在这些法定的手续全部办理完毕后，创业者创办的企业才能正式宣告成立并投入运营。

创业者需要了解《企业登记管理条例》《公司登记管理条例》等工商管理法规。创业者还有必要了解有关开发区、高新科技园区等方面的法规、规章和地方规定，这样有助于选择创业地点，以享受税收减免等优惠政策。

我国实行法定注册资本制，如果创业者不是以货币资金出资，而是以实物、知识产权等无形资产或股权、债权等出资，还需要了解有关出资、资产评估等法规规定。

企业设立后，需要进行税务登记，需要会计人员处理财务，这其中涉及税法和财务制度，创业者要了解企业需缴纳哪些税。企业要聘用员工，这其中又涉及劳动合同和社会保险等问题，需要了解劳动合同、试用期、服务期、商业秘密、竞业禁止、工伤、养老金、住房公积金、医疗保险、失业保险等诸多规定。还需要处理知识产权问题，既不能侵犯别人的知识产权，又要建立自己的知识产权保护体系，需要了解著作权、商标、域名、商号、专利、技术秘密等各自的保护方法。

【知识拓展】

创业也是一种就业

对青年人来讲，创业也是一种就业。创业不仅能解决个人就业与发展问题，还能带动更多的人就业。因此，创业是一种更高层次的就业。

选择就业与创业两条道路，主要有以下几个方面的差别：

担当的角色差异。二者在企业中的地位、所肩负的责任和使命均有较大差异。创业者通常处于新创企业的高层，在企业实体的创建过程中，创业者始终是负责人，始终参与其中；而就业者通常处于中低层，到达高层需要一个过程，首先需要做好本职工作。

要求的技能差异。创业者通常身兼多职，既要有战略眼光，又要有具体的经营技能，从而要求其具备相当全面的知识和技能；就业者通常具备一项专业技能即可开展自己的工作。

收益与风险差异。就业的主要投入是数年的教育成本，而创业除了教育成本外，还包括前期准备中投入的人力、物力和资金成本。一旦失败，就业者并不会丧失教育成本，但创业者会损失在创业前期投入的几乎一切成本；而一旦成功，就业者只能获得约定的工资、奖金及少量的利润,创业者则会获得大多数经营利润,其数额在理论上没有上限。

成功的关键因素差异。就业很大程度上可以依靠企业实体获得成功,但创业更多的还要靠自身的经验、学识与财力,以及各种需求和资源占有情况等条件。

第二节　创业者的特征和分类

一、创业者的定义

什么样的人属于创业者?从词源来看,创业者的对应英文单词是"entrepreneur"。它有两个基本含义:一是指企业家,即在现有企业中负责经营和决策的领导人;二是指创始人,通常理解为即将创办新企业或者是刚刚创办新企业的领导人。

"创业者"一词由法国经济学家坎蒂隆(Cantillon)于1755年首次引入经济学。1880年,法国经济学家萨伊(Say)首次给出了创业者的定义,他将创业者描述为"将经济资源从生产率较低的区域转移到生产率较高区域的人",并认为创业者是"经济活动过程中的代理人"。著名经济学家熊彼特(1934)则认为,创业者应为创新者。这样对创业者的需求又加了一条,即具有发现和引入新的、更好的、能赚钱的产品、服务和过程的能力。创业者意为"在没有拥有多少资源的情况下,锐意创新,发掘并实现潜在机会的价值的个体",并且是"组织、管理一个生意或企业并承担其风险的人"。

我国香港创业学院院长张世平对"创业者"的最新定义是:创业者是一种主导劳动方式的领导人,是一种无中生有的创业现象,是一种需要具有使命、荣誉、责任能力的人,是一种组织、运用服务、技术、器物作业的人,是一种具有思考、推理、判断能力的人,是一种能使人追随并在追随的过程中获得利益的人,是一种具有完全权利能力和行为能力的人。

在当前,国内外学者将"创业者"的定义分为狭义和广义两种。狭义的创业者是指参与创业活动的核心人员,该定义避免采用领导者或组织者的概念。因为在当今的创业活动中,技术的含量越来越大,离开了核心的技术专家,很多创业都无法进行,核心的技术专家理应成为创业者。事实上,很多创业活动最早都是由拥有某项特定成果的技术专家发起的。广义的创业者是指参与创业活动的全部人员。在创业过程中,狭义的创业者将比广义的创业者承担更多的风险,也会获得更多的收益。

二、创业者的基本特征

(一)心理特征

从成就动机理论出发对成功创业者特征进行分析可以发现,那些拥有创业心理特征的人员比不具备创业心理特征的人员具有更高的实施创业行为的倾向。作为成功的创业者,一般具备以下六个心理特质:成就需要、控制欲、自信、开放的心态、风险承担倾向、创业精神。他们有明确的目标,全身心地投入到事业发展中。

1. 成就需要

创业者希望把事情做好,而这不仅是为了获得社会承认或声望,更重要的是为了达到个人内在自我实现的满足。创业者希望在解决问题、确立目标和通过个人的能力达到这些目标的过程中担负决策责任;他们喜欢具有一定风险的决策,对决策结果感兴趣,不喜欢单调的重复性工作。

2. 控制欲

控制欲是指人们相信他们自己能够控制自己人生的程度。研究表明,创业者相信通过自己而不是他人来决定自己的命运,他们经常有很高的控制欲,总是希望把命运掌握在自己手中。和控制欲相关的是创业者的个人独立性,创业者往往喜欢独立思考和行动,渴望独立自主。

3. 自信

创业者不仅相信自己,而且相信他们正在追求的事业会获得成功;不仅能在失败之后振作起来,而且还能从失败中吸取教训,以增加下一次成功的概率。创业者坚信自己的创业团队有能力在激烈的竞争中获得胜利,因而以坚韧不拔的毅力和满腔的热情去争取成功。新创企业在发展过程中肯定会遇到各种危机和困难,越是危急关头,就越需要他们付出更大的热情和勇气,自我勉励,坚持下去闯过难关。成功的创业者普遍都有很强的自信心,有时表现出咄咄逼人的气势。他们相信自己的判断,相信自己的决定。创业者以积极的心态充满活力地不断创新。自信对创业者非常重要,因为他们走的是其他人不敢走或者没有走过的路,只有自信才能顶住压力,坚持自己的目标,最终取得创业的成功。

曾经有记者问搜狐的 CEO 张朝阳:“你在 IT 产业的成功让中国的年轻人看到了从一无所有到拥有巨大财富的活生生的典范。当年,你能说服美国风险投资家把美金押在你这样一个名不见经传的‘小卒’身上,你认为是你身上什么样的东西打动了他们?”张朝阳回答说:“自信。对自己的成功有坚定的信念,使他们对我和我的商业计划产生了信任。”自信让张朝阳获得了美国风险投资家的资金支持,也是他以后创业一步一步走向成功的基石。

4. 开放的心态

创业者要能认识到自己的局限性和改进的必要性,意志坚定但不拒绝改变,必要时勇于变革和敢于承担责任。现代社会新事物层出不穷,开放的心态可以使我们有更多的机会发现机遇,产生创业的冲动。

5. 风险承担倾向

由于创业者希望在同行业中脱颖而出,很多工作是自己以前没有经历过或者没有完全经历过的,创业征途中充满了各种风险。创业者要有冒险精神,要能承受风险和失败。只有敢于承担风险,创业者才能大胆创新,敢于冒险实现自己的创业梦想。创业需要冒险,但冒险有别于冒进。无知的冒进只会使事情变得更糟糕,而且会浪费时间和财力。因此,大学生创业要强化风险意识,预防风险发生、尽早化解风险、降低风险危害是在创业活动中最重要、最经常、最紧迫的任务。

6. 创业精神

创业要发扬创业精神,没有创业精神的创业不会成功,也不能称之为创业。创业精神是创业团队集体的精神状态和对事业所持的态度。不论组织规模大小,不论归属哪个经济部门,创业精神始终与某些普遍适用的行为特性相关联。创业精神主要表现为耐心和牺牲精神、开拓精神和敬业精神、气度和包容精神、创新精神等。

(二)行为特征

创业者在行为方式上的特点主要有勤学好问、执着、灵活应变、吃苦耐劳、脚踏实地与雷厉风行、有良好的商业道德和责任感等。

1. 勤学好问

创业者不满足于现状,经常意识到他们能将事情做得更好,渴望并从不放弃学习和改进的机会。现代社会需要学习型的企业,创业团队在创业初期更需要学习行业内的领先企业、标杆企业。创业团队成员也需要学习精神。学习是保持先进性的重要手段,学习为企业的发展提供了源源不断的智力源泉,只有不断地学习才不会落后于社会。

2. 执着

执着是指对自己的创业目标和信念坚持不懈、永不放弃。因为在创业的领域没有捷径可走,只有专心致志、锲而不舍,才能克服通往成功道路上的危机和障碍。著名的发明家爱迪生指出,成功等于99%的努力和1%的灵感。他认为,连续的失败是不断尝试错误的探索性实验,是成功的创新过程之一。

3. 灵活应变

灵活应变指的是创业者对创业方法和路径的选择，要一切从实际出发，根据环境的变化对创业活动做出相应的调整。

4. 吃苦耐劳

创业的成功需要坚韧不拔，需要顽强的毅力、吃苦耐劳的执着精神和甘于奉献的献身精神。只有具备吃苦的精神，创业者才能挺过创业的艰辛，取得创业的成功，否则就会半途而废。

5. 脚踏实地与雷厉风行

创业者有好的创业念头，但只有通过实际行动才能变成现实。

6. 良好的商业道德

诚信、诚实、诚恳是一个企业生存和发展的根基。没有良好的品德，时刻只为自己的个人利益着想是肯定不会创立起企业的；即使能够建起企业，最终也难免昙花一现。只有企业对顾客、对社会、对员工诚信，顾客、社会和员工才会为企业的发展锦上添花，企业的发展才有土壤。诚信、诚实、诚恳是对创业团队的道德要求。

7. 责任感

把承诺变成行动就是责任，责任是坚定不移的信念。负责任是一种态度，态度决定一切。责任感使创业者意识到自己对其他人的责任，提供给其他人做好工作所需要的支持；责任感也能使创业者正确地行使权力和对待金钱。虽然权力和金钱是创业的动机之一，但负责任地运用权力不仅只是为了金钱。

负责主要体现在向社会、向顾客提供满意的产品或者优质的服务，重视环境保护，重视员工的成长和发展等方面。随着社会的进步和人类文明的发展，企业的社会价值是企业发展的高级目标，社会责任也成为企业的道德标准。重视环境保护，重视企业和员工职业生涯的共同发展成为企业发展的重要目标之一。优秀的创业者应该有很强的社会责任感，在创业的同时回报社会。

(三)知识特征

投资创业就是创业者想在某一行业中脱颖而出，但如果没有厚实的知识基础，创业就等于建造空中楼阁。所以，作为一个创业者，应该具备相应的基础知识和专业知识。

1. 创业者应具备坚实的基础知识

创业者知识素质的好坏关系到创业者分析问题、判断问题、解决问题的能力大小和将来企业的发展前途。知识贫乏的创业者必然心胸狭窄、目光短浅。如果没有渊博的知识，就不能适应时代新潮流的长期需要；不用新知识、新观念武装自己,就不可能成为真正成功的创业者。

创业者应该通晓的基础知识主要有政治学、人才学、组织学、行为科学、经济学、计算机应用、逻辑学、法学、会计学、统计学及心理学等。这些基本知识为创业者正确分析企业内外的环境和自己的优劣势、预测行业的发展趋势奠定了基础,是创业活动开展的必备智力条件。

2. 创业者应具备广博的专业知识

要想取得创业的成功,把企业做强做大,创业者还应具备人力资源管理、市场营销管理、财务管理、战略管理、生产管理、物资管理、技术设备管理、质量管理、经济核算、系统工程、领导科学及决策论等专业知识。如果缺乏战略管理知识,创业者在企业发展到一定规模后,就不能正确处理企业的短期目标和长期目标的关系、核心竞争力和多元化的关系,盲目扩张,进入很多自己陌生的行业。而创业者自身资金、人力资源等方面又缺乏支撑,这容易使企业迷失了发展的方向。

掌握了人力资源管理方面的知识,创业者就知道如何有效激励员工、管理员工,帮助他们成长,并给予他们足够大的舞台空间,让他们真正能有"当家作主"的责任感,使之产生与企业同命运、共呼吸的使命感,从而真正塑造出忠诚于企业的人才,让员工在实现企业发展的同时实现自我的成长和发展。同样地,现金是企业正常运转的基础,具备了财务管理知识,创业者就能正确地了解企业的现金流状况及主要的现金流来源,了解企业的盈利能力、负债情况、还债能力和融资能力,在创业过程中就能有意识、合理地贷款融资,发挥资金的财务杠杆作用,降低经营风险,同时管理好企业的资本运作。市场营销管理知识能使创业者正确分析产品的行业特征,细分市场,对产品正确定位,找到产品的目标市场,利用产品的生命周期不断推陈出新,为企业创造现金流。总之,专业知识为创业企业的正常运转、赚取利润和长远发展提供保障。

3. 创业者知识的更新与完善

当然,一个人不可能具备上面提到的所有知识,这就需要创业者组建优势互补的创业团队。同时,创业者可以通过学习来弥补自己缺乏的知识。学习知识的主要途径有以下几个方面。

(1)大量阅读

书籍是先行者智慧的结晶。通过大量阅读可以迅速地扩大自己的知识面,减少摸索的时间。创业者可以根据自己工作中的"短板"来选择阅读的素材。

(2)参加学习班

目前社会上有很多种学习班,创业者可以通过参加学习班迅速弥补知识上的缺陷,特别是参加高水平的培训班。

（3）与成功创业人士交流

比如参加各种形式的俱乐部，从他们那里学到经验教训，以便自己少走弯路。这些成功人士在某些方面比较优秀，创业者可以从他们身上学到很多有益的东西，他们成功的事例能不断地激励创业者前进。另一方面，他们的某些失误又可以为创业者提供反面的教材，创业者在以后的创业中可以避免犯同样的错误。

（4）实践

实践出真知，通过实践可以增强自己对事物的感性认识，并在实践中检验理论，提高自己的实际操作能力。在实践中最好多与他人交流自己的体会，因为这样既可以加深印象，又可以得到他人的指教。

（四）能力特征

创业者要成功创业需要多种能力，主要有经营能力、管理能力、学习能力及人际关系能力等。

1. 经营能力

经营能力是创业成功的关键。要做创业者首先要做一个出色的经营者。其次，经营者要有浓厚的经营兴趣。对经营有兴趣不仅是做经营者的先决条件，而且是经营中始终应该具备的素质。兴趣激发工作热忱，而热忱几乎等于成功的一半。有了经营兴趣，即使再累再苦都能轻松应对。经营活动是将创业计划变成现实的手段。创业的成功在于把创新思路及计划付诸实践，最后转化为现实。

2. 管理能力

管理能力主要包括战略管理能力、营销管理能力和财务管理能力等。

（1）战略管理能力

战略管理能力指整体地考虑企业经营与环境，理解如何适应市场，如何创建竞争优势的能力。创业者需要根据企业的优势、劣势，并结合外部环境的机会、挑战，正确地制订企业发展的战略目标。只有确定了正确的战略目标，企业才能走得更远。

（2）营销管理能力

营销管理能力是指洞察企业提供的产品和服务及其特性，理解它们如何满足顾客的需要和如何使顾客认识其吸引力的能力。创业者需要根据行业发展状况、竞争对手的缺陷来细分市场，找到自己的产品、服务的顾客目标群。同时，也可以为自己的产品创造市场。

（3）财务管理能力

财务管理能力是指管理企业资金，能够保持对支出的跟踪和监控现金流，以及根据其潜力和风险评价投资的能力。投资创业必须会理财，"有钱无计划，花钱如流水"不是创业者的品格。创业者必须要有基本的财务知识,懂得如何融资理财,具备资金的时间价值观和机会成本意识。很多创业者有风险意识,但是无资金的时间价值观和机会成本意识,不知道今天的"一元钱"比明天的"一元钱"更值钱。

3. 学习能力

知识经济时代,对于创业者来说关键不是已经具备了多少知识和能力,而是创业者的学习能力和速度。学习价值在于培养适应社会变化的能力和习惯,使得创业者能够与时俱进,永远跟上市场变化。成功创业者有一个共通之处,就是都非常善于学习,非常勇于进行自我反思,反思其实也是一种学习能力。创业者每天面对的都是不确定的未来,遭遇挫折,碰上低潮都是常有的事,中间一定会有失败,办法就是快速试错,直到走到一条对的路上来。对大学生创业者来说,反思的过程,就是学习的过程。

4. 人际关系能力

一个创业企业需要来自组织内外诸如员工、股东、顾客、政府、供应商和投资者等的支持,有些服务性的行业还需要所在社区的支持。为此,创业者需要在与这些利益相关者打交道中具备处理各种人际关系的能力。人际关系能力包括激励能力、沟通能力及谈判能力等。激励能力是指唤起人们的热情,使他们全身心地投入正在进行的工作中的能力;沟通能力指运用口头和书面等语言表达思想和传递信息的能力;谈判能力指能够权衡利弊、随机应变,能够确认双赢方案并与对方达成协议的能力。

以上对成功的创业者的素质要求,单个创业者难以完全具备,每个创业团队成员也不可能都具备。这表明了组成创业团队的必要性和重要性,也表明在选择创业团队成员时要考虑其是否具备这些素质,特别是保证团队成员之间具有互补性。

三、创业者的分类

(一)传统创业者与技术创业者

创业者一般可以分为传统创业者和技术创业者。

1. 传统创业者

传统创业者是指那些对传统的行业,如餐饮、房地产、服装等筹集资金投资、建立工厂、生产产品、为顾客提供产品或服务的创业者。

2. 技术创业者

技术创业者以突出技术为主,创办的企业一般比较小,产品的技术含量高,附加值比较高,利润空间比较大。技术创业者又可以进一步划分为研究型、生产型、应用型和机会主义四种类型。

（1）研究型技术创业者

研究型技术创业者具有很强的科研知识背景，常常从事基础科研开发，掌握了某种技术，有强烈的欲望把科研成果转化成生产力，一般在高等教育机构或非商业化的实验室担任学术职位。例如，高校里的部分搞科研的教授以自己的科研成果为核心，筹集资金、创办实体，属于典型的研究型创业者。

（2）生产型技术创业者

生产型技术创业者具有企业的生产技术或产品开发背景，常常直接从事商业化技术或者产品开发，掌握了某种先进的技术。

（3）应用型技术创业者

应用型技术创业者具有企业的外围技术背景，掌握了一定的应用技术，一般从事技术销售或支持工作，有一定的销售渠道资源。

（4）机会主义创业者

机会主义创业者缺乏企业的技术专业背景，没有技术经验，或者只有非技术组织的职业经验，但是善于识别技术机会，是有创业的点子和一定资金支持的创业个体。例如，MBA 学生具有管理知识，大多数有管理实践经验，他们捕捉到了某个机会，自主创业，属于机会主义创业者。

（二）TOPK 技术：四种类型的创业者

成功创业的人很多，创业失败的人更多。有人认为，成功创业与人的性格有关，但不同性格的人都有成功创业的。不同的人有不同的性格，哪类性格的人适合创业呢？为了能更通俗易懂地描述各种类型的创业者，有人用了简单易懂的四种动物来对中国企业的创业团队进行观察、分析与归纳整理，也就是所谓的 TOPK 技术，即 Tiger（老虎）、Owl（猫头鹰）、Peacock（孔雀）与 Koala（考拉）。遵照"一个好汉三个帮"的智慧，如果自己是老虎，就需要猫头鹰、考拉与孔雀的帮助，以此类推。

TOPK 技术实际上是美国社交风格与亚洲沟通风格在我国的本土化，同时我们也把 TOPK 看作"Top Knowledge"，即顶级智慧。运用顶级智慧的方法，就是 TOPK 技术。

1. T（老虎）型创业者

T（老虎）型创业者的口号是"我们现在就去做，用我们的方式去做"。他们做事当机立断，大部分根据事实进行决策，敢于冒风险。在做决策前，他们会寻找几个替代方案，更多地关注现在，忽视未来与过去。他们对事情非常敏感，但对人不敏感，属于工作导向型，注重结果而忽视过程，工作节奏非常快，因此也很容易与下属起摩擦。

2. O(猫头鹰)型创业者

O(猫头鹰)型创业者非常崇尚事实、原则和逻辑,他们的口号是"我们的证据在这里,所以我们要去做"。他们做事情深思熟虑,有条不紊,意志坚定,很有纪律性,很系统地分析现实,把过去作为预测未来事态的依据,追求周密与精确,没有证据极难说服他们。他们同样对事情非常敏感,而对人不敏感,也属于工作导向型,但特别注重证据,决策速度比较缓慢,为人很严肃,难以通融。

3. P(孔雀)型创业者

P(孔雀)型创业者热情奔放,精力旺盛,容易接近,有语言天赋,擅长演讲,经常天马行空,做事比较直接,喜欢竞争,对事情不敏感,而对人则很感兴趣。他们更关注未来,更多地把时间和精力放在如何去完成他们的梦想上,而不关注现实中的一些细节。他们行动虽然迅速,但容易不冷静。他们喜欢描绘蓝图,而不愿意给员工实在的指导与训练。当与员工谈工作时,他们思维属于跳跃式,员工经常难以跟上。员工得到的多是激励,而不是具体指导。

4. K(考拉)型创业者

K(考拉)型创业者喜欢与别人一道工作,营造人与人相互尊重的气氛。他们决策非常慢,总是希望寻求与相关人员达成一致意见。他们总是试图避免风险,办事情不紧不慢,对事情不敏感,而对人的感情很敏感。他们是关系导向型,很会从小处打动人,为人随和而真诚。非常善于倾听,属于听而不决,也很少对员工发怒。员工很喜欢找他们倾诉,但他们往往优柔寡断。

四种风格共存是白金定律。四种风格相互共存、相互欣赏、相互启发,一件事情不仅仅是老虎型的思路可以解决,其他三种类型的思路也可以解决。这就容易造就一支成熟的创业团队,这支团队就必定能做出非凡的成绩。

【重点关注】

哈佛大学拉克教授讲过这样一段话:"创业对大多数人而言是一件极具诱惑的事情,同时也是一件极具挑战的事。不是人人都能成功,也并非想象中那么困难。但任何一个梦想成功的人,倘若他知道创业需要策划、技术及创意的观念,那么成功已离他不远了。"

【案例探讨】

任正非:不奋斗就没有未来

任正非,华为创始人、总裁。在他的带领下,华为挺进世界 500 强之一。1987年,任正非集资 2.1 万元创立华为,历经 30 年艰苦奋斗,使得华为从一个没有技术、没有产品、没有背景,代销香港的一种 HAX 交换机的小公司发展成为如今全球信息与通信技术行业的领导者和世界 500 强,创造了中国乃至世界企业发展史上的奇迹。任正非将公司起名为"华为",寓意"中华有为",并愿为中华的崛起而为之! 华为是一个用理想牵引发展的公司,任正非是一个坚守理想的企业家,创办华为 30 年来,他不忘初心,甘于寂寞,始终坚持只做一件事——专注 ICT 领域。在代理卖设备的过程中,他看到了中国电信行业对程控交换机的渴望,同时他也看到整个市场被跨国公司所把持。当时国内使用的几乎所有的通信设备都依赖进口。民族企业在其中完全没有立足之地,军人出身的任正非似乎天生具有比一般人更加强烈的爱国热情和保卫领土的敏感和决心,而他在那个时候能够认识到"技术是企业的根本",便从此和"代理商"这个身份告别,踏上了企业家的道路。1991 年,华为开始研制程控交换机,当时的华为公司既是生产车间、库房,又是厨房和卧室。十几张床挨着墙边排开,床不够,用泡沫板上加床垫代替。所有人吃住都在里面,不管是领导还是员工,做得累了就睡一会儿,醒来再接着干。这也是创业公司所常见的景象,只不过后来在华为成为了传统,被称为"床垫文化",1992年,华为的交换机批量进入市场,当年产值即达到 1.2 亿元,利润则过千万。2016年,华为的销售额突破 5200 亿元,跻身世界 500 强前百强企业,或许很多人很难想象,从两间简易房里走出来的华为,已经成长为中国最大的民营企业,全球最大的通信设备供应商,全球第二大智能手机厂商和世界百强企业,这不得不说是一个奇迹,一个关于中国制造的奇迹,也是中国科技企业 30 年发展的一个缩影。任正非在引领华为追求梦想时,他非常清楚自己的不足,他从不认为自己无所不知。在谈到他所具备的才能和特质时,任正非总是谦卑地认为:"我不懂技术,在华为我自己的知识并不是最丰富的。"很显然,他拥有远大抱负和很强的执行力,但同时保有谦卑的心态。尽管他的这种领导风格激励了很多人,引领公司度过了转型期,但他还是经常讲:"自己能力有限,在团结员工这方面可能不如很多人认为的那样好。"他总是避免被扣上"传奇领袖"的帽子,而是强调没有艰苦奋斗,就没有华为的成功。

【案例探讨】

TOPK 技术运用法则

TOPK 技术看似非常简单,但在具体运用的时候,还需要特别注意以下几个问题。

创业者要知道自己的个性行为风格,并与搭档达成协议,自觉区别互动。同时,如果创业者熟悉 TOPK 技术,并有意识地调整自己的个性行为风格,那么这家企业不仅可以成功,而且有了基业长青的基因。那些极具影响力的成功人士都在不断调整自己的个性行为风格。

自觉运用比不自觉运用的成功率要高。如携程网的创业团队,他们一开始就寻找四人组合团队。梁建章偏理性,眼光长远,喜欢用数据说话,为猫头鹰型风格;季琦偏感性,有激情,锐意开拓,直爽,讲义气,为孔雀型风格;沈南鹏风风火火,老练果断,为老虎型风格;范敏方方面面的关系处理得体,为考拉型风格。

不是等到四个行为风格的人全部到齐后才创业。现实中更常见的情况是边创业边物色人才,当不能尽快物色到合适伙伴的时候,就得让自己有意识地扮演两种或三种角色。一般情况下,如果自己是猫头鹰型,需要找孔雀型人才作为创业好搭档,接着引进老虎型作为合作伙伴,最后引进考拉型人才,尤其是公司已经达到20人以上的规模时。比如孔雀型的刘邦,先是与考拉型的萧何创业,之后老虎型人才的韩信加入,最后是猫头鹰型的张良加入。而在微软,猫头鹰型的比尔·盖茨与考拉型的保罗·艾伦在1975年创业,孔雀型的史蒂夫·鲍尔默在1980年才被引进,老虎型的杰夫·雷克斯则在1981年被引进,也就是在企业成立6年后才完成四人组合。

不是只要有了老虎型、猫头鹰型、考拉型与孔雀型四个核心创业人物,创业就一定可以成功。创业成功有很多因素,但是用 TOPK 技术来有意识地寻找创业搭档,创业的成功率就可以提高,而且有时在其他条件与竞争对手差不多的情况下,TOPK 组合就成了创业成功的关键条件。

总的说来,TOPK 技术可以帮助人们了解并利用自己的优点,客观地看待自己的缺点,重视搭档喜欢的东西,清除让大家难以合作的"盲点"。创业搭档相互讨论各自的行为风格,尽量读懂彼此,预知对方行为,之后达成协议,区别互动,这就是创业成功的起点与内在动力源泉。

第三节　大学生创业

近年来,我国高校毕业生就业形势日益严峻,大学毕业生数量远远超过空缺岗位的数量。有专家指出,在现有经济结构下,每年就业岗位缺口均在 1300 万人左右。政府逐渐意识到大学生创业在缓解就业压力方面的作用,提出了以创业带动就业的号召。如果大学生在毕业时或条件成熟的时候选择创业,将不仅可以解决自身的就业问题,也可以为社会创造出新的就业机会。大学生创业是解决大学生就业难的有效出路之一,也是大学生就业的一种新的选择模式。

一、大学生创业的现实意义

(一)造就创新型人才

为国家培养富有创新精神的新一代大学生是高校培养人才的新目标。因为创新是一个民族的灵魂,是一个国家兴旺发达的不竭动力,而具备创新能力的大学生是民族发展的生力军。大学生可以通过创业活动培养创新意识,开拓创新精神,提高创新能力,并将创新能力运用到创业实践中,为社会创造价值。

(二)促进自我价值实现

理性的自主创业建立在对自我兴趣、能力以及外部机会进行充分评估的基础上。对于那些有创业欲望的大学生来说,创业的项目是他们最感兴趣、最愿意做、最值得做的事情。他们创业的原动力是谋求个人价值和社会价值的实现,期望在五彩缤纷的社会舞台中大显身手,最大限度地发挥自己的才能。也就是说,创业促进了其目标达成和自我价值的实现。

(三)提升个人综合素质

创业需要一定的素质和能力支持,大学生创业过程中,无疑要不断提升自己各方面的知识和技能。比如市场机会观察、独立思考、时间管理、风险控制等,这些对个人来说是非常重要的综合素质。大学生通过创业实践探索,可以有机会改变自己的就业心态,自主地学习调节与控制,并掌握高效整合和利用各类资源的方法和技巧。

(四)缓解就业压力

大学生创业有利于解决大学生就业难的问题。在西方发达国家,比如美国,大学生自我创业的比重高达20%～23%;而在我国,由于各方面原因,大学生创业的比重相对偏低。如果大学生能够积极利用国家创业政策以及自身创业优势,将有效带动就业,缓解社会的就业压力。目前,各地区纷纷把"鼓励和支持高校毕业生自主创业"作为化解当前社会就业难的主要政策之一。

二、大学生自主创业的条件

当今社会为大学生自主创业提供了诸多的创业条件和环境,主要有以下几个方面。

(一)制度条件

自主创业很大一部分是个体或私营企业,这在改革开放之前是制度禁区,即使在改革开放过程中这里仍是"雷区"。我们从允许个体经济作为公有经济的有益补充,到允许私有经济的存在和发展,再到党的十五大将非公有制经济作为社会主义市场经济的重要组成部分,已从根本上为非公有制经济大开绿灯,这为包括大学生在内的一切公民的自主创业提供了制度保证。

(二)政策条件

国家鼓励大学生、研究生和科技人员兴办科技民营企业,并出台一系列政策和措施予以支持。1999 年底教育部出台了《教育部关于贯彻落实中共中央、国务院〈关于加强技术创新,发展高科技,实现产业化的决定〉的若干意见》,文件规定大学生、研究生可以休学保留学籍创办高新技术企业。大学生创业没有资金,允许以其技术成果和其他智力资本折股参与创业。1999 年,北京大学学生张明、戚文敏发明了一种名为 EPOST 的新软件,预计可取代 EMAIL。北京大学校方出资100 万元注册北大天正公司,两人一分钱未掏即拥有 20% 和 10% 的股份,成为大学生老板。2015 年国务院办公厅印发了《关于深化高等学校创新创业教育改革的实施意见》,高校要设置合理的创新创业学分,建立创新创业学分积累与转换制度,探索将学生开展创新实验、发表论文、获得专利和自主创业等情况折算为学分,将学生参与课题研究、项目实验等活动认定为课堂学习。为有意愿有潜质的学生制定创新创业能力培养计划,建立创新创业档案和成绩单,客观记录并量化评价学生开展创新创业活动情况。优先支持参与创新创业的学生转入相关专业学习。实施弹性学制,放宽学生修业年限,允许调整学业进程、保留学籍休学创新创业。设立创新创业奖学金,并在现有相关评优评先项目中拿出一定比例用于表彰优秀创新创业的学生。目前,国家和各级政府纷纷出台相关的政策、法规,期望进一步引导和鼓励大学生创业。这些政策或措施为大学生等知识型人才自主创业创造了有利条件。

1. 税收优惠:持人社部门核发《就业创业证》(注明"毕业年度内自主创业税收政策")的高校毕业生在毕业年度内(指毕业所在自然年,即 1 月 1 日至 12 月 31日)创办个体工商户、个人独资企业的,3 年内按每户每年 8000 元为限额依次扣减其当年实际应缴纳的营业税、城市维护建设税、教育费附加和个人所得税。对高校毕业生创办的小型微利企业,按国家规定享受相关税收支持政策。

2. 创业担保贷款和贴息:对符合条件的大学生自主创业的,可在创业地按规定申请创业担保贷款。鼓励金融机构参照贷款基础利率,结合风险分担情况,合理确定贷款利率水平,对个人发放的创业担保贷款,在贷款基础利率基础上上浮 3个百分点以内的,由财政给予贴息。

3. 免收有关行政事业性收费:毕业 2 年以内的普通高校学生从事个体经营(除国家限制的行业外)的,自其在工商部门首次注册登记之日起 3 年内,免收管理类、登记类和证照类等有关行政事业性收费。

4. 享受培训补贴:对大学生创办的小微企业新招用毕业年度高校毕业生,签订 1 年以上劳动合同并缴纳社会保险费的,给予 1 年社会保险补贴。对大学生在毕业学年(即从毕业前一年 7 月 1 日起的 12 个月)内参加创业培训的,根据其获得创业培训合格证书或就业、创业情况,按规定给予培训补贴。

5. 免费创业服务:有创业意愿的大学生,可免费获得公共就业和人才服务机构提供的创业指导服务,包括政策咨询、信息服务、项目开发、风险评估、开业指导、融资服务、跟踪扶持等"一条龙"创业服务。

(三)时代条件

21 世纪是知识经济时代,知识成为一种新的社会生产的资源,知识资本化将成为独立的更具影响的经济增长要素,知识拥有者成为社会发展和经济增长的主要潜在力量。大学生将是主要的知识资本拥有者,他们投身创业又将成为知识资本的运营者。他们虽然在创业时货币资本等有形资本不足,但是他们可以凭借生产要素中最重要的无形资本——知识资本来实现创业。第一,现有政策允许知识资本折合成相当比例的有形资本,以股权占有形式参与投入,创办实业;第二,可以通过吸引风险投资等途径募集创业资金;第三,网络经济、虚拟经济等经济形态的出现,为大学生自主创办小型知识型企业创造了条件。

三、国内大学生创业现状

我国大学生创业兴起于 1998 年,标志是清华大学举办的首届创业大赛。以这次大赛为契机,全国高校陆续组织了自己的创业大赛,组建了创业协会等学生创业机构。通过挑战杯竞赛也催生了相当数量的新公司,大学生创业的作用和价值逐渐被社会各界认可。根据中国人民大学发布的《2017 年中国大学生创业报告》显示:中国大学生的创业意愿持续高涨,近 9 成大学生考虑过创业,其中 26% 的大学生有强烈或较强的创业意愿,工学、管理学和经济学专业的大学生对创新创业感兴趣的人数比例最高,与 2016 年相比,餐饮、农业、信息技术、运输、教育、文化等行业仍是大学生创业的主要领域。其中,住宿餐饮、消费电商成为大学生创业的主战场,这与我国当前"互联网 "和消费升级趋势相吻合。

目前,我国的大学生创业有如下一些特点。

(一)创业心态日趋成熟

在各方支持下,目前国内大学生创业之路愈来愈宽广,创业方式日益多元化。在上海的一次大学生创业调查中发现,绝大多数大学生创业者都认为创业心理素质至关重要,应在创业前就做好承担风险、挑战自我的心理准备。这也表明了大学生创业者的理智与谨慎,他们在选择创业目标、确定创业模式上更加务实,并且在创业前努力通过培训、实习、参赛等方式积累创业实践经验,避免盲目创业。

(二)想创业的多,真创业的少

中央电视台曾对大学生创业状况进行过一次调查,询问了"你想不想自己创业"这个问题,结果显示有将近80%的大学生都怀有创业的梦想,但实际上投身创业的大学生比例每年都只在2%~4%之间。可见,大学生创业是"多数人心动,少数人行动"。这种状况一方面是因为大学生对于创业的认知日趋理性;另一方面是因为大学生创业能力尚有欠缺。另外,大学生普遍缺乏对创业信息的关注。

(三)创业集中于技术含量低的行业

在国内创业的大学生中间,有很大一部分是从事家教、零售、服务业等技术含量低的行业,即使一些涉及网络的创业者也都集中于无需产品设计、开发、生产和维护的网站。近年来,大学生网上创业的成功案例呈上升趋势,尤其是电子商务领域。相对来说,这种技术含量低的创业方式启动资金少、创业成本低、交易快捷,是很多大学生创业选择的途径。

(四)创业社会文化基础薄弱

中国经济景气监测中心曾对北京、上海、广州等三座中国经济较发达大城市的900余位市民做过调查,67.5%的被访者表示对大学生创业能力的担心,还有28.9%的人担心创业影响大学生的学习。目前,在我国社会中,对于大学生创业还存在很多怀疑和反对的声音,还未形成统一、一致的支持意见。加上大学生创业的成功率也比较低,大学生创业更是引发社会、家庭以及个人的质疑。

四、大学生创业的优势与劣势

(一)创业优势

首先,就目前来说,大学生自主创业有着很好的社会环境。从中央到地方到各个高校都热情鼓励、支持大学生自主创业,各级政府为大学毕业生创业制定了一系列的优惠政策,各高校为大学生创业也积极创造各方面的条件。

其次,高校把引导、扶持、培养大学生创业提高到了培养创新型人才的高度,为大学生提供了包括教育、渠道、资金、项目等多方面的支持。很多高校开设了专门的创业教育课程,组织多种形式的创业计划竞赛和科技创新活动,培养、锻炼了大学生的创业意识与创业能力。

最后,从自身来说,接受高等教育的大学生有对传统观念挑战的欲望和信心,这种创新精神是创业成功的有力推动。大学生充满了对未来成功的渴望和进取的激情,这都是一个创业者应该具备的素质。

另外,大学生在高校可以学到很多理论和高层次的技术,这些是创业的重要资源,尤其是开办高科技企业。知识与技术的重要性是不言而喻的,"用智力换资本"是大学生创业的特色和必然之路。

（二）创业劣势

首先,大学生社会经验不足,常常盲目乐观,没有充足的心理准备,往往难以承受创业中的挫折和失败。很多大学生只掌握了创业的一些理论知识,缺乏市场意识和商业管理经验,这给创业带来了困难。

其次,大学生对创业的理解还停留在仅有一个美妙的想法与概念上。很多人试图以创意取胜,但今天的创业活动更加重视创业计划是否可行,以及产品服务不可复制的程度以及市场潜力有多大等方面。

再次,融资渠道不畅,缺乏创业资金是大学生创业普遍面临的难题。尽管有政府和高校设立的创业基金,社会上也有一些风险投资基金,但这些基金的普及面并不广,门槛较高,大学生获得的难度不小。

最后,大学生较弱的创业素质也是创业劣势之一。大部分的大学生创业者对人事管理、财务管理、物资管理、生产管理和市场营销管理,以及经济法、税务、知识产权法等知识较为缺乏,并且在创业品质,如领导力、协调力、人脉拓展能力等方面也有待进一步提高。

第十六章

大学生创业的一般程序

第一节　大学生创业准备

一、大学生创业者自身的准备

（一）创业心理准备

一些成功者从谋生到创业的历程，都是充满了艰辛和坎坷的，甚至有时候到了山穷水尽的地步。亚洲巨富李嘉诚从茶楼跑堂和推销员干起，历尽艰辛，在他自立门户创立长江塑胶厂之初，曾遇到客户退货、产品积压、工厂面临倒闭的危险，他硬是凭着顽强的毅力坚持下来，成就了今天的伟业。曾几何时，马云二次高考落榜，做过搬运，蹬过三轮，当过小贩；阿里巴巴创业之始35个人挤在一个房间，大家要集资才能创业，马云要靠借贷才能发工资；中国黄页推出之初很多人说他是骗子。如今，淘宝不断刷新交易纪录，成为百姓贴心的电商工具，马云更是成为身家超过2000亿的大企业家。

事业的跌宕起伏、世间的是非议论并没有缩短他们事业道路的长度，反而成就了他们人生的高度。无数个创业者从失败走向成功的案例告诉我们，谋生与创业都很艰难，充满各种危机和困难。如果没有坚强的意志、良好的心理素质，只能在困难面前束手无策、接受失败，导致前功尽弃，更甚者会从此消沉下去。创业者在创业之初，要有以下几种心理准备。

1. 胆识

创业要有一定的胆识，善于捕捉新生事物。要勇于尝试新生事物，紧紧把握新生市场脉搏。即使没有十足的把握，也要敢于去冒险尝试。

2. 自信

自信是一个人成就事业的基础。对于初创业者来说，要坚信"人定胜天"，相信自己能够利用合理因素,能够战胜不利因素,最终获得成功。

3. 清晰、睿智的头脑

对自己的创业目标要有一个科学的规划,自己的每一步行动都要经过仔细慎重的考虑。洞悉自己的长处与不足,清楚自己能做什么,能做到什么程度。自身的长处要善于发挥,着眼点要立足于未来,对未来要有科学的预测和准确的判断。

4. 主见

要善于和其他人合作,学会接纳别人的不同意见。自己的正确意见要坚持,不为他人的引诱所动摇。

5. 树立远大目标

要善于将人力、物力及心血投入实现更远大的目标中去,以求创造奇迹。

6. 热情积极地对待创业

将浓厚的兴趣和热情投入创业中去,不被困难和挫折吓倒。用恒心和毅力作为精神支撑,很好地发挥自己的能力。

7. 有爱心、同情心

要将一颗博大真诚的爱心投入创业中去,待人以善,让每个人都感受到阳光般的温暖。

8. 永不言弃

既然选择了创业,就要有"十年磨一剑"的毅力,不能惧怕眼前的挫折与失败。人生没有永远的失败,也没有战胜不了的困难。个人只要有信心、勇气和不屈不挠的精神,以积极的态度去迎接挑战,就能渡过创业的难关,最终取得辉煌。

总之,对于创业者来说,不论创业做什么,都可能会遇到困难和挫折,可能出现意想不到的问题,一定要有充分的心理准备。既不能被创业过程中取得的种种荣誉冲昏头脑,也不能被创业道路中的艰难险阻吓得萎靡不振。"不管风吹浪打,胜似闲庭信步",拥有良好的心态,就能迈上成功创业的阶梯。

(二)创业知识准备

"商场如战场",创业作为一种商业活动,不论干哪一行,创业者都要具备一定的商业知识和经营之道。没有丰富的商业知识和经营之道,就难以把握商机,甚至开展不了业务。试想一个人不懂食品卫生知识,怎么能办起餐饮酒店?不懂交通法规和营运知识,怎么能开好出租车、搞个体运输?不懂商品成本、利润、批发、零售等基本知识,怎么能干好经营销售业务?不懂工商税务知识,怎么能合法经营依法纳税?不懂历史和旅游知识,怎么能做好导游?所以说,准备必要的商业知识和专业知识,是自主创业的重要一课。

创业者应具备的基本商业知识,从企业注册成立、市场营销、财务会计、生产管理,乃至成功上市或者破产倒闭,涉及方方面面。虽然创业者不一定都是经济学家,但是不具备这些基础的商业知识,创业活动将寸步难行。

1. 注册登记知识

注册登记知识主要包括有关私营及合伙企业、有限公司的法律法规,怎样申请开业登记,怎样办理税务登记,银行开户程序和有关结算规定;怎样获得税收减征免征待遇,国家对偷漏税等违法行为有哪些制裁措施,增值税率及计征方法;工商管理部门怎样进行经济检查,行业管理部门如何进行行业管理和检查;等等。

2. 市场营销知识

市场营销知识包括市场预测与调查、消费者心理和特点、定价策略、产品特点、销售渠道和方式、营销管理等。

3. 仓储物流知识

仓储物流知识主要包括批发、零售知识,货物种类、质量和有关计量知识,物流运输知识,货物保管贮存知识,真假货物识别知识,等等。

4. 财务会计知识

财务会计知识主要包括货币金融知识,信用及资金筹措知识,资金核算及记账知识,证券、信托及投资知识,财务会计基本知识,外汇知识,等等。

另外,创业者应具备的基本商业知识还包括经济法相关常识、劳动用工及社会保障知识、公关及商业交际基本知识等。这些知识可以通过专业培训、就业指导咨询、广播电视媒体讲座、自学或向别人请教等多种方式获得。对于创业者而言,可以边创业边学习,做"学习型创业者",带着问题学并学以致用,逐渐了解和掌握需要的知识。

(三)创业技能准备

机遇只会垂青那些有准备的人。创业的准备不仅包括心理上、知识上的准备,还需要创业技能上的准备。中国火炬创业导师、南开大学创业管理研究中心主任张玉利指出,我国目前的创业活动很活跃,人们的创业欲望也很强烈,但是创业技能偏低,成为制约创业者成功的一大重要因素;清华大学经济管理学院教授、中国创业研究中心主任高建认为,大学生的创业能力不足,有50%的大学生认为自己"具备创办企业的技能和经验"是一种没有创业的事前主观评价,是对自身创业能力的一种高估。初入市场的创业者,或许并不具备全面的创业技能,创业者本人必须要有不断提高自身技能的自觉性和实际行动,才能最终创业成功。

1. 创新能力

美国苹果公司前首席执行官乔布斯生前曾这样说:"领袖和跟风者的区别就在于创新。"对于创业企业来说,创新永远是获取机会的唯一源泉,更是企业发展成长的不竭动力。创新能力,可以说是创业者、创业企业应该具备的能力。创业者是一个愿意并且可以将一个新想法或者创新点,转化成为一个成功的创新的人。虽然没有人能够真正定义出创业家的特殊个性,但是不可否认的是,创业家的成功就在于离开了自己的安乐窝,勇于做第一个吃螃蟹的人。无论是国内的"开心农场",还是芬兰人设计出的"愤怒的小鸟",都充分体现了强大的创新能力。

2. 人际交往能力

事实上,一切创业活动都离不开人际关系的支持。美国有句流行语:一个人能否成功,不在于他知道什么,而在于他认识谁。斯坦福研究中心一份调查报告的结论更能证明人际交往对成功的重要性:一个人赚的钱,12.5%依赖其掌握的知识,87.5%依赖其人际关系网。这足以说明人际关系的重要作用,特别对于新生企业,人际关系显得更为重要。对于大多数成功人士来讲,谁都不能否认人际关系在他事业中起到的作用,他们的成功得益于领导、老乡、同学、同事、亲戚等的帮助。

3. 判断决策能力

创业的过程,就是个不断做决策的过程。对于企业家和各级主管们来说,做决策几乎是每一天都必须要面对的。正确的决策会让你变被动为主动,从不利走向有利,从失败走向胜利;反之则会使事情变得无法收拾,甚至令你和你的企业走向失败和灭亡。好的决策者总是在不断地寻找各种可能的方案,不要只做"要"或"不要"的抉择,而要做"1""2""3""4""5"等更多方案的抉择。而且,在根据理性的逻辑分析与直觉预感做出决定后,必须立刻执行。

4. 信息沟通能力

要成为一个真正成功的企业家,一定要学会把自己的想法进行逻辑梳理,并用很清晰的语言表达出来。因为投资人有一个基本判断,创业者口才可以不好,但反复讲都说不清楚,说明他对这件事本身就不清楚。只有通过信息传递后让每个人都完全理解,并使问题得到了解决,才是真正的有效沟通。例如,A 委托 B 去买饮料,并告知品牌、价格、容量;A 应该询问 B 是否完全理解需求,B 可以询问一些额外的信息,如哪里能买到,数量是多少,断货的话备选饮料是什么。信息越充分,误差就越小。

5. 执行能力

成功的创业固然需要良好的创意,但卓越的执行能力和应对环境变化的能力更为重要。有人说过,三流的创意加上一流的执行力,能够超过一个用一流创意加上三流执行力的公司。在变化剧烈的市场中,创业机会是稍纵即逝的。创业成功的人从想法到行动的间隔非常短,想到就做。诚然,他们也不是天才,并不是每个决策都是对的。但是,做了就会有经验,有经验就可以改进。只会思考而不执行,能够成就什么事业呢? 不断试错,快速改进,就是实实在在的创业之道。"纸上得来终觉浅,绝知此事要躬行",作为创业者,你必须具有相当的执行力将你的想法变为实际行动。

6. 学习能力

美国《财富》杂志指出:"未来最成功的公司,将是那些基于学习型组织的公司。"壳牌石油公司企划总监德格认为:"唯一持久的竞争优势,或许是具备比你的竞争对手学习得更快的能力。"无论你是什么专业,拥有什么样的学术背景,只要培养出良好的学习能力,随时都有可能脱颖而出。现代社会快速发展,新的思想、概念、工具层出不穷,这就要求创业者必须对决策进行反省,并用开放的态度广泛地学习。与此同时,整个团队、组织也要逐渐向开放的学习型组织转变。对于大学生创业者而言,只有利用大学四年的黄金时间学习一些真正的知识,拓宽知识面,才能使自己在未来的创业活动中更有竞争力。

二、创业外部资源准备

(一)组建创业团队

在创业的过程中,各种有利条件的组成,各种成熟思想的演进都必须通过人的因素才能发挥作用和效益。创业团队的意义是每个人各有所长以弥补各自的缺陷,实现人力资源的充分利用和各种优势的互补,发挥"1+1>2"的作用,从而组成最坚强的力量。

1. 创业团队的人员选拔

人是各种各样的,但是以创业者用人的眼光去看,大致可分为三类:一是可以信任而不可大用者,就是那些忠厚老实但本事不大的人;二是可用而不可信者,就是那些有些本事但私心过重,为了个人利益而钻营弄巧,甚至不惜出卖良心的人;三是可信而又可用的人。作为创业者,都想找到第三种人,但是这种人不易识别,往往与用人者擦肩而过。为了企业的发展,创业者各种人都要用。只要在充分识别的基础上恰当使用,扬长避短,合理配置,就能最大限度地发挥他们的作用。创业需要的是一个系统,而非某一两个单点。作为单独的一个人,不可能具备创业所需的所有技能和资源。大量的创业事例告诉我们,要想单枪匹马地发展一家高潜力的企业是极其困难的。如果创业者不顾实际情况,一门心思单打独斗,就很有可能延误企业的发展。创业者如果成为孤独的"狼",无法与他人相处共事,那只能算是地摊式的小业主,而无法成为统领"千军万马"的企业家。

在一个创业团队中,成员的知识结构越合理,创业的成功率才会越大。纯粹的技术人员组成的公司容易形成"技术为王、产品为导向"的情况，从而使产品的研发与市场脱节；全部是市场和销售人员组成的创业团队缺乏对技术的领悟力和敏感性，也容易迷失方向。只有优势互补的团队才能充分发挥其组合潜能，也肯定优于个人创业的单打独斗。在创业团队的成员选择上，必须充分注意人员的知识结构，如技术、管理、市场、销售等，充分发挥个人的知识和经验优势。

相对来说，一个优秀的创业团队必须包括以下几种人：一个创新意识非常强的人，这个人可以决定公司未来的发展方向，相当于公司的战略决策者；一个策划能力极强的人，这个人能够全面周到地分析整个公司面临的机遇与风险，考虑成本、投资、收益的来源及预期收益，甚至还包括公司管理规章、长远规划设计等工作；一个执行能力较强的成员，这个人具体负责执行过程，包括联系客户、接触终端消费者、拓展市场等。此外，如果是一个技术类的创业公司，那么还应该有一个研究高手。当然，这个创业团队还需要有人掌握必要的财务、法律、审计等方面的专业知识。但在团队形成之初，并不需要以上各方面的成员全部具备。在必要时，一个或多个成员去学习团队所缺乏的某种技能，从而使团队充分发挥其潜能的事情并不少见。

在一个创业团队中，不能有两个人的主要能力完全一样，比如两个都是出点子的人，出现这种情况是绝对不允许的。因为只要优势重复、职位重复，那么今后必然少不了出现各种矛盾，最终甚至导致整个创业团队散伙。

团队的搭配上应注意个人性格与看问题角度的不同。一般而言，如果一个团队里总能有提出建设性、可行性建议的成员和不断发现问题的批判性成员，这对创业的成功是大有裨益的。

但是，团队人员之间的差异也不能太大。如果成员之间存在较大的差异性，不要说是否能经常就项目本身进行讨论和交流，就是在项目的理解和执行上都会有很大的困难。英明的创业者主要是从员工对项目的理解、表达能力、执行能力、社会资源能力、思维创新能力等方面综合考虑，让团队成员之间的能力互补、年龄和经验互补，甚至性格和行为方式也要互补。

一个企业具有什么样的人才观念，就决定该企业会拥有什么样的人才；而拥有了什么样的人才，将最终决定其成长为一个什么样的企业。

2. 组建创业团队的注意事项

不同的创业者在共同的创业远景鼓舞下，形成了创业团队。搭建一支优秀的创业团队对任何创业者而言，都是一项至关重要的工作，是保证创业团队沿着共同目标求同存异，最后实现团队远景的组织保证。因此，组建创业团队应该注意以下几方面。

（1）知己知彼

一个优秀的创业团队中的所有成员都应该相互非常熟悉，知根知底。在创业团队中，团队成员都非常清醒地认识到自身的优劣势，同时对其他成员的长处和短处也一清二楚，这样可以很好地避免团队成员之间因为相互不熟悉而造成的各种矛盾、纠纷，迅速提高团队的向心力和凝聚力。同时，团队成员相互熟悉更有利于成员之间工作的合理分配，最大可能地发挥各自的优势。

（2）有胜任的带头人

在企业管理和市场营销中，经常谈论领导者的核心作用。事实上，在创业团队中，带头人的作用非常重要。带头人正如大海航行中巨轮的舵手，指引着创业团队的方向。许多创业团队在很短的时间内就消亡了，很重要的原因在于创业团队的带头人根本不是一个合格的领导者。

（3）有正确的理念

要坚信组织能够健康发展下去，相信创业团队一定能够获得成功。不要一开始就想着失败，应该树立坚定的信念，要坚信团队的事业一定能成功。

（4）有严格的规章制度

俗话说："没有规矩不成方圆。"最初创业时就把该说的话说到，该立的规定一定要立到，不要碍于情面。把最基本的责、权、利说得明白透彻，尤其是股权、利益分配更要讲清楚，包括增资、扩股、融资、撤资、人事安排及解散等。这样在企业发展壮大后，才不会出现因利益、股权等的分配分歧产生团队之间的矛盾，导致创业团队的分裂。

（二）筹集创业资金

创业融资的方法多种多样，只要愿意想办法，创业者有多种途径可以解决融资问题。这里所指的创业融资，是创业筹备阶段和企业草创阶段的融资。这个时期对于创业者来说，最难解决的便是资金问题。

从大的方面来说，创业融资主要有间接融资与直接融资两种形式。

1. 间接融资

所谓间接融资，主要是指银行贷款。大家都知道，银行的钱不好贷，对创业者更是如此。但如果你有足够的抵押物或者能够获得贷款担保，将很容易从银行贷到款。

间接融资的类别是与银行的贷款业务种类紧密相关的，银行受理个人贷款业务的种类决定着间接融资的种类，银行受理个人贷款业务的种类越多，间接融资的种类也就越多。目前，间接融资大体上可以分为抵押贷款、担保贷款、买方贷款、项目开发贷款、出口创汇贷款、票据贴现贷款等多种类型。

(1)抵押贷款

抵押贷款是指借款人以其所拥有的财产作抵押,作为获得银行贷款的担保。在抵押期间,借款人可以继续使用其用于抵押的财产。当借款人不按合同约定按时还款时,贷款人有权依照有关法规将该财产折价或者拍卖、变卖后,用所得钱款优先得到偿还。适合于创业者的有不动产抵押贷款、动产抵押贷款、无形资产抵押贷款等。

①不动产抵押贷款。创业者可以将土地、房屋等不动产作抵押,向银行申请并获取贷款。

②动产抵押贷款。创业者可以将股票、国债、企业债券等获银行承认的有价证券以及金银珠宝首饰等动产作抵押,向银行获取贷款。

③无形资产抵押贷款。这是一种创新的抵押贷款形式,适用于拥有专利技术、专利产品的创业者。创业者可以将专利权、著作权等无形资产向银行作抵押或质押,获取银行贷款。

(2)担保贷款

担保贷款是指借款方向银行提供符合法定条件的第三方保证人作为还款保证,借款方不能履约还款时,银行有权按约定要求保证人履行或承担清偿贷款连带责任的借款方式。其中较适合创业者的担保贷款形式有自然人担保贷款、专业担保公司担保贷款、托管担保贷款等。

(3)买方贷款

除抵押贷款和担保贷款外,可供创业者选择的银行贷款方式还有买方贷款。如果你的企业产品销路很好,而企业自身资金不足,那么你可以要求银行按照销售合同,对你产品的购买方提供贷款支持。你可以向你产品的购买方收取一定比例的预付款,以解决生产过程中的资金困难。或者由买方签发银行承兑汇票,卖方持汇票到银行贴现,这就是买方贷款。

(4)项目开发贷款

如果你的企业拥有具重大价值的科技成果转化项目,初始投入资金数额比较大,企业自有资本难以承受,你可以向银行申请项目开发贷款,银行还可以视情况为你提供一部分流动资金贷款。此类贷款较适合高科技创业企业。

(5)出口创汇贷款

对于出口导向型企业,如果你一开始就拥有订单,那么你可以要求银行根据你的出口合同或进口方提供的信用签证,为你的企业提供打包贷款。对有现汇账户的企业,银行还可以提供外汇抵押贷款。对有外汇收入来源的企业,可以凭结汇凭证取得人民币贷款。

（6）票据贴现贷款

票据贴现贷款是指票据持有人将商业票据转让给银行，取得扣除贴现利息后的资金。在我国，商业票据主要是指银行承兑汇票和商业承兑汇票。

2. 直接融资

直接融资是指拥有暂时闲置资金的单位（包括企业、机构和个人）与资金短缺需要补充资金的单位，相互之间直接通过协议，或者在金融市场上前者购买后者发行的有价证券，将货币资金提供给所需要补充资金的单位使用，从而完成资金融通的过程。直接融资的基本特点是，拥有暂时闲置资金的单位和需要资金的单位直接进行资金融通，不经过任何中介环节。

（1）股权融资

股权融资指资金不通过金融中介机构，融资方通过出让企业股权获取融资的一种方式。大家所熟悉的通过发售企业股票获取融资只是股权融资中的一种。对于缺乏经验的创业者来说，选择股权融资这种方式，需要注意的是股权出让比例。股权出让比例过大，可能失去对企业的控制权；股权出让比例不够，则又可能让资金提供方不满，导致融资失败。这个问题需要统筹考虑，平衡处理。

（2）债权融资

债权融资指企业通过举债筹措资金，资金供给者作为债权人享有到期收回本息的融资方式。民间借贷应该算是债权融资中的一种，且是为人们所最常见的一种。

（3）企业内部集资

企业内部集资指企业为了自身的经营资金需要，在本单位内部职工中以债券、内部股等形式筹集资金的借贷行为，是企业较为直接、常用，也较为迅速简便的一种融资方式，但一定要严格遵守金融监管机构的相关规定。

（4）融资租赁

融资租赁是一种创新的融资形式，也称金融租赁或资本性租赁，是以融通资金为目的的租赁。出租人根据承租人对供货人和租赁标的物的选择，由出租人向供货人购买租赁标的物，然后租给承租人使用。

3. 其他融资方式

（1）大学生创业小额担保贷款

近年来，各级政府相继出台了一系列鼓励和支持大学生自主创业的政策，其中包括为自主创业的大学生及毕业生提供小额担保贷款的政策。

①申请大学生创业小额担保贷款的范围。凡是国家普通高校毕业生，身体健康、诚实守信、有创业能力并办理自主创业证的，都可在户口所在城市申请贷款。

②申请小额担保贷款应具备的条件。各地政策规定的大学生创业小额担保贷款发放的条件和要求不同。总体来说，对于申请小额担保贷款条件基本一致的规定有以下六点。

A. 有市毕业生就业指导服务中心核发的自主创业证；

B. 申请贷款的项目属于国家限制行业之外的项目，即除建筑业、娱乐业、广告业、桑拿、按摩、网吧、氧吧等行业以外的项目；

C. 申请贷款要有项目可行性分析、项目实施计划和还款计划；

D. 参加过大学生创业园举办的创业培训或再就业技能培训，有与实施项目相应的经营能力；

E. 要提供足够的反担保措施，包括有固定住所、固定收入和固定工作岗位的第三方个人担保、有价证券质押、不动产抵押或由市有关部门认定为信誉社区提供的信誉担保；

F. 要有较为固定的经营场所。

③办理小额担保贷款的程序。对于大学生或大学毕业生来讲，申请小额担保贷款的程序如下。

A. 到市毕业生就业指导服务部门（在人力资源与社会保障局内）申领自主创业证，并进行资格审核，合格者填写高校毕业生自主创业申请小额贷款推荐表。

B. 毕业生持自主创业证、高校毕业生自主创业申请小额贷款推荐表向户口所在地社区提出申报，并提交项目可行性分析报告、项目实施计划、还款计划、培训证明材料和提供担保所需要的证明材料及其他相关材料。社区按申请人提供的申请材料，对申请人贷款的基本材料进行初审，核实申请人资料的真实性，经街道社会保障和就业科同意，并出具推荐证明，报所在地的县（市、区）劳动就业保障部门。

C. 县（市、区）劳动保障部门进行资格认定，出具申请人资格认定证明，同时对贷款申请项目进行把关，合格后将审查合格的贷款申请人资料报送本县（市、区）担保机构。担保机构对贷款申请人的担保申请以及所能担保提供的反担保措施进行审核；担保机构承诺担保后，劳动保障部门将申请人有关资料一并报送当地经办银行；经办银行受理后，对贷款项目进行评审，同意贷款后，经办银行与担保机构签订担保合同，经办银行与贷款申请人签订贷款合同；签订贷款合同后，贷款申请人应在经办银行开立结算账户，经办银行按照贷款合同约定的时间将款项划入该账户；经办银行在为创业的毕业生发放贷款后，在自主创业证上注明已办理贷款字样。

D. 贷款申请人应将贷款情况到市毕业生就业指导服务部门（在人力资源与

社会保障局内)进行登记,并送交贷款合同复印件。

④国家给予贷款贴息的经营项目。在社区、街道、工矿区等从事家庭手工业、修理修配、图书借阅、旅店服务、餐饮服务、洗染缝补、复印打字、理发、小饭桌、小卖部、搬家、钟点服务、家庭清洁卫生服务、初级卫生保健服务、婴幼儿看护和教育服务、残疾儿童教育培训和寄托服务、养老服务、病人看护、幼儿和学生接送服务等微利个体经营项目,给予贷款贴息政策扶持。

(2)科技型中小企业技术创新基金

科技型中小企业技术创新基金通过拨款资助、贷款贴息和资本金投入等方式,扶持和引导科技型中小企业的技术创新活动。根据中小企业和项目的不同特点,创新基金的支持方式主要有以下三种。

①贷款贴息。对已具有一定水平、规模和效益的创新项目,原则上采取贴息方式支持其使用银行贷款,以扩大生产规模。一般按贷款额年利息的 50% ~ 100% 给予补贴,贴息总额一般不超过 100 万元,个别重大项目可不超过 200 万元。

②无偿资助。无偿资助主要用于中小企业技术创新中产品的研究、开发及中试阶段的必要补助和科研人员携带科技成果创办企业进行成果转化的补助,资助额一般不超过 100 万元。

③资本金投入。对少数起点高、具有较广创新内涵和较高创新水平,并有后续创新潜力、预计投产后有较大市场、有望形成新兴产业的项目,可采取成本投入方式。

(3)天使投资

天使投资是自由投资者或非正式创业投资机构,对处于构思状态的原创项目或小型初创企业进行的一次性的前期投资。天使投资虽是创业投资的一种,但两者有着较大差别:天使投资是一种非组织化的创业投资形式,其资金来源大多是民间资本,而非专业的创业投资商;天使投资的门槛较低,有时即便是一个创业构思,只要有发展潜力,就能获得资金。

另外还有其他的一些融资方式,如中小企业国际市场开拓资金、典当融资,也可以在一定程度上解决创业者资金短缺的问题,同时一些地方性优惠政策也对融资有所帮助。

【重点关注】

融资前了解"六要"和"六不要"两类行为准则,有利于企业家顺利地进行引资谈判。

"六要"准则:

要对本企业和本企业的产品或服务持肯定态度并充满热情;

要明了自己的交易底线，如果认为必要甚至可以放弃会谈；

要记住和创业投资人建立一种长期合作关系；

要对尚能接受的交易进行协商和讨价还价；

要提前做一些了解如何应对创业投资人的功课；

要了解创业投资人以前投资过的项目及其目前投资组合的构成。

"六不要"准则：

不要逃避创业投资人的提问；

回答创业投资人的问题不要模棱两可；

不要对创业投资人隐瞒重要问题；

不要希望或要求创业投资人立刻就是否投资做出决定；

在交易定价问题上不要过于僵化；

不要带律师去参加会议。

第二节　制订创业计划书

创业计划书是创业者"圆梦"的决心，是开创新业绩的战表，是一份全方位描述创业整体设想的文件，是一份关于创业设计的冷静的战略思考，是创业者展示自身才华的一种表达和诉说，是创业者获得风险投资支持的必备要件，是脚踏实地的商业计划和行动纲领。

从国内外风险投资发展的经验来讲，一份很好的创业计划书对于成功地吸引风险投资是极为关键的。创业企业多是新成立或设立不久的企业，缺乏历史数据。对于迫切需要风险资金的创业者而言，只能通过创业计划书向风险投资者描绘未来的企业；而风险投资者面对大量的潜在可行的创意时，也只能通过对创业计划书的评估来做出自己的选择。因此，创业计划书是风险企业和风险投资者发生利益关系的第一载体，一份良好的创业计划书往往被称为风险企业吸引风险投资的"敲门砖"。

一、创业计划的作用

创业计划书常常是企业进行宣传和包装的文件，是向投资机构、金融机构和供应商等外部组织争取资源、展示自己的工具。同时，又能为企业未来的经营管理提供分析基础和策略。

(一)有助于梳理资源

在创业的过程中,各种生产要素是分散的,各种信息是凌乱的,各种工作是互不衔接的。通过制订创业计划书,可以帮助创业者梳理思路,充分调研,完善信息,找到各种程序之间的衔接点,并整合、调动起各类资源,围绕着创造和形成商业利润,进行最佳要素的组合。把心中所想编写成书面的计划,创业者会发现,创业并非想象的那么简单,需要充分考虑每个要素、每个环节带来的影响,这对于保证创业计划的切实可行十分重要。

(二)赢取创业投资

创业计划书是创业融资的必要工具。没有创业计划,创业者就无法知道企业所需要的资源支持,不知道需要什么数量级的资金。风险投资家通常都会要求创业者提供创业计划书,以评价和筛选这家企业是否有潜力、是否值得投资。另外,对于提供贷款的银行,一份规范、专业、切实可行的创业计划书就是一张精美的名片,有利于为企业争取到更大的贷款机会。

(三)有利于企业管理

创业计划书是创业全过程的纲领性文件,是创业实践的战略设计和现实指导。因此,创业计划书对于创业实践具有非常重要的指导作用。完美的创业计划可以增强创业者的自信。在对企业环境和资源进行充分分析的基础上,创业者会对企业更加了解,从而使经营更有把握。创业计划书不仅提供了企业全部的现状和未来的方向,同时也提供了良好的效益评价标准和管理指标。

另外,创业计划书还可以吸引新股东加盟,吸引有志之士参加创业团队,吸引对创业计划感兴趣的单位的赞助和支持。

二、创业计划书的内容

创业计划书是整个创业过程的灵魂。在这份白纸黑字的计划书中,详细记载了创业的主要内容,包括摘要、团队介绍、竞争力介绍、市场分析、财务管理、风险分析等。在创业的过程中,这些都是不可或缺的元素。

(一)摘要

创业计划书的摘要是为了吸引战略合伙人与风险投资人的注意,将创业计划书的核心内容提炼出来制作而成的,它是整个商业计划书的核心和关键部分。

(二)团队介绍

在制作创业计划书时,创业者也应重点介绍公司的管理团队。一个企业的成功与否,最终将取决于该企业是否拥有一个高效团结的管理队伍。

(三)竞争力介绍

这一部分是向战略合伙人或者风险投资人介绍创业者公司的基本情况和价

值所在。创业者进行创业，最重要的是要有具有市场前景的产品或者服务，因为这是公司利润的源泉。

（四）市场分析

市场分析包括已有的市场用户情况、新产品或者服务的市场前景预测。市场营销的好坏决定了一个企业的生存命运。在创业计划书中，创业者应建立明确的市场营销策略。

（五）财务管理

要列明各种固定成本与变动成本、直接成本与间接成本、销售数量与价格、营运成绩与利润、股东权益与盈余分配办法等。创业者要花费时间和精力细心编写财务管理的计划，因为战略合伙人与风险投资人十分关心企业经营的财务损益状况。

（六）风险分析

在编写创业计划书时，要尽可能多地分析出企业可能面临的风险、风险程度的大小，以及创业者将采取何种措施来避免风险，或者在风险降临时以何种行动方案来减轻损失。

三、创业计划书的基本特征

（一）开拓性

创业计划书最鲜明的特点是具有创新性。这种创新性是通过其开拓性表现和反映出来的。就一般情况而言，不仅要求你提出的是新项目、新技术、新材料、新的营销模式，更重要的是要把你的新东西通过一种开拓性的商业模式变成现实。这种新项目、新内容、新的营销思路和运作思路的整合，才是创业计划书开拓性的最本质特征。

（二）客观性

创业计划书的客观性突出表现在创业者提出的创业设想和商业模式，是建立在大量的、充分的市场调研和客观分析的基础之上的。这种来自实践、来自一线的大量鲜活的信息和素材是创业计划书生命力的体现，是使其具有实战性和可操作性的基础。

（三）哲理性

创业计划书的哲理性要求把严密的逻辑思维融汇在客观事实中表达出来。通过项目的市场调研、市场分析、市场开发，生产的安排、组织、运作，以及全程的接口管理、过程管理和严密的组织，把你提出和设计好的商业模式付诸实施，把预想的效益变成切实的商业利润。因此，创业计划书的每一部分都是为着这个整体目标服务的。每一个部分又是这个整体目标的论据和支撑。

（四）实战性

创业计划书的实战性是指创业计划书具有可操作性。写在计划书上的商业模式是可以进行实战的。因为只有在实战中,创业计划书中预测的价值才能实现,才能把预测价值变成现实价值。

（五）增值性

创业计划书是一种与国际接轨的商业文件,有着十分鲜明的商业增值特点。这种商业特点可以从很多方面表现出来,最主要的有三点:一是创新性必须能找到创收点,体现出创业项目的高回报性,没有创收点的创业计划书是没有商业价值的;二是具有鲜明的证据链条,组成这个证据链条的是大量的、有说服力的数据,这些数据是经过测算的,不是由概念和推理组成;三是应该有投资分析、创收分析、盈利分析和回报分析,从而使投资人能清晰、明了地看清其投资后的商业价值。

四、制订创业计划书的注意事项

在十年前,"创业计划书"对于中国的企业家和创业者来说无疑是一个陌生的名词。在中国风险投资行业不断成长的今天,创业计划书在创业投资中的作用越来越被人们重视。特别是在互联网时代,计划书只有区区几张纸就能引来一笔风险投资,曾经使多少创业者疯狂不已。如今这个时代已经结束,越来越理性的风险投资人在选择创业企业时,更多地会从创业计划书中发现投资的价值。

做一份有分量的创业计划书,首先要注意避免以下几个问题。

（一）忽略创业计划书的重要作用

如果把大量的精力和时间放在找关系、寻资金上,即使碰到了感兴趣的风险投资人,也往往因准备不足而错失良机。这样的案例经常出现,年轻的创业者们太关注资金了,反而把获得资金的有效途径——创业计划书忽略了。

（二）创业计划书简单化与过度策划

有些创业者在撰写计划书时,把创业计划书视同一般的工作计划和项目建议书;而有的创业者则过分追求计划书的策划,使策划成分太多、太虚,经不起融资合作方的推敲,因而失去大好机会。

（三）创业计划书的对象过于狭隘,只迎合投资合作者

在大多数创业者明白了创业计划书的重要性之后,其中一个很大的误区就是认为只要策划方案能抓住投资合作者就可以了,大可不必考虑其他人的想法,只要那一个关键人物点头,就能拿到融资"许可证"。

其实,创业计划书是创业企业寻找投资方的敲门砖,既要给投资方老板,也是创业企业自己甚至普通职工需要的。因此创业计划书的对象不仅仅是投资者,更

是给一个团队、一个集体的实践指导。一份好的创业计划书是创业者自己在找到投资者的支持后，能够基本顺利实施的项目操作计划。如果只是写给投资人看，那一定经不起推敲，缺乏坚实的群众基础。

（四）创业计划书应包含对竞争对手的详细分析

创业计划书应详尽地向投资人分析竞争对手的状况，这包括竞争对手的实力、产品情况，以及潜在竞争对手的情况和市场变化分析。通过上述描述要向投资者展示自己企业的差异化、创新点。通过摆事实向投资者证明自己目前虽然才刚起步，但终将成为行业的"领头羊"。

创业计划书里尽量用数字和通俗易懂的语言来明晰地描述企业产品或服务的属性，让投资人和团队对产品或者服务项目有足够的兴趣和信心。

【知识拓展】

创业计划的种类

①根据行业特点，可将创业计划分为高新科技创业计划、传统产业创业计划等。

②根据创业计划的编制目的，可将创业计划分为吸引风险投资的创业计划、企业规划性创业计划等。

③根据创业计划的详略，可将创业计划分为略式创业计划（概括式）、详式创业计划（详细式）等。

【重点关注】

创业投资应该选择市场竞争不是很激烈，核心产品不容易被替代，产品的生命周期足以支持其产生收入和利润，能给投资人带来可观回报的项目。创业项目对投资人的投资回报率是所有风险投资人最为关注的，在计划书中确定一个准确的、较为具体的投资回报可能比较困难，但可以说明回报的形式。所以，在创业计划书中，企业应详细提供产品或服务的细节，具体为：

①当前公司产品市场状况正处于何种阶段，是空白、新开发，还是成熟期；

②产品的差异化卖点在哪里，如产品的需求量及品牌知名度和美誉度，产品是否低成本运作等。

第三节　大学生创业的一般流程及注意事项

一、大学生创业的一般流程

创业不易,大学生创业更不是想象的那么简单。创业有一定的流程,需要全方位考虑,不管是前期准备还是开张营业都不易。

（一）组织优势互补的团队

选配具有一定的专业知识或基本素质,能充分胜任技术工作的人才。同时,人员还要有能充当一定角色的能力,如生产技术人员、财务管理和会计人员、公关人员、流通控制和销售人员。选配人员时,一定要考虑到自己公司的创意特点,考虑到自己的整体策略。选配人员时要注意整体的协调一致,即"合得来"。

（二）充分的市场调查

市场调查是创业相当重要的一环。市场调查主要是寻找目标市场可能的商机,为自己进入该商业领域提供定性、定量依据。一个好的市场调查,要可信、可靠,它是投资的"眼睛",能够帮助确定市场定位和产品价格。

创业者要进行市场调研和产品研究,并围绕它产生业务构想。因此,调查报告一定要经得起推敲。经过调查,不仅要对市场有所了解,还要能够了解到竞争对手的状况。现在不做市场调查的创业者越来越少,关键是市场调查要讲究质量和方法,对市场调查的深浅程度要有所把握。有的人花钱请专业市场调查公司来做,有的人则是自己走马观花看一看而已,这样市场调查的效果就完全不同。

（三）确定公司名称

给公司命名不是一件草率的事,也有许多讲究与艺术。第一,自己必须喜欢;第二,要给人以正确的印象,不应对外界产生误导;第三,应充满乐观向上、积极进取的精神;第四,应易于员工接受;第五,字数不宜太多;第六,易于读写,不要用生僻、令人费解的字,应鲜明、朗朗上口;第七,要独树一帜,不要人云亦云;第八,不要过于专业化,应保持合理的弹性和余地;第九,要适合目标公众的口味。

（四）聘请顾问律师

新公司的创立经常要接触到许多法律和制度方面的问题,非专业人员很难掌握那么多的法律知识,因而需要专业人员提供正确的建议。

（五）筹集原始资金

无论是股东集资、银行贷款,还是个人资产,都必须考虑大笔资金的到位问题。

（六）专业运行

一旦所筹的资金到位后，所选定的人员就要从"业余状态"转入"专业状态"，开始全天候的筹备工作。

（七）筹办、注册经济实体

在寻找企业落户场所之后，就可以注册独立的经济实体。完整的企业注册程序包括准备经营场地、开具有关房产证明—企业名称登记—领取并填写工商注册登记表—准备提交相关文件资料—办理有关前置审批手续—办理入资和验资手续—领取工商营业执照。

企业在领取工商营业执照后，应在规定时间内办理如下手续：企业代码登记、刻公章、开银行账户、国税登记、地税登记、统计登记、行业管理登记、科技企业登记、各项社会保险统筹及就业证办理。

（八）涉及学校的手续办理

对于应届毕业生在自主创业中担任企业法人代表的，在其公司申请注册中，需要就业办公室出具的应届毕业生证明等。

（九）各种章程的成文并引入必要的生产办公设备

新成立公司的一些基本规章制度和管理办法虽然还很不完善，但是一个基本的运行框架是必须的。

生产办公设备注意功能实用，切忌追求高档、豪华。

（十）员工培训

对招聘的员工进行必要的岗前培训，明确技术和纪律要求。

（十一）材料的采购和试产试销

选购少量原料，进行试生产，发现存在的问题；把试制品拿给专业人员和消费者，搜集反馈信息，探查市场情况。

（十二）重新确立产品设计

把生产、流通、销售中所暴露出来的问题汇总，重新审定产品的设计，一旦确认可行，则可进入下一步。

（十三）确定正式规则

召集创业人员，制订正式的采购、生产、物流、销售和服务等一系列策略方案，这样公司便可走入运行的正轨。

二、大学生创业的注意事项

大学生在进行创业之前，面临的首要问题是对于某一领域行业知识的缺乏。因此，大学生创业应该注意以下几点。

（一）创业要经验，也要以适度创新为原则

大学生长期待在校园里，对社会缺乏了解，特别在市场开拓、企业运营上，很容易陷入眼高手低、纸上谈兵的误区。因此，大学生创业前要做好充分的准备：一方面去企业打工或实习积累相关的管理和营销经验；另一方面积极参加创业培训，积累创业知识，接受专业指导，提高创业成功率。

对于大学生创业者，可以在大学区域形成优势技术或者产业集群，并且以地区的板块经济为模板，最好专注于产业链的一部分，这样更利于创业的成功。

（二）充分利用原生态技术成果和技术交易市场

用智力换资本，这是大学生创业的特色之路。一些风险投资家往往就因为看中大学生所掌握的先进技术，而愿意对其创业计划进行资助。因此，打算在高科技领域创业的大学生，一定要注意技术创新，开发具有自己独立知识产权的产品，进而吸引投资商。

另外，一些发明狂人只是因为发明而发明，缺乏市场的知识，性格也比较孤僻，但是其发明具有重大市场价值，因此值得关注和引进。

值得注意的是，技术交易市场中也会有未被发现而具有潜在市场前景的产品，以及曾经失败或者到期的专利，可以到专利局咨询。

（三）多方利用融资渠道，进行客观的财务分析

"巧妇难为无米之炊"，没有资金，再好的创意也难以转化为现实的生产力。因此，资金是大学生创业要翻越的一座山。大学生要开拓思路，多渠道融资，除了银行贷款、自筹资金、民间借贷等传统途径外，还可充分利用风险投资、天使投资、创业基金等融资渠道。

在有了创业资金后，又要解决钱如何用的问题。大学生必须能够开发出一种盈利模式。如果要想用好创业资本，大学生必须学会分析几种基本的财务报表。财务报表是公司的财务状况、经营业绩和发展趋势的综合反映，是投资者了解企业、决定投资行为的最全面、最翔实，往往也是最可靠的第一手资料。财务报表分析又简称财务分析。大学生在创业时，不能回避的几张财务报表是成本费用表、资产负债表、收益表和现金流量表。

现金流量表与收益表（记录营收和支出）及资产负债表（记录"营运资本"账目，如应收款和应付款）有着极为密切的关系。例如，假设公司某月的营收为1000美元，但所有商品都是以赊账形式出售（意味着在这段时间内公司实际没有收到现金）。现在假设当月总现金支出为750美元。在这种情况下，收益表上会显示"利润"为250美元（1000美元总营收减去750美元开支）。但同时，现金流却减少了750美元。这是因为公司必须以现金形式支付750美元的费用，但却未能从

客户处收到任何用以抵消费用的现金。应收账款增加 1000 美元，实现了账目的平衡。

另外，经营现金流反映了企业现金流动状况。其具体标准是，经营现金流（与来自融资或投资收益的现金相对）代表公司主营业务产生的现金量——从本质上说是企业的核心。计算公式为净盈余 + 折旧与摊销（均为非现金费用）- 资本支出（新设备等）- 营运资本的变化。关于现金流，重要的一点在于投资银行家通常利用这一标准来判断企业的价值。

（四）创业能力的整合

大学生由于长期接受应试教育，尽管在技术上出类拔萃，但不熟悉经营"游戏规则"，理财、营销、沟通、管理方面的能力普遍不足。要想创业成功，创业者必须技术、经营两手抓，通过多种渠道锻炼创业能力。以创业者的资源整合能力为例：一方面，创业者要借助自身的创造性，用有限的资源创造尽可能大的价值；另一方面，更要设法获取和整合各类战略资源。

1. 要善用资源整合技巧。要学会拼凑创业资源，通过加入一些新元素并与已有的元素重新组合，形成在资源利用方面的创新行为。例如，很多高新技术企业的创业者并不是专业科班出身，可能是出于兴趣或其他原因，对某个领域的技术略知一二，却凭借这个略知的"一二"敏锐地发现了机会，并迅速实现了相关资源的整合。另外，要善于用发现的眼光洞悉身边各种资源的属性，整合已有的资源，快速应对新情况。这也正体现了创业的不确定性特征，并考验创业者的资源整合能力。同时，要步步为营，分多个阶段投入资源，并在每个阶段投入最有限的资源。

2. 发挥资源杠杆效应，合理利用他人或者别的企业的资源来完成自己创业的目的。要用一种资源补足另一种资源，产生更高的复合价值。另外，要利用一种资源撬动和获得其他资源。其实，大公司也不只是一味地积累资源，他们更擅长于资源互换，进行资源结构更新和调整，积累战略性资源，这是创业者需要学习的经验。

3. 设置合理的利益机制，并借助利益机制把潜在的和非直接的资源提供者整合起来，借力发展。因此，整合资源需要关注有利益关系的组织或个人，要尽可能多地找到利益相关者。同时，分析清楚这些组织或个体与自己及自己想做的事情的利益关系，利益关系越强、越直接，整合到资源的可能性就越大，这是资源整合的基本前提。

【知识拓展】

创业者需要知道的几类绩效标准

和精明的教练一样,精明的创业者同样以一系列标准来打理他们的企业。其中一些标准显而易见,如营收、毛利润率和存货价值,但还有其他许多标准却并非如此(至少并没有受到密切关注)。虽然经营一家成功的小型企业,创业者大可不必成为华尔街的证券分析师,但无论是对日常管理还是长期规划而言,能够游刃有余地分析这些数字的确有着极为重要的意义。

①库存周转率。存货留在企业货架上时间越长,这些资产的回报率就会越低,而这些存货的价格也更加容易下跌。这也就是你为什么希望你的存货不断流动或周转的原因。为了计算库存周转率,在特定的会计期内用营收除以库存平均价值,得出的比例(或周转率)越大,你的资金回报率就越高。另一种计算方法是将分子改成售出产品的成本,并用该成本除以库存,这种计算方法反映的是以最初采购价计算的库存值,记录在你的资产负债表中,而营收却是按当前的市值来计算。

②应收款增长 VS 销售额增长。不要担心应收款的增加,只要应收款是随着销售额按照比例增长就没有问题。如果应收款超过营收,表示你没有收到货款,这就意味着在你最需要现金的时候,你手头可能会没有足够的资金。

③及时交付。没有什么比失去客户的信任和尊重更糟糕了,而当你无法在合同规定时间交付产品或服务时,这种事情就会发生。推迟日期应加以标注,并就推迟原因开展调查。这种情况也许只是偶然,但你可能再一次发现系统中的小漏洞。像关注任何其他衡量标准一样,请持续对交付动向进行关注。

④未交付订单。这周的销售额可能不错,但90天后又会出现什么样的状况?关注这个有关将来的衡量标准(即已承诺订单和预测销售额,基于落实这些交易的概率权重),确保你不会陷入困境。

⑤利息偿还。无论信贷环境如何,你的企业是否能够一直获得足够的收益来偿还借款利息,这是贷方必须要知道的事项。定义利息保障倍数的方式有许多种,但常用的一种方式就是利息和税前盈利(EBIT)除以利息支出。银行非常注重这种衡量标准,所以你也应该对其加以重视。

每个行业(以及业内企业)都有其自己的一套重要衡量标准。选择能够从盈余、负债状况和现金流这三个方面来衡量绩效的标准,不断对其进行关注。需要注意的是,每个数字都有着不同的含义。只有将所有数字综合在一起,才能体现所有聪明的企业家追求的基本原则——诚信。

第四节　大学生创业风险管理

大学生创业风险是指在大学生创业者的创业过程中,因创业环境的多变性和不确定性、创业机会的复杂性、创业企业的多样性等因素,以及大学生创业者及其创业团队的能力不足,创业投资者实力有限等而导致的创业结果的不确定性。

一、大学生创业面临的主要风险

大学生创业存在诸多风险,除了一般创业企业常见的风险之外,由于大学生知识储备有限、经验不足、各方面的综合能力都有待加强,因此还有一些问题比较突出,在大学生创业群体中比较普遍。

(一)选择项目盲目性

选择创业项目、定位目标市场,往往是大学生创业设计的第一步,但是目前很多大学生创业时只是凭自己的兴趣和想象来决定发展方向,甚至有时仅凭一时心血来潮就做出决定,并没有事先做好市场调研工作,在了解市场情况的基础上进行合理分析。而任何项目通常都具有一定风险,主要是指在实现项目目标的进程中,因其固有的不确定性而可能使创业者受到损失。这些不确定性主要包括市场分析、项目选择、市场定位、进度安排等几个项目设计的关键点。而创业项目的选择必须经得起市场检验,大学生不能仅凭热情和爱好随意挑选项目,这样的选择是草率的、不理智的。由于大学生创业者的一些冲动行为,很容易造成项目选择不准、市场定位不清、进度安排不合理等一系列问题,使创业从一开始就面临方向判断错误的巨大风险;如果不能及时调整却一味急功近利,极有可能造成项目失败,甚至是血本无归。

(二)创业计划理想性

目前很多大学生对于创业秉持着过于乐观的态度,并且由于缺乏相应的知识、技能和经验,创业计划设计得过于理想化,甚至是不切实际的。在创业计划转变为实际操作过程中,大学生才发现自己根本不具备解决实际问题的能力。

一家企业从无到有、从小到大,有许多地方需要创业者积极学习和准备。然而事先准备不充分就盲目创业,是目前大学生创业的通病,而且还常见纸上谈兵、眼高手低等问题。缺乏实际项目经验是大学生创业中普遍存在的问题。大学生创业者往往不对其产品或服务项目进行周密合理的市场调研,仅仅是进行理想化、理论性的推断,这种方法是不可取的。例如,想当然地估计市场需求量,"如果有 3 亿人需要我们的产品,每件售价 100 元,我们就有 300 亿元的销售市场"。这种估计方法是明显站不住脚的,且常常起着误导作用,使创业者在准备计划阶段过于乐观。其次,受各种创业成功案例的影响,大学生在选择创业项目时会出现眼高手低的情况。自比尔·盖茨的创业神话广为流传以后,IT 业、高科技产业便成为了大学生眼中的创业首选,以至于不少学生不屑从事服务业或技术含量较低的行业。但他们却没有仔细考虑过高科技创业项目不仅需要先进的技术,同时还往往需要一大笔启动资金,创业风险和阻力都非常大。大学生在自身能力和经验不足的情况下,如何涉足这样的项目?创业需要的是理智而不是冲动,需要的是冷静的思考而不是狂热的情绪。长期的校园生活可能会使大学生们对社会缺乏了解,特别是在市场开拓、企业运营方面经验匮乏,对创业前景不甚了解,对创业的心理准备、物质和资金准备、技术准备不充足,在这样的情况下贸然决定创业项目,必将面临极大的创业风险。

此外,在经济转型的背景下,市场经济活动有待进一步秩序化、规范化,这就要求大学生具备一定的法律知识,以免在经营过程中产生不必要的损失。然而从目前的实际情况来看,大学生创业过程中法律知识普遍不全,创业和经营方面的法律知识尤其欠缺。在创业和经营过程中,大学生对一些创业项目、生产经营上的相关手续也不十分清楚,法律意识极其淡薄,甚至以投机心理和冒险行为替代理性法律思考,以致造成一些惨痛后果。例如,在签署合同、洽谈业务时,由于缺乏法律常识,大学生没有用法律武器好好维护自己的权益,被对方钻了空子,最后只能吃"哑巴亏",这样的例子十分常见。

(三)融资渠道单一性

资金风险是所有创业企业都要面临的主要风险之一,对于大学生创业者而言尤其重要。可以说,资金风险贯穿创业活动的整个过程,尤其在创业的起步阶段更是处在重要的位置。创业启动资金的筹备情况直接决定了创业能否顺利进行,如果没有足够的流动资金,很可能会导致企业在创建初期就遭遇夭折。而大学生由于缺乏财务分析能力,在资金管理上表现出明显的不足,相当多的大学生创业企业在创办初期由于资金短缺而严重影响业务的运行和拓展,以至于错失良机甚至关门大吉。

在融资渠道上,基本以银行贷款、自筹资金、民间借贷等传统方式为主,而融资渠道有限一直以来是许多创业企业在发展初期的主要困境。对于大学生而言,由于没有经营记录,没有可抵押物,融资的渠道就更为狭窄,通常以自筹和其他企业投资为主。并且有的大学生怀着要做就做一番惊天动地的伟业的决心,一味投入,不注重资金的有效使用与管理。由于前期出手阔绰,没有合理计算,在创业初期收入不多却支出不少，造成经营成本过高、入不敷出的局面。同时在后期，大学生创业者由于没有拓宽融资渠道，导致企业因资金运作不良而陷入危机。

（四）各类资源匮乏性

这里所谓的资源含义相对广泛，不仅指各类社会关系，也包括人力资本、技术资本、市场关系网络等。

由于很多大学生平时很少参加各种社会实践活动，人际交往范围相对较小，在组建创业团队时就十分困难。也有的大学生想单打独斗，但这样的方式在创业初期是不鼓励的，因为在强调团队合作的今天，创业者想靠单打独斗获得成功的概率正在大大降低。团队精神已成为不可或缺的创业素质，风险投资商在投资时也更看重有合作能力的创业团队，而不是一个有能力的个人。如今的大学生一般都有自己的个性，自信心、自尊心较强，在创业中常常会出现自以为是、刚愎自用的现象，这些都会大大影响创业的成功率。技术资源匮乏也是一个很重要的问题，技术风险主要是指大学生创业者经常以其自主知识产权开发生产等方式创立科技创新型企业，这类创业项目通常技术含量高、投资风险大。由于技术成功率、技术发展前景、产品批量生产工艺、技术效果及技术周期等众多因素均具有不确定性，很容易引发投资贬值或投资失败。此外，大学生对于市场的把握和开拓能力也相对欠缺。市场是生产或生活资料由生产者向消费者转移的一个交易平台，创业要想成功，在很大程度上都依赖于市场，而大学生创业者对市场变化反应不敏锐、不及时是造成创业风险的又一主要原因。

（五）企业管理的松散性

大学生由于长期接受应试教育，导致知识结构单一化、经验缺乏、心理素质不足、不熟悉经营规则等，这一系列弱势都可能导致创业企业出现组织松散、决策不到位等问题，进而给企业发展带来不确定性或损失。例如，一些大学生创业者在技术上出类拔萃，但在财务、销售、沟通管理等方面能力明显不足。大学生有理想、有抱负，但初入商场，由于缺乏必要的企业经营常识和经验，往往出现内部管理不善、决策随意、信息不通等现象，这就使创业企业面临更多的风险。尤其当创业企业发展到一定程度以后，企业管理的重要性日渐凸显，如果创业者仍不能采取科学合理的管理方式，就会因管理不善导致企业内部消耗巨大、重要员工流失、产品销售不畅等一系列风险事件发生。

此外，创建一个成功的企业，不仅需要具有良好的项目、足够的资金、丰富的资源、优秀的管理，企业作为组织本身所处的宏观环境中的因素也是不可忽视的，如自然地理因素、技术变革因素、政治法律因素、社会文化因素等，都可能为企业的生存和发展提供机会，也可能会对企业造成潜在或直接的威胁。因此大学生创业者需要进行充足的准备,以求应对各种创业风险。

二、创业风险的分类

(一)按风险来源的主客观性划分,可分为主观创业风险和客观创业风险

主观创业风险是指在创业阶段,由于创业者的身体与心理素质等主观方面的因素导致创业失败的可能性。客观创业风险是指在创业阶段,由于客观因素导致创业失败的可能性,如市场的变动、政策的变化、竞争对手的出现、创业资金缺乏等。

(二)按创业风险的内容划分,可分为技术风险、市场风险、政治风险、管理风险、生产风险和经济风险

技术风险是指由于技术方面的因素及其变化的不确定性而导致创业失败的可能性。市场风险是指由于市场情况的不确定性导致创业者或创业企业损失的可能性。政治风险是指由于战争、国际关系变化或有关国家政权更迭、政策改变而导致创业者或企业蒙受损失的可能性。管理风险是指因创业企业管理不善产生的风险。生产风险是指创业企业提供的产品或服务从小批试制到大批生产的风险。经济风险是指由于宏观经济环境发生大幅度波动或调整而使创业者或创业投资者蒙受损失的风险。

(三)按风险对所投入资金即创业投资的影响程度划分,可分为安全性风险、收益性风险和流动性风险

创业投资的投资方包括专业投资者与投入自身财产的创业者。安全性风险是指从创业投资的安全性角度来看,不仅预期实际收益有损失的可能,而且专业投资者与创业者自身投入的其他财产也可能蒙受损失,即投资方财产的安全存在危险。收益性风险是指创业投资的投资方的资本和其他财产不会蒙受损失,但预期实际收益有损失的可能性。流动性风险是指投资方的资本、其他财产以及预期实际收益不会蒙受损失,但资金有可能不能按期转移或支付,造成资金运营的停滞,使投资方蒙受损失的可能性。

三、大学生创业风险管理与防范

创业风险种类繁多,并且贯穿于整个创业过程当中。虽然风险是客观存在的,又具有不确定性,但创业者可以根据日常管理对风险进行防范。风险的出现及结果与创业者的行动紧密相连,同一情境、同一风险运用不同的策略就会导致不同的结果。

(一)创业准备阶段的风险防范

在创业准备阶段需要面临的风险主要有技术风险、市场风险、环境风险等,如技术如何从概念构想发展成实际产品,创业者如何组建团队,如何进行充分的市

场调研，如何充分理解政府关于大学生创业的扶持政策及要求，等等。

在实施风险防范策略时，从大学生创业者个体层面上来讲，首先是要做好充足的心理建设，做好敢于面对失败、在挫折中奋起的心理准备。创业总要历经一番艰辛和磨砺，没有人能够一帆风顺地轻易获取成功。在残酷的市场竞争中，通常只有比例很小的一部分人能够将好的计划成功地转化为实体产品或服务，并进行商业推广。而在辉煌的成就背后，大多数创业者都得面对失败。只要创业者能始终抱着良好的心态去面对创业，及时总结和反省，总能够找到成就事业的新契机。

其次，要充分了解当地大学生创业的优惠政策。由于近些年来为鼓励大学生自主创业，国家各级地方政府都纷纷出台了许多优惠政策，涉及开业、税收、融资、培训等许多方面。对于有创业计划的大学生而言，充分了解当地的就业环境和就业政策是实现成功创业的基础。

再次，要努力做好各方面的准备。第一，要提高综合能力，增强个人的创业风险识别能力，并激发创业兴趣、坚定创业决心。大学生日常要注意信息的搜集与分析，同时需要摆脱掉学生稚嫩的思维模式，努力从新的角度来看待问题，扩展必要的基础知识，调整思维方式，提高分析问题的能力，尤其是要注重企业管理知识和法律知识。目前大学生在创业前很少认真了解与创业相关的法律内容，或者虽有所了解，在实践中却忽视法律的存在。我们要牢记，只有懂法、守法，才能依据法律保护自己的合法权益，才能确保创业活动稳定持久。第二，积累必要的工作经验。由于长时间生活在校园里，很容易与社会脱节，在缺乏对社会、市场和企业运行的充分了解的情况下，很难进行正确决策，容易使创业过于理想化或流于空谈。因此，大学生在创业前可以利用课余时间去企业实习，积累管理、营销等方面的实际经验；同时也可以参加一些创业培训或是专业指导课程，积累必备的知识。第三，计划如何筹备资金。很多大学生在创业筹备阶段都会被资金问题难倒，因此大学生要积极开拓思路，努力实现多渠道融资。除了银行贷款、自筹资金等传统途径以外，还可以适当利用当地的创业基金、风险投资等，使筹资渠道多元化。第四，对主要技术要精益求精。采用高新技术进行创业是现如今许多大学生的基本思路，而投资者之所以会投资也往往是看中了大学生所掌握的先进技术，以及看好技术实践的良好前景。因此，打算利用高新技术创业的大学生就一定要特别注重技术研发与技术创新，要努力开发出具有独立知识产权以及广阔市场空间的产品，这样才能吸引投资者投资。

最后，在充足准备的基础上谨慎选择恰当的创业方向。目前，大学生创业的项目选择多集中在高科技领域和技术服务领域，如软件开发、网络服务、设计室等。大学生在决定进行创业之前,一定要选择好合适的创业项目,既要有市场需求又符合自己的创业预期。具体来讲,大学生创业者既要客观分析自身的创业条件和优势,同时也要冷静分析创业市场环境,切忌盲目跟风。在创业初期最好选择自己最熟悉、最擅长、最有资源的项目,不要看别人做什么赚钱就选择做什么,并且目前除了高科技和智力服务领域外,加盟连锁店或自己开店也都是可以考虑的选择。

(二)创业起步阶段的风险防范

在创业起步阶段面临的风险主要有管理风险、财务风险、生产风险等,如企业创立初期如何进行规范经营,如何进行中长期的战略规划,如何控制资金流动,如何把握技术生产,等等。

第一,对于大学生创业企业而言,虽然通常初期规模不会太大,但是一定要注意规范经营、诚信经营。创业者要意识到建立完善规章制度的重要意义,严格按制度章程行事,努力使公司向规范化方向发展。即使是处于创业起步阶段,也要制订企业发展的中长期规划,应从长远考虑,使短期目标与长期目标相一致,防止出现盲目生产、盲目扩张等问题。

第二,要学会如何进行科学的资金管理。由于创业者在创业初期的资金量通常都相对有限,并且很多大学生创业者没有深厚的金融知识和足够的经商理念,创业企业团队内部有时也缺少财务方面的专业人员,因此很难在创业初期对有限资金进行科学的财务管理,这就极易造成财务风险。如果大学生创业者仅仅从大体上知道创业初期很多地方都需要资金投入,但到底该如何投入,什么时候投入,是否必须投入,如何节省有限资金等都是需要仔细计划的。如果不进行财务科学管理,等到发现资金周转不灵时就为时已晚。所以,在创业初期,大学生创业者要学会对资金进行有效管理,要列出详细可行的财务预算编制,采取合理的预算管理方式,尽量在初期阶段就规划好短期运营中每一个需要资金投入的环节,以促使有限资金能够发挥最大效用。

第三,在创业起步阶段,大学生创业者还要面对一个创业中十分重要的环节,就是要在此阶段将具有市场商业价值的创新技术或服务通过企业运营变为实际产品。在这一过程中,创业者要面临诸多风险,涉及技术、市场、生产、管理等多个方面。企业初创时会进行试验生产,制造少量产品,一是为了通过试验排除技术风险;二是为了用少量产品进行市场试销,通过市场的检验与信息反馈来完成接下来的大批量生产。在前期的少量生产环节中,由于技术或规模的原因,生产成本相对较高,市场竞争力较弱,短期内可能无法迅速打开市场。此时面临损失的可能性极高,因此该阶段需要大学生具备较高的资源获取整合能力与统筹全局的能力。在实施相应的风险防范策略时,可以适当采用风险清单法和事故树分析法去综合评估创业初期的风险与机遇。当然,这一阶段对风险的规避要以创业前期的充足准备为基础,创业前期的准备工作越到位,创业初期需要面临的问题就越少。

(三)创业发展阶段的风险防范

在创业企业的发展阶段,企业的产品或技术服务日益成熟,企业盈利增加,具备一定市场开拓和产品升级的能力。虽然技术已经不是主要风险,但技术创新是企业需要考虑的一大问题,同时市场风险与管理风险更加凸显。

首先,创业与创新始终是相辅相成的。由于技术已经成熟,部分仿制品、山寨品会纷纷在市场上涌现,与企业抢占市场份额。此时企业面临着技术革新的问题,这也是依靠高新技术的创业企业始终要面临的风险。技术创新是创业的途径和保证,创业是技术创新的出发点和落脚点,因此在该时期要坚持产品的技术升级与开发更新工作。在技术研发上我们可以借用"你无我有、你有我优、你优我廉、你廉我转"的竞争思路,确保企业的核心技术在市场中的领先地位。

其次,由于产量不断增大,要注意协调好增产与市场开拓之间的矛盾,注意资金及时回笼,合理计划扩大规模策略。当大学生创业企业顺利度过创业初期阶段并成功生存下来以后,在自身成长需要和外部竞争压力的双重作用下,通常扩张规模来提升企业价值和市场竞争力是企业发展的必然选择,但此时要注意避免急功近利、急于求成的心态。一些大学生创业者由于缺乏经验,在企业刚刚有一些成长的时候就急于扩张企业规模和经营领域,这种盲目扩张很可能与企业的长期发展战略不协调,与目前企业的实际实力和市场需求相矛盾,极易导致刚刚进入发展阶段的企业在超常规扩张后陷入困境,甚至导致破产。因此大学生创业者要在科学规划、审慎决策的基础上进行经营运作,这样才能及时准确地进行风险防范,在稳定发展中求成长。

最后,还要注重继续加强企业管理。目前,中国传统企业所面临的最核心问题就是企业内部的基础管理,这已经成为制约中小企业进一步发展的瓶颈。管理是否合理直接关系到企业的生存与发展。要想创业成功,大学生创业者在创业过程中不仅要注重技术,更要注重科学经营,从人力、财务、销售、客户等各个方面进行规范管理,从日常运行的一点一滴做起,着重树立企业的专业形象,逐渐进行品牌建设。

总之,创业是充满风险的。如今创业市场虽然商机无限,但也并非"遍地黄金"。面对广阔的创业市场,大学生创业者一定要根据自身特点,在充分积累知识经验的基础上,谨慎选择创业项目。而大学生是否具备识别风险和防范风险的能力,将直接影响到大学生创业的成败。创业的路上总是伴随着各种风险,只有学会分析环境,懂得如何管理、应对、化解创业风险,才能在市场经济的大潮中劈波斩浪,成就辉煌。

【重点关注】

大学生创业要学会规避风险

在日趋严峻的就业形势下,政府出台了一系列相关措施,鼓励大学生自主创业,以创业带动就业。然而由于缺乏经验,大学生创业风险意识不够,容易上当受骗,遭遇失败。

据有关资料显示,有85%的大学生自主创业以失败告终,其中不少是由于经验不足而被骗。通王科技总裁王通认为:"大学生创业失败或被骗是很正常的事情,他们缺少社会经验,创业风险毕竟很大,创业者必须具备一定的社会经验,尤其要有风险意识。"他建议,大学应该开设一些实践性很强的创业教育课程。

【案例探讨】

李华毕业后一直想自己创业。小区附近一家食品杂货店经营一直不错,她便将目标锁定在食品杂货店上。李华租了店面,筹集了启动资金,开了一家杂货店。但经营了三个月后,杂货店就支撑不住,关门了事。

为何同样是食品杂货店,邻居的就红红火火,李华的店却经营惨淡呢? 原来,李华为了突出自己的特色,将经营范围锁定在沙司、奶酪、芝士等一些西餐调味品上。但是小区居民对这类货品需求少,加之她店面营业时间不固定,所以生意不红火。

创业之初求新求异的心理,很多大学生都有,但创业经营要符合市场环境的需要。李华的食品店之所以会关张,是因为她没有搞好市场调研。这个食品店如果在一个外国人居住的社区内也许会经营得很好,但是她选择的是一个普通居民区。普通社区里的居民对米、油、盐的需求远远要大于沙司、奶酪、芝士等西式调味品,再加上商店门面的选址、营业时间等问题也导致了李华创业的失败。

【案例探讨】

深创投靳海涛:反思失败案例规避创业风险

深圳市创新投资集团有限公司董事长靳海涛在中小企业融资论坛上表示,"创投本身是一个失败率很高的行业,假如我们把一个企业分成三个阶段的话,如果是初创期的投资基本上是成二败八,成长期是成五败五,成熟期是成七败三"。

首先,从创业者精神与道德层面来说,有几个原因会导致创业失败。第一,缺乏理想，把钱放到至高无上的地位。第二，只适应顺风顺水，缺乏坚持的决心和毅力。第三，过于依赖过往的经验，因循守旧拒绝改变。第四，侧重长袖善舞，缺乏务实精神。第五，为上市而上市，既害人又害己。

其次，从企业发展战略层面来看，创业风险也来自几个方面。第一，企业的长期发展战略。这是企业成败的一个很重要的原因。第二，企业发展深层战略问题，只在浅层打转，缺乏探求深层规律的魄力是不行的。第三，企业的扩张战略问题。不能停滞不前，也不能无序扩张。第四，企业资本运作战略问题，要具备资本运作的判断能力，不能偏听偏信财务顾问。

再次，产品技术层面的问题也是导致失败的重要因素。第一，有无知识产权保护，也就是专利和著作权的问题。第二，进入门槛的高低问题。第三，替代别人或被别人替代。替代别人就是革命，被别人替代就是被革命。第四，有无"天花板"的问题。规划空间不能太小，奋斗空间不能太窄，评价空间不能太低。第五，对资源和环境的依赖大小问题。第六，差异化的竞争优势。

最后，从商业策略与经营模式层面来分析。第一，泡沫阶段千万不要赶潮流。第二，产业链条过长容易断。第三，选择项目时，雪中送炭与锦上添花的对比分析是非常重要的。第四，频繁转型的结果肯定是节节败退。第五，尽量避免对客户的"单一依赖"。

参考文献

1. [美]杰瑞·伯格(Jerry M. Burger),陈会昌等译. 人格心理学(第六版)[M]. 北京：中国轻工业出版社,2008:37~38.

2. [美]Reardon Lenz Sampson Peterson,侯志瑾,伍新春等译,教育部高校学生司组织编译. 职业生涯发展与规划[M]. 北京:高等教育出版社,2005.

3. [美]Robert D Lock. 把握你的职业发展方向[M]. 北京:中国轻工业出版社,2006.

4. [美]提摩西·巴特勒等. 哈佛职业生涯设计[M]. 北京:中国商业出版社,2004.

5. Dess G, Beard, D. W 1984, Dimensions of Organizational Task Environments [J]. *Administrative Science Quarterly*,29(1), pp. 52 - 73.

6. R. B. Duncan 1972, Characteristics of Organizational Environments and Perceived Environment Uncertainty[J]. *Administrative Science Quarterly*,17(1).

7. 卜欣欣,陆爱平. 个人职业生涯规划[M]. 北京:中国时代经济出版社,2005.

8. 胡剑峰. 大学生职业指导[M]. 北京:北京大学出版社,2006.

9. 黄希庭. 心理学[M]. 上海:上海教育出版社,2001.

10. 江彬,周艺红. 什么是企业文化[J]. 产权导刊,2010(11).

11. 孔婷. 心理健康与成才[J]. 解放军健康,2009(5):19.

12. 李红,刘艳丽,李保勤. 关于高职院校学生解决问题能力的培养研究[J]. 职业,2009(5):100~102.

13. 李家龙,刘林青. 自我管理与知识管理[J]. 山东社会科学,2008.

14. 李肖鸣. 大学生创业基础[M]. 北京:清华大学出版社,2009.

15. 刘念,李茵菜. 论大学生团队合作精神的培养[J]. 新南民族大学学报(人文社科版),2007(4):224~227.

16. 刘革. 大学毕业生实现角色转换的有效方法[J]. 当代经济,2006(7):27~28.

17. 刘学年,朱虹. 当代大学生的心理压力与心理应对[J]. 辽宁教育研究,2002(2):77~78.

18. 刘珍杰. 大学生职业发展与就业指导[M]. 北京:中国电力出版社,2009.

19. 龙立荣. 职业生涯管理的结构及其关系研究[M]. 武汉:华中师范大学出版社,2002.

20. 鲁宇红. 大学生职业生涯规划与就业指导[M]. 南京:东南大学出版社,2008.

21. 马建青,王东莉,王晓刚. 当代大学生心理健康状况及干预研究[J]. 浙江社会科学,1998(4):47~51.

22. 麦可思研究所. 2011年中国大学生就业报告[M]. 北京:社会科学文献出版社,2011.

23. 彭小媚,陈祖新. 大学生创业模式的探讨与实践[J]. 中国大学生就业,2008(18).

24. 彭琰丽. 为心理减压支招[J]. 大众心理学,2007(6):41.

25. 钱晓,李增秀. 大学生就业指导[M]. 北京:科学出版社,2009.

26. 全国高等学校学生信息咨询与就业指导中心组. 大学生职业发展与就业指导[M]. 北京:高等教育出版社,2009(2010重印).

27. 宋海萍. 指向职场环境适应的大学生心理建设[J]. 中国成人教育,2009(11):52~53.

28. 宋剑涛,云萧. 大学生职业规划与就业指导[M]. 成都:西南财经大学出版社,2008.

29. 孙丹薇. 从学校到职场的彷徨——关于"啃老族"现象的透视与反思[J]. 山东省团校学报,2009(5):20~23.

30. 唐利平. 青年个人发展压力探析[J]. 中国青年研究,2005(6):5~7.

31. 汪中求. 细节决定成败[M]. 北京:新华出版社,2004.

32. 王海棠. 大学生就业指导教程[M]. 北京:北京大学出版社,2009.

33. 王昆来,尹玉斌. 大学生职业发展与就业指导[M]. 北京:科学出版社,2011.

34. 王丽燕. 日本大学职业生涯教育发展研究[J]. 职业技术教育,2009.

35. 吴坚. 大学生职业生涯规划执行问题研究[J]. 中国集体经济,2011(5):144.

36. 吴萍. 大学生的就业与职业[M]. 成都:西南财经大学出版社,2008.

37. 夏光主. 大学生职业生涯规划指南[M]. 北京:机械工业出版社,2009.

38. 谢丹影. 浅谈职场沟通能力的培养[J]. 中国高新技术企业,2009(1):156~157.

39. 谢守成,郎东鹏. 大学生职业生涯发展与规划[M]. 武汉:华中师范大学出版社,2009.

40. 宣仕钱,徐静. 大学生就业创业指导[M]. 北京:经济科学出版社,2009.

41. 于志英. 浅论当代大学生沟通能力的培养[J]. 新西部,2010(22):158,180.

42. 袁庆宏. 设计你的职业生涯,从容完成从学校到社会的人生转变[J]. 独家策划,2009(6):13~15.

43. 张涛. 创业教育[M]. 北京:机械工业出版社,2010.

44. 郑雪主编. 人格心理学[M]. 广州:广东高等教育出版社,2004.

45. 就业与创业指导课题组. 大学生就业与创业指导[M]. 北京:中国传媒大学出版社,2015.

46. 陈光德,张学堂. 大学生职业发展与规划[M]. 西安:西安交通大学出版社,2016.